KB069710

인간중심 상담의
임상적 적용

본 연구는 덕성여자대학교 2012년 교내연구비 지원에 의해 수행되었음.

인간중심 상담의
임상적 적용

Dave Mearns · Brian Thorne 공저
주은선 역

PERSON-CENTRED
COUNSELLING IN ACTION (3rd ed.)

학지사

Person-Centred Counselling in Action

Third Edition 2007

Dave Mearns & Brian Thorne

◈ 역자 서문

    나는 시카고 대학교 박사과정 중에 대단히 운이 좋게도 인간중심 상담을 자연스럽게 접할 수 있었다. 미국 시카고 대학교는 Carl Rogers가 생전에 오랜 기간 재직한 곳으로 자연스럽게 인간중심 접근 분위기가 형성되어 있는 곳이다. 나는 인간중심 접근에 입문한 지 20여 년이 지난 지금까지도 인간중심 접근을 좋아하고 그의 철학과 신념을 따르려고 노력하는 이 길에 후회가 없다. 무엇보다도 나는 '있는 그대로 내가 되어도 괜찮다'는 느낌을 매우 좋아한다. 내가 나 아닌 타인의 삶과 그의 잣대로 산다는 것에는 많은 어려움과 고통이 따르는 것 같다. 우리의 내담자들 또한 이러한 고통을 종종 호소한다. 부모의 기대와 사회적 평가 등의 외부 참조체제에 얽매여 거기에 자신을 구겨 넣고서 잘 맞춰지지 않으면 비난을 받으며 평생을 괴로워하며 살아간다. 그러나 자신의 내적 참조체제에 맞게 용기 있게 (여기에는 용기가 필요하다!) 살아가면 Rogers가 말하는 충분히 기능하는 사람(fully functioning person)이 될 수 있다. 이는 자칫 잘못하면 내 멋대로 살아가는 것으로 오인하기가 쉬운데 내가 나답게 살기 위해서는 굉장한 노력이 필요하다. 여기에는 '내가 나답다'는 것이 무엇인가에 대한 섬세하고 깊은 자각이 필요하고 이를 바탕으로 조심스럽게 또는 용감하게 행하고 항상 철저한 책임의식을 동반하여야 하는데 이러한 과정이 결코 쉽지만은 않다.

국내에 인간중심 상담 관련 자료가 매우 부족하다는 것을 깨닫고 나는 Rogers의 *On Becoming a Person*을 『진정한 사람되기』(학지사, 2009)라는 제목으로 번역하였다. 이 책은 Rogers의 철학과 사상을 접할 수 있고 또 인간중심 상담의 기본기를 다질 수 있는 책으로서 인간중심 상담에 목말라 있던 많은 분에게 사랑을 받고 있다. 이 책에 이어 상담의 실천과 접목할 수 있는 인간중심 관련 책이 없을까 하고 찾던 중에 *Person-Centered Counseling in Action III*를 접하게 되었다. 이 책의 저자인 Dave Mearns와 Brian Thorne 교수는 내가 2000년 인간중심과 체험심리치료 및 상담 국제학회(World Association for Person-Centered and Experiential Psychotherapy and Counseling)에서 친분을 쌓은 저명한 인간중심 상담 전문가들이기에 이 책에 더욱 신뢰를 가질 수 있었다. 이 두 저자는 외모와 성격이 너무나 다른데 (한 분은 늘씬한 키에 매우 조용하고 차분한, 또 다른 한 분은 아담한 키에 에너지가 넘쳐서 어디로 튈지 모르는 럭비공 같은) 개인적으로도 오랜 기간 절친으로 지내고 있어 많은 사람이 이들의 우정을 부러워하고 있다. 이들은 각각 스코틀랜드와 잉글랜드에서 인간중심 상담이 전문적이고 체계적으로 자리 잡을 수 있도록 활약한 선구자로서, 철저한 인간중심 교육과정과 훈련 및 슈퍼비전은 물론 지속적인 상담자의 자기성장을 강조하며 인간중심 상담의 전문성을 확립하였다. 또한 어떻게 하면 대단히 근사한, 또 한편으로는 이상적으로 보이는 인간중심 이론을 상담 현장에 접목할 수 있을까를 고민한 결과 이 책을 집필하게 된 것 같다. 저명한 학자들인데 이책을 보면 자신들의 이력을 너무나 소박하게 표현해서 오히려 대가의 카리스마를 가늠할 수 있었다. 역시 벼는 익으면 고개를 숙이는가 보다.

우선 인간중심 상담에 관심이 있는 사람들은 『진정한 사람되기』를 통해 인간중심 접근의 기본기를 다진 다음 이 책을 통해 어떻게 인간중심 상담이 임상 현장에 적용되는가를 접하면 인간중심의 이론과 실제의 균형 감각을 갖출 수 있을 것이다. 이 역서들에 이어 *The Psychotherapy of Carl Rogers: Cases & Commentary*를 번역 중인데, 이 책이 출간되면 인간중심 상담의 다양한 사례를 접할 수 있어 앞의 두 책과 함께 활용함으로써 인간중심 상담의 전문성 향상에 더욱 큰 도움을 얻을 수 있을 것이다. 이 외에도 나는 인간중심 접근 관련 자료를 꾸준히 내놓을 계획이며, 인간중심 상담에 애정을 가진 분들의 지속적인 관심을 기대한다.

마지막으로 Rogers 교수와 일했던 시카고 상담 및 심리치료 센터(Chicago Counseling & Psychotherapy Center)의 인간중심 전문가들에게서 직접 들은 '감자 이야기'로 마무리를 하고 싶다. 이 이야기는 Rogers가 청년기에 자신의 위스콘신 집 지하실에서 굉장한 통찰을 느꼈던 경험을 동료들에게 나눈 내용이다. Rogers는 청년기의 어느 날 자신의 집 지하실로 내려가다 감자 부대를 보게 된다. 다음 해에 먹으려고 감자를 그곳에 저장해 놓은 것인데, 감자 부대의 감자가 잘 동여매지지 않아 몇 개의 감자는 부대 밖으로 나와 있었다. 감자는 오래되면 싹이 트는데, 어둡고 침침한 지하실에서도 감자는 각자 자기됨으로 싹을 틔우고 있었다. 그리고 그 싹은 모두 지하실에 있는 아주 작은 창을 향하고 있었다. 이렇게 최소한의 성장 조건 (빛, 온도, 습도)만 주어지면 무엇이든 살기 위해 그렇게 발버둥을 치며 생명력을 이어 간다는 것이다. '하다못해 감자도 그러한데 사람이야 오죽하겠는가.'가 Rogers가 그날 느낀 사람에 대한 통찰이 아닌가 싶다. 고통을 느끼는 내담자가 자신의 싹을 틔우지 못해 상담

자를 찾아오면 상담자는 빛, 온도, 습도와 같은 성장 환경을 내담자에게 주어야 한다는 것이다. 그것이 Rogers가 말하는 진솔성, 무조건적인 긍정적 존중, 감정이입적 이해라고 볼 수 있다. 이러한 성장 조건이 마련되면 내담자는 자신만의 싹을 틔울 것으로 믿는다. 인간중심 접근을 좋아하는 사람이라면 이 이야기를 접하고 큰 울림이 있을 것이다.

나는 지금까지 몇 권의 번역서를 냈고 그때마다 스스로의 부족함, 게으름 등으로 인해 심한 압박감을 느껴 왔다. 특히 저서에 비해 역서는 저자들이 추구하는 의미 파악을 위해 많은 노력을 들여야 하는데 그중에서도 인간중심 관련 책의 번역은 많은 인내와 노력을 요구하는 작업이다. 이 책이 나오기까지 많은 분의 이해와 노고가 있었

다. 특히 학지사 편집부 김경민 선생님께 깊은 감사의 마음을 전한
다. 촉박한 일정에 맞추어 이 책을 출간해야 하는 상황에서도 인내
를 가지고 많은 도움을 주셨다. 이 책의 출간을 맡아 주신 학지사 김
진환 사장님께도 감사드린다. 학지사가 지속적으로 수준 높은 심리
관련 전문서적을 출간해 오고 있는데 이는 심리학자로서 대단히 기
쁜 일이다. 또한 덕성여자대학교 임상 및 상담 전공 학생들에게 감
사함을 표현하고 싶다. 덕성여자대학교의 임상 및 상담 전공 분야가
나름 인간중심 상담과 포커싱 체험심리치료 분야의 전문성을 확보
할 수 있게 된 것은 그동안 열정을 가지고 노력해 온 제자들이 있었
기에 가능했다. 끝으로 아내, 엄마, 딸로서가 아닌 한 사람, 주은선
으로서 온전히 살아가도록 많은 배려와 도움을 준 나의 남편, 아이
들 그리고 어머니와 아버지께 감사드린다.

2012년 10월
역자 주은선

🌸 저자 서문

*Person-Centered Counseling in Action*의 초판이 나온 지도 어느덧 20년이 지났다. 그동안 상담과 심리치료는 급성장을 했고 인간중심 상담 분야 또한 그에 못지않은 성장을 했다. 1988년으로 거슬러 올라가 보면 Rogers의 저서를 제외하면 열의가 있는 인간중심 상담자를 만족시켜 줄 만한 저서는 매우 부족한 실정이었다. 이 책의 초판은 무정부 상태의 혼돈을 겪고 있는 인간중심 분야에 어느 정도 내용도 풍부하고 방향을 제시하는 역할을 했다고 본다. 사실 인간중심은 20세기에 가장 필요한 접근임에도 이론과 실습을 충분히 알지 못한 채 자신을 인간중심 상담자라고 칭하는 사람들이 많았다. 아이러니하게도 사람들은 인간중심 접근 용어를 부적절하게 잘못 사용했는데 정부자료, 특히 국립보건복지부(NHS provision)의 맥락에서 내담자가 치료의 중심이라고 하는데도 우리가 이해하고 있는 인간중심 상담 이론 및 실제와는 전혀 상관없는 의미로 사용되

고 있다. 사실 국립보건복지부가 진정한 인간중심 이론에 기반을 두고 있다면 우리는 아마 지금과 같은 너무나 많은 전문 분야에서 목표주의와 효율성을 강조하고 강박과 감시관찰이 난무한 환경에서 살지 않을 것이다.

이 책 3판은 최근 20년 동안 인간중심 세계에서 심오한 변화가 일어난 것과 관련이 있다. 인간중심 접근은 이제 영국에서 자리를 잘 잡고 있고 수천 명의 상담자가 이 접근을 채택하고 있다. 수준 높은 인간중심 훈련과정이 있고 유명 대학에는 인간중심 상담자와 학자, 연구자들이 있는데 University of Strathclyde와 University of East Anglia의 경우 저자들이 센터도 만들고 국제적인 인정도 받았다. 인간중심 접근은 전문 자료로서도 인정받고 있고 인간중심 저자가 펴낸 책은 많은 사람들이 읽고 이를 인정해 주고 있다(예, Merry, 1995, 1999; Keys, 2003; Tolan, 2003; Sanders, 2006; Tudor and Worrall, 2006). 인간중심과 관련된 성공적인 전문 협회는 인간중심 접근 영국 학회(British Association for the Person-Centered Approach: BAPCA)와 스코틀랜드에 있는 자매기관인 인간중심 치료 학회(Association for Person-Centered Therapy)로 두 곳이 있다. 인간중심 접근의 대중화에는 또한 Ross-on-Wye의 PCCS Books Limited 출판사가 일조하고 있으며, 여기에는 해당 출판사 소속 Pete Sanders와 Maggie Taylor-Sanders의 역할이 크다. 이러한 노력으로 PCCS Books Limited는 영국뿐만 아니라 전 세계적으로 인간중심 접근 관련 자료의 핵심 출판사로 부상했다. 동시에 Sage 출판사(영국 소재)는 본 저서와 같은 인간중심 접근 관련 선도적 서적의 출판에 중추 역할을 하고 있다. 더 최근에는 인간중심과 체험심리치료 및 상담 국제

학회가 학술지 *Person-Centered and Experiential Psychotherapies*를 창간했으며, 전 세계 2000명의 구독자를 보유하고 있다.

　세계적 확산 및 접근의 통합은 인간중심 접근이 영국을 비롯해서 세계 각 지역에서 활약을 할 수 있는 또 하나의 요인이다. 이 새로운 학파는 그 접근의 핵심 요소에 대한 신념을 유지하면서 다른 여러 강조점을 수용했고, 또한 신선한 치료적 가능성을 열었다. 저자들은 인간중심 접근의 핵심 요소만 버려지지 않는다면 그러한 발전을 환영한다. 그들은 또한 그것이 확장이나 정교함이 필요한 곳에 사용하기 위해 인간중심 작업의 치료적 기반을 계속적으로 평가하는 데 정성을 다하고 있다. 이러한 면에서 Dave Mearns는 특히 적극적이었고, 그의 연구와 자아진화적(ego-syntonic) 과정은 특히 고려할 만한 임상적 중요성을 입증해 왔다. 우리는 상담자의 전문성과 치료적 효과를 높이는 데 굉장히 도움을 주는 개념으로서 깊이 있는 관계의 개념을 받아들이고 있다. Dave Mearns는 Brian Thorne이 그것을 영적인 경험에서의 존재와 움직임의 질을 탐구하기 위한 배경을 제공하는 동안 실존적인 절망의 도전을 다루는 가치 있는 개념을 증명해 왔다. 우리의 32년간 우정과 협력의 시작에서 Mearns가 무신론자이고 Thorne이 자유주의 가톨릭 교과 성공회 기독교인이라는 사실은, 예상하지 못한 힘을 보여 주었고 폭넓은 리더십을 이끌어 내는 것으로 여겨지는 창조적 힘을 우리 연구에 부여하였다. 그것은 아마도 인간중심 상담자라고 하는 사람들 내에는 무신론자라고 주장하는 사람과 더 높은 힘과 우주적인 의미의 어떤 부분을 주장하는 종교적 혹은 영적 신념체계를 가진 사람이 동등한 분포로 나누어져 있는 사실을 반영하기도 한다.

이러한 배경을 뒤로하고 우리는 경험의 수준을 현저히 바꾼 전문가들에게 내용과 방식 모두 추천할 만한 책을 만들기 위한 개정판을 두고 고민해 왔다. 이 접근이 새로운 사람들은 이론과 실제의 핵심 부분을 명료하게 설명해 놓은 부분을 보면서 훈련의 첫 단계를 시작할지도 모른다. 그들은 또한 날마다 인간중심 상담자가 되는 드라마틱한 경험과 도전에 대한 정보를 직접 얻을 수 있을 것이다. 그러나 우리는 숙련된 전문가와 노련한 학자도 여기에서 그들이 많은 흥미와 자극을 발견할 것이라고 믿는다.

Person-Centered Therapy Today(sage, 2000)라는 초기의 책에서 우리는 이론과 실제 두 개 모두 새로운 분야를 연구했고, 이 내용을 현재 책에 포함하였다. 우리는 새로운 통찰과 가능성에 지속적으로 개방적인 전통에 속해 있다는 것에 자부심을 갖고 또한 아직은 탐색하지 못한 영역에 조심스럽게 들어가고자 시도한 부분을 신판에 담았다. 앞서 1판과 2판을 읽은 독자들은 그 책의 명료함과 매력, 접근의 용이성, 거기에 깊은 성찰까지 반영하고 있는 것에 열광했다. 그들은 또한 두 명의 저자가 명백하게 다른 특성을 가졌으나, 연계된 가치와 목적을 갖고 있어 자주 즐거웠다고 평했다. 1판과 2판은 13만 부가 팔렸다. 이번 3판에서 우리는 2만 개의 단어와 참고문헌 3배를 추가한 급진적인 수정을 가했으나 새로운 판은 이전 판에 비해 정확성, 접근 용이성 중 어느 것도 잃지 않을 것이고, 내용은 새로운 독자와 이전의 애독자를 보유함에 있어 충분히 매력적일 것이라 믿는다. 우리가 확신하는 한 가지는 저자인 우리 둘은 서로를 지루해하지 않고, 서로의 다름 그러나 우리가 믿고 있는 절망적인 세상에 많은 도움이 될 수 있는 인간중심 접근이라는 매력적인 장에

대한 상호 보완적 인식에 항상 즐거운 놀라움을 잃지 않을 것이다.
무엇보다도 인간중심 접근은 모든 역경을 물리치고 더 건설적인 미
래로 나아가도록 하는 인간의 능력과 자신감을 회복시키는 데 기여
할 수 있을 것이라 믿는다.

Dave Mearns와 Brian Thorne

📖 **차 례**

■ 역자 서문 / 5
■ 저자 서문 / 11

개관 / 21

제1장 **인간중심 접근:**
동시대의 재검토와 기본 이론 … 29

현대의 시대정신 _ 31
자아개념 _ 34
가치의 조건화 _ 37
유기체적 가치화 과정 _ 39
평가의 소재 _ 43
성장을 위한 조건 만들기 _ 45

제2장 **인간중심 이론의 최근 발전** … 49

실현화 과정 _ 51
자아 동조적 과정 _ 61
이론적 명제 1~4 _ 65
어려운 과정 _ 68
자기 대화 _ 73
이론적 명제 5~8 _ 77
현대 상담과정의 인간중심 개념 _ 82

제3장 **상담자의 자기 사용하기** ⋯ 87

엄격한 훈련 _ 89
상담자 자신에 대한 태도 _ 90
자신에게 귀 기울이기 _ 92
자기 수용 _ 95
공감 개발 _ 98
진정성 배우기 _ 99
상담자와 내담자의 '건강한 관계' _ 101
상담자의 고유한 자아 _ 111
고유한 자아와 모험하기 _ 113
상담자의 변화하는 자아 _ 117
깊이 있는 관계 경험하기 _ 118

제4장 **공감** ⋯ 127

공감 척도 _ 134
공감 그리고 평가의 소재 _ 141
상담에서 공감이 왜, 얼마나 중요한가 _ 144
'인식의 가장자리'에 대한 포커싱 _ 147
상담자의 이해가 반드시 필요한 것은 아니다 _ 154
우리의 공감적 감수성을 내보내기 _ 159
공감에 대한 장애물 _ 162
내담자의 다른 부분에 공감하기 _ 170

제5장 **무조건적인 긍정적 존중** ··· 175

왜 무조건적인 긍정적 존중이 중요한가 _ 181
자기 보호적인 내담자 _ 184
개인적 언어 _ 186
내담자를 받아들일 수 없을 때 어떻게 해야 하나 _ 188
내담자가 나의 수용을 받아들일 수 있을까 _ 191
따뜻함에 집중하기 _ 195
조건부에 집중하기 _ 201
무조건적인 긍정적 존중은 '친절함'이 아니다 _ 207

제6장 **일치성** ··· 215

일치성은 왜 중요한가 _ 223
공명 _ 234
메타커뮤니케이션 _ 240
불일치성 _ 244
일치성에 대한 안내 _ 250
어떻게 하면 상담자의 일치성을 발달시킬 수 있을까 _ 255
조화로운 통합의 세 가지 조건 _ 266

제7장 **'시작'** ··· 273

힘겨루기 _ 275
내담자가 기대감을 갖고 도착하다 _ 278
초기의 순간 _ 279

신뢰 구축 _ 286
위장과 단서 _ 293
시작 단계의 종결 _ 295
구조와 계약 _ 296
금전 문제 _ 301
요약 _ 302
사례 연구 I _ 303

제8장 '중기' … 315

사례 연구 II _ 317
중기: 개관 _ 336

제9장 '종결' … 353

사례 연구 III _ 355
상담과정의 종결 _ 361
상담자가 '시기상조'로 여기는 종결 _ 365
종결을 위한 준비 _ 366
종결 후 _ 370

부록 / 375

■ 참고문헌 / 387
■ 찾아보기 / 405

1997년 7월 8일 리스본에서 인간중심과 체험심리치료 및 상담 국제학회가 창립되었고 3년 후 시카고에서 개최된 총회에서 통과되었다. 이러한 사건은 인간중심 상담의 창시자이고 협회와 단체를 극도로 싫어하는 Carl Rogers에게는 놀랄 만한 일일 것이다. Rogers는 이러한 협회는 모호한 전문성을 내세워 내담자의 요구와 통찰력을 무시하고 상담자의 자아 중요성(self-importance), 위신 및 권위만 높여 주는 경직된 프로페셔널리즘으로 이어지는 경향이 있다고 생각했다. 그러나 전 세계 인간중심 상담자 입장에서 국제협회의 창립은 1930년대 및 1940년대 Rogers와 그의 동료가 개발한 새로운 상담 및 심리치료 방법론의 진화를 상징하는 중요한 의미를 가지고 있다. 이는 당시 인간중심 심리치료의 이론과 방법론의 근간이 되는 원칙을 부정적으로 보고 있던 시대정신(zeitgeist) 상황에서 인간중심 심리치료의 보다 견고한 정체성과 강력한 목소리를 내세울 수 있는 가능성을 마련해 주었기 때문이다.

Rogers에게 가장 근본적인 진실은 내담자 자신이 해답을 가지고 있다는 사실이다. 내담자야말로 무엇이 아프고 고통이 어디에 위치하고 있으며, 궁극적으로 해결책의 방향을 찾아낼 수 있다는 믿음이었다. 또한 상담자의 역할은 내담자와 관계를 맺으며, 내담자가 자신의 현명함을 활용하고 자기 방향성을 재발견할 수 있도록 도와주는 동반자다. 과거 인간중심 심리치료의 다양한 명칭은 이 이론의 근본 원칙을 반증한다. 초기 Rogers는 이러한 방법론을 '비지시적(non-directive)' 상담이라고 불렀으며, 이는 상담자가 내담자 인생의 가이드 또는 전문가 역할이 아닌 바강압적인(non-coercive) 동반자임을 강조하기 위해서였다. 그러나 평론가들은 '비지시적' 접근법을 상담자의 기계적인 수동성으로 해석했기 때문에 Rogers는 이후 본인의 방법론을 '내담자중심(client-centered)'으로 부르기 시작했다. 이는 내담자의 현상학적 세계와 상담자가 내담자의 경험적 및 지각적 현실의 정확한 가늠의 중요성을 강조하기 위해서다. 많은 전문가는 그 세계를 통해 그들 자신을 '내담자중심'이라고 부른다. 그들은 Rogers가 처음으로 '인간중심'이라는 표현을 사용했을 때 그가 다문화 이해, 교육적 과정, 집단작업과 같은 상담실 밖 활동의 태도적인 접근과 관계가 있을 것이라고 주장하였다. 그들은 '인간중심 접근'이란 표현이 이러한 비상담적 장면을 위해 계속 유지되고 있다고 말한다. 이러한 관점을 존중하기 위해 우리는 '인간중심 상담'이라는 표현을 택해 왔고 이 책을 통해 그것을 사용했다. 우리 둘다 국제협회의 멤버였고, 협회 타이틀의 특징을 묘사하기 위해 그것은 매우 적절한 것처럼 보였다.

그러나 '인간중심'이란 용어를 사용하기로 한 우리의 결정은, 단순히 국제협회의 용어로서 바람직한 설정이 되도록 가만히 두고 있지만은 않다. 거기에는 적어도 세 가지 다른 강력한 이유가 있다. 첫째로, Rogers 자신이 인간중심 접근이란 표현을 항상 비상담적 활동에만 국한한 것은 아니라는 사실이다. 명백한 예로, 그는 내담자 중심과 인간중심을 상호 교환적으로 사용했고, 인간중심 상담자와 심리치료사가 되는 훈련 코스가 완전히 연계되는 것을 반겼다. 그러나 더욱 중요한 두 번째 이유는, '인간중심'의 기술은 더 정확히 내담자의 현상학적 세계와 상담가의 언어라는 두 가지 강조점을 전달한다는 우리의 믿음에 있다. 우리의 치료적 활동에서 두 사람 간의 관계 발전은 필수적이다. 내담자와 상담자의 내면세계는 내담자의 요구와 흥미를 가장 잘 제공할 수 있는 관계의 구축으로서 똑같이 중요하다. 깊이 있는 관계의 개념은 치료적 효과의 추구에 있어 가장 중요하고, 내담자를 깊게 만나기 위한 상담자의 능력은 그녀가 자신을 두려움 없이 기꺼이 바라보도록 도와주는 것이다. 인간중심 상담은 두 사람 간의 관계가 필수적이고, 두 사람에게 모두 더 큰 충만감을 줄 수 있다.

1987년 Rogers가 사망한 이래로 '인간중심 상담'이라는 용어를 선택하는 세 번째 이유는 Rogers의 작업 발달과 연관이 있다. 우리가 이 책의 초판을 작업하고 있을 때 Rogers는 여전히 살아 있었고, 영국에는 이 접근의 깊이 있는 훈련을 받는 데 한계가 있었다. 이는 많은 상담자가 부적절한 또는 최소한의 이해만으로 스스로를 '인간중심'이라고 이름을 붙이고 진정한 인간중심 이론의 탄탄한 기반이 없는 무질서한 실행으로 인해 이 접근의 오명을 가져온 사태에 대해 우리는 꽤 많은 감정으로 애석해했다. 10년 뒤 2판에서 우리는 비록 우리가 분노한 1980년대의 상황적 요소가 남아 있긴 하지만 그 당시 이미 기록으로 남길 수 있는 특성화된 훈련 과정이 있다고 보고하였다. 간략히 말해서, 이 접근법에 대한 깊이 있는 훈련을 받은 전문가 집단이 그들의 정체성을 가지고 성장할 가능성이 점점 더 커지고 있었다. 동시에 이 접근법에 대한 문헌, 영국의 대학들에서 전문적인 협회 기관과 다수의 학술회가 급성장하고 있었다. 이제는 가짜로 '인간중심'을 사용하거나 기관과 학문적인 활동으로 인간중심 접근의 성장을 꾀했기에 '진짜'에 대한 무지를 주장할 수는 없게 되었다.

최근 몇 년 동안 여기 그리고 다른 나라들 모두 이 분야를 더 복잡하게 만드는 반면 오히려 '인간중심'이라는 용어를 고정하는 사례가 강화됨으로써 또 다른 전환점에 위치하고 있다. 아마도 큰 인물의 사망 이후 불가피하지만, 그들의 길을 따라가기 시작한 그 또는 그녀의 작업에 많은 영향을 미쳤을 것이다. Rogers의 사례에서 이는 그가 그 스스로 언제나 잠정적임을 주장해 왔던, 또 여전히 새로운 경험에 대한 두드러지게 개방 그리고 그의 인생을 통한 연구의 새로운 결과에 대한 가장 예상 가능한 결과였다. 국제협회의 타이틀은 다시 흥미로운 사실을 보여 주었다. '체험적(experiential)'이라는 단어의 포함은 협회가 Eugene Gendlin의 작업과 그의 포커싱을 기반으로 한 심리치료에 깊은 영향을 받은 전문가들과 내담자의 체험 과정을 강조하고 비지시적인 태도를 갖고 상담가가 과정의 숙련된 촉진자로 보는 접근을 포함하였다. 우리가 보통 전통적인 내담자중심 상담이라고 부르는 주류에서 파생된 접근을 포괄하는 것은 건강한 상태의 증거라고 우리는 제안한다. 그들은 소멸 직전이 아니고 전문가들이 체험을 고려하는 새로운 현실적이고 이론상의 발달에 개방되었다는 것을 입증한다고 볼 수 있다. 동시에 이 시도는 Lietaer (2002), Schmid(2003), Sanders(2000)와 같은 저자들이 인간중심 작업에 대해 더 이상 줄일 수 없는 이론과 기준에 대해 설명함으로써 Margaret Warner(2006b)가 묘사한 인간중심 세계의 '집단'으로서가 아닌 접근의 근간에서 벗어나는 것과 반대되는 핵심 개념을 남겨 두는 발전을 통해 파악할 수 있도록 하였다. 우리에게 인간중심 상담은 모든 주된 또는 더 이상 줄일 수 없는 접근의 원리에 대해 동의하는 '집단'에 대한 적당한 상위 개념을 제공하였다. 우리의 경우, 기질과 경험을 고려해 우리가 발전시키고 강화하기를 원하는 Rogers의 많은 본래 이론적 구조와 이 작업을 뒤따르는 것을 포함한 '전통적인' 스펙트럼의 끝부분에 위치하고 있다고 볼 수 있다. 우리의 관점에서 볼 때 인간중심 상담은 실제로 이론적으로 변경 불가능하지도 않고 특수하거나 독점적인 방식으로 국한되어 있지 않다고 생각한다.

이 책의 초점은 인간중심의 실행에 있고, 우리는 이론을 가장 잘 탐구할 수 있는 것은 이를 실행하는 데 있다고 믿는다. 이 책에서는 인간중심 관련 연구를 상세히 설명하거나 연구 분석을 하는 등의 척을 하지 않는다. 그 결과 유럽의 저명한 연구자들의 작업은 물론 과거의 미국 연구자들이 공들인 작업 대부분이 제대로 대접을 받지 못하게 되었다. 이러한 결핍에 대한 개선책을 바라는 독자들은 인간중심 접근의 기념비적인 작업인 Goff Barrett-Lennard의 문헌을 참고하기를 바라는데, 이 책은 인간중심 관련 연구를 포괄적으로 다루고 있다. PCCS 책들(인간중심 접근법에 대해 출판사가 헌정하여 1990년대

초에 만들어진) 또한 이 관점에 대한 최근의 연구에 대한 설명을 포함한 문서 컬렉션이 2000년 시카고 국제 컨퍼런스에서 발표되었다 (Watson, Goldman and Warner, 2002). 국제적인 저널 *Person-Centered and Experiential Psychotherapies*는 2002년 이래로 최근까지 6호가 나왔고 이는 인간중심 접근의 새로운 성장을 보고하는 주요 매개체 역할을 하고 있다.

지난 판에서처럼 우리는 *Person-Centred Counselling in Action*을 유럽과 미국 그리고 인간중심 접근법이 퍼져 나가는 다른 지역의 전문가와 수련생에게 유용하다는 사실이 보이길 바라는 마음으로 썼다. 그러나 영국인과 다른 나라에 설명이 필요한 독자들에게 두 가지 논쟁거리가 있었다. 첫 번째로 상담가가 자신들의 슈퍼바이저와 한 작업에 대한 몇몇 증빙 서류를 들 수 있다. 이 슈퍼비전에 대한 주안점은 상담가로서 지속적으로 승인을 받기 위해 영국 상담 및 심리치료 협회에서 평생 슈퍼비전이 필요한 영국인의 상황을 반영하였고 이러한 조건은 우리가 알고 있는 한 미국과 유럽의 대부분 지역에서는 의무가 아니다. 두 번째로 인간중심은 상담 활동과 관련이 있고 심리치료는 보통 구분하지 않는다. 이유는 전문가와 내담자 사이의 활동에 대해 같은 명칭으로 남아 있기 때문이다. 미국 독자들에게는 이 상황이 더 혼란해졌다. 왜냐하면 영국에서 상담이라는 단어는 미국에서의 심리치료라는 단어에 더 근거하여 사용되는 경향이 있기 때문이다. 이 책에서 우리는 지속적으로 우리가 '상담'으로서 무엇을 했는지 언급하고 우리 스스로 짧은 치료적 관계에 대해 제한하였다. 우리가 제시한 사례는 1년 이내에 치료된 것이다.

우리는 현재 여성 상담가와 수련생이 남성 전문가보다 상당히 많은 영국의 상황이 유감스럽다. 부분적으로는 이런 이유로 그리고 주된 이유로는 간소화하기 위해서 문맥상 명백히 나타나는 경우를 제외하고는 우리는 상담가를 여성으로, 내담자를 남성으로 언급한다. 우리의 부분에서 이러한 관습은 사람의 독특성에 대한 우리의 명백한 신념을 다른 데로 돌릴 수 없고 무심코 개인적으로 요구하는 문학적 책략도 없다. 왜냐하면 그들의 성별과 더불어 다른 이유가 포함되어 있기 때문이다.

이전 판에서와 마찬가지로 이 책에서는 독자들에게 살아 있는 내담자중심 상담의 세계를 경험할 수 있도록 시도하고 있다. 내담자중심 상담은 치료자가 참여하도록 하며 정서적 수준뿐만 아니라 지적인 수준이 되기를 바란다. 결국 이 책은 때때로 불안 및 위험과 연합하여 깊숙이 다른 인간과 관계하는 흥미를 전달하고자 한다. 우리는 여기 이 책이 일부 잠재적 내담자와 더불어 개인적인 기질이나 그들의 교육과정으로 인하여 인간적으로 만나기를 꺼렸던 전문가와 치료적인 참만남을 가진 불운한 경험을 한 사람들이 읽기를 희망한다. 시작하는 장에서는 접근법에 대한 이론적 구조의 현대적 개요와 자기 스스로의 자각과 관련된 상담가로서의 요구 그리고 자기에 대한 훈련적 태도를 제시한다. 그 후에, 독자는 현장에서 내담자중심 상담가가 필연적으로 존재하는 모든 딜레마에 순간순간 도전하는 것에 빠져들게 된다. 태도와 기술은 밀접하게 탐색되고, 특별히 이런 태도와 기술은 상담가의 능력을 발전시키고 이전에 기만적이거나 폭력적인 것으로 판명된 관계로 인하여 심각하게 상처 입은 사람들과 깊은 관계를 용감하게 맺게 한다. 이 책의 실질적인 부분은 한 가지 특정한 치료적 관계의 경험으로 구성되어 있고, 이것은 매우 활기찬 한 내담자가 그녀의 치료 여행의 반영 과정을 자발적으로 온전히 참여해 줌으로써 이루어진다. 이 책은 두 공동 저자가 그들의 수련생들, 새로운 치료자들, 노련한 치료자들과 함께 다른 이론적 지향을 가진 호기심 어린 혹은 적대적인 상담자가 던진 질문에 즐겁게 응답하는 것으로 결론을 구성하고 있다. 우리는 이런 의문점에 접할 기회를 가지는 것을 환영한다. 이는 오랜 강의나 워크숍으로 인해 지치고 난 후에 바라게 되는 진토닉 한잔처럼 우리가 자주 접할 수 있는 것이다.

우리의 바람은 독자들이 그들 자신의 치료 여행에서 (상담자든 내담자든) 반영할 수 있는 용기를 갖게 되는 것이고 그들이 흥미를 갖게 되어 우리가 상담이라고 부르는 인간 대 인간으로서의 참만남의 아름다움과 신비로움을 말로 옮기려는 시도를 할 때 예외 없이 경험하게 되는 흥분을 느낄 수 있기를 소망한다. 물론 우리도 가장 풍성하게 표현된 시(poetry)라는 형태가 있기에 충분히 표현하는 데 어려움이 있다는 것을 안다. 시는 많은 아름다움을 진정으로 얻게 할 수 있고 신비로운 마음을 진실로 꿰뚫을 수 있는 있게 하는 것이기 때문이다.

제1장

인간중심 접근:
동시대의 재검토와 기본 이론

현대의 시대정신
자아개념
가치의 조건화
유기체적 가치화 과정
평가의 소재
성장을 위한 조건 만들기

🌸 현대의 시대정신

1988년에 이 책의 제1판이 나왔을 때, 인간중심 상담은 사회의 지배적인 문화에 어긋난다는 의식이 팽배하였다. 그 이론이 주장하는 개인의 독특성, 과정에 대한 끊임없는 주의집중의 필요성, 그리고 인간이라는 유기체의 신뢰성은 탐욕스러운 물질 문화와 극단적인 불일치를 보이는 것 같았다. 왜냐하면 이익 동기, 단기목표, 기술의 효율성, 그리고 정교한 감시기술(surveillance technique)이 영국을 비롯하여 대부분의 선진국 시민의 삶을 통제하고 있었기 때문이다. 그 이후 이러한 비인격적인 문화의 가속은 한 세대가 잔인할 정도의 경쟁적인 사회로 변모하는 결과를 낳았고, 이로 인해 즉각적인 해결책, 적당히 비위를 맞추는 전문가, 기술의 눈부신 발전, 시장 세력의 지배가 소위 문명화된 사회에서 당연한 상황으로 받아들여졌다.

이러한 상황은 지난 밀레니엄의 종반기와 새로이 시작되는 밀레니엄에 한층 더 불길한 방향으로 나아가고 있다. 르완다, 소말리아, 보스니아, 코소보 및 체첸에서 유혈 사태가 발생했고, 이어서 2001년 세계무역센터(World Trade Center)와 펜타곤(Pentagon, 미국 국방부)이 공격을 받은 이후 소위 말하는 테러와의 전쟁이 시작되었다. 아프가니스탄과 이라크의 절망적인 불행이 계속되었으며, 그동안 중동 지역에서는 이스라엘과 팔레스타인 간의 주권 싸움이 풀리지 않는 문제로 지속되었다. 이란과 북한에서 발생하는 문제 상황은 앞으로도 이러한 불안이 끝나지 않을 것임을 예언한다. 더욱이 점점 악화되고 있는 지구 온난화의 끔찍한 영향이 곳곳에서 관찰되며, 인

도와 중국의 급격한 경제성장은 인간의 어리석음으로 인해 병든 지구에 다시금 측정이 불가능할 정도로 많은 양의 오염물질을 더하고 있다. 이러한 재앙의 총체적 결과로 공포와 범세계적인 무기력감이 야기되었다. 이러한 배경에서 각 정부는 방어적 정책 개발을 피할 수 없게 되었으며, 살아남기 위해 안전과 감시 및 가혹한 방법에 집착할 수밖에 없게 되었다. 세계는 신뢰가 사라지고, 불안이 의심을 낳고, 개인의 자유가 기업의 안전성을 위해 희생당하며, 위협에 처한 사회가 낳은 수많은 문제를 위해 즉각적인 해결책이 마련되는 분위기가 되었다.

인간중심 접근법의 가치를 받아들이는 데 이보다 더 부적절한 상황을 상상하기란 거의 불가능하다. 현대의 문화는 개인의 독특성 및 주관적 실체의 중요성에 그다지 큰 점수를 주지 않는다. 내재된 잠재성을 창조적으로 실현하는 능력을 인간 본성에 부여하는 것은 현대의 문화가 아니다. 이 문화는 개개인의 개인적 잠재성 개발을 추구하지 않으며, 부모와 자식, 부부, 친구, 직장 동료 또는 사제 간에 깊이 있는 관계를 발전시키는 것에 우선순위를 두고 있지도 않다. 오히려 개인의 자율성에 깊은 의심을 품고 상호작용의 거의 전 영역을 통제하려 하는 것이 현대 문화다. 우리는 교사가 고통에 처한 아이들에게 연민을 보이기 두려워하고, 간호사가 환자와 대화를 나눌 시간이, 아니 의도조차 없으며, 상담자나 정신과 의사는 정신적으로 큰 고통을 겪고 있는 내담자를 도와주기 전에 그들이 소속된 전문가 협회의 윤리강령 조항만을 확인하고 있는 자신을 발견하는 시대에 살고 있다.

하지만 이상하게도 우리는 점점 암울해져 가는 듯 보이는 이 세계에서 절망을 느끼지 않는다. 오히려 우리는 현 상황이 너무 암울하여 패러다임의 전환이 일어나고 세계가 정신을 차리는 위기의 시점(crunch time: 개발의 막바지에 특정 기간 동안 모든 인력을 총동원하는 시기-역주)에 와 있다고 믿는다. 어떤 측면에서 우리는 우리와 관계를 맺은 내담자와 수련생에게서 희망을 발견한다. 우리의 내담자와 수련생은 종종 위에서 언급한 문화의 요소를 온몸으로 경험했지만, 그럼에도 인간중심 상담 환경 속에서 새로운 힘과 영감의 근원을 발견한다. 특히 그들은 아마도 처음으로 자아존중감을 가지는 것과 자신의 생각과 감정에 다가가는 것이 무엇을 의미하는 것인지 알게 된다. 그들은 스스로의 힘을 점차 의식하기 시작한다. 그러한 의식을 통해 결정을 내리고 목적의식을 갖는 새로운 자유가 생기는 것이다.

아마도 내담자와 수련생이 겪는 가장 큰 변화는 상담자와의 깊이 있는 관계를 경험함으로써 외로움에서 탈출하는 것일 것이다. 상담자는 그들에게 어떠한 요구도 하지 않고 단지 상담실에서 온전히 인간으로 존재하기만을 바란다.

위에서 약간 구원적인 느낌을 받았다면, 당신의 느낌이 틀린 것은 아니다. 이는 직업적인 혹은 개인적인 삶에서 인간중심 접근의 정신을 따르며 사는 것이고, 우리에게 절망 속에서 거짓말 같은 희망을 발견하게 한다. 아직도 인간중심 상담에 대하여 무시하는 일부 학계의 태도, 또는 정부나 의료계에서 아직도 지배적인 인지행동치료를 지지하는 태도가 더 이상 놀랄 만한 일은 아니다. 우리는 내담자와 수련생 덕분에 우리가 채택한 접근법의 힘과 효과를 매일 경험한다. 우리는 이론과 연구에서 인간중심 상담의 군건한 토대를 인식하고 있으며, 무엇보다 인간중심 상담과정에는 기다림이 필요하고 내담자가 상담에 대해 준비된 자세를 갖는 것이 중요하다는 것을 알고 있다. 우리는 우리의 문화가 스스로를 곤경에 빠뜨리는 것을 더 이상 참지 못하게 되는 위기 지점에 너무 빨리 접근하고 있다고 생각한다. 그렇다면 우리는 인간중심 접근의 주요 개념을 기꺼이 받아들이고 그 안에서 자신과 타인 그리고 모든 창조물에 관한 보다 긍정적이고 희망적인 방법을 위한 자원을 찾을 더 많은 준비를 해야 할 것으로 믿는다. 이것이 지금부터 우리가 이야기하려는 주제다.

🏵 자아개념

　　인간중심 상담자의 마음속에는 전문가에 대한 불신이 있다. 인간중심 상담자가 효과적으로 상담을 하기 위해서는 전문성이 드러나지 않는 옷을 입어야 한다. 사람들은 전문가는 전문성을 제공하고, 어떤 일을 해야 하는지를 조언하며, 믿을 만한 안내를 제공하거나 심지어 문제에 대한 지시를 해 줄 것으로 기대한다. 분명히 이러한 전문가의 역할이 중요하고 적절하게 사용될 수 있는 분야가 있다. 하지만 불행하게도 상담자를 찾는 많은 사람은 자기 자신을 부적절하게 전문가라 칭하며 타인의 인생에 개입하는 사람에게 둘러싸여 대부분의 인생을 살아왔다. 그 결과, 이러한 내담자는 부모, 교사, 동료 혹은 친구라 불리는 타인의 기대치에 충족하지 못하는 자신의 무능에 대하여 절망에 사로잡히게 되고, 자아존중감이나 개인적 가치를 느끼지 못하게 된다. 그리고 이제껏 그들의 삶을 조종하고 지시를 내리려는 이들에 의해 상처를 받아 왔음에도 또다시 그들이 자신에게 무엇을 할지를 알려 주기를 기대하며 상담자를 찾는다. 인간중심 상담자는 이런 이들의 외부적 권위자에 대한 절망적인 욕구를 이해하면서도, 모든 수단을 동원하여 그들 자신이 그러한 권위자 역할을 하는 것을 피하려 한다. 왜냐하면 이러한 역할을 하는 것은 인간중심 접근법의 기본 전제, 즉 내담자 스스로가 자신의 앞길을 찾을 수 있다는 믿음에 어긋나기 때문이다. 만일 상담자가 내담자에게 불확실하지만 안정감을 느끼고 자기 수용에 대한 첫 경험을 시작할 수 있는 관계를 촉진할 수 있는 동반자가 될 수 있다면 내담자는 스스로의 여정을 신뢰할 수 있다. 그러나 이 과정이 일어나기 힘든 이유는 내담자가 자아존중감이 낮고 판단적인 전문가들이 과거나 현재의 내담자 삶에서 매우 파괴적인 역할을 해 왔기 때문이다. 아무리 서툴게 표현될지라도 자신에 대한 개념 형성의 과정으로 내담자의 자아개념이 서서히 드러나게 되면, 때때로 이것은 듣는 이를 심히 불편하게 만들기도 한다. 이러한 드러남의 과정을 통해서 내담자의 자기 부정이 극대화됨은 명백해진다. 그리고 이는 종종 상담사가 가진 내담자에 대한 믿음과 상담자 자신이 치료과정에서 신뢰성을 주는 동반자가 될 수 있다는 믿음에 큰 의심을 불러일으키게 된다.

〈글상자 1-1〉에 제시된 간략한 대화는 내담자가 현재 하고 있거나 되기를 원하는 모든 것에 커다란 지장을 주는, 슬프지만 냉혹한 자아개념의 발달과정을 보여 주고 있다. 자신은 무가치하고 사람들에게 거부되거나 허용되지 않는 운명을 타고났다는 의식이 팽배해 있다. 이러한 자아개념이 한번 내재화되면 그 사람은 그것을 강화하게 되고, 이것은 인간중심 관점의 기본 믿음, 즉 행동이란 많은 부분과 우리 자신 그리고 우리가 속한 세계에 대해 어떻게 느끼고 있는가를 그대로 드러내는 사실을 증명하는 것도 된다. 본질적으로 우리가 하는 행동은 보통 우리가 스스로를 어떻게 평가하고 있는가를 반영한다. 만일 우리 스스로가 서투르고 무가치하며 받아들여질 수 없는 존재라고 결론을 내린다면 그러한 평가의 타당성을 입증하는 방식으로 행동할 가능성이 훨씬 높아진다. 자연히 시간이 지남에 따라 존중받거나 받아들여질 가능성은 점차 희박해진다.

 〈글상자 1-1〉 낮은 자아개념의 발달

내담자: 나는 부모님이 나를 칭찬했던 적을 단 한 번도 기억할 수 없어요. 부모님은 항상 나한테 뭔가 야단칠 거리가 있었어요. 엄마는 항상 내가 더럽다고 뭐라고 했고, 모든 일에 생각이 없다고 했어요. 아빠는 항상 나를 멍청하다고 했고요. 내가 중등교육 자격검정시험(GCSE)에서 여섯 개의 A를 맞았을 때, 아빠가 나에게 너는 항상 필요 없는 과목만 잘한다고 말했던 게 기억나요.

상담자: 당신이 얼마나 열심히 했든, 얼마나 성공을 했든 부모님 눈에는 제대로 하는 게 하나도 없어 보였던 것처럼 보이는군요.

내담자: 내 친구들도 비슷했어요. 계속 내 외모를 지적했고, 나를 여드름쟁이 책벌레라고 불렀어요. 난 그냥 내가 아무한테도 보이지 않았으면 했고 숨고 싶었어요.

상담자: 자신이 너무 형편없이 느껴져서 차라리 안 보였으면 했군요.

내담자: 과거에만 그랬던 게 아니에요. 지금도 똑같아요. 남편은 내가 하는 것에 뭐 하나 동의한 적이 없고, 딸은 내가 자기 친

구들을 기분 나쁘게 할 것 같아서 친구들 데려오기가 창피하다고 해요. 내가 아무에게도 필요 없는 존재인 것같이 느껴져요. 그냥 사라져 버리는 게 나을 것 같아요.

⚙ 가치의 조건화

다행히도 많은 사람이 경험하는 비난과 거절은 그들의 기를 완전히 꺾을 정도로 파괴적이지는 않다. 비록 자존감이 너무나 약해서 바뀔 것 같지 않은 저주받은 운명에 대한 두려움이 늘 옆에 있을지라도, 사람들은 약간의 자아존중감은 유지한다. 그들은 마치 일종의 법적 계약에 따라 살고 있는 것과 같은데, 단 한 발만 잘못 내딛게 되어도 법의 엄중한 판결이 그들에게 떨어지는 것이다. 따라서 그들은 마치 머리를 수면 위로 두기 위해 안간힘을 쓰듯이 타인에게 인정받을 수 있는 일을 하려 노력하고, 또한 그렇게 되기 위해 노력한다. 반면에 그들이 느끼기에 나쁜 평가를 불러일으킬 만한 모든 감정, 생각, 행동은 철저히 억압하기 위해 노력한다. 그들 스스로의 눈에도 그리고 중요한 타인의 눈에도 자기 가치감을 인정받고 거절을 피하는 것을 조건으로 하는데, 이것은 타인에게 반드시 받아들여지는 방식으로만 행동하는 것이기 때문에 그들의 행동 범위가 극히 제한됨을 의미한다. 그들은 타인이 그들에게 부여한 가치의 조건화 (conditions of worth)의 희생양이지만, 긍정적인 인정에 대한 욕구가 너무 커서 인정받기 위한 조건을 위반함으로써 생기는 거절에 대한 위험을 감수하기보다는 차라리 구속의 상태(straitjacket)를 받아들인다.

하지만 때로는 그들이 더 이상 이러한 계약적 게임을 할 수 없는 상황이 오게 되면, 그들이 비난과 타인의 거절을 경험하게 되는 그들이 가장 우려하던 공포가 현실에서 나타날 수 있다(〈글상자 1-2〉 참조).

📖 〈글상자 1-2〉 **가치의 조건화**

내담자: 처음엔 모든 게 괜찮았어요. 나는 그가 내 매력 있는 대화술을 존중하고 내가 옷 입은 방식을 맘에 들어 한다는 걸 알았거든요. 나와의 잠자리도 좋아했어요. 나는 직장에서 바쁜 하루를 보낸 후에도 그를 위해 대화 나누기를 소홀히 하지 않았지요.

상담자: 당신은 어떻게 그에게 받아들여질 수 있는지를 알았고, 그 조건을 충족하는 것을 즐겼군요.

내담자: 네, 하지만 임신하자마자 모든 게 바뀌었어요. 나는 아기에 대해 이야기하고 싶었는데, 그는 보기보다 그 주제에 관심이 없어 보였어요. 분명히 그는 내 몸매의 변화를 싫어하는 것 같았고, 난 너무 피곤해서 잠자리에서 그가 원하는 방식대로 해 주기가 어려웠어요. 그는 점점 더 감정 기복이 심해졌고, 그럴수록 나는 더 우울해졌어요.

상담자: 그에게도 그리고 스스로에게도 자신이 받아들여질 수 없다고 느꼈군요.

🌸 유기체적 가치화 과정

Carl Rogers는 인간의 발달을 결정짓는 단 하나의 동력이 있다고 보았는데 그것을 실현 경향성(actualising tendency)이라 불렀다. 이 실현 경향성은 모든 종류의 저항과 방해에도 불구하고, 개인이 자신이 지닌 잠재력을 최상으로 실현하기 위해 계속해서 성장하려 애쓰도록 보장해 준다. 운이 좋게도 삶의 초기에 사랑과 지지를 받는 환경에서 자라게 되면 이 실현 경향성이 강화를 받게 된다. 이러한 환경에서는 스스로의 생각과 감정을 믿는 능력과 스스로의 지각과 욕구에 기초하여 의사결정을 내릴 수 있는 능력 또한 발달하게 된다. Rogers의 표현을 사용하자면, 그들의 유기체적 가치화 과정이 제대로 시행되며 그들에게 만족감과 성취감을 가지고 삶을 살아갈 수 있게 해 준다는 것이다.

반면 지지적인 관계를 맺을 만큼 행운을 갖지 못한 사람은 많은 처벌적인 가치의 조건화를 부여받아 고통을 당하고, 곧 긍정적인 존중에 대한 욕구가 지나친 자신을 발견하게 된다. 때때로 우리 안에는 이 욕구가 너무 커서 그것의 만족이 실현 경향성보다 우선시되며, 이에 우리의 유기체적 가치화 과정은 큰 혼란을 겪게 된다(〈글상자 1-3〉 참조). 인정에 대한 필사적인 욕구와 인간의 유기체적 가치화 과정의 지혜 사이의 이 갈등은 심한 심리적 장애의 뿌리가 되며, 자신감을 손상하고 효과적인 의사결정을 불가능하게 만드는 내적 혼란을 낳는다.

〈글상자 1-3〉 유기체적 가치화 과정의 초기 혼란

아이: [넘어져 무릎을 다친다. 위로 또는 확신을 갖기 위해 울면서 엄마에게 달려간다.]

엄마: 에이 멍청하게. 울음 뚝 그치고 애같이 굴지 마. 피도 거의 안 나잖아.

아이: [다음과 같이 생각한다. 넘어진 것은 바보 같아. 우는 것은 잘못이야. 이럴 때 엄마의 지지를 받지는 못하지만 나에게는 지지가 필요해. 하지만 나는 울고 싶었어. 나는 엄마가 달래 주길 원했어. 난 멍청한 게 아니야. 그런데 어떻게 해야 되지? 누굴 믿지? 난 엄마의 사랑을 원하지만 울고 싶기도 해.]

    유기체적 가치화 과정에 대한 신뢰의 상실과 실현 경향성과의 단절은 어떤 경험에 대한 자신의 반응의 가장 깊숙한 곳에서 나오는 제안을 억압하거나 모조리 거부해 버리는 자아개념을 형성할 수 있다. 예를 들어, 우울함을 느끼는 것은 잘못이며 파괴적인 일이라는 이야기를 지속적으로 듣게 된 사람은 결국 '나는 절대 우울함을 느끼지 않는 사람이야.' 혹은 '나는 항상 비참하게 느끼니까 벌을 받아야 할 사람이야.'와 같이 비슷하게 파괴적인 결론에 도달하게 될 수 있다. 전자의 경우 우울의 암시는 의식에서 억압되는 반면, 후자의 경우는 자책과 죄책감의 원인이 된다. 두 경우 모두 결과적으로 따라오는 자아개념은 직접적이고 자유로운 경험을 평가하는 안내자로서의 유기체적 가치화 과정에 대한 믿음이나 신뢰 형성과는 거리가 먼 것이 된다. 상담과정에서 상담자가 가장 뿌듯함을 느끼는 순간 중 하나는 비록 일시적이거나 부분적일지라도 내담자가 스스로의 유기체적 가치화 과정을 믿을 수 있음을 발견하거나 재발견하는 시점이다(〈글상자 1-4〉 참조). 이러한 순간은 스스로 자신의 길을 찾을 수 있는 내담자의 능력에 대한 상담자의 믿음을 강화해 주기도 한다. 또한 때때로 그것은 곤란을 무릅쓰고, 건강한 기능을 위해 모든 장애물에도 불구하고 살아남는 실현 경향성의 탄력성을 보여 준다. 아무리 그렇지 않아 보여도, 내면 깊숙한 부분에서는 현재보다 더 나은 존재가 되겠다는 열망이 절대 사라지지 않는다.

 〈글상자 1-4〉 유기체적 가치화 과정의 회복

내담자: 굉장히 슬퍼요. 견딜 수 없는 감정이에요.

상담자: 슬픔에 빠지는 것 외에는 다른 방법이 없다는 생각이 드는군요.

내담자: 굉장히 무섭게 들리네요. 모든 통제력을 잃게 될 것처럼. 하지만 난 절대 통제력을 잃지 않아요. [갑자기 눈물을 터뜨린다.]

상담자: 눈물이 당신에게 얘기하네요.

내담자: 하지만 어른은 울지 않아요.

상담자: 당신 눈물이 창피하다는 뜻인가요?

내담자: [긴 침묵] 아니요. …오랜만에 처음으로 진짜 나를 만나고 있다는 생각이 들어요. …우는 게 괜찮다고 느껴지네요.

유기체적 가치화 과정에 대한 논의를 여기서 마치면 뭔가 불완전한 느낌이 남을 것이다. 인간은 본질적으로 관계적인 동물이기 때문에, 생애 동안 자신에게 중요한 타인의 반응은 물론이고 그들이 속한 사회·문화적 환경과 가치관에 깊은 영향을 받게 된다. 유기체적 가치화 과정은 필연적으로 이러한 기준에 영향을 받게 되며, 내부 깊숙한 곳으로 스며들어 인간이 무모한 혹은 자신을 망치는 행동을 하는 것을 막아 주기도 한다. **사회적 중재**(social mediation)라는 것은 상담자가 유기체적 가치화 과정을 고취하는 관점에서 행동을 결정하는 데 어려움을 겪고 있는 내담자를 마주했을 때 중요한 요소로 작용하게 된다. 이런 고무에 대한 반응(성장에 있어서 반드시 필요한 것으로 보이는)은 재앙을 막기 위해 사회적 중재의 적절한 영향력을 필요로 한다. 실현 경향성과 유기체적 가치화 과정은 때때로 동정적인 중재를 요구하는데, 성장하지 않는 것이 이 경우이고 이때 이 시점에서 좀 더 현명한 선택이라고 꼬드기는 내부의 목소리를 내담자가 듣고 있음을 확실하게 하기 위함이다. 물론 이것은 아주 자주 사회적 그리고 지배적인 문화의 기준이 유기체적 가치화 과정에 정보를 제공하거나 그것을 강화하기보다는 그것의 기능에 걸림돌이 된다는 사실을 부정하려 하는 것은 아니다. 온정적 제동장치 역할을 하는 사회적 중재, 그리고 창조성을 억누르며 자신감을 약화하고 반쪽짜리 인생을 살도록 비난하는, 만연된 조건적인 가치화의 수단으로서 사회적 조건화를 구별하는 것은 결코 쉽지 않다. 다음 장에서는 이에 대한 더욱 자세한 논의를 비롯하여 최근 인간중심 이론이 발달하면서 나타난 실현화 과정의 침범과 같은 몇몇 복잡한 문제를 다룰 것이다.

🌼 평가의 소재

매우 비판적이고 판단적인 사람들에 둘러싸여 아주 불행하게 살아온 사람들은 약간의 인정과 긍정적 관심을 얻기 위해 필요한 모든 수단을 동원하려 할 것이다. 대부분의 경우에 이러한 노력은 점진적으로 유기체적 가치화 과정에서 멀어지게 만들며, 인간의 타고난 자원과 성숙한 지혜와는 동떨어진 자아개념을 형성하게 한다. 형편없는 자아개념을 가지고 있을 가능성이 많지만, 어떤 경우에는 유의미한 감각적 혹은 '본능적' 경험을 모두 차단해 버림으로써 어느 정도의 자아존중감을 유지하는 이도 있다. 하지만 그러한 모든 경우에서 유기체적 가치화 과정은 그 개인에게 지식의 원천이나 안내자가 될 수 없게 된다. 따라서 의사결정 과정이나 스스로 무슨 생각을 하고 느끼는지를 알아내는 데 있어 아주 커다란 어려움을 겪게 되는 것이다. 그래서 외부적인 권위자의 안내에 의지하거나 모든 사람에게 호감을 사기 위해 절망적인 시도를 하는 과정에서 자주 예측 불가능하고 일관되지 못하고 부적절한 행동을 하게 된다.

다행히도 자신을 수용하고 인정하는 환경에서 자라온 심리적으로 건강한 사람은 적어도 가끔은 자기 내부 깊은 곳의 느낌과 경험에 접촉하는 시간을 허용함으로써 자아개념이 발달할 수 있게 한다. 그들은 자기 존재라는 근원에서 단절되지 않고, Rogers가 '충분히 기능하는' 사람이라고 설명한 단계로 나아갈 준비를 마친 이들이다 (Rogers, 1963a). 그들은 위협을 느끼지 않고도 경험에 대해 열려 있으며, 따라서 자신과 타인의 목소리를 분별하여 들을 수 있다. 또한 그들은 자기 자신과 타인의 감정에 대해 잘 알고 있으며, 현재를 살아갈 능력을 가지고 있다. 가장 중요한 사실은 타인의 판단적인 언행과 계속해서 싸우며 살아와야 했던 사람과는 반대로 그들은 자신의 유기체적 가치화 과정에 믿음과 자신감을 보인다는 사실이다. 이러한 믿음은 의사결정 과정과 현재 자기 생각 및 느낌에 대한 인식과 명확한 표현에서 두드러지게 나타난다. 외부에서 안내자를 찾거나 내적 혼란이나 백지 상태를 경험하는 대신, 충분히 기능하는 사람은 자기 내부 깊이 그리고 접근 가능한 곳에 지혜의 근원을 항상 지니고 있다. Rogers는 이러한 자기 참조(self-referent)를 내적 평가의 소재(locus of evaluation)라고 묘사했다. 상담자에게 있어 치료에서 가장 중요한 순간 중 하나는 내담자가 자신 안에서 이 평가기준을 아마도 생애 처음으로 찾아내는 시점일 것이다(〈글상자 1-5〉 참조).

 〈글상자 1-5〉 평가에 대한 내적 평가의 소재

내담자: 아버지를 기쁘게 해 드리기 위해 직장에 다녔던 것 같아요. 어쨌든 직업이라는 것을 가져야 하니까요.

상담자: 당신의 아버지를 기쁘게 해 드리고, 전통적인 직업사회에서 괜찮게 느끼는 게 중요했군요.

내담자: 네, 그리고 나는 우리 부모님이 진을 좋아했기 때문에 그녀와 결혼했다는 생각도 들어요. 나는 확실히 그녀를 사랑하고 있지 않았어요.

상담자: 정말 부모님을 기쁘게 해 드리기 위해 그녀와 결혼했군요.

내담자: 그리고 어젯밤 나는 더 이상은 계속할 수 없다는 것을 깨달았어요. 나는 내 일을 증오하고, 결혼생활은 어리석은 짓이었어요. 나는 내 삶 전부를 주변 사람을 만족시키는 데 바치기 전에 내가 뭘 원하는지, 뭐가 나한테 가치가 있는지를 찾아내야 해요. 그리고 나는 내가 뭘 해야 되는지를 말해 주는 목소리가 나의 내부 어딘가에서 들리고 있다는 생각이 들어요. 내 목소리를 처음으로 듣는다는 것은 좀 무섭네요.

❀ 성장을 위한 조건 만들기

인간중심 상담자는 모든 내담자가 그들 내부에 성장과 발달을 위한 방대한 자원을 가지고 있다고 믿는다. 내담자는 자신의 독특한 정체성을 성취하기 위해 성장할 수 있는 능력을 지니고 있는데, 이는 내담자의 자아개념이 바뀔 수도 있고 태도나 행동이 수정되거나 혹은 변화될 수도 있다는 것을 뜻한다. 성장과 발달이 막히거나 뒤틀려 있는 상황에 처해 있다면, 이것은 긍정적 존중에 대한 개인의 기본 욕구를 짓밟아 온 관계의 결과다. 내담자는 이러한 공격과 비난으로부터 보호하기 위해 자아개념을 형성하고 그에 수반하는 행동을 하게 된다. 상담자의 의무는 성장과정이 장려되고 발달지체와 왜곡이 치료되는 새로운 관계의 환경을 만들어 주는 것이다. 어떤 의미에서 상담자는 내담자를 위해 다른 토양과 기후를 제공하려고 시도하고, 그 새로운 환경에서 내담자는 과거의 결핍과 학대에서 회복되어 본래의 독특한 자기 자신으로 성장할 수 있게 된다. 이러한 새로운 관계의 환경과 그것을 만들어 내는 상담자의 능력이 전체 치료계획의 핵심이 된다.

성장을 장려하는 환경의 속성에 대해 간략하고 명확하게 설명할 수 있다. Rogers는 세 가지 기본 조건이 충족되어야 한다고 보았다. 첫 번째 요소는 진실성, 진정성 혹은 상담자의 일치성(congrence)이다. 상담자가 전문가 역할과 개인적인 겉치레를 버리고 관계에서 더욱더 그 자신이 되면 될수록, 내담자는 긍정적이고 건설적인 방식으로 변화와 성장을 할 가능성이 훨씬 더 높아진다. 진실한 상담자는 자기 자신이 된다는 것에 허용적일 뿐만 아니라 그것이 바람직하다는 메시지를 전달한다. 또한 내담자에게 스스로를 투명하게 내보인다. 또한 내담자보다 우수하고 전문성 있고 모든 것을 알고 있는 존재로 부각되려 하지 않는다. 이러한 관계에서 내담자는 그 자신에게서 자원을 발견할 가능성이 커지며, 상담자가 자신에게 어떤 답을 쥐어 줄 것이라고 기대하는 태도를 버릴 가능성이 크다. 변화와 성장의 환경을 만드는 두 번째 요소는 내담자를 온전히 수용하고 소중히 여기는 상담자의 능력, 즉 무조건적인 긍정적 존중(unconditional positive regard)이다. 상담자가 이러한 수용과 판단하지 않는 태도를 간직할 때, 치료적 변화의 가능성은 훨씬 높아진다. 내담자는 더 안전감을 느끼며 부정적 감정을 탐색하고 자신의 불안과 우울의 중심부로 들어간다. 또한 거부나 비난에 대한 두려움 없이 자신을 더욱 솔직하게 바라볼 수 있게 된다. 더 나아가 내담자는 상담자의 수용에 대한 강력한 경험으로 인해 처음으로 자기 수용(self-acceptance)의 느낌을 가질 수 있게 된다. 세 번째 요소는 치료적 관계에서 없어서는 안 될 공감적 이해(empathic understanding)다. 이 요소를 갖춘

상담자는 내담자의 개인적인 의미와 정확한 감정을 이해하고 따라
가는 능력을 나타낸다. 상담자는 내담자가 느끼는 것처럼 느끼고,
내담자가 세상을 인식하는 것처럼 인식한다. 아울러 상담자는 이러
한 민감성과 수용적 이해를 내담자에게 전달하는 능력을 갖추게 된
다. 이러한 방식으로 이해받는 것은 대부분의 내담자에게 드물고 독
특한 경험이다. 이것은 상담자가 그들에게 주의를 집중할 준비가 되
어 있으며, 가치부여를 해 줄 수 있을 정도의 관심을 가지고 있다는
사실을 보여 준다. 나아가 이러한 방법으로 내담자가 깊이 이해받
게 되면, 분리된 상태와 이질적인 감정을 유지하는 것이 오히려 더
어려워지게 된다. 외롭고 동떨어진 내담자는 공감적 이해를 통해
인간에 대한 소속감을 회복하게 된다. 치료적 관계에서 이러한 세
가지 요소는 〈글상자 1-6〉에 정리되어 있다. 이들은 보통 인간중
심 이론을 다룬 문헌에서 **핵심** 조건으로 불리고 있으며, Rogers는
지속적으로 이 용어를 사용했다(1951, 1961, 1974, 1979, 1980a).

 〈글상자 1-6〉 핵심 조건

성장을 격려하는 치료적 관계를 만들려면 상담자에게 다음과 같은
능력이 있어야 한다.

1. 진실성 혹은 일치성
2. 무조건적인 긍정적 존중과 온전한 수용 제공
3. 깊은 공감적 이해를 느끼고 소통하기

핵심 조건을 이야기하기는 쉽지만, 상담자가 이러한 태도를 개발하고 유지하기 위해서는 평생에 걸친 노력과 헌신적인 자세가 필요한데, 이는 상담자의 전문적 활동뿐만 아니라 자신의 삶 전체를 통해 이루어져야 한다는 심오한 의미를 내포한다. 사실상 이 책의 대부분은 상담자가 진실하고 수용적이며 공감적이 되기 위해서 거쳐야 하는 여러 복잡한 문제를 다루고 있다고 해도 과언이 아니다. 이러한 것은 말로 하기는 쉽지만, 그 중요성은 거의 경외심을 불러일으킬 정도다.

제2장

인간중심 이론의 최근 발전

실현화 과정
자아 동조적 과정
이론적 명제 1~4
어려운 과정
자기 대화
이론적 명제 5~8
현대 상담과정의 인간중심 개념

❀ 실현화 과정

1987년 Rogers의 죽음 이후, 인간중심 이론은 상당한 발전을 이루어 왔다. 이 장에서는 Rogers의 실현 경향성(actualizing tendency)과 정신장애의 발생에 관한 최초 이론화 작업(Rogers, 1951, 1959, 1963b), Rogers의 이론을 확장하려는 Mearns의 노력(Mearns & Thorne, 2000; Mearns, 2002), 그리고 Warner의 발전적인 공헌(Warner, 2000a, 2002a, 2006)을 함께 엮어 갈 것이다.

그 출발점으로, Rogers는 동기 부여적 개념인 **실현 경향성**에 대해 다음과 같이 서술하고 있다.

…그 자신을 유지하려는 유기체의 경향성이다. 음식을 소화하고, 위험이 닥쳤을 때 방어적으로 행동하고, 심지어 자기 유지의 목표로 가는 길이 막혔을 때도 그 목표를 달성하는 것이다. 우리는 성숙의 방향으로 나아가려는 이러한 유기체의 경향성을 모든 개체에 해당되는 성숙으로 간주하고 있다(1951: 488).

그의 성격이론에서 실현 경향성은 Rogers의 유일한 동기 부여적 개념이었다. 이것은 인간이 자신의 기능을 유지, 개발, 향상하기 위한 기본 욕구를 말한다. 어떤 의미에서 이것은 개인이 약해지지 않고 계속해서 성장을 향하도록 촉구하는 본질적인 '삶의 힘'이다. 실현 경향성은 개인이 그들의 상황에서 최선을 다하도록 이끈다. 이러한 개념을 이해하지 못한 어떤 비평가는 그것을 Rogers의 인간 본성에 대한 지나치게 낙관적인 견해의 증거로 여긴다. 인간은 계속해서 긍정적인 방향으로 발전한다. 그러나 이 개념은 사실 '긍정적' 또는 '부정적' 가치와 연관된 것이 아니며, 단지 관점에 따라서 인정받거나 혹은 비난받을 수 있는, 계속적인 성장으로 나아가는 힘을 말한다. 실라와 나이절의 경우를 보자.

실라는 모린과의 관계에서 안정되지 못했다. 실라는 35세, 모린은 54세라는 상당한 나이 차이가 있었음에도 그들의 관계는 15년 동안 지속돼 왔다. 하지만 실라는 지난 몇 년 동안 그 관계가 주었던 안정감보다는 흥미진진한 삶에 더 큰 가치를 부여하고 있다.

나이절은 14년 동안 아버지의 육체적, 정신적 학대 속에서 자랐다. 그의 아버지는 일주일에 한 번은 어떤 구실을 잡아서 의식처럼 그를 묶어 놓고 때렸다. 아버지는 작은 불복종에도 벨트를 풀었다. 폭력은 육체적인 것에만 한정된 게 아니었다. 그는 자신이 학교에서 잘했다는 것을 보여 줬을 때에도 욕을 먹었다. 그는 '지하에 숨음'으로써 한 인간으로 살아남았다. 이제 22세가 된 그는 40명이 연루된 마약 거래 조직을 운영하고 있다. 그는 그의 조직과 그 안에 있는 사람들을 단단히 조종하고, 때때로 공개적으로 엄청나게 잔인한 방법으로 그의 권위를 행사한다. 그는 부분적으로 폭력을 통해서뿐만 아니라 그의 지적 능력을 통해서도 조직의 지배권을 획득했다.

실라와 나이절은 모두 실현 경향성의 행동을 보여 주고 있다. 초기에는 모린과의 관계에서 안정감이 최우선이었던 실라는 다른 방식으로 성장하기 위해 움직이고 있다. 이것은 실라와 그녀의 친구들에게는 긍정적으로 보일 수 있지만, 만약 그녀가 변화하지 않는다면 모린에게는 긍정적으로 보이지 않을 것이다. 나이절은 어린 시절에서 살아남았지만, 그러기 위해 '지하에 숨어야' 했다. 그렇지만 그는 말 그대로 고통스러운 환경에서도 여전히 최선을 다함으로써 실현 경향성의 압박의 증거를 보여 준다. 그는 희생자로 남지 않았고, 그의 하위 문화권 안에서이기는 하나 자기 자신을 표현하고 발전시키는 방법을 찾기 위해 지적 능력을 사용했다. 그가 '우리 학교 사람 중에 22세에 백만장자가 된 사람은 많지 않다'고 말했듯이 말이다. 많은 독자는 나이절의 성장이 어떤 '긍정적인' 것을 나타낸다고 보는 것이 마음 내키지 않을 것이다. 하지만 실현 경향성은 사회 가치의 견지에서 일맥상통하는 것이 아니다. 그것은 오로지 개인이 생존, 발전, 향상하기 위해 그들이 최선을 다하도록 하는 것에 의미를 둔다.

또한 당연히 실현 경향성은 멈추지 않는다. 안정을 얻는 것은 실라의 초기 성장에서는 중요한 것이었지만, 현재 그녀는 다양한 것을 원하고 또 후에는 다른 목표를 갖게 될 것이다. 나이절의 현재 지위는 비록 사회적 의미에서 성공이라 할 수 없지만, 심리적으로는 성장·발달에 성공했다고 할 수 있다. 하지만 그는 계속적인 성장에 대한 실현 경향성의 압박을 받을 것이다. 그런 압박이 반드시 갑작스럽게 성장·발달을 일으키는 것은 아니다. 아마도 나이절은 한동안 정체될 것이고 그가 '발달적인 전진'이라고 보는 어떤 방향으로도 움직일 수 없게 될 것이다. 때로 좌절과 절망은 이차적인 동기가 되기도 한다(Rogers의 6번째 이론적인 '명제'를 보라; 1951: 492-494).

아마도 나이절의 계속적인 성장은 그가 그의 지적 능력과 운영 기술을 합법적인 기업에 적용하도록 하거나 또는 아마도 그를 훨씬 더 치밀한 범죄자로 만들 것이다.

Rogers는 성격이론에 관한 세 가지 주요 이론적인 논문을 발표했다(1951: 481-533, 1959, 1963b). 1951년과 1959년에 그가 발표한 정신장애의 발생과 관련된 실현 경향성의 개념은 대체로 일관적이었다. 하지만 조금 덜 알려진 1963년의 논문에서는 뚜렷한 변화가 있었다.

> 나는 점차 이러한 분리, 균열, 틈[자아 구조(self-structure)와 경험 사이의]이 학습된 것이라 이해하게 되었으며, 즉 실현되지 않는 행동에 대한 실현 경향성의 비뚤어진 채널링(channeling)이라는 것을 알게 되었다…. 이 점에 대한 나의 생각은 지난 십 년 동안 바뀌어 왔다. 십 년 전에 나는 자아와 경험, 의식의 목표와 유기체의 방향 사이의 균열을 비록 불행할지라도 당연하고 필요한 것이라 설명하려 했다. 이제 나는 개인의 일원적인 실현 경향성의 자연스러운 방향이 문화 속에서 왜곡된 행동으로 조건화되고 보상받고 강화되었다고 생각한다(1963a: 19-20).

이것은 그의 이전 논문에 비하면 관점이 상당히 변했다는 것을 보여 준다. 이제 그는 실현 경향성의 표현에 맞서는 것으로 보이는 사회적인 힘에 대한 부정적 가치 판단을 소개한다. 1963년에 이 논문이 출간되었을 때, 그는 심리치료에 바친 그의 인생을 정리하고 있었다. 이 작업은 그와 Bill Coulson(1987)이 "시카고 신경증 환자

(Chicago neurotics)"[1]라고 묘사한 내담자와 함께 시카고에서 수행됐다. '신경불안(neurotic)' 장애는 부모에게서 받은 내재화된 강한 명령이 실현 경향성을 막을 때 전형적으로 일어난다. 예를 들면, '네 감정을 믿지 마.' '너의 자기표현(self-expression)은 위험한 거야.' '즉흥적으로 행동하지 말고 신중해라.' 그리고 이와 비슷한 말을 가리킨다. 이 내담자와 관련해 1963년 Rogers의 실현 경향성을 제한적으로 보는 세력에 대해 이해할 수 있다. 그러나 실현 경향성에 도전하는 모든 영향을 부정적으로 보는 것은 좋지 않다. '정상적이라고 하는' 사회 규제는 없다. 모든 사회 규제는 부정적인 것으로 여겨진다. 그것은 Rogers 이론 틀의 변화였고 캘리포니아로 가면서 대중의 인기 또한 얻게 됐다. 그는 이전 세대가 강조했던 자기표현의 억제에 도전한 1960년대 반문화(counterculture)의 승리자가 되었다.

Bill Coulson은 이런 Rogers의 새로운 가치에 대한 입장을 비평했다. 이 비평에 대한 더 자세한 설명은 다른 곳(Mearns & Thorne, 2000: 179-180)에서 다루고 있지만, 간단하게 말하자면 Coulson은 사회적 규제를 지극히 '정상적'인 것으로서 개인과 사회의 합리적인 합의점이라고 보았다. 변화의 중심에 매우 가까이 있는 Coulson으로부터의 도전(그는 위스콘신에서 Rogers와 함께 일했고 캘리포니아로 함께 갔다)은 비록 Coulson이 보기에 Rogers가 직접적으로 그를 이단으로 여기지는 않았지만, Rogers의 동료에게 그는 이단으로 여겨

---

1 오늘날의 독자가 이를 경멸적인 용어로 보는 것에 대해 주의를 요한다. 1960년대 미국의 임상 맥락에서 그것은 '정신병자' '사이코패스' 등과 구별되는 내담자 집단의 단순한 기술적 설명이다.

졌다(Coulson, 2000). 그의 반대자들은 Coulson이 단순히 부모의 사회화(parental socialisation)의 억압적인 힘만 주장하고 있다고 보았다. 이러한 반응은 진보 진영에서는 이해할 수 있는 방어로 묘사되지만, 이제 우리가 더 안정된 입장에서 볼 때 이는 재고할 수 있는 편협한 반응이기도 하다. Coulson에게 사회적 맥락, 특히 가족은 억제하는 힘이 아니라 그 반대다. 가족은 자기표현과 자기 발전에 좋은 환경을 조성한다. 사회 구성원과의 대화에 몰두하는 것은 주로 개인의 실현화 기회를 증가시킨다.

'신경증적' 사회화 과정에 대한 Rogers의 집중 연구는 사회환경에 대한 그의 인식을 좁혔다. 사회화의 해로운 영향에 대한 그의 관찰은 중요하고 유용했지만, 단기적으로는 추의 흔들림을 반대 방향으로 너무 멀리 가게 했다. 모든 사회적 영향이 반갑지 않은 것으로 여겨지는 지점까지 말이다. 상담에서 이 같은 과정이 내담자에게 어떻게 재현되는지 보는 것은 흥미로운 일이다. 일단 그들이 무기력한 사회통제에서 벗어나면, 그들은 종종 다른 방향으로 흔들리고 그들이 보통의 사회적 영향을 거부함에 따라 '함께 사는 것이 불가능'하게 된다. 다행스럽게도, 그 과정 동안 추는 좀 더 현실적인 균형을 얻게 된다.

그러나 Rogers의 이론에 따르면 사회 영향에 관한 방어적이고 판단적인 입장은 개인이 사회환경 안에 유착되고 분리될 수 없는 것으로 보이는 다른 문화권이나 신념 체계에 대한 발전과 잠재력 적용을 방해한다고 볼 수 있다. 실현화(actualisation)에 대한 개념은 오로지 그 유착관계의 맥락에서 이해될 수 있다. 우리는 이러한 예를 오늘날의 일본 문화에서 찾을 수 있다. 일본은 비록 무척이나 '서양화' 되었지만, 공동체의 기본적인 중요성은 잊지 않았고 현대 구조와 섞여 조화를 이룬다. 예를 들어, 후쿠오카의 큐슈 산요 대학에서 수련받는 인간중심 학교 상담자는 학생 개인뿐만 아니라 내담자의 선생님과 친구를 만나러 학교에 가기 전에 그의 어머니와 할머니를 만나 얘기를 나눌 것이다. 다른 많은 나라의 학교 상담자는 아마 이런 방식으로 이루어지는 넓은 작업 범위에 놀랄 것이고, 비밀 엄수에 대해 우려할 것이다. 하지만 그들의 밀접한 경계의 작업 방식이 더 좋거나 더 나쁘다는 것은 아니다. 그것은 그저 그들의 문화를 반영한다는 점에서 다를 뿐이다. 일본에서 학생 내담자는 상담자가 자신의 공동체도 고려해 주기를 바라는데, 한 인간으로서 그는 공동체의 일부일 뿐 아니라 공동체 역시 그 자신의 일부이기 때문이다(Ide, Hirai, & Murayama, 2006; Morita, Kimura, Hirai, & Murayama, 2006). 인간중심 접근이 적용될 수 있는 문화와 하위문화, 그리고 그렇게 하기 위한 도전을 위한 동시대의 유사한 기회는 많이 있다(Balmforth, 2006; Boyles, 2006; Chantler, 2006; Khurana, 2006; Lago, 2006; Lago & Haugh, 2006; Sembi, 2006; Shoaib, 2006). 또한 우리는 심리학적 이론과 관련하여 이슬람적 자아개념에 대한 Inayat의 표현과 같은, 대화하려고 애쓰는 눈에 띄는 시도를 목격할 수 있다(2005). 이러한 중요한 발전은 Rogers가 그 이론을 취한 1960년대 캘리포니아의 관점에서 현대의 세계적 관점으로 옮기기 위해서는 조정과 확장이 필요하다는 것을 보여 준다.

Rogers는 실현 경향성에 대해 집필하면서 "결국 유기체의 자아실현은 광의적으로 정의하자면 사회화의 방향으로 나타나는 것 같다."(1951: 288)라고 말하였다. 사회적 차원에 대한 이러한 인정은 불충분하고, 다양한 형태의 정신장애를 가진 많은 내담자와의 임상 경험을 반영하지도 않으며, 광범위한 세계 문화와 관련된 작업을 반영하는 것도 아니다. 인간은 본래부터 사회적인 동물이고 성장을 위한 대부분의 방법은 더없이 사회적인 것이다. 친구, 동료, 배우자, 그리고 아이들과의 관계는 우리의 성장과 발달을 위한 대부분의 잠재적인 환경을 나타낸다. 따라서 Rogers 이론의 발전에서 우리는 사회적 중재(Mearns, 2002; Mearns & Thorne, 2000: 182-183)를 실현 경향성의 완충 장치로 소개할 수 있다. 개개인이 유지와 발전을 추구하는 것뿐만 아니라(실현 경향성), 우리는 또한 개인 내부에 사회적인 맥락과 일치하려고 애쓰는 통제력의 존재를 가정한다. 즉, 성장을 향한 힘은 일종의 확인이나 '중재' 없이는 스스로 커질 수 없다. 그로 인해 개인은 자신의 발전을 강화할 뿐 아니라 사회적 맥락을 유지하게 되고, 그 결과로서 계속적인 성장을 위한 토대가 제공된다. 우리는 실현화 과정이라는 용어를 실현 경향성의 힘과 사회적 중재 사이의 표현으로 사용한다. 다른 곳에서 우리는 다음과 같이 말한다.

실현화 과정이란 실현 경향성이 요청하는 항상성과 개인의 사회적 삶의 여러 공간 안에서의 사회적 중재, 그리고 변화하는 환경에 반응하기 위한 항상성의 변화를 말하는데, 이것이 바로 개정판 이론의 중심 개념이다(Mearns & Thorne, 2000: 184).

즉, 인간은 성장하고 유지하는 과정에서 자신의 삶에 다른 사람을 고려한다. Rogers는 살아 있는 동안 이러한 언급에 신중했을 것이다.

왜냐하면 그가 그의 동료들과 함께 시카고에서 상담했던 내담자의 대부분이 다른 사람이 바라는 것에 대한 신경불안적 가치를 그들 자신의 욕구보다 우위에 두었기 때문이다. 새로운 이론에 따르면 그들의 실현화 과정은 균형에 맞지 않았으며, 이로 인해 사회적 중재의 힘을 상대적으로 지나치게 강조하면서 실현 경향성의 촉진을 과소평가하는 결과를 낳았다. 이런 종류의 내담자는 상담 장면에서 자주 볼 수 있다. 그는 자기 자신에 대한 경험과 타인이 자신에 대해 그리고 자신을 위해 갖고 있는 견해 사이의 불협화음에 적응하기 위한 방법으로 자신의 불균형을 발전시켜 왔다. 우리가 1장에서 설명한 바와 같이, 그는 유기체적 가치화 과정과의 접촉과 믿음을 잃었고 그의 자기 경험과 타인의 견해 사이에서 대화를 통해 자아개념을 형성한 것이 아니라 거의 전적으로 자신이 누군지에 대한 다른 사람의 견해를 내면화했다. 다음의 인용문에서 레이철이 이와 비슷한 예를 보여 주고 있다. 그녀는 교생훈련 마지막 해에 가서야 자신이 선택한 초등학교 교사직에 의문을 품기 시작한다.

나는 내가 아이들을 가르치는 것이 점점 더 힘들어진 이유는 아이들을 사랑하지 않기 때문이라는 사실을 갑자기 깨달았다. 나는 "레이철은 아이들에게 참 잘해."라는 말을 항상 들으면서 살았다. 아마도 이런 말이 네 명의 남동생과 여동생을 돌봐 주는 역할을 지속하게 한 방법이었던 것 같다. 그것은 내가 나 자신을 수용하기 위한 훌륭한 정의였다. 그것은 나 자신을 인정하는 쉬운 방법이었다. 불행히도 이건 착각이었고, 나는 지난 4년을 낭비했다. 학교라는 현실에서 '아이들을 사랑하는 사람'으로 계속 자기 자신을 봐야만 하는 것은 어려운 일이다. 만약 아이들을 사랑하지 않아도 된다면, 아이들에 대해 실제로 무엇을 느끼는지 알수 없을 것이다.

특히 아이들에 대한 사랑이라는 특정 부분과 관련하여, 레이철의 자아개념은 왜곡되어서 자기 경험보다 타인의 견해를 더 반영하고 있다. 하지만 그러한 왜곡은 자아개념의 많은 부분을 오염시키면서 전체로 퍼져 나갈 수 있다. 그래서 인간은 일반적으로 자신의 경험과 판단을 믿을 수 없는 연약한 상태가 된다. 때로는 자신의 감정에 대한 경험도 믿지 못한다. 슬픔에 대한 자기 내면의 경험은 슬픔을 소년의 '나약함' 정도로 간주하는 부모에게는 수용되기 어려운 것일지 모른다. 만약 그가 자신의 분노를 경험하고 그것을 표현한다면, 여전히 곤경에 처해지더라도 그것은 남자아이가 겪는 수용 가능한 어려움으로 여겨질 것이다. 마찬가지로 대부분의 서양 문화권에서는 여자아이의 분노에 대한 내면 경험은 다시 정의가 되고 이는 슬픔으로 표현된다. 이전에 말했듯이, 점차 개인의 평가 소재는 그들이 자신에 대한 권한을 포기하고 자기 정의(self-definition)를 위한 원천으로 다른 사람의 권위를 받아들이면서 점차 외재화된다.

Rogers는 실현화 과정에서 균형의 방향을 아주 자세히 탐색했지만, 그것은 심리적 장애의 발생에 관한 한 전체 이야기의 일부에 불과하다. 불균형의 또 다른 방향은 개인이 사회적 중재의 경험에 대한 신뢰를 잃어버릴 때 일어난다. 자신의 실현 경향성을 촉진하는 것과 강압적인 사회적 중재의 경고 사이에서 대화가 발생하는 대신, 그는 오로지 자신의 경험에 의존하게 된다. 결과적으로, 개인의 자아개념은 사회적으로 연관된 방법으로 발전할 기회를 갖지 못한다.

이를 가능하게 하는 대화는 없어지고, 그의 자아개념은 자기 보호를 위해 자신의 욕구에 그 기반을 두게 된다. 모든 것은 자기 보존의 노력 안에서 '나'를 중심으로 있다. 그의 과정은 '나 중심'이다. 그는 자기중심적인 시각으로 자신의 세계를 이해하기 위해 오직 자신만을 인정한다. 이것이 Mearns(2006a)가 이러한 패턴을 나타내기 위해 자아 동조적(ego-syntonic) 과정이라는 심리학적 용어를 사용한 이유다. 이 용어는 상세하게 설명할 필요가 있다.

🌸 자아 동조적 과정

자아 동조적 과정의 발생적인 기초는 때로 감정적인 학대에서 찾을 수 있고, 반드시 그런 것은 아니지만 다른 형태의 학대를 동반하기도 한다. 인간은 사랑과 존중을 기대할 수 없는 육아과정에서도 살아남았다. 긍정적인 것이 기대되는 때에 부정적인 경험이 따라올 수도 있다. 이 경우 관계에 의지할 수 있는 방법은 없다. 이처럼 사회적으로 기댈 수 없고 해로운 환경에서 살아남기 위해서 인간은 다음 세 가지가 필요하다.

1. 감정적인 애착을 없앤다.
2. 관계를 통제할 수 있는 방법을 찾는다.
3. 관계 안에서 자신을 통제할 수 있는 방법을 찾는다.

시카고 소재 특수학교(Orthogenic School)에 근무한 심리학자

Bruno Bettleheim의 임상 작업에 관한 TV 다큐멘터리에서 나온, 한때 그의 환자였고 지금은 월스트리트의 성공한 주식 중개인인 '샌디'의 사례에 주목할 필요가 있다. 이는 우리에게 젊은 사람으로서 이런 상황에서 어떻게 느끼는지에 대한 특유의 통찰을 보여 준다. 샌디는 자살과 살인 환상을 가진, 학교에서 정신적으로 가장 문제가 큰 아이 중 한 명이었다. 그는 어떤 식으로 임신한 자신의 상담자 패티의 배를 갈라 아이를 없애고 싶은지 묘사했다. 몇 년이 흐른 후, 샌디는 그 당시에 그가 그것을 어떻게 느꼈는지를 다음과 같이 묘사하고 있다.

　　때로는 좋지만 때로는 끔찍한 부모를 가진 사람은 그것이 세상의 방식이라고 생각한다. 내 경우엔 그것이 그렇게 된 이유였다. 내가 학교에 왔을 때, 다른 것보다 힘들었던 것은 아주 드물게 훌륭하고 애정이 많고 점잖은 사람인 패티(그의 상담자)와 만나게 된 것이었다. 나는 애정을 받아들일 수 없었는데, 그런 사실이 나를 더욱더 분노케 했다. 왜냐하면 다른 사람은 애정을 받아들이는 것을 좋아했기 때문이다. 하지만 애정을 받아들인다면 스스로 몰락하는 것이기 때문에, 만일 애정을 받아들이지 않도록 자신을 길들인다면 애정이 진짜인지와 진짜라면 계속해서 그게 진짜인지 아닌지 확인하는 희망을 감히 품지 않을 것이다. 그리고 그것이 실제 진짜 애정인지 아닌지를 서서히 알아가는 과정이다. 아마도 어떤 의미에서 그러한 것이 나에게 친절한 사람들을 해칠 필요가 있다는 사실을 말해 주고 있다. 내가 그들을 해친다면 그 애정이 계속될지 아닐지 알아볼 필요가 있기 때문이다…(Bettleheim, 1987).

어린이집 직원과의 작업에서 샌디의 발언은 이해받지 못했다. 분명히 자아 동조적 과정에 있는 대부분의 사람은 샌디의 경우처럼 아주 심한 정신장애가 있는 것은 아니지만, 성인기까지 이어진 사회적 장애는 만성적일 수 있다. 정서적 학대에서 살아남기 위해 그들이 발전시킨 자기보호 체계는 다른 관계에서도 일반화된다('RIGs'에 있는 Stern의 견해를 보라. "일반화되고 있는 상호작용의 표현"–Stern, 2003; Mearns & Cooper, 2005: 27-30). 발생하는 과정의 사회적 결과는 엄청나게 다양할 수 있다. 주변 사람에 대해 점점 더 가혹해지면서, 개인은 아마 다음과 같이 될 것이다.

인기 있지만 '다가설 수 없는' → 혼자이고 외로운 → 통제하는 → 차가운 → 잔인한 → 자살과 살인 성향이 있는

부드럽게 표현하자면, 그들의 자아 동조적 과정은 관계를 맺고 있는 상대를 혼란하고 두렵게 만든다. 그들은 어떤 일이 잘못되어 간다는 것을 알고 있고 또 그 일이 잘못되기를 기대하기도 한다. 그러나 그들은 왜 그것이 잘못되는지 진정으로 이해하지는 못한다. 그들은 항상 최선을 다해 왔다. 심지어 그들은 상대가 원하는 것과 상대가 어떠한 입장에 있는지에 대해 생각해 보려 노력한다(적당하게). 그러나 일은 항상 잘못된다. 물론 상대의 견지에서 볼 때 이런 노력의 불일치와 효율적인 공감의 부족이 두드러지게 드러난다.

자아 동조적 과정을 또 다르게 표현하자면, 그 사람은 관계를 잘 만들지만 궁극적으로는 과도하게 통제해야 하기 때문에 관계에 실패한다. 그들은 현실을 재정의하고 변화에 맞서 그것을 보호할 필요

가 있다. 그들은 물질적 수준에서는 잘 준비되어 있고 피상적인 관계에서는 적절하게 기능하지만, 관계에 있어서 '스타'가 될 필요가 있다. 그 관계는 그들이 중심에 있고, 당연히 그것이 그들에게 지속적인 요구를 하지 않는 것에 한해 가치를 갖는다. 다시 말하지만, 그들은 다른 사람이 그들과의 관계를 정리할 때 진심으로 놀란다. 그들이 그 관계에 최선을 다했기 때문이다.

좀 더 심각한 표현으로, 그들은 그 자신에게도, 다른 사람에게도 위험하다. 그들은 다른 사람에 의해 너무 위협받기 때문에 혼란이나 통제가 아니라 무심함과 심지어는 폭력을 통해 자기 방어가 그대로 나타난다. 그들의 공포는 매우 심각하고 적응력은 너무 연약해서 무심함과 파괴(자해 혹은 상해)만이 그들에게 남은 유일한 실존적 방어일지 모른다.

이 장의 목표는 새로운 인간중심 이론에 대한 윤곽을 그리는 것이기 때문에 자아 동조적 내담자의 상담 실례를 보여 주지는 않을 것이다. 그러나 독자는 아마 Mearns와 Thorne(2000), Mearns와 Cooper(2005)에서 설명한 내담자 '보비'와 함께 한 상담의 실례를 볼 수 있을 것이다.

인간중심 이론의 최근 발전은 치료 유효성이 적용될 수 있는 내담자의 대상 범위를 넓혔다. 인간중심 접근에서뿐만 아니라 상담계 전체에서 적정 환경(comfort zone)을 만들기 위한 적용 가능성의 경계를 좁히는 경향이 있다. '신경증(neurotic)'으로 불리는 사람들하고만 작업하기 위해 그 경계를 설정하는 것은 상담에서는 쉬운 일이다. 부서지기 쉬운 과정(fragile process)에 있는 특히 도전적인 내담자(이 장의 뒷부분을 보라)를 제외하고, 이 사람들은 일반적으로 상담자가 작업에 적용하려고 선택한 정의와 구조를 따른다. 다른 형태의 심리장애를 호소하는 내담자는 치료적 관계와 그 작업의 구조에 새로운 도전을 제시한다. 아주 협조적인 내담자와 작업하며 상담을 정기적으로 하는 상담자의 경우 상담 장면에 대한 폭넓은 정의는 반감을 낳을지도 모른다. 하지만 도전은 일어나야 하는데, 아마도 현재 인구의 10% 정도만이 상담이 자신과 관련 있다고 생각하기 때문이다. 만약 우리가 더 넓은 연관성을 설정하고자 한다면, 우리의 이론을 더 넓은 범위의 문화적인 신념 체계까지 맞출 필요가 있고, 치료적 맥락을 정의하는 우리의 방식은 더 유연하고 창의적으로 되어야 한다. 고전적인 정신역동 접근은 전문적인 타당성에 대한 정의를 내리는 것을 구조화하고 경계를 설정하는 것에 대해 집착하는데, 이는 제한적 발전을 초래하고 결국은 전문성을 제약할 수 있기에 도전할 필요가 있다.

이론적 명제 1~4

지금까지의 새로운 이론을 요약하기 위해서 우리는 심리장애의 발생에 대한 네 가지 이론적 명제를 제시할 것이다. Mearns와 Thorne (2000: 181-184), Mearns(2002)에 더 자세한 설명이 제시되어 있다.

명제 1: 실현 경향성은 유일한 동기 부여적인 힘이다. 실현 경향성에 대한 이러한 관점은 Rogers 이론의 기본 체계 중 명제 4를 반영한다 (Rogers, 1951: 487). 이 명제를 변화시키기 위해 노력할 필요는 없다. 여느 좋은 이론과 마찬가지로 이것은 단순하고 명쾌하다.

명제 2: 실현 경향성의 촉진은 개인의 사회적 삶의 공간 안에서 그들 자신의 고유한 저항을 불러일으킨다. 이 저항을 일컬어 '사회적 중재'라고 한다. 이것은 실현 경향성의 '친사회적 능력'의 보다 확립되고 공감적인 틀이다(Brodley, 1999). 그것은 살아가는 과정에서 개인이 경험한 사회적 세계를 더 중심에 놓는다. 개인은 그들의 사회적, 관계적 맥락을 고려한다. 실현 경향성이 반응을 유도할 때, 그 반응의 일부는 성장을 위한 순수한 개인적 고민이라기보다는 사회적인 것을 나타내는 균형을 맞추는 매개체를 나타나게 한다. 이것은 1963년에 Rogers가 도전했던, 다른 사람을 만족시키려는 신경불안증적 관심이 아니며, 개인의 지속적인 성장 내에서 다른 사람을 고려하고 다른 사람이 가진 중요성을 이해하는 것이다.

명제 3: 심리적 항상성은 실현 경향성과 사회적 중재의 억제 사이에서 발전한다. 이 항상성의 구성과 재구성이 '실현화 과정'이다. 실현화 과정은 이 새로운 이론의 중심 개념이고 임상 실습의 관찰을 통해 완전히 드러난다. 개인은 실현 경향성 같은 단일한 자극에 지배되지 않는다. 인간 존재의 기능은 그보다 훨씬 더 정교하다. 비유적으로 말하자면, 우리는 액셀만 있는 자동차를 운전할 수도 있지만 브레이크를 추가함으로써 훨씬 더 정교하게 조정할 수 있다. 생리적인 기능에서 통제는 일반적으로 반대 효과를 불러오는 호르몬 분비에 의해 유지되는 것처럼, 심리적인 기능에는 실현 경향성과 사회적 중재의 힘 사이를 정교하고 세밀하게 균형 잡으려는 두 개의 통제 시스템이

있다. 게다가 이러한 균형은 때때로 개인의 삶의 다른 영역에서 상
당히 다양하게 일어난다. 실현화 과정이 일어나는 것을 관찰하는 것
은 흥미로운 일이다. 이는 사람들이 어떻게 자신의 변화된 삶에서
적절하게 새로이 균형을 잡아 나가는지를 보는 것이다. 이러한 적응
은 외부 압력에 대한 단순한 순응이 아니다. 그것은 자신과 다른 사
람과의 관계 속에서의 건설적이고 정교한 대화, 즉 개인의 성장을
이루고 다른 사람의 성장에 도움을 주는 대화를 가리킨다. 부모가
되기 위해 젊은 사람이 자신의 삶의 공간의 많은 부분에 있는 균형
을 급격히 변화시킬 때, 실현화 과정과 이러한 내부, 외부적 대화는
더욱 분명해진다. 더 어린 이들에게서 실현 경향성을 보는 것은 놀
라운 일이다. 청소년기와 그 이전 단계에 있는 이들의 특징은 그들
이 삶에서 살아남기 위해서뿐만 아니라 풍부함과 다양성을 더하기
위해 애를 쓰면서 균형을 조합하고 재조합한다는 것이다.

명제 4: '심리적 장애'는 자신의 실현화 과정 속에 만성적으로 정체되
어 항상성의 균형이 변화하는 환경에 반응하여 재조합되지 못하는 것이
다. 이러한 인간중심 이론의 틀 안에서 그것은 시스템에 장애를 일으
키는 유동성의 손실이다. 유동성은 고착성으로 대체되는데, 이는
Rogers가 자주 사용하던 용어다. "개개인은 고착성에서 변화로, 경
직된 구조에서 순환으로, 정체에서 과정으로 움직인다."(1961: 131)
이러한 고착성의 발생에 대해서는 Mearns가 다른 곳에 설명해 놓
았다.

개인은 정신적 스트레스와 고통, 그들의 존재 또는 정체성에 대한 위

협, 그리고 살면서 마주하는 다양한 도전에서 살아남게 해 주는 자기보호 체계를 발전시켜 왔을 것이다. 보통의 체계에서 실현화 과정은 위험의 감소나 증가에 따라서, 그리고 사회환경의 변화에 따라서 균형을 맞추고 앞으로 나아가게 한다. 그러나 고정성이 남아 있는 곳에서, 특히 사회환경에서는 삶을 앞으로 나아가게 하는 데 어려움이 있음을 알게 될 것이다. 우리는 이것을 '생존을 견뎌 내고 있는' 우리의 많은 내담자를 통해 안다(2002: 24).

그래서 우리가 부모가 되기 위해 도전하고 있는 젊은 사람을 반영한다면 실현화 과정이 무의미하다는 것을 발견하게 될 것이다. 균형의 유동적인 변화는 없다. 균형의 초기 시점은 쉽게 얻기도, 포기하기도 힘들다. 다시 균형을 잡는 것은 보장된 혹은 증명된 평형추(counterbalance) 없이 자유를 포기하는 것과 느낌이 매우 유사하다. 적응은 알아서 이미 일어나는 것이 아니고, 다른 사람에 대한 반응에서 반동적으로 일어난다. 불안은 변화의 '상실'적인 차원을 경험할 때에만 커진다. 그러한 과정에서는 그 사람의 상대자도 불안을 느끼게 된다.

❀ 어려운 과정

이 책의 두 저자의 관점에서 보면, 최근 이론에서 가장 중요한 공헌은 Margaret Warner의 어려운 과정(difficult process)에 대한 자세한 설명이다. 여느 인간 존재와 마찬가지로, 어려운 과정에 있는 개

인은 다른 사람과 달리 무척이나 억제적인 발달 상황에 처해 있으면
서도 동시에 사회 경험을 통해 이해와 의미를 창조해야 한다. 예를
들어, 부서지기 쉬운 과정에 있는 개인은 부모로 인해 생긴 '공감의
실패'로 고통을 받는다. 발달 초기에 우리는 경험을 처리하는 것을
배우도록 도와주는 보호자의 공감에 의지한다. 공감적인 보호자는
아이가 표현한 것을 반영하여 되돌려 준다. 이로써 아이는 점차 자
신의 경험과 표현을 일치시키고, 느낌을 알아채고 감정을 조절하며
다른 사람과 효과적으로 관계를 맺을 수 있는 정교한 능력을 발달시
키게 된다. 하지만 공감의 실패에서는 그가 얻은 피드백이 존재하지
않거나 최소이거나 아주 왜곡되어 있을 수 있다. 만약 아이가 무릎
을 다친 후 아파서 소리를 지른다면 부모가 그에게 보일 수 있는 반
응은 다음과 같이 다양할 것이다.

- "오, 너 굉장히 아프겠구나." (그리고 그를 껴안는다)
- 부모가 그의 고통을 무시한다.
- "이제 그만. 그만큼 소리 질렀으면 됐어."
- "뚝, 다 큰 아이는 우는 거 아니야."

여기서 첫 번째 반응은 공감적인 반면에 다른 반응은 좋지 않거나
최소한의 반응이다. 마지막 예는 아이의 아픔을 나약함 및 미성숙과
동일시하여 복잡한 왜곡을 야기한다.

보호자의 공감의 질은 날마다 다를 것이다. 때때로 그들은 아이를
위해 항상 거기에 있기도 하지만, 어떤 때에는 자신의 생존에만 관
심을 가질 것이다. 이러한 다양성은 정상적이며 아동의 발달기간에

해를 끼치지는 않는다. 실제로 확고한 토대를 중심으로 한 이러한 다양성은 아동이 경험을 처리하는 데 더욱 세심하고 정교해질 수 있도록 도와준다. 왜냐하면 그들의 경험과 부모의 피드백 사이에 있는 괴리를 처리해야 할 때가 있기 때문이다. 예컨대, '엄마는 내 외침을 무시했어…. 하지만 난 여전히 아파.'와 같은 괴리의 결론 같은 것 말이다. 그러나 아이가 확고한 공감적 토대를 가지고 있지 않을 때 (즉, 그 규범이 공감의 실패의 하나일 때), 그들의 과정은 부서지게 된다. 어른이 되어서 그들은 이러한 연약한 과정의 결핍을 분명히 느낀다. Margaret Warner는 그러한 과정 유형을 가진 내담자가 표현하는 어려움을 다음과 같이 기술하고 있다.

부서지기 쉬운 과정의 유형(a fragile style of processing)을 가진 내담자는 아주 낮거나 아주 높은 수준의 민감성으로 핵심 쟁점을 경험하는 경향이 있다. 그들은 개인적으로 중요하거나 감정적인 것과 연관된 경험을 시작하고 멈출 때 큰 어려움을 느낀다. 게다가 그들은 그런 경험을 하는 동안 다른 사람의 견해를 받아들이는 것에 어려움을 느낀다. 예를 들어, 내담자는 아마도 치료 시간의 대부분을 정황 설명에 할애할 것이고, 아주 마지막에 가서야 숨어 있는 분노의 감정과 접촉할 것이다. 이때 그는 쉽게 분노를 누그러뜨리지 못할 것이고, 이런 식으로 다시 작업을 재개할 것이다. 그리고 나서는 몇 시간 동안 공원을 걸으면서 그 강렬한 감정을 다루려고 할 것이다. 내담자는 상담자에게 자신의 분노에 대해 이야기할 수 있을 것이고 이해받고 확인받기를 매우 원할 것이다. 하지만 내담자는 상담자가 자신의 경험을 없애려 한다고 느낄 것이고, 상담자는 이에 동의하지 않거나 상황을 설명할 것이다(2000a: 150).

Margaret Warner는 또한 해리과정(dissociated process)을 설명했다. 그녀가 처음으로 알게 된 것은 그녀가 만났던 해리과정을 보이는 모든 내담자는 7세 이전에 신체적 혹은 성적 학대로 인한 정신적 충격을 받았다는 것이다. 그녀는 그 과정을 다음과 같이 설명한다.

그처럼 어린 나이의 아동은 높은 수준의 최면적 피암시성을 가진다. 압도적인 트라우마에 직면했다는 점과 좀 더 나이가 들어야 할 수 있는 더욱 복합적인 경험 대처방법을 잘 알지 못했던 점 때문에 우리 내담자는 그 해결책으로 해리(dissociation)를 택했다. 예를 들어, 한 내담자는 벽에 있는 점을 응시하고 있으면 자신을 강간했던 아버지에 대한 괴로움과 두려움에서 자기 자신을 분리할 수 있다는 것을 알아냈다. 어떤 내담자는 자신의 육체에서 빠져나와 천장에서 그 사건을 봤던 경험을 얘기하기도 했다.

이해 가능하게도, 이런 상황에서의 해리는 굉장히 강화적이다. 아동은 극단적인 괴로움부터 강렬한 고통의 부재까지 경험하고 그다음 날 모든 것을 잊을 수 있게 된다. 이것은 인생을 견딜 수 있게 해 주고, 그들이 정상적이고 행복한 가정생활을 하고 있다는 환상을 가질 수 있게 해 준다(2000a: 160).

해리과정은 다양한 형태를 가질 수 있다. 사람은 자신의 구별되는 특징을 발달시키고, 어떤 것을 때로는 의식적이고 의도적으로, 다른 때에는 완전히 통제할 수 없는 방식으로 바꾸는 각기 다른 부분을 가진다. 해리과정과 조합(configurations)의 심리학을 비교하는 것은 흥미롭다(Mearns, 2002; Mearns & Thorne, 2000). 조합은 자기 자신

안에 다른 모습을 명확히 하도록 발달시킨 자신의 '부분들'이다(이
장의 후반부를 보라). 해리 '부분들'도 이와 비슷하다고 할 수 있겠지
만 분리가 훨씬 심화되어 있는 경향이 있고, 때로는 다른 부분의 존
재조차 알지 못한다. 그리고 그 해리된 부분들이 인격화된 정도가
각기 너무 달라서 완전히 다른 사람처럼 보일 수도 있다. 해리과정
이 조합의 급진적인 연장이라고 보는 흥미로운 가설이 있다. 트라우
마에 대처하는 과정에서 다양한 여러 부분이 형성되어 자기 보호체
계를 나름 갖출 수 있게 한다. 하지만 덜 심각한 심리적 갈등이 있는
경우에는 그 과정이 효과적이나, 심각한 수준의 트라우마에 대처하
기 위해 적용한다면 한계를 넘는 것이기 때문에 왜곡된다. 이때는
부분들이 갈등을 표현하고 그것을 억누르는 대신에 그에 의해 제각
각 쪼개져 버린다(Warner & Mearns, 2003).

이전에 언급했던 자아 동조적 과정은 어려운 과정의 또 다른 예가
될 수 있다. 우리는 실현화 과정의 결과로 도전적인 발달적 상황에
대처하고, 살아남고 성장하는 데 도움이 될 수 있게 최선의 노력을
한다(비록 좁은 한계 안에서일지라도). 시작 단계에 있는 어려운 과정
은 '심리적 장애' '병리' 혹은 '질병'이 아니다. 그것은 살아남기 위
한 개인의 노력으로 볼 수 있는데, 마치 열이 나는 것이 질병이 아니
라 신체가 질병과 싸우기 위한 시도인 것과 같다. 이것은 인간중심
접근의 독특한 관점이다. 이 접근의 목표는 '증상을 줄이는 것'이 아
니라 그 과정을 내담자가 탐색하고 이해할 수 있도록 하는 것이다.
게다가 어려운 과정이 개인의 전부는 아니다. 그것은 도전적인 관계
속에서 살아남기 위한 개인의 역사적인 노력을 말한다.

분명히 사람들은 다른 관계적인 경험을 하게 될 것이고, 이 또한

그들에게 영향을 미칠 것이다. 우리의 임상 경험에 따르면, 어려운 과정과는 다른 일반적으로 또 다른 부분 혹은 여러 부분이 있다는 것을 보게 된다. 종종 상담과정에서 이것은 처음에 아주 작고 귀에 거슬리는 목소리로 나타난다. 그것은 어려운 과정의 지배적인 공격과 관련하여 뒷전에 앉아 있는 데 익숙하다. 인간중심 상담과 같은 관계 지향적 접근의 강점 중 하나는 이러한 초기의 작은 부분이 치료적 관계에 매료되게 하고 도움을 준다는 것이다. 새롭고 건강한 관계의 맥락에서 그것은 스스로를 더 자주 드러낼 수 있다. 그 목소리가 강해지면 좀 더 완전한 자기 대화가 성립되고 내면의 불협화음에 강하게 대처하고 변화할 수 있게 된다.

✿ 자기 대화

우리가 흔히 알고 있는 '자기 자신에게 말하기'의 개념으로 이해하는 '자기 안의 대화'는 최근에 광범위한 치료 방식의 연구를 통해 연구자들은 임상 관찰에서 자기 대화가 흔하다는 의견을 보였다 (Berne, 1961; Gergen, 1972, 1988, 1991; Brown, 1979; Bearhrs, 1982; Schwartz, 1987, 1997; Rowan, 1990; Hermans et al., 1992; Hermans & Kempen, 1993; Schwartz & Goulding, 1995; Hermans, 1996; Honos-Webb & Stiles, 1998; Rowan & Cooper, 1999; Hermans & Dimaggio, 2004). 이것은 **자기 다원화**(self-pluralist) 이론으로 알려져 있는데, 이는 사람들이 자신의 다른 부분, 목소리, 하위 인격, 하위 자아(sub-selves), 혹은 우리가 사용했던 용어인 조합을 포

함하여 자신을 상징화한다고 본다.

조합은 가설적인 개념으로서 일관된 패턴의 감정, 사고, 선호하는 행동 반응을 가리키는데, 사람들은 이런 것을 자신의 내부에 존재하는 한 측면을 반영하는 것으로 상징화하거나 혹은 분명하게 상징화하지 못하는 경우도 있다(Mearns & Thorne, 2000: 102).

이 정의에 대한 자세한 분석은 위의 참고문헌(2000: 102-103)에서 찾을 수 있다. 하지만 우리가 서술하는 것은 사람들이 다양한 성향, 경향 혹은 반응을 가지고 있다는 사실보다는 조합이라는 것은 폭넓게 다양한 요소를 포함할 수 있는 자신의 내부에 있는 발달된 '자신 안의 자신'을 말한다는 것이다. 그 요소들은 인간 존재의 중요한 차원을 함께 표상하는 일련의 생각, 감정, 행동을 말한다. 둘 혹은 그 이상의 조합은 서로 대화가 가능할 수 있다. 그 대화는 종종 갈등을 경험하지만, 그 과정은 용어가 암시하는 것보다는 훨씬 건설적이다. 왜냐하면 서로 다른 조합이 대안을 생각해 내게 하고 사람들은 모든 가능성에 귀 기울일 수 있게 되기 때문이다.

인간중심 접근에서는 자기 다원화에 대한 활발한 연구가 있어 왔다(Müller, 1995; Gaylin, 1996; Keil, 1996; Elliott & Greenberg, 1997; Stiles, 1999; Stinckens, 2000; Stiles & Glick, 2002; Stinckens, Lietaer, & Leijssen, 2002; Cooper, 2003; Cooper et al., 2004; Barrett-Lennard, 2005). 이러한 관찰이 자아에게 있을 법한 다른 '부분들'의 존재를 지지하는 강력한 증거를 보여 주고 있지만, 우리는 이를 이해하는 데 주의해야 한다고 경고하고 싶다. 비록 자기 다원화의 개념이 많

은 사람과 관련된 것이 확실하지만, 그것이 모든 사람에게 의미가 있는 것은 아니다. 우리는 자아를 다원적인 방식으로 상징화하는 내담자에게 반응하기 위한 방편으로 조합이론을 개발했다. 이 이론을 모든 사람에게 적용해야 한다고 생각하는 것은 아주 비합리적이다. 우리의 내담자가 조합을 가질 것임을 가정하는 것은 인간중심 상담에 바람직하지 않다. 대신에 우리는 내담자가 그 스스로를 나타낼 때 그와 함께 작업한다. 만일 그가 총체적인 방식으로 자신을 나타낸다면, 우리는 그의 모든 부분과 함께 작업한다.

이 새로운 이론은 그들 자신을 부분으로 상징화하는 내담자와의 작업에서 현실적인 도전을 잘 처리하도록 돕는다. 메리와 조의 예를 보자.

메리: 대부분의 시간에 나는 작은 공주예요. 사랑스럽고 밝아요. 제 입안에 있는 버터는 녹지 않아요. 제 작은 공주는 모두의 친구이고 대부분의 사람은 그녀에게 잘 대해 줍니다. 그녀는 제 어린 시절에 나타났고 아직까지 제 주위에 있어요. 하지만 저는 날카롭기도 해요. 작은 공주가 부드러운 만큼이요. 저는 이 부분을 '성격 나쁜 나'라고 불러요. 그녀를 생각할 때면 난 떨려요. 그녀를 건드리지 마세요. 아마 그녀가 당신 눈을 할퀼 거예요. 그녀는 또한 제 어린 시절에 나타났고 그럴 만한 이유가 있었어요.

조 : 저한테는 '강한 나'와 '약한 나'가 있어요. 몇 년 동안 '강한 나'는 '약한 나'를 증오했지만 상담을 통해 변했어요. 저는 이제 어떻게 '약한 나'가 생겼는지 이해해요. '약한 나'는 단지

불쌍한 것이 아니었어요. 그는 깊이 두려워하고 있었어요. '강한 나'는 내가 살아갈 수 있게 도와줬지만 나는 '약한 나'도 필요해요. '약한 나'는 '강한 나'에겐 없는 부분을 가지고 있어요.

메리와 조는 그들의 조합에 친숙하고, 주요한 주제를 반영하는 이름도 붙여 주었다. 다른 사람에게는 덜 친숙하고 덜 명확하지만, 인질극 상황에서 살아남은 테리의 예처럼 자신의 또 다른 차원을 발견하는 여전히 다원적인 면도 있다.

테리: 처음에 난 그냥 울었어요. 그게 내가 할 수 있는 전부라고 생각했죠. 그때 어떤 일이 일어났어요. 난 울기를 멈추고 침착해졌고 분명해졌고 결심이 서게 됐어요. 그때부터 전략을 세우기 시작했지요. 나는 인질범에게 자신을 알릴 때 더 많은 인질이 살아남았다는 사실을 어디선가 읽은 적이 있어요. 그래서 징징대기를 멈추고 그들의 관심을 끌기 시작했어요. 사실 내가 말하고 있던 거였지만, 말하는 것은 내(평소에 알고 있던 자기 자신)가 아니라는 것에 놀랐어요. 난 연극하고 있던 게 아니었어요. 나는 나도 인식하지 못한 나 자신의 한 부분이 되었지요.

우리는 그들 자아의 두 부분뿐만 아니라, 부분들 사이에서 일어나는 복잡한 역동까지 포함해 여러 부분을 상징화하는 내담자와의 작업을 기록해 왔다(Mearns & Thorne, 2000: 120-126에서의 '알렉산더'

를 보라). 우리의 첫 번째 임무는 자아를 여러 부분으로 상징화하는 내담자와의 작업 방식을 설명하는 것이었다. 이 단계는 첫 번째 정식 논문이 되는 데 8년이 걸렸다(Mearns, 1999). 다른 부분을 연구하면서 일관되게 인간중심 접근을 유지하는 것은 어려웠다. 이전에는 '총체적 인간으로서의 내담자(whole client)와 함께 작업'해야 한다는 것이 당연한 접근 방식이었다. 우리는 이것과 '내담자의 전체(wholeness of the client)와 작업'한다는 것을 구분해야 했는데, 왜냐하면 많은 내담자가 자신을 '총체적인 상태(being whole)'로 경험하지 않았기 때문이다. 우리가 개발하고 Mearns와 Thorne(2000; 127-143)이 설명한 시스템은 인간중심적 가족치료와 매우 흡사하다(O'Leary, 1999). 모든 부분은 연관되어 있지만, 일부는 현재 갈등 상태에 있다. 그리고 우리는 그들 각각에 치료적 관계를 제공해야 한다. 마지막 작업은 조합의 존재와 형성을 설명할 수 있는 이론을 세우는 것이었다. 이 과정에는 Rogers의 자아 구조의 이론을 우리의 임상 실험을 통해 발견한 새로운 증거와 통합하는 작업이 포함된다. 이것은 네 가지의 또 다른 이론적 명제[2]를 낳는 결과를 가져왔다.

이론적 명제 5~8

명제 5: 조합은 자아에 대한 내사(introjection) 주변에 형성된다. 자아에 대한 내사는 메시지나 다른 사람의 판단을 담고 있다. 내사를 지

---

2 이것은 이전 출판물에서 설명하는 다섯 가지 명제의 융합이다(Mearns, 2002: 19-21).

속하는 한 가지 방법은 그것의 느낌(sense)이 내재적 투사를 반영하는 조합 안에 저장해 두는 것이다. 내사의 이러한 구현(embodiment)은 그 조합에 더 안정되고 기능적인 상태를 부여하는 한편, 다른 조합이 자아에 대해 아주 다른 이야기를 가지고 있을 가능성을 허용한다. 예를 들어, 자신에게 '나는 완벽해야만 해/내가 완벽할 때에만 인정받을 수 있어.'라는 명령을 내면에 받아들이는 내담자 로렌은 이것이 그녀의 존재 전체를 지배했다는 것을 반드시 아는 것은 아닐 것이다. 그것은 완벽해질 필요가 있는 자아의 한 부분으로서 표상되는 그녀 자아의 두드러진 부분이 될 수 있다. 이 부분으로 인해 그녀는 자기 수용을 하기가 힘들 것이고, 시험적인 상황을 피하기 위해 정교한 레퍼토리를 개발했을지도 모른다. 하지만 그것이 꼭 그녀 전체를 규정하는 것은 아니다. 이는 심리학적 기제로서 조합의 아름다운 적응성을 보여 준다. 그 기제들은 우리가 우리를 규정하는 상황에 적응하도록 허용하지만, 그 정의를 우리 자아의 한 부분으로 국한한다(Mearns & Thorne, 2000: 108-113).

명제 6: 조합은 자기 경험의 부조화 주변에서 형성될 수 있다. 마찬가지로 개인은 자아의 다른 측면과 불일치하는 자기 경험에 반응하는 방법을 찾을 필요가 있다. 불일치 경험은 자아의 조합 안에서 압축되고 구현된다. 다시 말해서, 그 기능은 자기 자신을 아주 다양하고 심지어는 모순되는 경험까지 허용하는 데 쓰인다(Mearns, 1999; Mearns & Thorne, 2000). 우리가 본 내담자 로렌은 그녀 자신의 완벽주의 명령에만 이끌리지 않고 자신을 수용하는 경험도 많이 했을지도 모른다. 다시 말하지만, 이것은 완벽해야 한다는 것에 반대하는 자아의 또 다른 부분을 나타내는 어떤 조합 안에 저장되었을지도 모른다. 이제 로렌은 이런 명령 사이의 갈등을 중재할 수 있는 대화 시스템을 가지고 있다. 그녀는 이제 자유로이 완벽을 추구할 수 있거나 완벽성의 추구에 반대할 수도 있다. 그녀는 자신의 삶의 여러 관계에서 각각 다른 조합이 부각되는 것을 잘 알게 된다. 사람들은 종종 다른 사회적 맥락에서 그들이 얼마나 달라지는지 보고한다.

이런 영역에서 Rogers의 이론은 그가 활동하던 시기의 일원적 강조와 일치하고, 실제 그 시대의 사회심리학의 '일관성 이론'과도 일치하는 것을 알 수 있다(Festinger, 1957; Heider, 1958). 일원적인 틀에서 볼 때, 그는 그의 '명제 8'에서처럼 갈등을 다루는 수단으로 단지 **부정**(denial)을 언급하였다.

어떤 경우에 행동은 상징화되지 않은 유기체적 경험과 필요에 의해 야기될 수 있다. 그런 행동은 자아의 구조와 불일치하지만, 그러한 경우에 개인은 행동을 '소유' 할 수 없다(Rogers, 1951: 509).

명제 8에서 우리는 다음과 같은 주의를 덧붙이고 싶다.

어떤 경우에는 행동이 '소유'되지 않지만, 자아의 일부에 할당되거나 조합될 수 있다. 그러한 조합은 자아의 다른 부분과 불일치하고 제한적인 접근을 수반할지도 모른다.

만일 우리가 우리 자신을 일원화된 현상으로 여기지 않고, 불일치가 자신의 경계와 역동에 의해 허용된 다양한 조합을 구성하고 있는 것으로 여긴다면, 우리는 인간의 경험을 더욱 포괄적으로 설명할 수 있는 체계를 가질 수 있을 것이다.

명제 7: 형성적인 조합은 다른 일치되는 요소와 동화된다. 조합은 자아 내부에 있는 조직 원리다. 그것은 개인의 생각과 감정 그리고 경험에 대한 구조와 기능을 제공할 수 있다. 예를 들어, 완벽해져야 하는 것에 대한 내사를 저장하기 위해 초기에 발달된 로렌의 조합은 같은 메시지를 가진 더 많은 요소를 모을 것이다. 비록 초기의 내사의 근원이 더 이상 그것을 지탱하지 못하더라도, 조합 자체가 다른 요소를 늘려갈 수 있다. 그러므로 로렌은 살면서 항상 '완벽해야만' 할 것이다. 두말할 필요 없이, 다소 심하게 손상을 주는 명령적 관점에서 로렌은 실제로 실패만을 하면서 살 수 있다. 물론 그녀의 다른 조합인 완벽해져야 한다는 것에 반대하는 나의 다른 부분 또한 요소를 더 추가해 나갈 것이다. 예를 들면, 그녀가 '완벽한 아내'가 되기 위해 계속 노력하기보다는 남편 곁을 떠났고, 상사에게 커피는 스스로 타 드시라고 말하면서 활기찬 에너지(공포도 함께)를 느꼈을 때다.

이 두 조합이 그들의 존재를 확장할 때, 각각은 그 진실성을 더해가면서 갈등이 더 이상 억제될 수 없을 때까지 쌓인다. 이러한 것은 대화적 틀 안에 내포하고 있는 인간 발달과정의 본성이고 변화를 위한 자극이며, 때로는 상담에서 관찰되는 것이기도 하다.

명제 8: 조합은 상호관계를 갖고 변형된다. 이것은 대상관계 이론보다 더 역동적인 하위 자아의 개념이다(Fairbairn, 1952). 여기서 말하는 '대상'은 일생 동안 변하지 않고 남아 있는 것으로 간주된다. 현

재의 관점에서 조합은 '정신적인 상처의 딱지'처럼 영구적으로 나
뉘어 있지 않다. 내담자는 부분들이 변하고 또 서로의 관계에서 변
화가 일어난다고 보고한다. 종종 내담자는 점점 발전하는 조합에 변
화된 이름을 주기도 한다. 우리는 그러한 조합이 자아 내 발달적인
변화를 돕고, 또한 자기 보호체계 안에서 상당한 정교함이 가능하도
록 도와준다고 본다. 자기 보호체계는 개인의 사회적 삶 공간의 변
화와 함께 변화될지도 모른다. 하지만 아마도 우리는 초기의 자기
보호를 절대 잃을 수 없을 것이다. 그것은 덜 제한적인 방식으로 평
이하게 서서히 발달하지만 '방어하는' 역할은 계속 유지한다.

　조합의 역동성과 관련하여 제시될 수 있는 가능한 다른 명제가 있
다. 예를 들어, 어떤 조합은 일관된 자기 보호적 이야기를 가지고 있
는 반면, 다른 것은 좀 더 자기 표현적이다. 그러나 이러한 의견에 대
한 더 많은 명제의 틀을 잡기 전에 주의가 필요하다. 가정을 구체화
해 나간다는 것은 우리 연구의 본질적인 속성을 약화할 수 있기 때
문이다. 이러한 서로 다른 명령 사이의 상호작용을 유념하고, 우리
연구의 이론화 작업의 나머지를 각각의 독특한 내담자에게 맡기는
것이 아마도 충분할 것이다. 이것이 인간중심 상담의 과학적 원리의
본질이다.

　본질적으로, 설명되고 있는 것은 적응력의 범위를 거대하게 만드
는 자아의 발달을 위한 체계다. 자아는 다양한 측면과 조합을 발달
시키는데, 그것은 다른 사회적 도전을 만나는 방법의 다양한 레퍼토
리를 허용한다. 개인은 하나의 '자아'일 뿐만 아니라 다양한 출연자
이고, 표현의 일치를 위해 각각 단단히 밀착되어 있다. 인간이 전문
적인 '배우'가 되도록 허용하는 것은 바로 자아 발달의 이러한 측면

일지도 모른다. 숙련된 배우는 맡은 역할에 맞추기 위해 좀 더 유동적으로 변하는 그들 자신의 어떤 면을 발견하게 될 것이다. 우리가 자아 안에 있는 다양한 조합 속에서 목격하는 것은 심지어 다른 사회적 맥락에서도 일관되게 자신과 반대되는 면을 나타내도록 허용할 수 있는 놀랍도록 정교한 적응 체계 그리고 창의성과 표현력이다.

🍀 현대 상담과정의 인간중심 개념

우리는 이 장에서 요약된 새로운 이론 체계를 가지고 인간중심 관점에서 상담과정의 최근 개념을 언급하면서 마무리하고자 한다. 상담과정은 [그림 2-1]과 같이 나타낼 수 있다.

[그림 2-1]은 심리학적 작업에서 중점을 두는 세 가지 가능한 영역을 보여 준다. 내담자는 단기간의 우정은 많았지만 오래 지속되는 관계는 전혀 가져 본 적이 없는 것 같다는 사실을 자신의 문제로 호소할지도 모른다. 상담에서 '문제중심적' 접근은 상황을 개선하기 위해 채택할 수 있는 다양한 전략을 고려해 보는 수준에서 내담자와 작업하기를 바랄지도 모른다. 그렇지만 대부분의 심리치료는 그보다 더 깊게 탐색하고, 관계에서 문제를 유지하는 **자아 동조적** 과정에

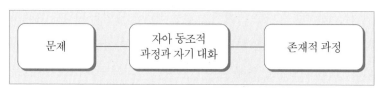

[그림 2-1] 상담과정

관해 내담자와 개방적으로 작업할 것이다. 상담 작업은 문제를 독특하게 처리하는 내담자의 다양한 자기 대화를 개방적으로 끌어들일 것이다. 인간중심 접근은 자아 동조적 과정이나 자기 대화를 전체적인 이야기로 규정하지 않고, 자아 동조적 과정과 자기 존재의 다른 근본적인 측면을 지지하는 잠재적으로 강력한 자기 경험을 포함하여 그 사람의 전체를 탐색하는 것을 기꺼이 받아들이는 치료의 소집단 중 하나다. 우리는 이것을 존재적 과정이라고 명명한다.

우리는 '존재적(existential)'이라는 단어를 단순히 존재(existence, '실존주의[existentialism]'가 아닌')라는 단어의 형용사 형태로 사용한다. '존재적'이라는 의미는 한 개인이 아주 의미심장한 경험을 하는 것을 말한다. 이 개념은 완전히 현상학적인 것으로, 각각의 개인이 경험하는 독특한 현상을 가리키는 것이고, 이는 심리학에서의 다른 정의와 마찬가지로 설명하기가 아주 어렵고 아마도 규정하기가 불가능할 것이다. 또한 개별 사례를 제공하는 것은 오해를 불러일으킬 수도 있는데, 왜냐하면 각각의 사례는 단지 각자에게만 중요하기 때문이다. 같은 사례라도 어떤 사람의 경우 같은 존재의 중요성을 가지지 않을 수도 있다. 그럼에도 우리가 말했던 것처럼 이러한 존재적 과정의 어떤 측면을 정의해 보도록 하겠다.

내담자에 대한 우리의 경험으로 볼 때, 우리는 그들의 존재적 과정이 자기 경험, 자기 가정, 희망, 공포, 환상, 두려움, 다른 사람과의 관계의 경험과 타인에 대한 가정, 그리고 깊이 숨겨진 가치의 풍부한 혼합이라는 것을 알았다. 사람들이 경험하는 요소와 역동성은 그들이 보통 세상에 드러내는 자아의 측면보다는 그들 존재에 있어 더 본질적이다. 그래서 결과적으로 그것이 주의 깊게 보호받게 된다. 우리가 보여 주는 하나의 자아를 토대로 해서 남에게 판단받는 것은 또 다른 문제다. 하지만 우리가 믿는 것에 대해 판단받는 것은 우리의 본질을 아주 위험하게 만든다. 실제로 그것은 내담자 샌드라가 설명한 대로 전멸의 위험을 감수해야 하는 것이다.

제 안엔 미움이 많아요. 저는 누구에게도 제 본래 모습을 보여 줄 수가 없죠. 이건 다양한 방식으로 나타나지만 제가 하는 방식으로는 보여 줄 수 없어요. 저는 분노, 복수심, '입에 거품을 무는' 독설을 보여 줄 수 없어요. 제가 했던 방식으로 그것을 보여 줄 수가 없어요. 제가 했던 방식으로 그것을 보여 줄 수가 없어요. 그건 너무 파괴적이에요.

폴은 상당히 다르게 보이지만 본질적으로 같은 잠재적인 파괴의 중요성을 가지고 있는 경험을 설명한다.

난 다른 사람에게 내가 나 자신에게 어떤지 이해되게 설명할 수 없어요. 그건 꿈 같은 파도가 제 몸이나 머리 주위에서 왔다 갔다 하는 모습으로 있어요. 때때로 그것은 앞으로 나왔다가 희미해져요. 정말 못났어요. 그건 내가 정말 얼마나 추한지에 관한 모든 것이에요. 내 속은 또 얼마나 썩었는지. 내 안에서 구더기가 날 먹으면서 기어 다니는 기분을 느낄 수 있어요. 내가 이걸 어떻게 다른 사람에게 보일 수 있겠어요? 어떻게 나 자신이 그것을 보도록 할 수 있겠어요?

존재적 과정에 접근하는 것을 심하게 방어하는 것은 놀라운 일이 아니다. 샌드라와 폴의 사례에서 두려움은 잠재적으로 경험에 파괴적이다. 하지만 두려움 역시 다른 것에 의해 파괴되는 위험에 놓일 수 있다. 이것은 드러나는 자아가 외향적이고 강하며, 회사에서 높은 직급에 어울리는 버나드의 사례에서 잘 볼 수 있다. 하지만 그것은 그가 자기 자신에게 어떠한지에 대해서는 아니다.

때로는 진정한 내(real me)가 일하고 있는 나 자신을 봐요. 부드러운 경영자이고 아주 자신감에 넘치고 다른 사람한텐 고함을 치죠. 이건 진짜 나랑 정반대되는 모습을 확대한 듯해요. 내 안엔 울고 있는 작은 소년이 있어요. 나는 몸을 웅크리고 흐느껴 울고 있죠. 이제껏 늘 울어서 얼굴이 부어 있어요. 그리고 내 눈은 영원히 감겨 있지요. 나는 나의 참모습에 대한 고통으로 간신히 버티고 있어요. 나를 쳐다보고 있는 사람들을 볼까 봐 나는 눈을 떠 다른 누군가를 볼 수가 없어요.

때때로 내담자는 이러한 존재의 영역을 '진정한 나'라고 언급한다. 우리는 내담자와 작업할 때 그들의 자아에 대한 현상적인 의미를 따라갈 필요가 있다. 하지만 더 일반적인 심리학적 이론화로 확장할 필요는 없다. 사실상 그것은 어떤 핵심이 있다거나 존재적 과정 내에 있는 경험이 자아가 보여 주는 면보다 더 중요하다는 것을 의미하지는 않는다. 비록 누군가에게는 그렇게 느껴지더라도 말이다.

존재적 과정에 접근하는 방식은 사람마다 상당히 다양하다. 어떤 사람에게 이 영역은 완전히 알 수는 없지만 항상 친근한, 오래된 친구 같은 존재다. 그들의 존재적 과정은 오래된 시금석 같은 것이다. 그들은 가치감을 얻기 위해 현재의 경험을 존재적 과정과 비교해서 쉽게 평가할 것이다. 다른 극단적인 예로, 자신의 존재적 과정에 두려움을 느끼는 사람들은 꿈에서와 같이 잠깐 그런 것이 아니라 자신을 이방인으로 고정해 버린다. 이런 사람에게 존재적 과정을 통한 치료 작업의 선택은 그들이 가진 두려움과 직면하게 하는 것이다.

물론 인간중심 관점에서 중요한 것은 내담자에 의해 작업의 소재가 규정된다는 점이다. 그렇지만 그것은 단독으로 결정되는 것이 아니며, 내담자가 상담자와 경험한 관계에서, 그리고 그 관계를 통해 내담자의 두려움과 어떤 경우에는 공포가 경감되는 정도에 따라서 작업의 소재가 정해진다. 어느 내담자에게 이것은 행동적 문제에 머물게 하고, 적어도 그것이 현재로서는 충분할 것이다. 다른 내담자에게는 관계가 그들을 부서지기 쉬운 과정의 고통이나 해리과정의 공포로 몰아넣기에 충분할 것이고, 그것으로 족할 것이다. 아마도 어떤 내담자는 이전에 만들었던 과정의 결합과 상담자와 함께 얻은 관계의 깊이를 통해 가장 개인적인 영역으로 들어갈 수 있을 것이다. 이 영역에는 그들 자신을 포함해서 누구에게도 아직 표현하지 않은 부분, 즉 탐색을 기다리는 그들의 자기 경험, 의심, 공포, 희망 그리고 절망이 있을 것이다. 그것은 내담자가 용기를 키우도록 돕는 상담자의 기술이 아니라 상담자가 주는 인간애다. 이 책의 나머지 부분에서 살펴보고자 하는 것도 인간애에 관한 것이다.

상담자의 자기 사용하기

엄격한 훈련

상담자 자신에 대한 태도

자신에게 귀 기울이기

자기 수용

공감 개발

진정성 배우기

상담자와 내담자의 '건강한 관계'

상담자의 고유한 자아

고유한 자아와 모험하기

상담자의 변화하는 자아

깊이 있는 관계 경험하기

엄격한 훈련

상담자의 임무는 마음이 여린 사람을 위해 일하는 데 있지 않다. 그것은 때때로 인간중심 이론을 받아들이는 사람에게 자기 자신을 아주 엄격한 훈련에 내맡기는 것을 제안한다. 물론 이런 관점을 지지하는 것이 많이 있다. 다른 많은 접근과는 달리, 인간중심 상담자는 진단 기술이나 일단의 치료 기술의 적용에 의지하려 해서는 안 된다. 또한 상담자는 쉽게 우월감에 젖을 수 있는 전문가의 가면을 쓰는 것을 반드시 피해야만 한다. 만약 내담자가 동등하게 받아들여진다고 느끼고 또 점점 취약해지고 힘들고 고통스러운 곳을 탐색할 정도로 개방할 위험을 감내할 준비를 할 수 있는 관계를 촉진하고자 한다면, 상담자는 친밀감의 발달을 막는 장애물을 세우려는 유혹에 저항해야 한다. 매번 새로운 만남에서 상담자는 깊이 있는 관계로 들어갈 준비가 되어 있는지에 대한 능력에 도전을 받으며, 내담자가 숨겨진 고통을 마주하고 존재의 새로운 방식을 모험할 수 있을 정도의 개입을 두려워하지 않는 사람인지에 대한 능력에 도전을 받게 된다.

개입하기, 친밀감 보이기, 정서적 위험 감내하기를 강조하는 것은 보편적인 문화와 매우 상반된다. 최근의 법률에 의해 조성된 분위기는 상담에 종사하는 많은 이들이 도움이 절실히 필요한 내담자와 작업을 할 때 비난받아 마땅한 과소 개입(under-involvement)을 낳는 주의와 두려움의 태도를 부추긴다는 사실은 피할 수 없는 결론이다. 인간중심 상담자는 어떻게든 이러한 경향에 반대하기 위한 용기를 찾아내야 한다. 상담자는 '객관적' 혹은 의도적으로 냉담한 자세와는 전혀 다르게 내담자의 세계로 들어가고, 치료적인 노력의 효과를 결정하는 깊이 있는 관계를 제공하는 것이야말로 명확히 상담자의 능력이라는 가정 아래 작업한다. 이것은 인간중심 상담자가 작업하는 데 이론적인 토대가 필요하지 않다는 것이 아니다. 그와 반대로, 성격 발달과 치료적 과정을 모두 이해하는 것은 상당히 중요한 것이다. 그러나 확실히 강조하건대, 상담자가 처음 신경 써야 할 것은 이론적 지식의 습득이나 치료적 기술의 발전이 아니라 자기 자신의 존재를 이해하고 소중히 하는 것이다. 인간중심 상담자는 내면의 지혜와 각 내담자의 잠재력에 대해 깊은 믿음을 가지고 있으며, 자신이 하는 일은 그 지혜와 잠재력을 발산하고 강화할 수 있는 관계를 제공하는 것임을 알고 있다. 그러나 상담자가 자기 존재에 대해 긍정적인 확신을 갖지 못한다면 그러한 믿음은 근거 없는 것일 수 있다. 만약 상담자 자신이 자신의 내담자가 경험하기를 희망하는 동일한 무조건적인 긍정적 수용, 공감적 이해의 가치를 믿지 않는다면 내담자에게 필요한 관계도 제공해 줄 수 없다. 자기를 거부하거나 스스로를 벌주고 자신에 대해 이해심 있는 연민을 갖지 못하는 인간중심 상담자는 대부분의 내담자, 특히 큰 상처를 입은 내담자가 재빨리 그리고 정확하게 감지할 수 있는 가식적인 행동을 하게 될 위험에 처하게 된다.

❀ 상담자 자신에 대한 태도

세상은 자기 자신과 대면하는 것을 필사적으로 피하려는 상담자로 가득하다. 이러한 자기 회피(self-evasion)는 때때로 이타적이라고 오해받거나, 이기심과 자기애의 개념을 자주 혼용해 온 기독교 전통을 잘못 이해하여 강화되어 왔다. 이러한 오해에 따르면, 자기 자신의 욕구는 항상 다른 사람의 욕구보다 경시해야 하며 지나치게 자신의 존재 상태를 반영하는 것은 건강하지 못하다. 일단 이러한 사고방식이 내면 성찰에 대한 일반적 불신과 연계되면, 순교적인 완고한 태도가 깊이 스며든 그런 종류의 상담으로 자리 잡게 된다. 하지만 그러한 상담은 도움을 받는 사람의 자기존중감에 해를 더 끼치게 된다. 인간중심 상담자에게 자신을 수용하고 긍정하는 능력은 사실상 자신의 상담활동을 위한 주춧돌과 같고, 그것이 없다면 조력관계의 유용함은 전적으로 손상될 것이다. 만약 상담자가 그런 반응(수용, 공감, 진정성)을 자제한다면, 내담자에게 깊은 단계의 수용, 공감, 진정성을 제공하는 것은 불가능하다.

자기애는 물론이고 자기 수용도 쉽게 얻어지는 것이 아니고, 일단 이루어지면 관리가 필요하다. 자신에게 시간과 관심 그리고 보살핌을 기꺼이 제공하는 것이 필수적으로 요구되는데, 이것은 자기 탐닉(self-indulgence)에서 오는 것이 아니라 상담 서비스를 받고 있는 내담자에 대한 책임감에서 비롯되어야 한다. 종종 이것은 상담자 자신이 일관되게 개방하고, 취약해지며, 혼란해하는 모습을 보여 줄 수 있는 친구나 동료에게 지지를 요청할 준비가 되어 있음을 의미한다. 그 사람은 진행 중인 상담 작업에서 규칙적으로 건설적인 도움을 제공하는 사람일 수도 있고 아닐 수도 있다. 그러나 인간중심 전통의 슈퍼비전 작업에서는 상담자의 개인적 발전에 대한 관심을 포함하는 것이 일반적이다. 상담자의 자질이 치료적 조건 만들기에 그렇게 중요한 요소라는 것은 놀랄 만한 사실이 아니다. 상담자가 가지는 자신과의 관계는 내담자와의 작업의 질을 상당히 결정하고, 그래서 슈퍼바이저의 관심을 끄는 자연스러운 주제인 것이다.

🌸 자신에게 귀 기울이기

자신과의 관계를 소중히 하고 긍정적으로 배양하는 것은 하루아침에 이루어지는 것이 아니다. 다른 많은 내담자와 마찬가지로, 인간중심 상담자도 아마 과거의 비판적이고 가혹한 관계 경험으로 초래된 형편없는 자존감을 가지고 있을지도 모른다. 그들은 또한 자신을 해치는 깊은 죄책감으로 마음이 무거울지도 모른다. 자기기만을 피하고자 한다면, 상담자는 자기 인식과 자기 이해를 얻는 것이 중요하며, 그것을 위해서 가치의 비난적인 조건을 직면하고 유기체적 가치화 과정과 대화를 이루기 위해 고통스러운 과정을 경험해야 한다. 우리는 유기체적 가치화 과정에서 기껏해야 간간이 격려의 신호를 받거나 최악의 경우에는 아무것도 감지하지 못한다. 자기 자신에게 귀를 기울이는 것이 많은 사람에게 두렵고 저항적인 과정인 것은 바로 잠재적 고통이 따르기 때문이다. 설사 그럴지라도 훈련을 받는 인간중심 상담자에게는 그들이 발을 들인 수련의 삶에서 주요한 활동이 될 그 임무를 피할 방법은 없다. 일정 기간 동안 주의를 집중하면서 자신에게 귀를 기울여야 한다. 이는 인간중심 상담자가 매일 수행해야 할 의무가 될 것이다. 매일 자신에게 귀 기울이는 것은 자기 인식의 발달과 유지에 중요할 뿐만 아니라, 결과적으로 내담자와

의 관계를 특징짓는 일치성 또는 진정성을 보장하는 필수적인 요소
다. 상담자에게는 이러한 방식으로 자신에게 귀 기울이는 것이 자신
의 내적 세계를 관찰하는 훈련을 의미한다. 이러한 훈련을 통해서
내담자가 갑자기 자신을 드러낼 때 자칫 잘못하면 상담자가 중심을
잃을 수 있는데, 이런 자신에게 귀 기울이는 것은 또한 자신에 대한
이해가 가장 중요한 요소인 내적 확신을 세우는 데 도움을 주고, 그
럼으로써 타인의 혼란이나 고통에 휘말리게 되는 두려움을 완화한
다. 그런 두려움의 감소는 깊은 관계로 들어가는 데 필수적이며, 깊
은 관계는 존재의 절망을 완화하는 데 필요하다.

대부분의 상담 수련생은 자신에게 귀 기울이기 작업을 타인의 숙
련된 도움을 받거나 그들의 면전에 있을 때는 잘한다. 비록 소집단
의 동료 수련생이 종종 안전과 주의집중의 훌륭한 환경을 제공해 주
며, 또 그것을 통해서 처음으로 자신의 부분에 귀 기울일 수 있는 경
험을 하지만, 많은 이들이 이런 식으로 숙련된 타인의 도움을 받아
그들의 면전에서만 잘하는 치료사가 되는 것 같다. 비록 많은 사람
이 그렇게 하길 선택하지만, 인간중심 훈련은 절대 수련생에게 일대
일 개인상담을 받으라고 강요하지 않는다. 의심할 여지없이, 자기에
게 귀 기울이기 위해 항상 공식적인 상담관계를 가져야 하는 것은
아니다. 그룹은 종종 선호하는 장으로서, 위험이 감수될 수 있고 일
대일 상담과정의 긴 기간 내내 숨겨진 채로 남아 있는 영역이 탐색
될 수도 있다. 또 어떤 이들에게는 믿을 만한 친구가 자기에게 귀 기
울이기 연습을 할 때 이상적인 동료로 느껴질 수 있다. 어떤 사람에
게는 명상 수행이나 사색적인 기도가 도움이 된다. 반면에 또 어떤
사람에게는 혼자 걷거나, 단순히 서 있거나, 웅장한 자연의 아름다

운 경관을 응시할 때 일어나는 명철함을 가지고 자신에 대해 귀 기울일 수 있다. 그러나 방법이나 맥락이 어떠하든, 그러한 기회를 의도적으로 혹은 의식적으로 찾고 계획할 필요가 있다는 것은 확실하다. 내면세계는 상담자의 가장 귀중한 자원이고 우리 대부분이 정신없이 살아가는 바쁜 상황을 고려해 볼 때, 아무런 탐색적 시도도 하지 않고 단지 무슨 일이 일어나기를 기다리는 것은 거의 무책임한 행동이다.

대다수가 그럴 수도 있지만, 자신의 소리 듣기와 그로 인해 불가피하게 일어나는 탐색 작업을 깊이 하기 위해 구조적인 접근을 함으로써 이점을 얻는 사람이 있다. 그들은 자기 고유의 방법을 쓸 수도 있다. 예를 들어, 자아의 더 깊은 부분에 들어가기 위해 운동을 시작할 수도 있다. 다음과 같은 직접 질문의 형식을 취할 수도 있다. 요즘 무엇이 나에게 기쁨을 주는가? 내가 언제 최고의 불안을 경험하는가? 내가 가장 놓치고 있는 것은 무엇인가? 이러한 아주 단순한 전략을 통해서 우리는 장기간의 유익한 성찰을 위한 넓은 시야를 가질 수 있다. Rogers의 초창기 동료인 Eugene Gendlin이 개발한 '포커싱 (focusing)'은 내적 경험에 대한 소재 파악과 분명하게 말로 표현하기 위한 동일한 형태의 더욱 세련되고 정교해진 기술이다. 우리는 4장의 Gendlin의 연구에서 포커싱을 다시 다룰 것이다. 어떤 상담자는 외부 사건이 아닌 마음 상태와 감정의 세계에 초점을 둔 일기 쓰기를 부지런히 한다. 내적인 경험을 탐색하고 자신의 믿을 만한 친구나 동료와 함께 그 결과를 나누려 시도하면서, 상담자는 심지어 글쓰기라는 위대한 예술적 자질을 다시 회복하려 할 수도 있다. 최근에는 많은 상담자에게 시를 쓰는 것이 복잡하고 혼란한 마음 상태를 표현하는 데에 유용한 방법이 되었고, 또한 의미심장한 것은 경험이 많은 인간중심 상담자는 시적인 언어가 자기에 대한 깊은 귀 기울임의 결과를 알리는 이상적인 수단이라고 생각한다는 것이다. 그리고 어떤 점에서는 시 쓰기 훈련이 자신의 소리를 듣기 위해 헌신적으로 노력하는 자세를 상징하는 것이다. 고통받는 사람의 두려움 없는 동료가 되고자 하는 모든 인간중심 상담자는 자기 자신에게 귀 기울일 수 있어야 한다.

❀ 자기 수용

자신에게 귀 기울이는 것과 그에 뒤이어 일어나는 자기 이해는 별개의 것이고, 그 결과를 받아들이는 것이 항상 쉽지는 않다. 그러한 자기 이해가 자신의 삶을 성찰하지 않아 일어나는 완고한 무지함보다는 나을지라도, 상담자가 자기 수용을 하는 데 있어서 큰 도전이 될지 모른다. 만약 자신을 소중히 여기고 인정하고자 한다면, 자기 수용은 그것을 위한 아주 중요한 첫 단계가 된다. 더욱이 자기 수용이 부족한 인간중심 상담자는 전체 상담과정을 통해 명백히 드러나는 모순의 삶을 살아가는 위험을 지게 된다. 왜냐하면 상담자는 자기 자신에게 내담자의 행복에 필수적인 태도적 반응 중 하나를 허락하지 않게 될 것이기 때문이다. 우리가 말하는 자기 수용을 현재에 대한 안주나 지친 체념과 혼동해서는 안 된다. 안주하거나 체념한 사람은 자신에게 귀 기울이는 것을 멈추고, 인간중심 상담자가 평생동안 해야 할 작업인 자기 탐험의 과정에 대한 의지나 에너지를 갖고 있지 않다. 대조적으로, 자기 수용은 동기를 주는 힘으로서 성장하려는 갈망과 진실을 기꺼이 마주하려는 마음을 포함하고 있다. 그러나 만일 진실이 고통스럽고, 특히 자기 수용이 죄책감이나 무가치한 감정을 깊이 일으키고 악화시킨다면, 자기 수용에 대한 탐색이 극단적으로 힘들다는 사실을 확인하게 된다. 인간중심 상담자가 살아가는 환경이 대단히 중요할지도 모른다는 것이 바로 그러한 경우에서다.

특히 만약 과거에 수없이 부정적인 비판을 받아 온 사람이 자기수용을 하고자 한다면, 그 자신이 수용적이며 다른 사람의 내적 세계에 스스로를 조율하여 공감할 수 있는 사람이 지속적으로 함께 머물러 주는 것이 필요하다. 훈련받는 상담자에게는 함께 훈련받는 집단의 동료일 수 있고, 개인교사나 슈퍼바이저 그리고 개인 상담자에 의해 자기 수용이 강화될 수도 있다. 진실하고 믿음이 가는 친구나 친척 또한 중요한 역할을 한다. 그들은 자기 탐색에 안전한 장소를 만들어 주고, 어렵고 고통스러운 발견을 한 뒤 죄책감이 일어날 때 지지와 수용을 제공해 준다. 진실한 친구나 친척의 도움으로, 그 사람은 타인의 요구나 기대에 부응하지 못해 발생하는 부적절한 죄책감, 즉 다른 사람이 부여한 가치 조건에 미치지 못해 생기는 죄책감과 자신에게 실망하고 자신의 존재의 의미를 충족하지 못해서 발생하는 적절한 죄책감의 차이점을 구분하게 된다. 첫 번째 경우에는 죄책감을 인식하고, 버리고, 그것이 영향력을 갖지 못하게 할 필요가 있다. 반면에 적절한 죄책감은 유기적인 가치화 과정과의 대화를 재개하기 위한 촉매제가 되고, 성장과 변화를 위한 강력한 자극으로 작용할 수 있다. 역설적이게도, 인간중심 상담자는 종종 내담자에게 있는 이러한 다른 종류의 죄책감을 노련하게 구분하며, 내담자가 이렇게 내면에서 구분해 내는 작업을 하는 동안 상담자는 인내심을 가질 수 있다. 그러나 상담자 자신의 과정에 대해서는 빠르게 인내심을 잃고 건전하지 못한 자기 비난에 빠질 수 있다. 이것은 특별히 상담자 자신과 자신이 하는 일을 무시하는 배우자나 친척과 함께 살 때 발생하기 쉬운데, 그들은 부정적인 비판과 비평을 하면서 시간을 보낸다. 자기 수용을 하려고 애쓰는 사람에게는 매일 듣는 폄하와 비판의 말이 극도로 사기를 꺾을 수 있다. 슬프게도, 인간중심 상담자가 소명과 개인으로서 그리고 전문가로서의 행복을 위해 중요한 자기 수용을 하고자 하는 과정을 막는 관계 사이에서 선택해야만 하는 것은 흔한 일이다(Thorne, 2002: 39도 참조).

만약 자기 수용이 인간중심 상담자가 가져야 할 자신에 대한 기본 태도라면, 자기애는 아주 분명히 드러나는 완고한 내담자의 면전에서 상담자가 감정적으로 두려워하지 않음을 보여 주도록 하는 성숙된 인격을 나타낸다고 할 수 있다. 자기애는 이기심과는 아주 다르게 자기를 소중히 여기고 긍정하는 것이다. 그것은 장점과 단점을 지닌 자아의 현실적인 평가에 기초하지만 감수성이 풍부하고 변화하는 연민의 감정이 들어 있다. 자기애를 가진 사람은 자신의 모든 약점이나 연약함에도 불구하고 자신을 사랑스럽고 바람직하게 경험하고, 그 결과로 완전히 사심을 초월할 수 있다. 자기를 사랑하는 사람에게 자아는 더 이상 문제가 아니고, 두려움 없이 다른 사람과 함께할 수 있다. 반면에 이기적인 사람은 자아와 그것의 필요와 욕망에 너무 몰두해서 다른 사람을 인정하거나 진실로 만날 수가 없다. 인간중심 상담자는 자기 수용 없이는 점차 자신의 작업을 하기가 불가능해진다. 자기애를 가지면 일상적인 즐거움을 가져다주는 경이로움을 경험하게 될 것이다(Thorne, 2002: 23 참조).

🌸 공감 개발

자기 수용은 상담자가 다른 사람을 이해하는 것뿐만 아니라 자신의 공감 능력의 범위가 증가하는 것을 경험할 때 확실히 강화된다. 공감과 동정심을 혼동해서는 안 된다. 동정심은 다른 사람의 경험에 감동받아 측은히 여기고 어느 정도 공유하는 감정에서 나오는 반면, 공감은 다른 사람의 입장이 되어 보는 훨씬 더 복잡하고 정교한 과정이며 자기 자신의 세계를 잃어버리지 않고 그 사람의 눈을 통해 세상을 보는 것이다. 그러한 능력은 일부러 개인의 정상적 사회환경과 하위집단의 경계에서 벗어나 보려는 노력에 의해 발전된다. 상담자는 자신이 거의 모르거나 위협적이고 겁을 주는 사람과 종종 마주칠 것이다. 사회 경험의 경계를 넓히는 것의 이점은 단지 자신이 만나는 집단이나 사람에 대한 이해를 증진하는 것 이상이다. 좀 더 일반적으로, 그것은 자신감과 겸손을 증가시키는 경향이 있고 또 공감을 개발하는 데 도움이 된다.

편협(parochialism, 또는 지역주의)은 공감의 적이지만 지리적인 문제만큼이나 태도의 문제다. 상담자가 공감 능력을 개발하기를 원한다면 본질적으로 상상력을 자극하고 풍부하게 할 필요가 있다. 심리적 훈련이 적합한 영양분을 거의 제공하지 않는 것처럼 보이는 것은 바로 이런 점 때문이다. 그와는 반대로, 대부분의 심리학적 글쓰기는 객관적인 과학적 연구를 전달하려는 그것의 시도에서 힘들고 상상력 없는 진부함(pedestrianism)으로 그 생기가 억눌린다. 이런 것에 대한 예외가 좀 더 인본주의적인 틀을 적용해 주관적인 경험 탐색을 시도할 때 나타나고, 그런 시도는 질적인 연구과제가 증가하는 것 및 내담자의 경험의 중요성이 높아지는 것과 함께 늘어나고 있다 (예, Alexander, 1995; Sands, 2000; Bates, 2006). 인간중심 상담자는 여전히 소설가와 시인과 극작가의 작품에서 상상거리를 찾을 소지가 한층 더 높다. 좋은 예는 훈련을 받는 상담자가 세계 명작 중에 일부를 골라 심도 있는 분석을 하는 것이다. 전혀 소설을 읽지 않거나 시를 보지 않는 상담자는 공감을 개발하는 데 중요한 자원을 소홀히 하고 있는 것이다.

◈ 진정성 배우기

치료적 만남에서 진실할 수 있는 상담자의 능력은 사회관계에서 그가 일반적으로 행동하는 방식과 연관이 있을 것이다. 마치 진정성이 필요할 때 적용할 수 있는 행동 기술의 한 종류인 것처럼, 상담시간이 시작되는 순간에 자신의 진정성을 '작동하는' 명백한 능력을 가진 상담자에게는 등골이 꽤나 오싹해지는 경우가 있다. 상담관계에서 진정성의 함의는 6장에서 자세히 다룰 것이지만, 이 단계에서 우리의 관심은 단지 상담자의 직업 활동만이 아니라 상담자의 전체 존재를 특징짓는 '존재의 방식'에 대해 간단히 살펴보는 것이다. 이러한 '포괄적' 관점은 인간 상호작용에 있어서 진정성이 무엇을 의미하는지를 고려하는 데 가장 관련이 있다.

인간중심 상담자에게 진실하게 됨을 배우는 것은 헌신적이고 영구적인 노력의 점진적 과정이다. 상담자는 사람과 사건에 대한 자신의 진실한 반응을 섬세하게 실험할 것이고, 다른 사람이 자신을 인지하는 방식에 대한 피드백을 환영할 것이다. 불가피하게, 이렇게 상담자가 자신을 '시험'하는 것은 상담적인 맥락에만 제한하는 것은 아니다. 상담자 스스로가 점차 자기 자신을 믿게 되고 그 결과로 심지어 힘든 상황에서도 더 진실해질 때, 친구, 동료, 그리고 특히나 상담자가 사랑하는 사람이 그 차이를 알아차릴지도 모른다. 종종 상담자의 발전은 주변 사람에 의해 평가된다. 예를 들어, 아이가 있는 상담자는 자신의 아이에게 더 자연스러운 사랑의 감정을 보여 주기 시작할 것이다. 그녀는 파트너와의 친밀한 관계에서 더 직접적이게 되고, 가족 활동에 더 활동적이고 전적으로 참여할 것이다. 그러나 상담자의 발전하는 진정성의 또 다른 결과(소위 말하는 부정적인 결과)가 있을 수 있다. 그러한 결과로 상담자는 아이에 대한 또 다른 측면의 감정, 즉 그렇게 사랑하지 않는 감정에 대해 덜 조심하게 된다. 그리고 파트너에게는 자신의 어려운 감정을 직접적으로 나타내며, 가족 외의 일에 에너지와 시간을 쏟을 권리를 강력히 주장하는 데 더 결연해질 수 있다.

상담자의 진정성의 발전으로 일어나는 이 모든 결과는 변화이고, 그 양상이 어떻든지 변화는 관계의 미묘한 균형과 패턴을 어긋나게 할 수 있다. 그러한 변화는 관계 발전에 기회를 가져다줄 수 있지만, 다른 모든 변화와 같이 위험을 가져올 수도 있다. 예를 들어, 훈련 중인 상담자는 때때로 성적인 것을 포함한 감정 표현이 고양됨을 보고

한다. 이런 변화가 어떻게 파트너와의 관계를 높일 수 있는지 이해하는 것은 쉬운 일이지만, 그렇게 명백한 긍정적 변화도 경우에 따라서는 위협적이고 반길 수 없는 것으로 증명되기도 한다. 또한 훈련이나 일대일 상담 동안 상담자가 이전에 잠들어 있던 혹은 몇 년 동안 억눌려 있던 자기 자신의 (우리가 '조합[configurations]'이라고 부르는) 모습을 발견할 수도 있다. 이러한 발견은 새로운 조합을 표현하고 싶은 욕망과 동반되기 쉽고, 그를 잘 알고 있었다고 믿는 사람에게 놀라움과 심지어 혐오감을 일으키는 행동의 결과를 낳을 수 있다. 자기 인식이 성장하면 할수록, 세상 속에서 진정한 자신이 되는 일에 더 많은 신선한 도전이 있을 것이다.

✿ 상담자와 내담자의 '건강한 관계'

지금까지 우리는 상담자가 자신과 형성한 관계의 중요성을 중점적으로 언급했다. 그렇다면 상담자가 자기를 수용하고 심지어 자기를 사랑하기까지 할 수 있을까? 상담자는 자신의 공감 능력을 연장하는 방법을 의식적으로 구할 만큼 충분히 동기부여가 되었는가? 상담자는 자기 자신을 표현하고 자신의 절친한 친구와 마음을 열며 진정성을 갖추기 위해 위험을 감수할 정도로 충분히 자기 자신을 신뢰하는가? 이러한 질문에 대한 상담자의 대답은 상담자가 내담자와 건강한 관계를 제공하는 능력이 있는지 없는지를 상당 부분 결정짓는다(〈글상자 3-1〉 참조). 건강한 관계의 특성에 대한 탐색을 진행하기 전에 다시 강조하자면, 인간중심 상담은 지금까지 설명한 그런 자신과의 관계를 필요치 않는 다른 많은 종류의 치료 형태와는 다른 유일한 형태의 조력 기술이다. 예를 들어, 비공감적인 외과의사도 뛰어난 작업을 할 수 있으며, 심지어 세계적인 위대한 일부 성인조차 스스로 자신이 가치가 없다고 확신하면서 다른 이들에게 말할 수 없는 축복을 가져다준 것으로 잘 알려져 있다. 앞으로 탐색할 건강한 관계는 인간중심 상담자와 그 내담자에 대한 것이다. 일반적으로 효과적인 인간관계는 물론이고, 그것이 모든 조력관계의 모델은 아니다. 그러나 인간중심 상담자가 열망하는 방식으로 자신과 관계를 맺는 능력이 현재 우리의 문화를 특징짓는 우울과 불안을 극적으로 경감해 주리라는 데 대해서는 의심의 여지가 없다.

만약 인간중심 상담자가 자신의 내적 세계와 존재 방식에 대해 편안하다면 내담자와의 작업이 많은 요인에 의해 돋보일 것이다. 요컨대, 그 요인은 인간중심적 전통에서 개념화한 건강한 치료적 관계를 가리킬 것이다. 이런 요인은 매번 관계에서 나타나는 것이 아니라, 상담자의 다양한 내담자를 통해 인식될 수 있고, 첫 장에서 약술한 기본적인 태도와 신념에서 비롯되는 것 같다.

📖 〈글상자 3-1〉 **인간중심 상담자의 자기 질문**

1. 나는 자기 수용과 자기애의 자질을 수용하기 위해 자기 수용, 자기애, 이기심, 그리고 나 자신에 대한 헌신을 구분할 줄 아는가?
2. 나는 자기 수용적인가, 그리고 아니라면 나의 주요 난제는 무엇인가?
3. 나는 나의 공감 기술을 의식적으로 늘리려 하는가?
4. 나는 특히 화나거나 분개하고 약해지거나 사랑받지 못할 때에

나의 친구나 가까운 이에게 나의 감정과 생각을 이야기할 정도
로 충분한 진정성을 갖추었는가?

동등성을 기반으로 내담자와 관계를 가지려 하고 또 진단하고 치
료하는 전문가의 역할의 덫에 걸리지 않으려는 상담자의 관심은 상
담과정의 신비성을 제거하기 위해 상담자가 할 수 있는 모든 일을
하는 것을 의미한다. 상담자는 자신의 작업 방식에 대해 가능한 한
개방되어 있을 것이고, 내담자가 상담관계를 시작할지 여부를 결정
하기 위해 갈등할 때 내담자가 물어볼지도 모르는 직접적 질문을 피
하려 애쓰지 않을 것이다. 내담자가 요구할 경우, 상담자는 인간중
심 상담의 기본 원리를 내담자와 함께 의논할 준비가 되어 있을 것
이고, 이 상담 작업의 협조적 성격을 강조할 것이다. 상담자는 내담
자를 책임지려는 의도가 없다는 것을 명쾌하게 혹은 암시적으로 나
타낼 것이다. 그러나 내담자가 자신의 관심사를 지지와 이해의 분위
기에서 탐색하길 원하면, 상담자는 내담자와의 관계 형성을 위해 자
기를 헌신하며 최선을 다해 책임질 것이다. 목적과 의도에 관한 이
러한 개방은 건강한 관계의 첫 번째이자 필수적인 징후이며, 일반적
으로 상담 초기에 상담자의 지나친 권위를 없애기 위해서 이러한 작
업을 많이 한다. 또한 내담자가 자신의 삶에서 전진하려 한다면 반
드시 자신의 현재 곤경과 변화에 필요한 공정한 몫의 책임을 져야
함을 빠르게 인식하는 상황을 형성하는 것이다.

상담 초기 단계와 상담 진행 단계에서, 상담자가 내담자에게 제공
할 준비가 된 것과 상담자의 헌신적인 도움 영역 밖에 있는 것이 무

엇인지 계속해서 모니터링을 하는 것은 중요하다. 이에 대해 규정된 한계란 없을 것이고, 상담자 자신과 상담자의 에너지를 제공하기 위한 준비는 (내담자마다 그리고 같은 내담자라도) 아마 상담과정의 각기 다른 단계마다 광범위하게 다양할 것이다. 그러나 중요한 것은 만약 관계를 건강하게 유지하고자 한다면 상담자가 기꺼이 전달할 것과 내담자가 그에 대해 평가하는 것을 최대한 명확하게 해야 한다는 것이다. 어떤 상담자는 자신도 모르게 달(moon)을 제공하겠다는 덫에 빠지고 달이 다가오지 않을 때 내담자의 증가하는 실망과 분노를 보고 놀라거나 괴로움을 느끼게 된다. 개방성이 부족하거나 치료적 관계에서 상담자의 헌신의 범위를 분명하게 설명하지 않은 경우, 내담자는 잠재적으로 손상과 해를 입는 방식에서 환상을 가질 수 있다. 환상은 극적인 차이가 있을 수 있다. 상담자가 상담기간에 대한 질문이나 종국에 상담이 어떻게 끝날 것인지를 언급하지 않는 이유만으로, 내담자는 자신이 회기의 마지막이나 다음 약속 전에 쫓겨날 것이라는 영원한 공포를 가질지도 모른다. 또 어떤 내담자는 상담자가 자신과 사랑에 빠져 자신을 영원히 떠나지 않을 것이라는 환상을 키워 나갈지도 모른다. 어떻게 하면 내담자에게 바르게 이해하도록 친절하게 도와줄 수 있을까? 상담의 목적과 상담자의 치료적 헌신에 대해 개방적이고 분명해지려는 준비를 통해서 그러한 환상은 없어질 수 있고, 상담자는 꾸준히 말과 행동으로 상담관계가 나중에 종결될 것이라는 것을 되풀이해 줌으로써 환상을 떨쳐 버리도록 도와줄 수 있다.

인간중심 상담자는 자신의 내담자에게 투명해지는 것(진실한 것) 외에는 다른 어떤 방법으로도 결실을 얻을 수 없다. 아무리 선의에서 비롯된 행동이라 하여도 상담자는 '좋은' 결과를 이루기 위해서 내담자에게 '좋은' 것이 무엇인지 안다고 공언하지 않고 교묘하게 조력 기술을 사용하지 말아야 한다. 상담자에게 '진전'에 대한 집착이 없을 때 이를 건강한 관계의 징후라고 보는데, 왜냐하면 상담자가 자신이 결정권자가 아님을 알고 있기 때문이다. 재미있는 것은 상담자에게는 분명히 진전이 전혀 없어 보이는 상황이 내담자에는 아주 다르게 보일 수도 있다는 사실을 아는 일이다. 왜냐하면 내담자는 결국 상담자가 인식하지 못하는 자신의 존재에 대한 판단의 잣대에 접근하기 때문이다(〈글상자 3-2〉 참조). 인정하기에 다소 유쾌하지 않은 것은 상담자가 내담자에게 의견을 묻고 그에 대해 내담자가 용기 있게 진실을 말했을 때 스스로를 매우 성공적이라 믿는 상담자는 종종 불쾌하고 충격적으로 느낀다는 것이다.

〈글상자 3-2〉 '발전'이란 무엇인지를 누가 아는가

다음은 상담자가 지금까지 7회기를 통해 내담자에게 어떤 도움을 주었는지의 질문을 녹음한 내용의 일부를 발췌한 것으로, 상담자의 불확실함과 호기심이 표현되어 있다.

내담자: 상담에서 무엇을 얻었냐고요? 와…! 이건 저를 살아 있도록 유지해 주었고 그게 다예요! 당신과 함께 있을 때 자꾸 부질없는 이야기를 반복해 진전되지 않는 것 같아요. 하지만 항상 저는 저 자신이었어요. 다른 누군가와는 위험을 감행할 수 없는 상태, 혼란하고 제정신이 아니고… 미친 상태요. 제 말은 지금 제가 미치지 않았다는 것을 안다는 거예요…. 하지만 이전에는 몰랐어요. 당신과 이 상담을 할수록 더 이

러한 것이 가능하다고 느껴요. 제가 그들 중 하나라는 데 덜 놀랍고⋯ 제가 저 자신이라는 데 덜 놀라게 돼요.

만약 상담자가 내담자를 교묘히 조종하여 '좋은' 결과를 만드는 데 전혀 관심이 없다는 것이 건강한 관계의 징후라면, 상담자가 조종당할 준비가 되어 있는 것과 때때로 눈에 보이게 속이는 내담자에 의해 기만당할 준비가 되어 있는 것도 건강한 관계의 징후다. 인간 중심 상담자는 인간 본성에 대한 기본적 믿음을 가지고 있고 개개인에게는 진실과 건설적인 사회 교류를 향한 갈망이 있음을 믿는다. 그러한 믿음은 상담자가 타인을 잘 믿고 인간의 악함에 대해 눈멀었음을 의미하는 것이 아니라, 서서히 스스로가 믿을 만하다는 것을 깨닫도록 하기 위해서 상담자가 겉으로 믿지 못할 것 같은 사람을 믿을 준비가 되어 있음을 의미한다. 그러므로 이상하지만 상담자가 기꺼이 속고자 하는 것은 건강한 관계의 징후다. 상담자는 내담자가 속이는 것을 잡아내려 시도하지 않고, 또한 내담자의 동기를 계속 질문하지도 않는다. 상담자는 내담자가 주어진 환경에서 성장하고 스스로를 보호하기 위해 최선을 다하고 있음을 받아들인다. 그리고 이것의 의미가 만약 당분간 내담자가 상담자를 조종하고 속여야 하는 것이라면, 상담자는 내담자의 가면을 벗기고 자신의 자존심을 지키기 위한 모호한 즐거움을 즐기기보다 그러한 속임을 통해 내담자와 함께할 준비가 되어 있어야 할 것이다. 상담자는 힘겨루기 혹은 점수 따기에 자신이 관심 없다는 것을 보임으로써 내담자가 자신의 연약한 정체성을 보호하기 위해 점차 속임과 조종에 더 이상 기대지 않게 될 것이라고 희망한다. 그러한 행동(점수 따기 혹은 힘겨루기)은 비록 처음에는 내담자가 그런 존중에 대해 반응하지 못하지만, 일단 자신이 관계에서 존중받고 안전하다고 느끼면 서서히 줄어든다. 유감스럽게도 자신의 명석함을 드러내려 하고 내담자의 교묘한 조종을 밝히려고 애쓰는 상담자는 이미 무시당하고 수치심을 느끼는 내담자에게 더 큰 모욕감을 주는 원인이 된다.

필요하다면 기꺼이 조종당하고자 하는 마음은 상담자가 시종일관 내담자와 함께 있겠다는 결심의 표현 중 하나다. 건강한 관계는 내담자의 적대심이나 방어, 또한 상담자의 내담자에 대한 싫은 감정에 의해 결정되면 안 될 것이다. 대신에 이해하기의 어려움을 극복하고 내담자의 예상하지 못한 기분과 걱정을 견뎌 낼 수 있는 굳은 헌신을 제공한다는 의미에서 관계를 위해 '싸울' 준비가 된 것에 의해 결정되어야 한다. 내담자에 대한 상담자의 싫은 감정, 심지어 노골적인 적개심이 너무 강하고 지속적으로 일어날 때, 진솔성을 유지하고자 한다면 상담자는 그런 감정을 표현해야 한다. 그러한 표현은 관계에 대한 상담자의 헌신의 상성이고, 내담자와의 상호작용에 의해 일어난 부정적인 감정과 상담자 자신의 고통을 기꺼이 마주할 것이라는 징후다. 표현은 방어나 공격적인 응답이 아니라 관계를 깊게 하려는 시도다. 상담자가 책임이나 헌신을 피하기 위해서, 혹은 피곤하게 하고 비협조적인 내담자를 퇴출하려는 희망에서 자신의 싫은 감정에 목소리를 싣는 것은 무분별한 것이다.

내담자에게 헌신을 보여 주기 위해 과도한 시간을 내주는 준비는 타인에게서 거절, 변덕, 신뢰 부족을 경험한 사람에게 있어 매우 중요하다. 동시에 상담자는 자신의 헌신을 나타내려는 열망이 내담자가 부담이나 환영할 수 없는 침입으로 여기지 않도록 주의해야 한다. 이전 회기의 힘든 상담이 있은 후에, 특히 부끄러움이 많고 자기 부정을 하는 내담자가 약속에 나타나지 않을 때는 줄타기와 같은 아슬아슬한 마음이 생긴다. 그러한 사람은 자신을 '가치 없는' 내담자라고 보기 쉬우며 상담관계에서의 그들의 노력은 그들의 이전 실패 목록에 또 다른 부적합의 징후로 더해지게 된다. 한편 그러한 부적합함의 감정과 아무런 관련 없이 내담자가 상담에 불참하는 이유가 있는 것은 가능한 일이다. 이 경우 상담자는 딜레마에 직면한다. 상담자는 자신이 내담자가 오든지 말든지 신경 쓰고 있지 않다는 메시지를 주어야 하는가, 혹은 방해꾼이나 '집착이 강한' 상담자로 인지되는 위험을 감수하고 접촉해야 하는가? 만약 상담자가 개인 상담업을 하고 있다면, 내담자에게 아무 언급 없이 간단하게, 빠트린 상담 약속에 대해 청구서만 보내야 하는가? 실제로 대부분의 인간중심 상담자는 내담자가 무엇을 할 것인지 스스로 결정하도록 완전한 자유를 주면서 상담자의 계속적인 헌신을 전달하려는 노력으로 내담자에게 편지를 쓸 것이다. 이러한 종류의 편지는 작성하기가 어렵고 어떤 내담자에게 쓰느냐에 따라 분명히 달라진다. '팽팽한 줄' 상태에서 글을 쓴 예는 〈글상자 3-3〉에 나타나 있다. 어떠한 경우에 이러한 편지를 받은 내담자는 짧은 기간 동안 답장을 하지 않고 흔적 없이 사라질 수도 있다. 그러나 대부분 그러한 사람은 여러 달이 지난 후에 다시 연락을 할 것이고, 상담자의 헌신과 잠시 동안 자신이 상담에 참여하지 않은 것에 대한 '허용'에 대해 감사를 표현할 것이다.

흔히 상담과정이 예외 없이 상대적으로 짧을 것이라는 것은 오해

📖 〈글상자 3-3〉 **강요하지 않는 개입**

> 마이클에게
>
> 오늘 상담시간에 당신을 보지 못한 것이 유감이지만 이것이 당신에게 너무 어려운 일이 아니기를 진심으로 바랍니다. 만약 원한다면 전화로 다음 약속을 예약하는 데 전혀 망설이지 말아 주었으면 합니다. 당신을 실제로 보게 된다면 정말 기쁠 것이 당연하지만, 잠시 동안 당신이 상담을 멈추기를 원한다면 이 또한 진심으로 이해합니다.
> 행복을 빌며, 진.

다. 확실히 내담자를 돕기 위해 5~6회기 정도면 충분한 경우도 많고, 심지어 단 한 번의 상담에서 카타르시스를 경험하고 내담자가 스스로 상황을 해결하는 경우도 있다. 그러나 내담자가 자기 자신과 자신의 삶을 점차적으로 개선함에 따라서 몇 달이 넘는 상담을 열망하기도 한다. 이러한 경우에 상담자와 내담자가 역동적이기보다는 '편안한' 관계의 패턴에 빠지지 않는 한, 그리고 더 심각하게는 내담자의 무기력을 강화하여 상담자에게 의존케 하는 패턴에 빠지지 않는 한, 건강한 관계를 위해 기꺼이 '싸우려는' 상담자의 마음은 매우 중요한 요소다. 상담자가 건강한 관계를 위해 '싸우려는' 확실한 결심을 나타내는 분명한 지표는 자신의 내담자를 향한 헌신이 힘의 남용이나 친절한 교도관에게 상처받지 않고는 탈출할 수 없는 동정의 '감옥'에 내담자를 가두는 결과를 초래하지 않는다는 것을 확신시키기는 과정에 대한 상담자의 양심적인 주의다. 〈글상자 3-4〉는 상담자가 이러한 주의를 행동으로 보여 주고 있다. 여러 가지 방

〈글상자 3-4〉 함정에 빠뜨리지 않는 개입

> 상담자: 우리는 이제 6개월을 함께 일해 왔어요. 그리고 당신의 많은 것이 변했다는 것을 알겠네요. 우리가 가야만 하는 결론에 대해 당신이 어떻게 느끼는지 궁금합니다.
> 내담자: 제가 알기로는 긴 길이겠지만, 아마 곧 당신의 손을 놓아줄 수 있겠지요.
> 상담자: 몇 주 후가 지나면….
> 내담자: 그게 지금 제가 느끼는 감정이에요.

법으로, 인간중심 상담자의 내담자에 대한 확고한 헌신과 내담자가 자유로이 자신의 길을 찾아 전진해야 한다는 열망은 이 상담관계에서 상담자의 존재 방식에 대한 두 가지 중요한 참조점이다. 다른 방법으로 그리고 강조 정도를 다양하게 하면서, 상담자는 다음과 같이 말하고자 할 것이다.

저는 기꺼이 당신과의 관계에 저 자신을 투자할 것이고, 당신이 있는 그대로 저를 볼 수 있도록 할 것입니다. 동시에 아무런 조건 없이 투자할 거예요. 당신은 당신 자신이 되는 데 자유로우며, 원한다면 이 관계를 떠나도 괜찮습니다. 상담이 진행되는 동안 저는 당신과 함께 있으면서 최선을 다할 것이지만, 그것이 멈춘다면 당신이 저를 떠나는 것을 돕도록 똑같이 노력할 것입니다.

인간중심 상담자의 복잡하고 힘든 과업을 정리하기 위한 시도로 그대로 두고, 자라도록 두고, 가도록 두는 것이 전적으로 부적합한 것은 아니다. 이것은 상담자가 〈글상자 3-5〉에 나열된 '건강한 관계'의 주요한 특징을 제공하기 위해 애쓰는 것들이다.

 〈글상자 3-5〉 '건강한' 치료적 관계의 특징

1. 상담자는 자신의 목표와 의도에 대해 개방적이다.
2. 상담자는 내담자에 대해 책임감이 있는 것이지 그를 책임지는 것이 아니다.
3. 상담자는 내담자를 조종하지 않지만 자신이 조종당할 준비는 되어 있다.
4. 상담자는 무엇이 내담자에게 '좋은' 것인지 주장하지 않는다.
5. 상담자는 '성공'을 지향하지 않는다.
6. 상담자는 각 단계마다 내담자에게 기꺼이 제공할 것이 무엇인지를 분명히 한다.
7. 상담자는 내담자에게 헌신하고 관계를 위해 '싸울' 것이다.
8. 상담자는 어떠한 경우라도 조건 없이 관계 안에 자신을 투자할 준비가 되어 있다.
9. 상담자는 내담자가 자기 자신이 될 수 있도록 내담자의 자유를 열망한다.

❀ 상담자의 고유한 자아

아무리 인간중심 상담자가 상담관계를 구축하는 데 동일한 기본 원리를 고수한다 할지라도, 그들이 개인적 기질과 속성에 따라 광범위하게 다양할 것임은 자명하다. 이 책의 저자들도 예외는 아니다. 한 사람은 때때로 접은 우산을 팔에 끼고 영국 국교회의 향 냄새에 코를 킁킁거리는, 다소 지적이고 문자 그대로 영국인인 반면, 다른 한 사람은 용감하게 계곡에 들어가 낌새를 알아채지 못한 송어를 그물로 잡으려는 재미있는 생각을 가진, 일찍이 어려운 과학교육을 받은 진지한 스코틀랜드인이다. 이렇게 매우 대조적인 성격은 그들의 상담관계에 분명히 다른 특성과 매우 다른 삶의 경험을 가져온다. 인간중심 상담자로서 우리의 관심은 내담자에게 이점이 되도록 우리의 독특한 강점(그리고 어떤 점에서는 연약함)을 우리의 상담 작업에 사용하는 것이다. 즉, 우리는 상담에서 우리 자신이 되길 바라고 또 그로 인한 우리의 개성을 상담과정에 모두 이용할 수 있게 되기를 몹시 원한다. 우리는 마치 수용; 공감, 진정성이 오직 정형화된 방식으로만 전달될 수 있는 것처럼 치료적 반응이 좁은 범위에 제한되는 것을 바라지 않는다. 각각의 상담자는 자신만의 독특한 레퍼토리가 있는데, 만일 그것을 충분히 활용할 수 있고 자신의 특별한 재능을 적절히 이용할 수 있다면 치료의 전체 과정은 더욱 풍성하게 될 것이다.

상담을 제공하는 초창기에는 상담자의 특별한 재능이 항상 분명하지 않을 수도 있다. 상담자에게는 '잘해서 좋은 성과를 내는 것'에 몰두하기에 치료방식의 '규정'을 의식적으로 따르려 하고 핵심조건을 구축하려는 데 의식적인 집착을 한다. 상담자는 자신의 내담자에게 수용을 전달하기 위해, 그리고 마음대로 쓸 수 있는 모든 공감 기술로 내담자의 내적 세계를 따라가기 위해 최선을 다할 것이다. 상담자는 또한 과정이 힘들어질 때 회피하기 위해 전문적인 가면을 쓰지 않도록 피나는 노력을 할 것이다. 그러나 초보 상담자로서 상담자의 깊은 수준의 인성이 내담자에게 도움을 주는 데 관여해야 한다면, 그들은 일종의 모험을 감수할 만큼 충분히 대담하지 않을 것이다. '충분히 훌륭한' 상담자로서 기능하는 자신의 능력에 대해 점점 안전감을 느낄 때에만 자신의 고유함을 구성하는 특성을 발견하고 그 후에 그것을 제공할 수 있을 것이다.

우리 중 한 명(Thorne)은 몇 년이 지나서야 존재의 특별한 자질을 확인하고 많은 치료적 만남에서 이것이 기본적으로 중요하다고 인식하게 되었다(Thorne, 1985, 1991a, 2002). 그러나 오늘날 이러한 유연함의 자질은 그가 설명한 바대로 상담자의 독특한 인격과 경험에서 나온 특별한 재능의 중요한 표현이다. 상담과정을 위한 이러한 재능의 함축적 의미에 대해서는 다른 곳에서 탐색되었지만(Thorne, 2002: 72; 2006: 35-47), 현재 우리의 목적은 이전의 상담 작업에서 많은 자리를 차지하지 않았던 자신의 존재의 부분들을 믿게 될 때 상담자 자신의 경험에 집중하는 것과 관련이 있다. Brian Thorne이 자기 자신의 이야기를 계속하는 것이 이해가 된다.

❀ 고유한 자아와 모험하기

여러 해 동안 나는 종종 특정 내담자에게서 밀착된 느낌을 압도적으로 느꼈다. 그러한 내담자는 배경이나 삶의 경험이 매우 다양했고, 내가 흔히 자연스러운 친밀감을 기대할 수 있는 사람들은 아니었다. 그러한 감정에 대한 나의 즉각적인 반응은 그것을 의심하고 정신역동 상담자 동료가 투사 또는 역전이라고 부른 과정이 발생한 것으로 추측하는 것이었다. 이러한 가능성에 대해 주목하고 최대한 주의하며 진행하자고 나 자신에게 이야기했다.

그러나 어떤 이유인지는 알 수 없지만 어느 날 나는 그러한 주의를 바람에 날려 버리기로 결정했다. 나는 분석적인 전통을 지닌 상담자가 아니라 인간 존재에 대한 기본적 신뢰를 믿고 이러한 범주 안에 내가 속해 있다는 것을 나 스스로 어느 정도 상기시켰다고 생각했다. 나는 경험 많고 책임감 있는 상담자이고 내담자의 행복을 위해 헌신한 것을 알았다. 나 자신의 일치—내가 선택한 치료적 접근의 원리에 대한 결과—가 나와 공통점이 분명히 거의 없는 누군가와 깊은 수준으로 친밀하게 연관되도록 하는 강한 감정을 나에게 드러내고 있었다. 나는 그 감정이 아무리 불명확하거나 불가사의할지라도 이를 믿기로 결심했고, 그것을 무시하거나 나의 일상적인 세심함을 가지고 다루려 하기보다는 붙잡고 있기로 결심했다. 그 결정에 대한 결과는 지대한 영향을 미쳤는데, 심오하게 서로가 연결되어 있다는 느낌에 대한 나의 믿음이(그리고 그것은 매우 예상치 못하게 발생한다) 공간과 시간 밖에 존재하는 것으로 보이는 세상에 접근하게 해 줌을 발견했기 때문이다. 그리고 거기서 나와 내담자는 모두 두려움 없이 그리고 놀라운 인식의 명료함으로 서로 관계를 맺는 것이 가능하다. 다음과 같이 나는 이러한 경험에 의미를 부여하려고 애쓰고 있다.

나의 내담자는 좀 더 정확하게 초점이 맞는 것 같았다. 내담자는 주변 배경에서 뚜렷이 눈에 띈다. 내담자가 말할 때, 그 말은 고유하게 자신과 연관되어 있다. 신체적 움직임은 고유성에 대한 더 큰 확인이다. 마치 짧게라도 잠시 동안 두 인간 존재가 완전히 살아 있는 것처럼 보인다. 왜냐하면 그것은 그들 스스로에게 부여한 것이며 완전히 살아 있는 존재에 대한 위험을 감수하는 것을 서로 허락했기 때문이다. 그러한 순간에 나는 내담자와 내가 사랑의 흐름에 사로잡혔다고 말하는 것을 주저하지 않는다. 그러한 흐름 속에 노력 없이 직관적인 이해가 찾아오고, 놀라운 것은 이러한 이해가 얼마나 복잡한 것인가다. 때때로 나는 내담자 전체를 받아들이고 그 후에 사전 자료에 의지하지 않고 내담자에 대한 지식을 소유하게 되는 것 같다. 이러한 이해는 매우 개인적이고 변함 없이 내담자의 자기 인식에 영향을 미치며 태도와 행동에서 확실한 변화를 이끌어 낼 수 있다. 상담자로서의 기쁨은 내가 발견한 것을 내담자와 항상 공유할 수 있다는 것이다(Thorne, 2004: 10-11).

밀접한 상호관계에 대한 감정을 신뢰하기 위한 결정은 내 입장에서 현실의 영적 경험을 인정하고 기도와 예배에 쓴 많은 시간을 이용하고자 하는 의지로 향하는 첫 단계였음이 분명하다. 이는 마치 내가 이전에 치료 작업을 수행하는 데 있어 경험의 전체 영역을 사용하는 것을 거부했던 것과 같았다. 그것을 바꾸지 않으려는 나의 노력으로 내담자와 관계한 작업에서 나의 가장 귀중한 원천의 일부를 나 스스로 일부러 박탈한 것 같았다. 그러나 일단 내가 나 자신을 나에게 열면 나는 영혼의 교감 안으로, 또는 영적인 삶에 기본적으로 주어지는 또 다른 회원 자격에 들어갈 수 있었다. 물론 나는 복음 전도를 위해 상담관계를 이용하는 것이 대단히 부당하다고 여전히 확신한다. 나는 초창기 때 그랬듯 더 이상 직업적인 부분에서 신이

나 종교에 대해 이야기하려는 것이 아니다. 차이는 이제 나는 내담자, 슈퍼바이지, 그리고 훈련생과 온전히 함께하려 한다는 것이고, 이것은 나의 영원한 영혼과 의절하거나 그것을 문 밖에 두려 한다는 뜻은 아니다. 아주 흥미롭게도, 그것은 또한 나의 상담 경력의 초기보다 지난 20년 동안 나의 행동에서 영혼이 훨씬 덜 분리되었음을 의미한다. 영적인 자아를 기꺼이 받아들이는 것은 육체적인 존재를 포함해 나의 온전한 자아를 사용할 수 있는 해방으로 이끌었다. 내가 나 자신의 고유성을 받아들일 만큼 충분히 대담해졌을 때는, 육체를 껴안으며(때때로 문자 그대로의 의미에서) 영혼을 감동시키는 부드러움을 제공할 수 있는 능력이 생긴 것 같다. 나는 이러한 말을 사용하는 데 어떠한 당황스러움도 없다. 왜냐하면 인간중심 상담자는 자신의 모든 특성에 대해 정직해야 하고, 상담관계에 대한 잠재적 공헌을 인정하고 탐색할 준비가 되어 있어야 하는 특별한 의무가 있다고 믿기 때문이다. 내 입장에서 만약 내가 나의 존재의 가장 깊은 부분 가운데 일부의 치료적 중요성을 계속 부정했다면 육체적으로나 정신적으로 유연함을 표현할 능력을 가지고 있다는 사실을 절대 알지 못했을 것이라는 것을 알고 있다. 아마 내가 내 고유한 자아에게 최고의 표현을 주는 때는 바로 이 능력을 제공할 때일 것이다. 그리고 그것이 강함과 약함이 같은 크기로 나타나기 때문에 책임지는 데 항상 위험을 느끼는 이유다. 그러나 오늘날 나는 항상 위험을 감수해야 할 수밖에 없다는 것을 알고 있다. 게다가 나는 전문성에 대한 오해와 심지어 비방이라는 값비싼 위험을 때때로 감수해야 했다 (Thorne, 1996; 2005: 191, 197).

🌸 상담자의 변화하는 자아

20여 년 전에 Carl Rogers는 나이 들어 감의 경험에 대한 원고 청탁을 받았다. 그는 '나이 든다는 것'이라는 제목의 기사를 썼지만, 출판 전에 '나이 든다는 것: 혹은 더 나이 들고 성장하기'라고 제목을 수정하였다(Rogers, 1980b). 이 일화는 인간중심 상담자를 위한 중요한 가르침을 함축하고 있는데, 실제로는 치료적 관계에 관련된 모든 사람을 위한 것이다. 자신에 대한 작업은 결코 완전할 수 없고, 상담자가 자신의 헌신에 늘 충실하고 싶다면 그것을 평생의 과업으로 직면하게 된다. 만약 이것이 지나치게 힘들게 들린다면, 상담은 변화와 발전에 관한 것이며 변하지 않는 상담자는 전문적인 사기꾼이 되어 가는 중에 있다는 것을 기억해야 한다. 더욱이 계속해서 성장해야 하는 상담자의 의무는 사실 인생을 풍성하게 살기 위한 영광스러운 초대다. 인간중심 상담자는 알 수 없는(비록 조금은 알더라도) 두려움과 마주하는 것보다는 오히려 아직 가 보지 않은 즐거운 장소를 알게 되는 자기 발견의 여행을 계속하도록 도전받는다. 이러한 방식으로 삶을 과감히 포용하며, 가면을 서서히 벗어 던지고, 내담자에게는 아마 처음으로 진정한 삶을 사는 것을 가능하게 해 주는 깊은 관계를 제공해 줄 준비가 되어 있는 사람이 바로 인간중심 상담자다.

🌸 깊이 있는 관계 경험하기

2장 끝의 인간중심 상담이론의 최근 발전에 대한 탐색에서, 우리는 인간중심 상담에서 내담자의 현재 문제뿐만 아니라 문제의 원인이 될지도 모르고 심지어 그 문제와 관련이 있는 내담자에게 의미있는 과정과 자기 대화에 대해 작업하고 싶다고 제안했다. 왜냐하면 자신의 존재적 과정에 살고 있는 내담자를 만나기 위해 그러한 과정을 거치고 싶기 때문이다. 우리는 내담자가 다른 사람과의 일상적인 상호작용에서 사용할 자아의 표상적인 측면이라 불리는 것을 넘어 내부로 들어가길 원한다(Mearns & Cooper, 2005). 우리 인간은 세상에서 '가면'을 쓰는 데 능숙하다. 실제로 우리는 각기 다른 사회적 상황에 맞는 많은 얼굴을 가지고 있다. 우리 자신에 대한 이러한 묘사는 실제이고 중요한 대표성을 가지지만, 그것이 우리에 대해 완전히 설명해 주지는 않는다. 특히 우리가 우리 자신에게나 다른 사람에게 가장할 필요가 없는 근본적인 수준에서 우리 자신에 대해 믿고 느끼는 것을 설명하지 못한다. 그러한 일상의 초상은 사회적 상황에 어울리는 얼굴을 나타내고, 또 그 상황에서 우리가 보이고 싶은 방식으로 우리 자신을 나타내기 위해 능숙하게 조각된다. 많은 사회심리학 과학 분야에서 다양한 사회적 상황에 나타나는 얼굴을 탐구하는 헌신적인 노력이 있어 왔다. 그 연구 결과는 인간이 보여 주는 능숙함에 우리를 다시 놀라게 만들었다. 아마도 아동기의 중요한 기술 중 한 가지는 다양한 상황에서 스스로를 어떻게 나타내는지에 대해 배우는 것일 것이다. 넓은 범위의 수용을 제공받지 못하고 대신에 편협한 일단의 가치 조건을 제공받은 어린아이에게는 다양하게 자신을 나타내는 방법을 배우는 것이 분명 생존 가치를 지닌다.

상담관계는 사람들에게 판단받지 않고 어떠한 특별한 방식으로 기대되지 않는 환경을 제공한다는 점에서 독특하다. 더욱이 그 관계는 상담자가 상호 간의 동등한 인간적 관심을 내담자에게 요구하지 않는 한 명백하게 그들 편으로 치우쳐 있다. 이러한 모든 상태는 내담자가 자아의 표상적인 차원을 보여 줄 뿐만 아니라 존재적 자아를 더 보여 줄 수 있는 환경을 제공한다. 그러나 우리가 실제의 상담 회기 대부분을 살펴보면, 내담자 대부분이 여전히 표상적인 자아 뒤에 숨어 있음을 발견할 수 있다. 때때로 이러한 자아상(self-portrayals)은 다른 삶의 맥락에서 보일 수 있는 것과는 다르다. 하지만 내담자가 그 상황에 적합하다고 믿는 이미지를 보여 주는 한, 그것이 연기임에도 상담자와 내담자 자신에게 자신에 대해 바랐던 인상을 보여 줄 것이다. 왜 내담자는 이러한 표상적인 방식을 계속하는 경향이 있는가? 일부는 습관적일 것이다. 겉모습만 보여 주는 사회기술과 그것을 사용하여 다른 사회적 상황에 적응하는 것은 너무나 중요하게 우리의 사회적 존재 차원에 깊이 스며들어 있어, 그것을 따로 제쳐 두고 우리 자신과 우리가 경험하는 경험과 똑같이 우리의 경험을 표현하기는 어렵다. 이것이 참만남(encounter) 집단 경험의 참여를 통해 자유를 추구하는 주된 이유다. 사람들은 종종 초기 참만남 집단 경험의 정교한 묘사, 또는 자아의 어느 부분을 묘사한 뒤에 숨어서 존재한다. 하지만 집단이 계속될수록 다른 사람은 점점 더 그들의 가면 뒤를 볼 것이고 그것에 도전하기 시작할 것이다.

인간중심 상담에서 우리는 자아의 표상적인 측면과 더 근본적인 존재적 자아 사이를 매우 심각하게 구분한다. 우리는 단지 내담자와 좋은 **치료적 동맹**(therapeutic alliance)을 형성하는 것에만 만족하지 않는다. 치료적 동맹은 광범위한 치료적 접근에서 효율성과 관련된 매우 중요한 변수로서 연구에서 잘 구축되어 있다(Lambert, 1992; Krupnick et al., 1996; Asay and Lambert, 1999; Hubble et al., 1999; Keijsers et al., 2000; Hovarth and Bedi, 2002; Beutler et al., 2004). 하지만 우리는 그보다 더 강한 관계를 원하는데, 왜냐하면 내담자가 도전받고 또 제공되는 관계의 힘에서 충분히 안정감을 느껴서 인간 관계에 있어 새로운 영역으로 들어가기를 원하기 때문이다. 우리는 내담자가 그의 존재적 자아로서 상담자와 관계를 맺는 용기를 내기를 원한다. 이것은 내담자에게 많이 요구되는 것인데, 내담자가 만약 표현된다면 다른 사람에게 받아들여지지 않을(실제로는 자기 자신이 받아들이지 못하는) 자아의 다른 차원이라 생각하는 것 뒤에 숨어서 삶의 많은 시간을 보냈기 때문이다.

우리는 인간중심 상담자가 이러한 도전에 직면하기 위해 제공하는 것을 깊이 있는 관계(relational depth)라고 묘사하게 되었다. 깊이 있는 관계는 다음과 같이 설명된다.

두 사람 사이의 깊은 접촉과 연대의 상태, 한 사람은 상대에 대해 완전히 진실하고 다른 사람의 경험에 대해 높은 수준까지 이해하고 가치를 둘 수 있는 상태다(Mearns & Cooper, 2005).

Mearns와 Cooper는 깊이 있는 관계에 대한 상담자의 경험을 더 설명한다.

내담자와의 깊은 접촉과 연대의 감정으로, 다른 상대에 대해 개인이 지속적이고 높은 수준의 공감과 수용을 동시에 경험하고 매우 투명한 방식으로 서로 관계한다. 이러한 관계에서 내담자는 공감, 수용, 일치성을 알아차리는 경험을 하고(암시적으로나 명백하게) 그 순간에 완전한 일치를 경험한다(Mearns & Cooper, 2005: 36).

즉, 깊이 있는 관계를 만드는 과정에서 상담자의 부분은 핵심적인 치료 조건인 공감, 무조건적인 긍정적 존중과 일치성을 모두 높은 수준으로 제공한다. 그 결과로 한 사람이 다른 사람의 경험을 강화한다. 사실 깊이 있는 관계를 핵심 조건과 같은 하위 변수로 분리하는 것은 다소 잘못된 것이다. 깊이 있는 관계는 이러한 부분의 합보다 더 큰 것이다. 내담자가 완전히 받아들여지는 느낌과 함께 상담자의 공감의 힘을 경험할 때(내담자가 무엇을 표현하든), 그리고 이런 공감이 단순한 역할이 아닌 상담자의 자아와 완전히 일치함을 깨달을 때, 그런 복잡한 현상의 힘은 분리된 조건의 어떤 부분적인 경험보다 훨씬 더 크다.

물론 깊이 있는 관계의 제공이 반드시 받아들여지거나 반응할 수 있는 것을 의미하는 것은 아니다. 상담자는 오직 제공할 수 있을 뿐이고, 내담자는 반응할지 안 할지를 선택해야 한다. 때때로 이것은 조금 더 복잡한데, 왜냐하면 내담자가 제공받은 것을 경험하고 미래의 가능한 반응을 위해 반응을 저장해 두기 때문이다. 오직 일부 사례에서 내담자가 의식적으로 그 순간의 관계적 힘을 상징화할 것이다. 내담자의 반응이 더 잦을수록 경험과 표현은 더 일치적인 형태로 변화한다. 깊이 있는 관계의 상호관계 경험에 대한 개념은 상담자와 내담자가 같은 것을 경험한다는 것을 의미하는 것으로 종종 오해받는다. 그러나 상담자와 내담자가 대개 관심 분야가 다르기 때문에 그런 경우는 드물다. 상담자에게 관심의 초점인 **전경**(figure)은 관계다. 하지만 내담자에게 전경은 개인적인 과정(경험)이고 **배경**(ground)은 관계다. 내담자가 경험하는 깊이 있는 관계는 그것을 통해 내담자가 자기 방어를 낮추고 자기 자신을 충분히 진술하게 표현하도록 도와주는 출입문과 같다. 상담자와 내담자 경험의 이러한 차이는 McMillan과 McLeod(2006)의 연구에 잘 설명되어 있다.

〈글상자 3-6〉은 상담자가 핵심 조건의 강력한 통합을 통해 깊이 있는 관계를 제공하는 것에 대한 내담자 샐리의 경험적 통찰을 보여 주고 있고, 초기 상담 경험과 비교해 그 차이점도 보여 주고 있다.

📖 〈글상자 3-6〉 '가장하기를 멈추었어요'

저는 가장하기(pretend)를 멈추었어요. 저는 전에 3번 상담을 받았습니다. 모두 좋은 경험이었고 상담에서 많은 것을 얻었다고 생각했어요. 하지만 이번은 완전히 달라요. 처음에 메리(상담자)를 어떻게 받아들여야 할지 몰랐어요. 그녀는 제가 익숙했던 것보다 더 '직접적'이었어요. 처음 제가 가진 생각은 그녀가 저에 대해 다소 '딱딱하다'는 것이었어요. 전 더 부드러운 것에 익숙했거든요. 하지만 그녀는 이전의 누구보다도 저를 더 완전하게 '만나' 주었어요. 그녀는 심지어 저의 방어를 통해서도 저를 만났어요. 한 번은 저에게 도전하면서 제가 생각하고 있는 것을 그녀에게 특별한 방식으로, 다시 말해 저에 대해 그녀가 좋게 생각하도록 만드는 방식으로 보여 주고 있는지 질문했어요. 그건 말하기 참 끔찍하죠. 하지만 그녀는 정말 잘했다고 했어요. 저는 그것이 저를 '판단'하는 것이 아니라 이해하는 것에서 비롯된다고 느꼈어요. 저는 단지 '네'라고 대답하며 그녀의 눈을 똑바로 쳐다봤지요. 저는 심지어 일상적인 변명도 하지 않았어요. 그 순간 모든 것이 달라졌어요. 저는 모든 질문에 두 개의 대답을 하고 있음을 깨달았어요. '가장'하는 대답과 '진짜'인 대답이요. 저는 두 가지 모두를 대답하기 시작했어요. 이전과 다른 방식으로 그녀에게 말했지요. 심지어 제 목소리 톤까지 달라졌어요. 덜 날카롭고 더 진지하고 더 '풍부하게' 말예요. 저는 모든 것을 보다 온전히 경험하기 시작했어요. 제가 감정을 느낄 때, 그것은 더 강력했고, 다시 한 번 '풍부하게' 되었어요. 전 약간의 두려움을 느끼며 이전의 삶에서 제가 거의 '현실적'이지 못했다는 것을 깨달았어요. 저는 세상에 대해 습관적으로 '가면을 쓰고' 있었던 거예요.

저는 방어하지 않고 이전에 한 번도 가 본 적이 없는 곳을 갔어요. 제가 익숙하게 느끼는 감정은 물론 제 안에 있는 다른 감정을 봤지요. 제 어머니의 죽음과 연관해서, 저는 슬픔뿐만 아니라 증오도 느꼈고 그녀에 대한 비애도 느꼈어요. 흥미로운 것은 '방어하지 않는 것'이 저를 덜 무섭게 만들었다는 거예요. 설명하기는 어렵지만 이는 중요한 점이에요. 그것은 단지 내가 방어할 필요가 없도록 하기 위해 상담자가 날 안전감을 느끼게 한 것은 아니었어요. 상담자는 진실하게 돌보는 인간으로서 저에게 도전했고 전 응답했어요. 저를 덜 두렵게 만든 것은 응답하고 또 계속해서 응답하는 바로 저였어요. 상담자에 대한 의존도 없었지요. 이것은 일반적이지 않은 일이었어요.

이 예에서 샐리는 자신의 경험의 고유성에 대한 통찰을 보여 준다. 그녀는 상담자의 도전에 대한 영향력, 그리고 상담자가 자신을 이해하고 존중해 줌으로써 자신이 그 도전에 응답할 수 있었던 점을 지적한다. 하지만 샐리는 또한 그녀의 진술 마지막 부분에서 우리에게 또 다른 흥미로운 통찰을 주고 있는데, 그것은 상담자가 실제로 했던 그 어떤 것보다도 자신을 덜 두렵게 했던 '방어하지 않음'을 어떻게 했는지 설명하려 한 것이다. 이것은 내담자의 주권력으로 이루어지는 인간중심적 작업의 중요성을 깨닫게 해 준다(Bohart & Tallman, 1999; Bohart, 2004).

우리는 상담이 단지 상담자가 깊이 있는 관계를 제공하고 내담자가 응답하고 그것이 효과적인 과정으로 이끈다고 생각하면 안 된다. 내담자의 변화에 대한 영향력을 가지는 중요한 변수는 사회환경의 제약을 부정하지 않고, 자신의 경험을 신뢰하는 자신감을 가진 독립된 존재로서 생각하고 느끼고 행동하는 내담자의 힘이다. 우리가 성취하고자 하는 것은 내담자의 주권력을 자극하고 촉진하는 것이다.

이어지는 세 개 장에서 우리는 소위 **핵심 조건**이라고 불리는 공감, 무조건적인 긍정적 존중, 그리고 일치성을 체계적으로 살펴볼 것인데, 그에 앞서 두 가지를 기억하고 싶다. 첫째, 깊이 있는 관계를 이런 구성 요소로 분리하는 것은 각각에 대해 더 자세히 이해하도록 도울 수 있지만, 다른 것 없이는 그중 어떤 것도 상대적으로 아무 의미가 없다. 둘째, 우리는 이러한 조건 자체가 내담자의 변화하는 능력을 결정짓지 않는다는 것을 기억해야 한다. 영향을 받는 정도를 결정하는 것은 내담자다. 그러나 우리는 온전히 자기 자신이 되고 진정으로 용감하게 자신의 삶을 살아가는 상담자의 능력이 신비한 변화의 연금술에서, 그리고 내담자가 서서히 자신의 주권력을 이용하는 것을 배우는 과정이 핵심 요인이 될 것이라고 확신한다.

공감

공감 척도
공감 그리고 평가의 소재
상담에서 공감이 왜, 얼마나 중요한가
'인식의 가장자리'에 대한 포커싱
상담자의 이해가 반드시 필요한 것은 아니다
우리의 공감적 감수성을 내보내기
공감에 대한 장애물
내담자의 다른 부분에 공감하기

치료적 관계의 중심 요소 중 하나는 공감(empathy)이다. 간단한 정의로는 그 과정의 온전한 의미를 나타낼 수가 없지만, 이 장에서 충분히 다루어 줄 것이므로 다음의 정의 정도면 충분할 것이다.

공감은 진행적인 과정으로서 상담자가 자신의 방식으로 경험하고 인식하는 현실을 옆으로 제쳐 두고, 내담자의 경험과 인식에 대해 느끼고 반응하는 것을 우선시하는 태도다. 공감은 내담자의 생각과 감정이 마치 상담자 자신에게서 일어나는 것같이 아주 강렬하게 경험되기 때문에 강하고 지속적일 수 있다.

〈글상자 4-1〉에 제시한 장면에서 상담자는 내담자 빌에게 다섯 차례 반응한다. 그녀가 빌의 어깨를 만진 것을 포함한 이 모든 반응은 그 순간에 빌이 처한 상태를 정확하게 반영한 공감적 반응이다.

📖 〈글상자 4-1〉 **환멸을 느끼는 교사 빌에게 공감하기**

빌 : 단지 '일로서' 그것을 한다는 게 쉽지 않을 거란 걸 알았어야 했어요…. 내가 말하는 건 난 그냥 '분리'하고 나 자신을 지킬 수 있다고 생각했다는 거예요.

상담자: 하지만 당신은 당신을 '지키지' 못했다는 것을 알았죠. 그게 전만큼 나빴나요, 혹은 더 나빠졌나요?

빌 : 더 나빠졌어요. 나는 더 나빠질 수 있다고 믿지 않았어요. 아이들에게 고함지르는 나 자신을 발견하고, 다른 때엔 스스로 방문을 잠근 채 울고 있는 것보다 더 나쁠 것은 아무것

도 없다고 생각한 것처럼 말이죠. 그렇지만 더 안 좋아요….
그때는 최소한 내가 살아 있기라도 했죠.

상담자: 그럼 지금 당신은 살아 있지 않나요?

　빌　: 지금 난 좀비예요…. 사실은 때로는 좀비보다 더 안 좋죠.

상담자: …때로는 당신이 걸어 다니는 시체만도 못하군요.

　빌　: 네. 요즘 난 종종 [학교에] 안 가요. 갈 생각을 하면 구토가
나요. 아마도 난 학교를 혐오하나 봐요. 상상해 봐요! 학교
혐오에 걸린 선생이라…. 얼마나 웃겨요. [웃는다.]

상담자: 당신이 그걸 재밌게 느끼는 것처럼 들리지 않네요.

　빌　: [멈추었다가 흐느낀다.]

상담자: [부드럽게 손을 그의 어깨에 올리고 아무 말도 하지 않는다.]

상담 회기 녹취에서 공감의 예를 뽑아내는 것은 어렵다. 왜냐하면
공감은 내담자에게 상담자가 하는 단일한 반응이 아니기 때문이다.
〈글상자 4-1〉에서처럼 심지어 연속적인 반응일지라도 공감은 충
분히 요약되지 않는다. 단일한 반응 혹은 반응의 연속이기보다 공감
은 과정이다. 그것은 내담자와 함께 있는 과정인 것이다.

비록 우리가 같은 물질적 세계를 공유한다 해도 우리는 모두 다른
방식으로 경험한다. 왜냐하면 우리는 다른 시각 혹은 **참조틀**로 바라
보기 때문이다. 내담자와의 공감에 있어서, 상담자는 자신의 참조틀
을 제쳐 두고 당분간 내담자의 참조틀을 택한다. 그녀는 그때 내담
자가 어떻게 그의 세계 안에서 사건을 경험하는지 인식할 수 있다.
뿐만 아니라 그녀는 내담자가 사건에 관하여 어떻게 느꼈는지를 마
치 그 감정이 그녀 자신의 것인 듯 느낄 수 있다. 예를 들면, 〈글상자

4-1〉의 예에서 빌은 웃고 있지만 상담자는 그것이 그가 느끼고 있
는 바를 대변하지 않음을 알고 있었다. 그녀는 한동안 그의 참조틀
안에 있었고, 그의 학교에 관한 감정과 그 안에서의 그의 처지가 철
저하게 절망스러움을 알고 있었다. 그녀는 그의 감정에 관하여 생각
만 하고 있는 것이 아니다. 그녀 역시 똑같이 전체적으로 '갑갑함'이
나 그가 막 울려고 할 때 목이 메는 경험을 겪었을 확률이 크다. 그
녀는 빌의 감정을 마치 그녀 자신의 것처럼 경험하고 있다. 그러나
그녀의 공감적 감수성의 표현은 항상 그녀의 통제 아래 있다. 그녀
는 빌의 참조틀 안에서 길을 '잃지' 않았고, 그녀가 원하면 언제든
지 그것에서 떠날 수 있다. 이와 같은 공감의 특성이 인간중심 상담
자가 갖는 전문성의 중요한 측면이다. 그녀는 그녀의 내담자와 이런
강렬하고 감정 어린 방식으로 작업할 수 있으면서 그 감정에 압도되
지 않는다. 상담자의 이런 통제는 내담자를 위해 중요하다. 비록 그
가 좌절을 느끼고 자신의 세계 안에서 길을 잃는다고 할지라도 상담
자가 의지할 수 있고 명석하며 세심한 사람으로 남아 있음을 아는
것은 그에게 안정감을 제공한다.

간혹 이런 특별하게 강렬한 공감적 경험을 통해 인간중심 상담에
서 공감이 심오한 순간에만 일어나는 것이 아니라 대부분의 시간에
일어난다는 것을 잊어버린다. 관계의 시작부터 상담자는 내담자의
참소틀로 늘어가려 노력하면서, 그의 세계 안에서 그와 나란히 걷는
다. 우리가 누군가와 여행에 동행할 때면 우리가 본 것에 관해 언급
할 것이다. 공감적 여행에서도 같은 일이 일어난다. 상담자는 그녀
가 본 것에 관해 언급한다. 이러한 언급을 일반적으로 **공감적 반응**이
라고 부른다. 반응 자체가 공감은 아니지만, 그 반응은 내담자와 여

행을 동행하는 것(즉, 공감)의 부산물이다.

  역사적으로, 반응보다는 과정이라는 공감의 이런 개념은 상당한 오해를 받아 왔다. 연구자들은 공감과정보다 정량화 가능한 공감적 반응을 연구하는 것이 훨씬 쉽다고 생각했다(Truax & Carkhuff, 1967; Carkhuff, 1971). 논리실증주의에 기반을 둔 연구는 인간의 과정을 실험하기 위해 필연적으로 그것을 제한하고 축소하여야 했다. 유감스럽게도, 공감에 관한 이 협소한 개념은 연구뿐만 아니라 많은 상담자를 위한 공감 훈련의 기본이 되었다. 그 결과, 이런 행동을 보였을 때 공감이 발생했다는 거짓 가정 위에서 상담자가 공감적 반영하기를 훈련받게 된 것이었다. 〈글상자 4-2〉에서 상담자는 공감적으로 비치는 반영을 보여 주지만, 이 내용만으로는 그녀가 정말로 내담자의 여행에서 그와 동행하고 있는지 혹은 단순히 상투적인 반영으로 반응했을 뿐인지 말할 수 없다.

  〈글상자 4-2〉에서 상담자의 반응은 그녀가 내담자의 말을 들은 듯 보이지만, 그가 경험한 것을 충분히 이해했다는 확신이 담긴 의

📖 **〈글상자 4-2〉 단순한 반영 반응**

내담자: 내가 정말로 그곳을 나는 것 같아요. 커다란 검은 방 안으로 날아가는 것 같아요. 난 두렵지 않아요. 어둠이 좋거든요.

상담자: 그래요. 당신은 어두운 공간으로 들어가고 있어요…. 정말 빨리요… 그리고 다르게 느껴져요…. 지금은 두렵지 않아요…. 즐겁기까지 하군요….

내담자: 그래요….

사소통으로는 여기지지 않는다. 이 반응만으로는 내담자에게 반드시 영향을 줄 수는 없을 것이다. 그러나 내담자가 상호적인 진행을 통해서 상담자가 일관되게 이해하고 있다고 느낀다면, 그는 상담자와의 공감과정 안으로 열중하게 됨을 느낄 수 있다.

만일 연구가 공감과정을 탐구하기 위한 것이라면, 상담자의 언어적인 반응과 내담자가 그것을 어떻게 받아들이는지뿐만 아니라 그 반응을 이끌어 낸 상호적인 진행과 앞선 회기에서 형성되어 온 공유된 이해를 고려해야만 한다. 만일 연구가 이 모든 관련된 행동과 경험을 진심으로 고려한다면, 그때 공감의 본질적인 과정과 그 힘을 망라하는 것이 시작될 수 있다. 그렇지 않다면 그것은 오직 공감의 일면인 '소통 기술'만을 찾는 지나치게 단순한 환원주의자의 유희다.

요약하자면, 공감은 내담자에 대한 반응의 '기술'이 아니라 내담자와 관계 속에 있기 위한 방식이다. 공감은 종종 내담자와 같은 기차나 롤러코스터를 탄 기분이 들게 한다! 상담자는 그것이 얼마나 험난하든 내담자의 여행에 참여하여 함께 있어 준다. 때로는 여행이 순탄하게 느껴지고, 때로는 여행자가 멈추기도 했다가 다시 시작하기도 하고, 깜깜한 골목을 내려가고, 꼼짝 못하고 혼란해하기도 한다. 그러한 여행은 그들이 여섯 살배기와 함께 놀이방에 있더라도, 잠긴 방에서 정신분열 환자와 있더라도, 또는 학생상담 사무실에서 대학을 떠나야 할지 말지 결정하지 못하는 학생과 있더라도 똑같은 가치의 즉시성과 강렬함을 담고 있다. 공감은 영화 필름과 같다. 공감 반응은 그 움직이는 과정의 스틸 사진과 같다. 그러나 시작에 있어서 그 사진들을 실험하는 것이 하나의 출발점이고, 훈련받는 상담자는 공감적 반응에 대한 다양한 사례를 탐색함으로써 더 배울 수 있다.

🌸 공감 척도

앞서 언급한 시작을 위해 공감 척도(empathy scale)라는 개념이 도움이 될 수 있다. 공감 척도는 오직 상담자의 공감적인 반응에만 초점을 맞추지만 공감의 정확성에서 다양한 차이가 있음을 이해하는데 유용한 방법이다. 내담자의 방향에 친숙한 숙련된 상담자는 공감적인 과정 안에 온전히 머물러 주는 것이 비교적 쉬울 것이다. 하지만 내담자의 방향을 찾는 데 상당한 노력이 수반되는 훈련 중인 상담자는 어떤 경우 성공하고, 어떤 경우 실패하며, 어떤 경우는 일부만 성공한다. 공감 척도는 들어맞음, 놓침, 일부만 들어맞음이라는 개념으로 구분된다.

Truax와 Carkhuff(1967)는 정교한 8점 공감척도를 개발했다. 이것은 연구뿐 아니라 오디오테이프 인터뷰에서 드러난 상담자 반응의 공감 수준을 평가하는 도구로서 훈련에도 사용되었다. 이러한 평가, 그리고 훈련받는 상담자가 보일 법한 반응에 대한 토론은 상담자가 공감을 소통하는 방법의 레퍼토리를 확장하는 데 도움이 될 수 있다.

우리의 목적을 위해서는 4점 공감척도로도 공감적 반응 간의 다양성을 보여 주기에 충분하다. 4점 척도의 각 단계에 대한 설명은 다음과 같다.

단계 0: 이것은 내담자의 표현된 감정에 대해 이해할 수 있는 어떤
       징후도 보이지 않는 반응이다. 그것은 내담자의 감정에 대

한 부적절한 언급, 혹은 아마도 판단적인 반응, 조언하기,
상처 주거나 거부하기일 것이다.

단계 1: 이 반응은 그런 감정에 대한 부분적인 이해와 내담자를 위한
매우 표면적인 반응을 보여 준다. 때때로 이런 수준의 공감
은 경청자가 그녀의 반응에서 내담자 경험의 일부를 빠뜨렸
다는 의미에서 감하기라고 칭해진다.

단계 2: 이 반응에서 경청자는 내담자가 표현해 온 감정과 생각에 관
한 이해를 보여 준다. 이 수준은 종종 정확한 공감이라고 칭해
진다.

단계 3: 이 반응은 내담자의 즉각적인 자각 수준을 넘어선 내담자의
이해를 보여 준다. 내담자의 표면적인 감정과 반응에 대한
이해를 소통하는 것에 더하여, 경청자는 숨어 있는 감정에
대한 이해도 보여 준다. 이것은 종종 추가적인 공감이라고 불
리지만, 더 일반적으로는 깊은 반영이라고 언급된다.

이런 여러 단계가 아래의 상담 연습의 사례에서 나타나고 있다.
상담자가 보여 준 실제 반응은 3단계 반응이었다. 그러나 이 반응을
재현하는 것에 더하여, 우리는 다른 단계를 보여 주는 다른 가능한
반응을 구성했다.

사례

이 인용된 사례에서 내담자는 그녀가 인기도 있으면서 상당히 유
능한 학생이라는 발견을 통해 자존감이 꽤 향상된 성숙한 학생이다.

그러나 그녀는 남편과 관계하는 방식 때문에 매우 불행해지고 있었다. 이를 악문 채 그녀가 다음과 같이 말했다.

> 그는 나를 아기처럼 대해요. 항상 나를 돌보고, 항상 나를 과잉보호해요…. 그게 날 **숨 막히게** 해요! 그는 내가 대학에 다니기 시작하면서부터 가만두질 못해요. 난 더 이상 아기가 아니에요…. 나는 독립적이고 강하다고요….

4점 척도의 각 단계에서 가능한 반응은 다음과 같다.

단계 0: "남자는 다 똑같아요. 당신은 그들에게서 벗어나는 게 낫겠어요!"—지나치게 빨리 충고하는 부적절하고 판단적인 반응인데다가, 이 반응은 내담자를 한 개인으로서 이해하지 못한 듯 보인다. 그것은 내담자가 자신의 감정 안으로 깊이 들어가는 것을 친구나 지인이 진심으로 원하지 않는 경우에 할 만한 반응의 일종이다.

단계 1: "맙소사. 정말 힘들겠어요."—이 반응은 내담자의 감정에 대한 부분적인 이해를 보여 준다. 이 감하기 반응에서 그녀의 감정의 질은 반영되지 않았다고 하더라도, 최소한 상담자는 내담자가 경험하는 것의 심각함과 어려움을 이해하고 있다.

단계 2: "그가 당신을 이해하지 않는 것 같군요…. 어떻게 당신이 변화하고 있는지…. 그가 아직도 당신을 예전처럼 대한다면, 그때는 괜찮았을지 모르겠지만 지금은 그렇지 않네요…. 그

리고 당신은 그것에 대해 몹시 화가 나 있군요."—여기서 상
담자의 반응은 내담자 감정의 질과 강렬함을 정확히 반영하
여 되돌려 주고 있다. 이 예민한 반응은 내담자의 말을 고려
했을 뿐만 아니라 그녀가 말할 때 이를 악물었다는 명백한
증거를 통해 분노 역시 고려한 반응이다. 상담자가 내담자
의 반응을 그녀의 언어가 아닌 상담자 자신의 언어로 되돌
려 주고 있다는 점이 상담자가 이해하고 있는 것에 대한 확
인이다.

단계 3: "그가 당신이 변화한다는 걸 이해하지 않는 데 대한 당신의
분노가 내게 보이네요…. 그것은 정말로 강한 것처럼 보여
요…. 그러나 내가 또한 궁금한 것은… 당신이 떨고 있는 게
보인다는 거죠…. 그 떨림은 단지 분노 때문인가요, 아니면
당신 안에 또 다른 무언가가 일어나고 있는 건가요?"— 인
용된 이 실제 상담 회기에서 상담자의 이런 반응은 내담자
의 인식의 가장자리를 건드렸기에 긴 침묵을 만들었다. 이
침묵에 이어 내담자는 매우 강렬한 발견을 하는 듯한 반응
을 보였다. "네… 네, 나는 그를 잃을지도 모른다는 게 두려
워요." 이 특정 사례에서 깊은 반영이 중요하게 밝혀졌는
데, 그것을 통해 내담자가 남편에 대해 화가 났을 뿐만 아니
라 결별의 가능성에 대해 크게 두려워하고 있다는 사실을
자각하도록 도와주었기 때문이다. 내담자는 점점 더 확실
하게 독립적으로 되면서, 자신이 이제까지 한 번도 그렇게
삶을 살지 못했다는 사실에서 자신의 두려움의 원인을 알게
되었다.

단계 3 공감에 대한 상담자의 시도는 종종 돌바닥으로 떨어질 것이다. 예를 들면, 위의 예에서 내담자는 상담자의 진술과 대답에 대해 다음처럼 반영할 수 있다. "아니요. 난 그저 그에게 엄청나게 화가 난 것뿐이에요!" 이 반응은 둘 중의 하나를 나타낸다. 상담자가 표면적 감정 아래에 있는 어떤 것을 명확히 느꼈으나 내담자가 아직 그것을 자각할 수 없거나 표현하지 못하는 경우, 혹은 상담자가 틀린 경우다. 인간중심 상담자가 최소한의 시간을 벌기 위해 그것을 놓아둘 수 있기 때문에 이렇든 저렇든 사실 중요하지 않다. 은유적으로, 인간중심 상담자는 그의 경험의 깊은 단계에서 '내담자의 문을 두드리기(knock on the client's door)'를 원하지만 그녀는 문을 부수고자 하는 것은(knock the door down) 아니다.

우리가 앞서 언급했듯이, 공감적 반응이 아주 구체적인 형태를 가지기 때문에 그것을 연구하는 것이 교육적이겠지만, 그것은 훈련받는 상담자가 어떤 상황에든 들어맞는 완벽한 반응이 있으리라고 가정하는 위험을 불러온다. 앞의 예에서 상담자가 보인 단계 3 반응은 내담자와 그녀의 관계에 굉장히 알맞았다. 내담자는 상담자를 믿고 의지했으며 상담자에게 압도되지도 않았으나, 다른 내담자의 같은 말에 대해 정확히 같은 반응을 하는 것은 공감적일 수 없다. 예를 들면, 공감의 힘은 내담자의 인식의 가장자리에서 무언가 다른 것을 느끼는 데 있다. 그 느낌이 공감이다. 그 말은, 다시 말해 공감적 반응이란 전혀 방향이 제시되지 않은 채 공감과정이 진행되는 것이다. 훈련받는 상담자가 단지 고려 중인 단 하나의 반응을 반복하는 것은 전혀 의미 없는 행동이다. 왜냐하면 그 반응은 말을 느낌과 분리하기 때문이다. 말은 중요하지 않다. 위의 예에서 일어난 똑같은 감각은 상담자에 의해 백 가지 다른 방식으로 전달될 수 있다. 예를 들어, 상담자는 앞으로 몸을 기울이고 세심한 침묵 속에서 내담자의 손을 잡았을 수도 있다. 그러한 무언의, 그러나 강력한 반응은 내담자가 자신의 인식의 가장자리를 건드리도록 도울 수 있다. 활자화된 말은 내담자와 상담자의 비언어적이고 표현적인 행동과 관련된 공감의 예를 적절하게 재연할 수 없다. 깊은 반영을 하기 위해서 상담자는 내담자가 표현하는 행동, 예를 들면 내담자의 숙인 머리, 갈라지는 목소리, 불끈 쥔 주먹, 응시하기, 떠는 행동이 내담자에게 어떤 특별한 의미가 있는지에 대한 민감함이 필요하다. 내담자의 모든 의사소통은 그의 말과 표현되는 행동으로 이루어져 있다. 때로는 이 두 가지 측면이 서로 다른 내용을 전달할 수 있으며, 상담자의 깊은 반영은 그 차이를 반영할 수 있다. 예를 들면, "당신은 지금 더 잘 대처하고 있다고 말하는군요. 그렇지만 당신은 또한 매우 긴장한 듯 말해요…. 지금 정말 괜찮은가요?" 등이다. 내담자의 모순된 말과 무언의 행동은 7장의 '위장과 단서' 부분에서 다루어질 것이다.

상담자가 표현하는 행동은 그녀의 공감적 반응에서 중요한 부분이다. 특히 깊은 반영의 경우, 예를 들면 그녀 목소리의 부드러움은 상담자가 고른 실제 단어보다 더 내담자의 경험의 질을 반영할 수 있다. 혹은 아마도 상담자가 머리를 숙이거나, 말을 더듬거나, 주먹을 쥐거나, 응시하거나, 떠는 것도 그녀가 이해한 것의 깊이를 전달하는 방식이다.

깊은 반영은 눈부신 단계의 공감을 보여 주지만, 결코 상담자의 반응에서 가장 빈번한 형태가 아니다. 단계 1과 단계 2의 반응이 훨씬 더 일반적이다. 이런 단계에서 상담자는 다양한 수준의 성공적인 경험을 하면서 기꺼이 내담자가 의식하는 것에 함께하려는 자발성을 보여 준다. 하지만 단계 3에서 그녀는 실제로 내담자가 의식하는 것보다 조금 앞선다. 그럼에도 단계 1과 단계 2는 상담 회기의 기본 중의 기본이다. 이들 단계를 통해서 상담자와 내담자는 여행에서 그들이 느끼는 친밀감을 평가할 수 있다. 1단계의 응답조차도 상담자가 자발적이며 또 이해하기 위해 노력하고 있음을 내담자에게 보여 주기에 충분하며, 종종 자발성과 노력이 다른 어떤 것 못지않게 가치가 있다.

상담자가 내담자의 경험에 대해 단지 **부분적인** 이해만을 표현하더라도, 내담자는 대개 상담자를 위해서 그리고 부수적으로 자신을 위해서 그 경험을 명확하게 만든다. 예를 들면 다음과 같다.

> 내담자: 나는 정말로 그것에 묶여 있는 것 같아요. 난 직장을 그만둘 수 없을 것 같은데 너무 위험하기 때문이에요. 나는 무슨 일이 일어날지 모르겠어요. 그건 정말 절망적일 수 있어요. 그리고 한편으로는 일에 머물 수도 없어요. 그것이 천천히 그리고 꾸준히 나를 파괴하고 있기 때문이에요. 그 파괴는 정말 혹독해요.
>
> 상담자: 그래서 그것이 결단하기에 정말로 어려운 결정인 건가요?
>
> 내담자: 그냥 단순히 결정하기 어려운 게 아니에요…. [침묵]…그건 불가능한 결정이에요. 아무것도 바꿀 수 없다는 두려움이 날 절망스럽게 하고 있어요…. 이건 내가 처음으로 나 자신을 위해 가진 희망이고 처음으로 직장을 떠날 것에 관해 진지하

게 생각해 본 것이죠…. 그리고 물론 내 인생 전체에서 처음
으로 정체되어 있음을 느끼는 것이기도 해요.

이 인용에서 상담자는 내담자 경험의 격렬함에 대해 부분적인 이
해만을 보여 주었지만, 흔히 그렇듯이 내담자는 이때 상담자와 내담
자 자신 모두를 도왔고, 그렇게 해서 그가 경험하고 있던 '불가능
성'을 깨달았다.

❀ 공감 그리고 평가의 소재

인간중심 상담자는 자신의 힘의 영향력뿐만 아니라 내담자와 그들
의 차이에 민감하다. 내담자가 가진 차이점의 중요한 특징은 1장에
서 설명된 그들의 평가의 소재다. 자신의 감수성을 사용하는 상담자
는 평가의 소재가 상당히 **내면화된** 내담자에 비해 **외재화된** 내담자에
게 그녀의 공감하기가 상당히 다르게 전달된다는 사실을 알 것이다.
외재화된 평가의 소재를 가진 내담자는 자신에 대해 다른 이들이 내
리는 평가에 상처받기 쉽다. 그는 자신에 대한 판단을 믿을 수 없는
철저하게 두려운 위치에 있다. 극단적인 경우에는 자신의 감정에 관
힌 판딘도 믿을 수 없다. 이것은 두려운 상황이 될 수 있으며, 그 상
황에서 그는 심지어 다른 사람이 자신에 대해 내리는 평가의 가능성
에 대해서 절망적으로 붙들려고 한다. 이런 내담자에 대해 민감한
상담자는 자신이 보여 주는 추가적인 공감이 자칫 내담자에게 해를
줄지 모르기 때문에 주의하게 된다. 특별히 그녀가 내담자에게서 경

험하는 어떠한 기저의 감정에도 이름을 붙이지 않을 것이다. 왜냐하면 내담자는 이런 명칭을 진실처럼 받아들이기 때문이다. 상담자는 평가의 소재가 보다 내재화되어 있는 내담자의 검토 및 편집 기능을 가지고 있지 않다. 〈글상자 4-3〉은 내담자의 평가의 소재를 고려하는 상담자의 반응 방식의 예를 제공한다. 내담자의 평가의 소재에 대한 감수성의 중요성에 대한 더 많은 탐구는 Mearns(2003: 80-83)에 의해 제공되었다. 관련 연구는 이런 상처입기 쉬운 내담자에게서 잘못된 기억을 유도하는 위험성을 보여 주었다.

 〈글상자 4-3〉 평가의 소재에 민감한 공감

　　내담자 에이드리엔은 깊게 외재화된 평가의 소재를 가지고 있다. 그것은 그녀 자신의 경험에 관해 판단하는 것조차 어렵게 만들고 있었다. 우리는 그녀의 진술과 함께 무능하거나 유능한 상담자가 보일 수 있는 반응을 소개한다.

에이드리엔: 나는 '학대를 받은 것 같은' 아주 흐릿한 기억만을 가지고 있어요. 사실 난 그것이 기억인지도 모르겠어요. 아마도 그것은 단지 상상일 수도 있어요. 나는 많은 감정을 가지고 있지만, 그것은 모든 장소에 걸쳐 있어요. 나는 큰 슬픔을 느껴요. 많이 울었고요. 그래서 나는 내가 큰 슬픔을 가졌을 거라고 생각해요…. 나는 짜증이 많이 나요…. 그러나 나의 짜증이 남에게 드는 것인지 나에게 드는 것인지 확신할 수가 없어요.

무능한 상담자: 분노는 어떤가요? 분노도 당신의 감정의 하나인가요? [상담자가 되고자 노력하는 이 사람은 '어린 시절 학대를 경험한 성인 생존자'에 관한 수업을 듣고 있었다. 그녀는 수업을 통해 분노란 억압이나 억눌린 감정이며, 치유과정의 어느 부분에서 내담자가 분노를 표현한다고 배웠다. 유감스럽게도, 외재화된 평가의 소재를 가진 내담자의 경우에 이 질문은 침해적이며, 이로 인해 내담자는 자신이 분노를 품고 있거나 분노를 느껴야 한다고 추측하게 된다. 내담자는 자신에 관해 안 좋은 감정을 느낄 것이다. 왜냐하면 그녀는 이 가정된 분노에 다가갈 수 없기 때문이다.]

유능한 상담자: 기억은 아마 기억이 아닐 수도 있군요…. 우는 것은 아마도 슬픔일 것이고요…. 그리고 다른 이에 관한 것인지 당신에 관한 것인지 모르는 것에 대한 짜증이 있고요. 이에 대해 말하면서 당신은 지금 무엇을 느끼나요? [인간중심 상담자는 내담자가 표현하는 것에 대해서는 지시적이지 않으나 과정의 지시(process direction)를 제공한다(Rennie, 1998). 이 사례에서 과정의 지시를 통해서 내담자가 현재로 돌아오고 그 순간의 감정에 집중하도록 요청한다. 그렇게 함으로써 상담자는 내담자 자신이 평가의 소재로서 영향력을 발휘하도록 요청하고 있다.]

🌸 상담에서 공감이 왜, 얼마나 중요한가

공감이 효과적인 상담과 관련이 있다는 사실은 오랜 연구를 통해 분명히 확인되었다(Barrett-Lennard, 1962; Lorr, 1965; Truax & Mitchell, 1971; Gurman, 1977; Patterson, 1984; Sachse, 1990; Lafferty, Beutler, & Crago, 1991; Burns & Nolen-Hoeksema, 1991; Orlinsky, Grawe, & Parks, 1994; Duncan & Moynihan, 1994). 이런 긍정적인 발견은 다른 나라에서도(Tausch et al., 1970, 1972), 그리고 심지어 다른 치료적 접근을 실험하는 연구—예를 들어 인지치료(Burns & Nolen-Hoeksema, 1991)나 단기역동치료(Vaillant, 1994)—에서도 일치한다. 그 중요성은 신경증 내담자뿐 아니라 정신분열 진단을 받은 내담자에게도 해당된다(Rogers, 1967). 실제로 가장 최근의 연구는 높은 수준의 정확한 공감이 정신분열의 증상 감소와 관련이 있을 뿐만 아니라, 공감이 매우 낮게 보이는 관계를 가진 환자의 경우 그들의 정신분열 증상이 점차 증가한다는 것을 밝혔다. 이 연구는 공감의 존재가 심한 장애를 가진 내담자에게도 효과적이라는 것뿐만 아니라, 공감과정을 만들어 내는 데 실패한 상담자가 실제로 피해를 입힐 수도 있다는 것을 의미한다. 공감의 중요성의 증거는 다양한 상담훈련 기법에 숙련된 상담자가 공감과정에 대해 유사한 태도를 보인다는 점에서 지지된다.

그러나 왜 공감이 이런 긍정적인 영향을 가져오는가에 대해서는 논의할 준비가 되어 있다. 분명 공감은 내담자에 대한 상담자의 이해를 전달하며, 이 점은 내담자의 자기존중감을 높일 수 있다(예:

'와, 내가 이해받고 있어!'). 우리가 첫 장에서 제안했던 것처럼, 아마
도 그런 효과에 기여하는 것은 바로 내담자를 이해하기 위해 노력하
는 상담자의 자발성일 것이다(예: '나는 나를 이해하려고 노력하는 이
사람에게 충분히 중요한 사람이야.'). 몇몇 사례에서 공감의 중요성은
불화를 해결하는 것으로 나타날 수 있다. 매우 개인적인 수준에서
당신을 깊이 이해하는 것으로 보이는 사람 앞에서 불화의 자세를
유지하기는 거의 불가능하기 때문이다. 다소 부정적인 시각으로 나
타날 수도 있지만, 어떤 사례에서는 상담자의 공감의 중요성이 내담
자가 다른 조력자에게서는 받아 보지 못한 경험을 하게 해 주는 것
일 수 있다(예: '여기 나를 진정으로 이해해 주려는 사람이 있어…. 자신
의 이론에 날 끼워 넣으려 하지 않고 진정 내 얘기를 들어주려고 하는 사람
말이야.').

만약 공감이 효과적이라는 이유가 다양하다면, 공감이 영향을 주
는 그 과정도 다양할 수 있다. 공감의 확실한 효과 중 하나는 그것이
내담자의 표면적이고 이면적인 감정에 초점을 맞춤으로써 감정에
대한 그의 자각이 증가한다는 것이다. 이전에 부정되었던 감정을 알
아차리는 것은 감정과 그 결과에 대해 책임을 지는 첫걸음이다. 예
를 들어, 한 여성은 그녀가 남편에게 갖는 이면의 분노를 알아차리
게 될 수 있다. 이전에 그 분노가 단지 부정되거나 혹은 '짜증'으로
여겨졌던 지점으로부터 말이다.

연구에 의해 분명히 확인된 공감의 또 다른 효과는 공감이 내담자
에게 한층 더 깊은 탐색을 격려한다는 점이다(Tausch et al., 1970;
Bergin & Strupp, 1972; Kurtz & Grummon, 1972). 즉, 상담자가 내
담자가 표현한 감정과 생각을 이해한다는 것을 보여 줄 때, 내담자

에 대한 자연스러운 접근으로 인해 내담자의 자각이 점점 더 깊은 수준으로 펼쳐지는 것같이 보인다. 이해받는다는 감정은 명백히 이것에 기여한다. 그러나 공감적 과정 속에서 이해받는 것의 대단한 효과는 3장의 말미에 기술한 것처럼 내담자의 "자기 주권력(self agency)"(Bohart, 2004; Bohart & Tallman, 1999)을 증진하는 것이다. 내담자를 변화시키는 것은 상담자가 아니다. 상담자는 내담자가 주도적으로 자신의 변화과정에 착수하도록 돕는다. 상담자의 공감은 내담자의 주도권을 촉진하는 데서 작용한다. 공감은 항상 내담자에게 질문을 던진다. 그것은 절대 내담자에게 답하지 않는다. 상담자의 공감은 함축적으로 내담자에게 자신의 경험을 반영하고 그의 과정에 관해 스스로 판단을 내리도록 요구한다. 인간중심 상담자는 자신이 말을 전하는 방식에서도 공감의 이런 자각적인 기능에 대한 인식을 보여 준다. 예를 들어, "그래서 당신은 그에 대해 화가 났군요."와 같은 결정적이고 확고한 태도를 취하여 폐쇄성을 조장하기보다, 상담자는 "그래서… 당신은 그것에 관해 '분노'를… 느낀 건가요?"와 같이 좀 더 잠정적이고 의문적인 태도를 취하여 더 탐색해 보도록 격려할 수 있다. 이런 잠정적인 질문은 상담자가 자신의 이해를 확인하도록 할 뿐만 아니라 함축적으로 내담자가 그의 인식의 가장자리에 현재 다른 무엇이 있는지 고려하도록 움직이는 것을 격려한다. 그렇게 함으로써 상담자는 공감 안에서 전문적인 특별한 영역으로 들어서게 된다. 즉, 포커싱을 시작하게 된다.

🌸 '인식의 가장자리'에 대한 포커싱

이미 우리는 이 장에서 포커싱과 인식의 가장자리에 대해 언급했다. 이런 용어를 사용하면서 우리는 공감적 과정에 대한 우리의 이해에 있어 Eugene T. Gendlin이 이룬 특별한 공헌을 인정하고 있다(Gendlin, 1981, 1984, 1996). Gendlin은 중요한 것은 내담자가 사건에 관해 지금 경험하는 감정이 아니라 내담자가 아직 알아차리지 못한 이면의 감정과 반응이라는 것을 지적하고 있다. 깊은 반영의 예에서 이미 우리는 이면의 감정이 얼마나 중요할 수 있는지 보았다. 때로 그런 감정은 현재의 표면적인 감정과 양립하고 또 추가될 수 있다. 그러나 또 다른 경우에 이면의 감정은 표면에서 경험되는 것과 정반대일 수 있다. 예를 들어, 한 내담자는 어떤 사건에 대해 표면적으로 공손한 묵인을 보일 수 있지만, 동시에 완전히 인식하지는 못해도 내적으로는 격렬한 불만을 가질 수 있다. 또 다른 때는 이면의 감정이 표면적인 감정과 양립하지도 않고 그 반대도 아니다. 하지만 대신에 사건을 바라보는 데 있어 완전히 새로운 방식을 만들어 낸다. 예를 들어, 표면적으로는 효과적인 결정을 내리는 데 어려움을 보이는 것이 상실에 대한 강한 두려움을 감추는 것으로 드러나는 경우가 있다. 이러한 보는 경우에서 이면의 감정에 대한 인식은 진전을 위해 중요하다.

Gendlin은 우리의 표면적 감정 이면에 있는 것이 항상 적절하게 감정 자체로 설명될 수 없다는 것을 지적하면서 한층 더 진전을 이루었다. 가끔 그것은 감정보다 덜 명확하고 덜 강렬하며, 감각이라고 기술하는 것이 더 낫다. 그것은 '답답함' '음울함' '추락' '막힘' '끓어오르는 느낌' '부드러움' '따뜻함'과 같은 감각일 수 있다. Gendlin은 알고 있는 것과 알지 못하는 것 사이에서 존재하는 인식의 가장자리에 대해 이야기하기 위해 감각 느낌(felt sense)이라는 용어를 사용했다. '알고 있는 것'은 사건에 대한 내담자의 표면적인 감정과 다른 행동적 반응인 반면 '알지 못하는 것'은 모든 종류의 보다 깊은 수준의 감정 및 과거의 사건과의 연합 혹은 미래에 대한 열망을 포함하고 있다. 알려진 것은 이미 이용 가능하지만, 알려지지 않은 것은 알려진 것에 초점을 맞추는 것으로는 단순히 이끌어 낼 수 없다. 대신 알려진 것과 알려지지 않은 것 사이에 존재하는 인식의 가장자리에 적절하게 집중하는 것이다. 단순히 알려진 표면적인 감정에 집중하는 것은 단지 이전 상황으로 돌아가는 것일 수 있지만, 인식의 가장자리(감각 느낌)에 포커싱하는 것은 알려지지 않은 것을 향한 문이 될 수 있다. 〈글상자 4-3〉에서 두 번째 상담자는 내담자를 Rogers가 말했던 연습된 내용(Rogers, 1977)에 머물게 하는 대신에 현재의 인식의 가장자리에 집중하도록 불러들였다.

내담자와 함께하는 공감적 여정에서 상담자는 흔히 내담자가 말한 내용과 그에 따른 감정에 주목할 수 있으나, 전적으로 내담자와 함께한다는 것은 주제에 대한 내담자의 감각 느낌에 대해서도 상담자가 주목하며 확인하고 있다는 것을 의미한다. 한 방법에서 다른 방법으로 가는 쉬운 움직임이 〈글상자 4-4〉에 묘사되어 있다. 이 예에서 상담자와 내담자는 Gendlin이 말한 감각 느낌에 맞아떨어지는 적절한 용어(handle-words)를 찾기 위해 노력하고 있다. 우선 상담자는 내담자가 얼굴을 찡그리고 몸을 꼬는 것을 의미하는 감각을 설명하기 위해 '답답함'이라는 단어를 시도해 보았다. 내담자는 이 적절한 단어인 '답답함'을 스스로에게 반복해 봄으로써 시도하고 있다. Gendlin은 내담자가 이면의 감각과 더불어 적절한 단어를 공명하는 것에 대해 말하고 있다. 우리의 인용문에서 내담자는 '조이는'으로 적절한 단어로 진전하고, 더 나아가서 '긴장한'으로 진전한다. 이 시점에서 내담자는 자신의 감각 느낌에 도달했는데, 그것은 태엽 감는 장난감이라는 비유로 표현된 두려움을 향한 문이 열리는 것이었다. 아주 짧은 시간에 내담자는 알려진 것—불안한 그의 감각 느낌을 통하여 일어난 흥분—에서 알려지지 않은 것—그의 행동이 삶에 아무런 변화를 만들지 못할 수도 있다는 두려움—으로 나아갔다.

 〈글상자 4-4〉 내담자의 감각 느낌에 주목하기

상담자: 우리가 마지막에 만난 이후 아주 많은 계획을 세웠군요. 내게는 그것 때문에 당신이 흥분한 것처럼 보여요…. 그런데 그게 당신이 느끼는 전부인가요? 당신이 당신의 계획에 대해 생각해 볼 때 느껴지는 다른 것은 없나요?

내담자: [침묵] 아니요, 전 다만 흥분돼요. 그리고 정말로 변화가 생겼으면 하고요. [침묵] 그런데 [오랜 침묵] 다른 것도 느껴요…. 그렇지만 그거 매우 불명확해요… 그건 어떤… [얼굴과 상체를 비튼다.]

상담자: …어떤… '답답함'인가요?

내담자: 네, 답답함… 조이는… 마치 제가 아이들의 태엽 감는 장난감처럼 긴장한 것 같아요. 제가 마치 폭발적으로 행동할 것 같아요. 정신없는 행동 말이죠…. 그리고 나서 장난감처럼

> 멈춰요. 그리고 모든 것이 그전과 똑같은 거예요! [그는 격
> 렬하게 떤다.]

　가끔 적절한 단어는 〈글상자 4-4〉에 나오는 내담자의 태엽 감는 장난감처럼 비유의 형태를 취한다. 비유가 종종 한 단어 또는 문장보다 정확히 감각의 질과 강도를 표현해 낸다는 것은 대단히 흥미롭다. 더 놀라운 것은 비유가 문화적으로 공유될 수 있다는 것이다. 그예로, 그건 마치 덩치 큰 소년이 내 새 장난감을 훔친 기분이었다'를 들 수 있다. 거의 세계적으로, 적어도 서양 문화권에서는 이런 비유가 범죄의 그늘 아래에서 겪는 상실로 소통된다.

　어떤 문제에 대한 감각 느낌은 우리가 전체 문제에 포커싱하든 문제의 작은 부분에 포커싱하든 감각 느낌이 동일하다는 점에서 풍미(flavour)로 비유된다. 감각 느낌의 이런 성질에 관하여 〈글상자 4-5〉에서 설명하였다.

 〈글상자 4-5〉 감각 느낌의 '풍미'

　이 인용문에서 내담자인 도널드는 때때로 그의 아내와의 관계에 관한 대화에서 단절 상태를 겪고 있다. 상담자는 관계에 대한 그의 생각을 넓고 일반적인 용어가 아니라 그의 아내와 함께할 당면한 휴가라는 단지 관계의 한 측면에 집중하도록 만들었다. 이 하나의 작고 구체적인 부분에 집중하는 것을 통해 도널드는 아내와의 관계에 대해 자신의 감각 느낌의 풍미를 볼 수 있었다.

도널드: 나는 헬렌과 내가 정말로 잘 지낸다고 생각해요. 우리는 결혼생활에서 많은 것을 완벽히 이루었고 아이들도 충분히 행복하게 보입니다. 아이들이 커서 집을 떠나기 때문에 아마도 우리는 함께 더 많은 것을 할 수 있을 거예요.

상담자: 당신이 함께 하게 될 것 중의 하나는 휴가를 같이 보내는 것이죠. 나는 당신이 20년 이상을 살면서 둘만이 함께 휴가를 보내는 것이 이번이 처음일 거라고 말했던 것을 기억합니다. 휴일에 관해 곰곰이 생각하면 무슨 느낌이 드나요? 아마 그것에 관해 잠시 집중해 볼 수 있겠군요.

도널드: [잠시 침묵] [도널드는 의자에서 경직되게 일어선다.] 나는… 두렵고… 걱정되고… 그건 무서워요…. 내 목을 조르는 것 같아요…. '숨이 막혀요.'

[몇 분이 지난 후]… 물론 그건 단지 휴가에 관한 것만은 아니에요. 그건 단지 예리한 관점으로 우리 관계를 살핀 거예요. 우리 관계가 앞으로 어떻게 될지 전혀 모르겠어요. 우리 둘이 서로 같이 있은 지 너무 오래되었어요. 나는 너무 두려워서 그게 내 목을 조를 거라 생각해요. 아이들이 있을 때 우리가 세워 두었던 규제가, 그 애들이 없는데도 여전히 남아 있어요. 건강한 게 아무것도 남아 있지 않아요.

상남자가 내담자에게 경청한다는 것은 내담자의 감각 느낌을 반향(echo)해 주며 그가 그것을 들을 수 있도록 노력한다는 것이다. 내담자는 상담자의 말을 곰곰이 생각해 보고 어디까지 그것들이 자신의 감각 느낌에 공명하는지 알아본다. 종종 내담자가 자신의 말을 스스로에게 재진술하는 것이 도움이 된다. 그 단어들이 그의 감각

느낌과 어떻게 공명하는지 알기 위해 소리 내어 단어들을 말하는 것
처럼 내담자가 자신에게 얼마나 자주 그 단어들을 반복할지는 실로
흥미롭다. 아마도 그 단어들을 반향하고 있거나 혹은 그 단어들을
향상할 수 있다. 올바른 적절한 단어를 찾았을 때, 내담자는 감각 느
낌에서 오는 말의 반향(이미지나 용어)으로 인해 긴장이 이완되는 것
을 경험한다. 실제로 자주 내담자는 깊게 숨을 내쉬거나 말을 통해
이완을 표현한다. Gendlin은 또한 몸이 응답하는 것(the body talking
back)에 관해 언급했다. 이것은 내담자가 자신에게 말한 것과 그의
실제 감각 느낌의 존재 사이의 반향이 분명하게 없을 때 적용된다.
내담자가 침묵하며 그의 감각 느낌에 접촉하려고 노력하다가 "아니
요, 난 즐겁습니다."라고 말해 버리는 경우의 예시가 〈글상자 4-4〉
에 있었다. 이런 말은 이전의 증거에 따르면 명백히 그의 감각 느낌
과 일치하지 않는다. 자신에게 이렇게 말할 때, 그의 신체는 일치되
지 않음에 대한 반응을 보일 것이다. 때때로 이것은 갑작스러운 긴
장이나 잘못된 것 같은 강렬한 느낌으로 경험된다. 이 응답하기
(talking-back)는 많은 놀랄 만한 병행하는 상응 현상이 있다. 예를 들
면, 때때로 사람들이 매우 중요한 결정을 하려고 할 때 병행하는 종
류의 현상이 발생한다. 자주 그것은 사람들이 결정을 내리려고 할
때 다른 선택이 얼마나 중요한지 그들 스스로 깨닫는 것으로 나타난
다. 예를 들면, 연인이 마침내 확실히 헤어지기로 결정할 때, 종종
그중 하나 혹은 둘 다가 이완되면서 그들이 실제로는 함께 있기를
원한다는 느낌으로 깊게 빠져듦을 깨닫는 경우가 있다. 때때로 사람
들은 또한 자살하려고 골방에 들어갔을 때 이에 병행하는 종류의 현
상을 겪는다고 보고해 온다. 자신의 삶을 마감하려는 선택의 중요한

시점에서 그들은 자신이 그것을 원하지 않는다는 명확한 느낌을 갖게 된다.

포커싱은 그 자체로 광범위한 인간 상황과 관련된 명백한 과정이면서도 인간중심 상담의 자연스러운 일면이다. 상담자는 자주 매우 간단한 방법을 통해 내담자가 그의 현재 경험을 들여다보도록 암시적으로 초대한다. 정확히 같은 형태로 내담자가 자신의 말을 반영하는 것은 내담자에게 자신을 거울에 비추어 보는 경험을 주며, 그가 어떤 이면의 경험을 느낄 수 있도록 해 준다. 다른 치료 방식을 가진 상담자는 자주 반영이 가지는 이런 종류의 잠재력을 놓친다. 글을 통해 보면 그것이 내담자의 말을 단순히 반복하는 것처럼 보일 수 있다. 그러나 만약 그것이 상담자의 공감적인 감수성에서 생겨났다면, 다음의 예와 같이 내담자가 인식의 가장자리에서 자신의 경험과 대화하도록 도와줄 힘을 싣고 있다.

내담자: …그래서… 난 그 모든 것에 관해 우울함을 느껴요…. 그게 다예요.

상담자: …그래요…. 당신은 그 모든 것에 관해 우울함을 느끼는군요…. 그게 다고요.

내담자: [침묵] …젠장… 그게 다 옳지는 않아요…. 난 그것에 관해 온통 곤혹스러워요.

이 예에서 상담자는 내담자의 표현을 그에게 단순하게 되돌려 주지만, 내담자의 경험에 대한 상담자의 민감성을 통해 내담자가 자신이 받은 충격을 잘 이해하고 있다고 판단하여 상담자가 그렇게 반영한 것이다(상담자의 공감적 반영이 내담자의 포커싱을 돕는 것에 대한 온전한 고찰은 Mearns, 2003: 84-87 참조).

❀ 상담자의 이해가 반드시 필요한 것은 아니다

상담에 대한 일반적인 오해 중 하나는 상담자가 내담자가 말하는 것을 이해하는 것과 그에 관해 공감하는 것이 중요하다는 것이다. 사실 상담자의 이해가 노력의 목표는 아니다. 목표는 내담자 자신을 이해하도록 조건을 만드는 데 있다. 훈련 초기에 상담자는 자신의 이해를 확인하기 위해 내담자의 흐름을 방해하는 모습을 보이곤 한다. 일반적으로 내담자는 상담자의 이해를 돕는 내용을 공손하게 확인해 주거나 교정하고 그 후에 자신의 흐름으로 돌아가려 한다.

상담자의 공감은 그녀가 단순히 내담자의 말을 이해하기보다는 내담자가 현재 경험하는 것에 가까이 다가가려 애써 주의를 집중한다면 깊이 있는 관계 형성에 더욱 강하게 기여할 수 있다. 상담자가 내담자의 이야기를 이해하는 것보다 상담자가 그 순간에 내담자와 아주 가까이에 있다는 것을 내담자가 느끼는 것이 더 강력할 수 있다. 상담자가 실제로 내담자가 어떻게 느끼는지를 느껴 보는 것이다.

다음 예를 통해 두 가지 공감적 반응을 살펴보자.

리처드: 난 이 결정으로 어디로 가게 될지 모르겠어요. 나는 그것 때문에 마음이 너무 아파요. [고개를 떨어뜨리고 울기 시작한다.] 한편으로 난 로버트를 떠나기를 원해요. 다른 한편으로

는 그를 떠날 수가 없어요. 난 내가 살아남기 위해 그를 떠날 필요가 있어요. [주먹을 꽉 쥐고 흔든다.] 우리 관계의 무게는 내가 감당하기에 너무 힘들어요. 그러나 난 그를 떠날 수 없어요. 왜냐하면 그것이 그를 죽일 수도 있고, 그렇게 되면 나도 살 수 없을 테니까요. [머리를 흔들며 운다.] 내가 무엇을 할 수 있죠? 내가 도대체 무엇을 할 수 있어요? [상담자를 본다.] 당신이라면 무엇을 할 수 있겠어요?

상담자 A: 정말로 어려운 결정이군요. 그를 떠나는 것도 그러지 않는 것도…. 진퇴양난이네요. 그리고 당신은 그게 나라면 어떻게 할지 궁금해하고요, 맞나요?

상담자 B: 그 문제가 당신을 고통스럽게 하는군요. 난 당신에게서 그것을 느껴요. 당신은 자유를 갈망하고요. 그러나 어떤 결과가 따를지…. 당신은 머리를 흔들며 우는군요. 당신은 그 문제에서 두려움을 느껴요. 그리고 당신은 내게 당신과 문제의 무게를 나누기를 원하고 있어요.

반응 A가 B보다 짧고 더 내용이 적다는 것이 요지가 아니다. 리처드가 느낄 것 같은 핵심적인 차이는 상담자 B가 그의 경험에 대한 느낌에 더 다가섰다는 점이다. 그녀는 단순히 그의 말을 이해했음을 보여 수기보다 그의 경험을 느끼고 언어화하였다. 이것이 깊은 관계를 구축하는 데 있어서 중요하게 기여하는 것이다.

인간중심 접근은 다른 어떤 치료 접근보다 내담자의 의사소통을 이해하는 것이 실제로 불가능한 상황에서 공감을 탐색하는 데 있어 더 많은 역할을 해 왔다(Zinschitz, 2001). 예를 들어, 외상을 가진

내담자와의 작업에서 외상 경험은 매우 강렬하고 특이할 수 있기에
만약 그녀가 내담자의 말을 이해하려면 고군분투해야 할 수도 있다.
〈글상자 4-6〉에서 우리는 선행 연구로부터 하나의 사례를 제공한
다(Mearns & Thorne, 2000: 129-130).

〈글상자 4-6〉 표현한 것을 경청하기

토니는 고통을 겪고 있었다. 그는 아침 내내 단체실의 구석 바닥
에 앉아 울었다. 울음은 토니에게 새로운 것이었다. 토니에게서 더
독특한 점은 극단적으로 사교적이든가, 아니면 완전히 침묵하는 것
이다. 토니는 23세로, 베트남 전쟁에 두 차례 참전한 '베테랑'이었
다. 그는 전쟁에서 겪은 자신의 경험에 대해서 말하지 않았다. 토니
의 치료자인 빌은 매우 가깝지만 닿지는 않는 정도로 그의 옆에 앉
아 있었다. 한 시간 동안 그들 사이에는 아무런 말도 없었으나 의사
소통이 점차 격렬해졌다. 이제 토니가 처음으로 말을 꺼낸다.

토니: 난 못 해, 난 못 해, 난 못 해, 난 못 해, 난 못 해….

빌 : 그래… 당신은 못 해요.

토니: 아무도 할 수 없어.

빌 : [침묵]

토니: [바닥에 그의 주먹을 내리치고 비명을 지른다.] 난 자살하고
싶어.

빌 : [침묵]

토니: 난 가고 싶어…. 난 가야만 해…. 난 나에게서 떠나야 해.

빌 : [침묵]

토니: 난 어떻게 그럴 수 있는지 모르겠어.

빌 : 그건 어렵군요. 토니… 그건 어려워요…. 방법이 없어요….

토니: 방법이 없어…. 방법이 없어…. 어떻게 사람들은 그걸 하지?

빌 : 신이 토니를 알고 계세요.

토니: 나를 따뜻하게 해 줄 수 있나요, 빌?

빌 : [그의 팔을 토니에게 두른다.]

한참 시간이 지난 후 빌은 이 만남에 대해 언급했다.

이것은 어떻게 당신이 누군가와 함께 있을 수 있는지, 그리고 무엇을 할까에 관한 아무런 생각 없이 대화를 나눌 수 있는지 보여 주는 사례다. 항상 당신은 그들을 느낄 수 있다. 그리고 그들의 감정을 함께할 수 있다. 몇 주가 지난 뒤, 나는 이 만남의 '내용'을 발견했다. 토니는 어떤 끔찍한 일을 저지른 자신의 또 다른 부분으로 있었다. 전쟁 중에 사람들은 이후 살아가지 못할 정도로 나쁜 무언가를 할 수 있다. 토니는 그 부분을 느끼고 있었다. 그는 그것을 없애기를 원했다. 그것을 죽이거나 혹은 그것이 스스로 사라지길 원했다. 그것을 '쫓아내다'라는 표현이 훌륭한 은유일지도 모른다. 그러나 물론 그렇게 할 수 있는 방법이 없었다. 왜냐하면 바로 그것 안에 우리가 살고 있기 때문이다.

〈글상자 4-6〉에서 만약 빌이 토니의 말을 이해할 필요가 있다고 느꼈다면 깊이 들어갈 수 없었을 것이다. 하지만 그는 이해하는 것 내신에 빌의 경험을 주의 깊게 들으면서 아주 강력하게 공감적인 방식으로 여전히 그와 함께 머무를 수 있었다. Mearns와 Cooper (2005)의 6장과 같이 재연된 또 다른 사례에서, 상담자는 외상 문제를 가진 내담자 릭과의 작업에서 공감을 하는 데 무척 고전하면서 초반의 26회기 내내 릭이 철저히 침묵하는 가운데 보냈다.

　내담자중심 선행치료(pre-therapy)의 계통에서는 치료자가 상담자나 간호사 혹은 핵심 치료자일 수 있는데, 의사소통의 어려움을 가진 사람(예를 들어, 지적인 학습장애 혹은 심한 정신병을 가진 사람)과 관계를 맺는 데 아주 고전하게 된다(Prouty, 1994; Pörtner, 2000; Lambers, 2003; Prouty, Van Werde, & Pörtner, 2002; Van Werde, 2003a, 2003b; Kreitemeyer & Prouty, 2003). 선행치료의 선구자인 Garry Prouty는 공감을 확고하게 치료과정에 연결하고 있다.

　　선행치료의 실제는 공감적 접촉을 적용한다…. 선행치료는 '구체적인 형태를 가리키기' 다…. 그것은 대단히 글자 그대로의 구체적인 형태의 공감적 반응이다(Prouty, 2001: 158).

　선행치료의 방식은 치료자에게 내담자가 보여 주는 특정한 행동이나 상담자와 내담자가 만나는 맥락에서 어떻게 구체적으로 공감적 방식으로 초기에 반응해야 하는지를 가르쳐 준다. 여기서 치료자는 내담자가 그의 경험에 가까이 접촉하도록 돕기 위해서, 그리고 내담자의 경험에 의미심장한 소통이 지속되고 발전할 수 있도록 하기 위해서 치료자와 내담자 사이의 어떤 심리적 접촉을 구축하기 위해 노력한다. 선행치료에 관한 그의 설명에서, Van Werde는 접촉을 구축하기 위해 시도할 수 있는 다양한 종류의 반영의 예를 제공한다. 예를 들어, 그들이 만나는 맥락 요소에 대한 **상황 반영**, **얼굴 반영**("당신은 웃고 있군요." "당신은 화난 것처럼 보여요."), **신체 반영**("당신은 의자를 흔들고 있군요."), 내담자의 말을 반복해 주는 말 한 마디 한 마디의 반영, 혹은 접촉을 더 강화하기 위해 이전에 성공적이었던 반영을 반복하는 **반복적 반영**이 있다(Van Werde, 2003b: 122). 이러한 것은 매우 작고 구체적인 단계를 제시하는 듯 보이지만, 치료는 감성적인 삶이 아주 무시당해 왔던 사람들과 함께 하는 작업이다. 내담자중심 선행치료에서 우리는 병동, 요양원 혹은 가정집 같은 아주 지지적인 상황에서 적용될 수 있는 의사소통 체계를 가지고 있다.

선행치료 반영의 흥미로운 특징 중 하나는 상담자가 그들의 내담자가 의사소통을 멈추었을 때도 자연스럽게 그것을 사용하는 경향이 있다는 점이다. 선행치료에 관한 어떤 배경이 없어도, 상담자는 내담자가 정체되었을 때 더욱 구체적으로 내담자에게 다가설 수 있다. "존, 얼굴 표정이 일그러지는군요." "메리, 당신은 의자에 꼿꼿이 경직되어 앉아 있군요." "윌리엄, 창밖을 내다보고 있네요." 구체적인 부분으로 내담자를 따라갈 때, 인간중심 상담자는 자신의 감수성을 사용하여 공감적으로 내담자와 만나기 위한 새로운 토대를 찾으려고 노력한다. 공감이란 다른 이와의 관계에서 우리의 감수성을 드러내는 것이다.

🌣 우리의 공감적 감수성을 내보내기

공감적 상담자는 태어나는가 혹은 만들어지는가? 우리의 공감적 능력의 기반에 관한 다양한 가정이 있다. 어떤 이는 우리가 그것을 가지고 태어나거나 아니거나 둘 중 하나라고 가정한다. 만약 이 가정이 사실이라면 상담자 훈련의 많은 부분은 불필요하게 될 것이다.

아마도 필요한 것은 '그것을 가진' 사람을 고르는 방법이 될 것이다. 정반대의 가정은 공감 능력은 전적으로 학습된다는 것이다. 공감적이 되기 위해 어떤 사람이든 '훈련하는' 것이 가능한 이상, 이 가정은 선택보다 훈련을 더 많이 강조한다.

저자들은 후자와 약간 다른 입장을 취한다. 우리는 공감을 상담자 자신의 내담자에게 초점이 맞추어진 지적이고 감정적인 감수성으로 간주한다. 이 감수성은 삶의 다양한 상황 속에서 사람들과 관계 맺고 관찰하면서 여러 해에 걸쳐 계발된다. 심지어 세 살배기 아이도 이미 작은 잘못에 대한 부모의 기분과 반응을 판단하는 충분한 감수성이 발달되어 있다. 성인기에 이를 무렵, 다른 이들에 대한 이런 감수성은 문자 그대로 수백만 번의 대인적인 만남을 기초로 형성된다. 우리 각자는 잠재적으로 내담자에게 초점을 맞출 수 있는 이런 감수성의 엄청난 저장고를 가지고 있다. 따라서 목표는 이 감수성을 내보내는 것이다.

훈련의 효과는 상담자가 필요로 할 때마다 더 자주, 더 충분히, 더 다양하게, 그녀의 감수성을 내보낼 수 있도록 돕는 것이다. 우리는 감수성의 이러한 점진적인 발산을 상담자의 발전과정으로 간주한다. 이 과정은 교육자, 슈퍼바이저, 상담 경험에 의하여 촉진되지만, 본질적으로 상담자의 통제 아래 있는 과정이다. 이 발전의 초기 단계에서 상담자의 문제는 공감하고자 하는 단계를 밟기 위한 자신의 자발성이다. 상담자 자신의 참조틀 안에 머무르며 내담자의 상황에 관해 판단하는 것은 더 쉽고 안전하다. 절차가 의학적 모델에 정확히 일치하는 한, 내담자는 상담자로부터 무관여(uninvolvement) 수준을 기대하고 받아들일지도 모른다. 그러나 잠재력 있는 인간중심 상담자는 이러한 피상적인 접촉에 만족하지 못할 것이며, 점점 더 자신의 공감적 감수성을 내보내려는 위험을 감수하려고 할 것이다.

여러 해에 걸친 연구는 숙련된 상담자가 덜 숙련된 상담자보다 내담자에게 더 높은 수준의 공감을 제공한다는 발견을 일관되게 지지하고 있다(Fiedler, 1949; Barrett-Lennard, 1962; Mullen & Abeles, 1972). 그러나 경험뿐만 아니라 상담자의 **통합** 정도도 하나의 변수다. 한 극단에서 상담자의 개인적인 발전의 결여가 공감적 이해를 약화하는 원인이 될 수 있지만, 관계에서 자신감의 결여와 불편한 감정 역시 상담자의 공감적 이해를 줄인다(Bergin & Jasper, 1969; Bergin & Solomon, 1970; Selfridge & van der Kolk, 1976). 이 마지막 발견은 특히 흥미로운데, 그것이 우리가 보여 주는 공감이 상황에 관계없이 반드시 정적인 상태는 아니라는 점을 상기시켜 주기 때문이다. 자신의 감수성을 사용하고 그것에 자신감을 가질 수 있는 상담자의 능력은 상담자와 내담자가 맺는 관계에 달려 있고, 또한 상담자가 한 인간으로서 얼마나 중심을 잡는지에 달려 있다. 상담자는 내담자의 경험을 받아들이기 위해 자신을 비우고, 그래서 당연히 상담자의 평온을 방해하는 것은 무엇이든지 그녀의 공감적 감수성을 내보내는 데 방해를 하는 경향이 있다. 그런 요소는 보통 공감에 대한 **장애물**로 불린다. 다음에서 이에 관해 몇 가지 논의를 하도록 하겠다.

공감에 대한 장애물

이론적 문제

아마도 상담자의 공감에 대한 가장 놀라운 장애물은 인간 행동에 관한 상담자 자신의 이론일 수 있다(Mearns, 1997a: 129-132 참조). 개별적인 인간 행동을 예측하기 위해 상담자가 사용하는 어떠한 이론도, 자신의 주의를 산만하게 해서 내담자의 개인적인 세계에 상담자 자신의 훌륭하게 개발된 감수성을 집중하지 못하도록 하는, 숨어서 기다리는 잠재적인 위협이 될 수 있다. 때때로 이런 이론은 연구에 어떤 기반을 두고 있으며 심리적 이론이라고 이름 지어질 수 있다. 예를 들면 다음과 같다.

- 우울한 사람은 생각을 잘 하지 못한다.
- 지적이지 못한 사람은 자신들의 문제를 언어화하기 힘들 수 있다.
- 나에 대한 내담자의 분노 혹은 애정은 그의 전이의 징후일 수 있다.

다른 이론은 연구에 토대하지 않지만 강력하게 받아들여질 수 있다. 자주 이런 개인적 이론이 편견의 형태를 취할 수 있다.

- 부유한 사람에게는 진짜 문제가 없다.

- 어려움에 단호하게 직면하는 것이 진전을 위한 가장 좋은 방법이다.
- 여자는 남자보다 더 연약한 경향이 있다.

심리적 이론과 개인적 이론 모두 **개별적인** 내담자의 행동을 예측하는 데는 소용이 없다. 인간 행동의 경향성이나 일반성을 반영한 심리적 연구에 기반을 둔 이론이라도 우리에게 특정한 내담자가 어떻게 느끼고 행동하는지 우리에게 신뢰성 있는 결론을 말해 줄 수 없다. 이론에 따라 다른 길로 빠지는 것보다는 내담자의 개인적이고 고유한 반응을 발견하기 위해 그에게 공감하는 것이 더 생산적이다. 아마도 이것이 일부 심리학자에게 인간중심 접근이 그렇게 어렵게 느껴지는 이유 중 하나일 것이다. 그들은 내담자의 개별성을 충분히 경험하기 전에 그들의 많은 물질적인 부와 인간 행동에 관한 그들의 이론을 포기해야 한다.

그러나 우리 모두는 인간 행동에 관한 이론을 가지고 있으며, 어느 정도 이론이 실현되길 감정적으로 기대할 것이다. 이론이 정확하기를 기대할 뿐만 아니라, 우리는 감정적 수준에서 그것이 정확하기를 요구하는지도 모른다. 이런 이유로 인간중심 훈련에서 중요하게 강조하는 것은 개인적 이론을 드러내고 도전하는 것이다. 그러나 〈글상자 4-7〉에서 보는 바와 같이, 심지어 개인적 이론이 분명하게 나타날 때도 그 이론은 상담자가 개별적인 내담자를 이해하는 데 여전히 '장애물'이 될지도 모른다.

〈글상자 4-7〉 개인적 이론이 방해가 될 수 있다

상담자가 상담 초기에 있는 내담자와의 작업을 보고한다.

나는 최근에 파트너와 이별한 한 내담자와의 작업을 기억한다. 나는 계속해서 기다리면서 우울이나 상실 혹은 슬픔의 요소가 드러나기를 기대했다. 그러나 아무것도 나타나지 않았다. 나는 내가 어떤 감정의 징후를 보고 있다고 계속 생각했지만, 그녀는 이런 생각을 부정했다. 그리고 나서 나는 그녀가 이 모든 것을 가로막고 있음에 틀림없다고 생각하기 시작했다. 그리고 나는 이런 장애물을 뚫고 나아가도록 도와주려고 노력했다. 나는 그녀가 그것에 대해 꽤 싫증을 느끼고 있다고 생각했다. 명백히 잘못된 공감을 한 지 몇 주가 지나서야, 상담에 방해가 된 것이 최근 이별한 사람이 어떻게 느낄지(아마도 슬픔, 상실감, 우울)에 대한 나의 개인적인 이론이라는 것을 깨달았다. 그녀의 삶에 일단의 새로운 요소를 재구축하는 데 약간의 도움을 원하는 이 생기발랄한 여성을 바라보는 것이 내게는 지극히 어려웠다.

한 특정한 종류의 개인적 이론이 공감하는 데 있어 지나치게 방해가 되기 때문에 이 개인적 이론에 대해 별도로 언급해야 필요가 있다. 이 이론은 다음과 같이 설명할 수도 있다. '만약 내가 나의 내담자와 같은 종류의 상황에 처했다면, 그때 나의 내담자는 아마도 나와 유사한 방식으로 경험을 할 것이다.' 이러한 일반적 경험을 갖는 것이 때로는 의사소통을 쉽게 해 주고, 내담자와 상담자의 초기 신뢰를 구축하는 것을 더 쉽게 만들어 준다. 경험이 실제로 비슷한 정도에 따라서 공감 역시 도움이 될 수 있다. 상담자는 내담자가 경험

한 것에 관하여 지적으로 추측을 할 수 있다. 그러나 상담자는 일반
적인 경험이 때로는 실제로 공감을 더 어렵게 함으로써 상담에 방해
가 될 수 있음을 자각해야 한다. 위험은 상담자가 내담자의 입장과
동일시하기 시작하는 것이다. 이것은 **실패한 공감**이라 불린다. 그것
이 공감처럼 보이지만 사실은 아니기 때문이다. 상담자 자신을 내담
자의 입장에 서게 하고, 상담자가 그 입장에서 느끼는 것을 내담자
가 실제로 느끼는 것이라 잘못 추측하게 한다.[3]

이때 심리적 그리고 개인적 이론이 우리의 공감적 감수성을 내보
내는 데 방해가 된다는 사실이 명백하다. 상담자의 발전은 자신이
붙들고 있는 이론과 그것이 내담자에 대한 자신의 인식에 영향을 주
는 방식을 자각하도록 도울 것이다. 때로 인간중심 상담자는 내담
자와 만나기 전에 내담자와 그의 삶에 대해 가능한 한 적게 알아야
한다는 요지를 주장한다. 왜냐하면 어떤 지식은 그들의 공감에 장
애를 가져올 수 있기 때문이다. 우리는 이런 주장이 받아들이기에
는 너무 순진한 견해라 생각한다. 그러한 지식이 내담자에 대한 상
담자의 상상력을 자극하게 되고, 그로 인해 상담자는 내담자의 광
범위한 경험을 만날 준비가 되기 때문에 오히려 상담자에게 더 큰
도전의 기회가 된다. 상담자는 그러한 정보를 가지고 내담자를 자
신의 마음대로 규정하지 않고, 오히려 그것으로 고려할 수 있는 다
양한 가능성을 확장할 수 있다.

---

3 상담자 기능의 복잡한 수준에서는 그녀의 개인적인 자기 경험의 많은 부분을 그녀가 내
  담자와 접촉하기 위해 쓰는 실존적 시금석처럼 강렬하고 치유적으로 활용할 수 있다(6장
  참조). 차이점은 그녀는 그런 자기 경험이 내담자의 경험이 아니며, 내담자를 더 충분히
  수용하기 위한 감정 상태로 그녀 자신을 밀어 넣는 단순한 도구임을 안다는 점이다.

이런 태도와 연관성이 명확한 한 분야는 문화적 다양성을 넘나드는 공감이다. Lago(2006)는 인간중심 상담자가 공감을 특별히 중요시하는 것은 다른 인종적 배경을 가진 내담자를 만날 때 아주 도움이 된다는 사실을 적절하게 지적하고 있다. 하지만 이것은 내담자의 다양한 인종적 배경에 관해 배우는 것이 필요하지 않다거나 혹은 더 나쁘게는 그들이 내담자의 배경을 내담자 자신으로부터 배울 것이라고 주장하는 일부 인간중심 상담자에게는 지름길이 될 수 있다. 이는 논리적인 주장처럼 보일 수 있지만 내담자의 경우 명백히 그에 관해 부담을 느낄 수 있다. 그 결과로 인해 인종적 다양성(Inayat, 2005; Khurana, 2006; Lago & Haugh, 2006)의 견지에서뿐만 아니라, 특히 '핑크(Pink)' 시리즈로 잘 알려진 게이, 레즈비언, 양성애자, 트랜스젠더 사회와의 작업(Davies & Neal, 1996, 2000; Neal & Davies, 2000)에서도 인간중심에 결핍된 것을 알리기 위한 글이 상당히 많이 쓰였다.

인간중심 상담자는 모든 내담자의 다양성에 관한 지식을 갈구해야 한다는 사실이 명백해 보인다. 사실 이것은 인간성에 관한 상담자의 자각을 확장하기 위한 인간중심 상담자의 계속적인 발달 과제의 핵심 취지다(Mearns, 2006b; Mearns & Cooper, 2005). 예를 들어, 자아에 대한 이슬람교의 개념에 관한 연구(Inayat, 2005)를 보면, 다른 이를 존중하고 계속적인 자기 발전과 타인에 대한 책임의 개념에 편향된 신학에서 나온 'qalb(영혼의 심장), nafs(자아), rub(영혼), fitra(성스러운 잠재력)'와 같은 풍부한 개념이 소개되고 있다. 물론 그런 연구가 상담자에게 회교도인 또 다른 내담자에 대해 자세한 정보를 주지도 않고, 어떤 신앙에서든지 추측하기에는 너무 많은 다양성이 존재한다. 그러나 연구는 상담자의 상상력을 넓혀 주고 내담자의 경험에 관한 잠재적 차이점에 대해 그녀의 감수성을 열어 준다. 그녀의 내담자 역시 지식이 없는 상담자에게 그의 신앙 개념을 설명할 필요가 없어 기분이 좋을 수 있다.

상담자의 욕구와 두려움

단연 상담자의 공감에 가장 광범위하고 다루기 힘든 장애물이 되는 것은 치료적 관계에서의 그녀 자신의 욕구와 두려움이다. '문제에 빠진 사람은 공감적일 수 없다'는 표현은 자주 내담자에게 적용되지만, 때로는 상담자에게도 적용된다. 예를 들어, 상담자의 공감은 다른 긴급한 상황에 일시적으로 마음을 빼앗기거나 당황하거나 또는 아마도 내담자의 고통에 대한 두려움에 의해 장애를 겪을 수 있다. 내담자에게 느끼는 동정이나 반감의 강한 감정 역시 내담자가 지금 겪고 있는 문제에 머무르는 것을 어렵게 만들 수 있다. 때로 경험이 부족한 상담자는 내담자를 '매 회기에 향상하려는' 자신의 욕구 혹은 좀 더 일반적으로 '도와주려는 욕구'로 인하여 장애를 겪을 수 있다. 이 마지막 장애의 핵심 징후는 매 회기를 긍정적인 언급으로 마무리하는 것, 고통을 완전히 직면하지 않는 것, 공감의 여행을 단지 안전하기만 하고 효율성은 점점 떨어지는 길을 따라가는 것이다.

상담자가 자신의 내담자에게서 **사랑**과 **필요**를 받고자 하는 강한 욕구를 가지게 되면, 상담자의 공감적 경험의 충만함이 그러한 강력한 욕구와의 경쟁 속에서 사라져 버리면서 정체감이 발생할 가능성이 높아진다. 이러한 몇몇 경우에 상담자의 욕구가 내담자와 지나치게 결부되어서 내담자의 변화에 대해 개방적일 수 없게 된다. 왜냐하면 변화가 상담자 자신에게 근본적으로 영향을 주기 때문이다. 모든 상담 접근은 이러한 딜레마를 과도한 개입의 하나로 인식한다(8장 참조). 어떤 사람의 변화가 자기 자신에게 영향을 주는 경우 그 사람의 얘기를 경청하는 것은 몹시 어렵다. 이 경우에서 특별한 예 하나는 상담자가 가지고 있는 자신의 파트너와의 관계다. 자신의 시간을 낯선 이의 얘기를 듣는 데 사용하는 사람은 자신의 파트너에게는 특히 더 효과적으로 들어줄 것이라는 무언의 가정이 존재한다. 그러나 물론 이것은 쉬운 일이 아니다. 왜냐하면 우리는 우리의 파트너와 '연관되어' 있기 때문이다. 우리가 우리 자신을 개방하여 파트너의 변화를 경청하려 할 때, 우리 자신의 삶이 막 변화하려는 것에 대해 들을지도 모른다! 훈련과정의 상담자는 때로 이런 종류의 기대로 그들 자신에게 힘든 시간을 겪게 된다.

자신의 공감적 감수성을 내보내는 것은 베푸는 행동이다. 상담자는 그녀의 내담자에게 거울처럼 그녀 자신을 베푼다. Carl Rogers (1986)는 그가 죽기 전에 남긴 마지막 논문 중 하나에서 우리에게 이 거울의 투명성의 중요성을 상기시켰다. Rogers와의 상담에 대해 평을 한 Sylvia Slack이 쓴 초기 논문에서, Rogers는 다음의 내용을 인용한다.

Rogers 박사는 마법 거울과 같다. 그 과정은 거울에 내가 광선을 내보내는 것과 연관되어 있다. 나의 실제 모습을 보기 위해 나는 거울을 들여다본다. 만약 거울이 반영한 광선에 의해 영향을 받았다고 내가 느꼈다면 반영은 왜곡되고 신뢰할 수 없을 것이다(Slack, 1985: 41).

상담자가 문제를 가지고 있어서 취약할 때, 상담자는 흔쾌히 공감을 제공할 수 없으며 설령 제공한다 해도 그녀 자신의 혼란으로 왜곡될 수 있다. 사람이 취약할 때 일반적인 반응은 자기 보호적이 되는 것이다. 감정이입을 통해서 자신을 개방하는 것이 아니라 뒤로 물러나면서 내담자와 거리를 유지하려 한다. 상담자는 훈련과 경험, 슈퍼비전을 통해 발전함에 따라 내담자에게 자기 보호적이 될 필요를 적게 느끼기 위해서 충분히 자기 수용적이 되어야 한다. 인간중심 상담자로서, 일부 훈련과정과 계속적인 발전은 공감과 같은 기술에 장애물이 되는 개인적인 요인에 대해 자각하는 것이다. 실로 개인적인 발전은 훈련의 본질적인 특징으로 간주된다(Mearns, 1997a). 그리고 이 책의 3장에서 우리는 상담자의 자기 수용의 핵심 문제를 깊이 있게 살펴본 바 있다.

공감적 감수성을 내보내는 데 있어 장애물의 개념에 집중하는 것은 상담자의 발달에 다소 부정적인 방법으로 보인다. 우리는 '장애 극복'이라는 견지에서 그 발달을 동등하게 잘 설명했다. 왜냐하면 상담사가 자신감 있게 성장할 때, 그녀는 더욱 광범위하고 다양한 방식으로 그녀의 공감적 감수성을 드러낼 수 있기 때문이다. 그녀는 내담자와의 관계에서 그녀 자신을 더욱더 신뢰하고 활용할 수 있다. 이 발전과정에서 공감, 일치성, 무조건적인 긍정적 존중의 세 가지 기본적인 대인관계의 특징은 그것이 불가분의 관계인만큼 더욱더 통합된다.

⚘ 내담자의 다른 부분에 공감하기

상담자가 이러한 그녀 자질의 통합을 이루는 동안, 그녀의 내담자 중 일부는 그들 자신의 다른 부분에서 뚜렷한 분리를 보일 수 있다. 자기 다원화의 개념은 2장에서 설명되었으며, 비록 상담자가 다양한 언어로 관찰한 바를 설명하고 있지만, 성장하는 심리학의 자기 다원화에 대한 고무적인 특징 가운데 하나는 다양한 훈련 분야와 치료 접근 방식을 가진 상담자가 같은 종류의 현상을 관찰하고 있는 것으로 보인다는 것이다(Cooper et al., 2004).

이 심리학의 인간중심적 이론은 자아의 조합(configuration)이라는 용어를 만들어 냈으며, Mearns와 Thorne이 자세히 기술했다(2000: 6장). 그리고 조합과 관련된 인간중심 이론은 같은 책의 7장에 있다. 후자의 탐색에는 자신의 공감과 관련하여 인간중심 상담자를 위한 특별한 도전이 있다. 예를 들어, 상담자는 내담자의 다른 부분이 반대 방향으로 압박해 오거나 심지어 치명적으로 대립하는 상황에서 어떻게 내담자에게 공감을 하는가? 내담자 알린의 경우를 생각해 보자.

알 린: 나의 한쪽은 내가 평화로울 수 있는 유일한 방법은 죽는 것뿐이라고 말해요. 다른 한쪽은 높은 여자아이 목소리로 자비를 구하면서 소리 지르고 훌쩍이는 겁쟁이고요. 그녀가 소리칠수록 난 그녀를 더 죽이고 싶어요. 그녀에 대해 점점 화가 나요. 그녀의 목을 자르고 피를 흘리며 죽는 것을 보고

싶어요. 난 그녀가 비는 것을 본 다음 웃으며 죽여 버리고 싶
어요.

　알린과의 상담은 심각한 작업이었다. 그녀의 갈등이 강력했고 그
녀 자신에게 위험할 수도 있었기 때문이다. 일부 자살에서 섬뜩한
가능성의 하나는 그 자신의 한쪽이 다른 한쪽을 죽이고 싶어 하는
것이다. 자살에 실패한 다음 날 인터뷰를 한 이들 중 50%가 그들의
실패에 대해 감사히 여긴다는 사실은 우리에게 이런 역동이 얼마나
흔한지 궁금하게 만든다(O'Connor, Sheehy, & O'Connor, 2000). 이
영역에서 우리는 인간중심 전문가 사이의 불일치를 발견했다. 알린
과 같은 내담자와의 작업에서 어떤 이는 비지시적인 접근의 원리에
머무르며, 알린이 스스로 자신을 구하고 더 나아가 자신을 향상할
것이라는 믿음에서 드러나는 부분 혹은 부분들과 함께 작업한다. 저
자들과 같은 다른 이들은 그 과정의 필연성에 대해 그렇게 믿음을
갖지 않는다. 우리는 우리가 모든 부분에 대해 어떤 종류의 대화를
이룬다면 알린은 두 부분을 동등하게 논쟁할 수 있도록 공감적 접촉
을 할 수 있고 이는 그녀가 자신에 대해 더 완성된 지식을 갖고 의사
결정을 할 수 있을 것으로 본다. 그래서 자아의 여러 부분과 함께 작
업하는 데 있어 우리가 신봉하는 인간중심 접근은 알린과의 계속된
대화에서 보여 주듯이 모든 부분에 공감하는 것을 추구한다.

데이브: 당신은 정말 그녀를 파괴하고 싶어 하는군요. 그러나 그것은
　　　좀 더 강하군요. 당신은 그녀가 괴로워하는 것을 보고 싶어
　　　해요…. 당신은 그녀가 죽을 거라는 점을 알았으면 하고요….

그리고… 그녀가 비는 것을 보고 싶어 하는군요.

알 린: 신에게 그녀는 빌어야 해요. 그 망할 년은 빌어야 해요. 그년
은 날 계속해서 엿 먹였어요. 그녀는 빌어야 해요…. 마침내
는 피 흘리며 죽을 거라는 것을 알아야 하고요.

데이브: 그녀는 당신에게 정말 나쁜 짓을 한 게 틀림없군요.

알 린: 맞아요.

자신의 다른 이 부분들에 대해 알린이 묘사하는 특징이 강렬함에
도 그녀의 정신이 해리되지 않고 있다는 사실에 주목하는 것은 중요
하다. 그 부분들은 그렇게 분리되고 개별화되지 않았고, 정신적 해
리과정에서 있을 수 있는 것 같은, 부분들 사이의 정보 교환을 막는
장애는 없다(Ross, 1999; Warner, 2000). 그녀는 단순히, 하지만 강
력하게 그녀 안의 명백한 갈등을 보여 주고 있다.

이 상황에서 상담자가 할 수 있는 최악의 것은 이 갈등의 힘에 놀
라서 꼼짝을 못하거나 그것을 덮어 버리려 하는 것이다. 알린은 위
험한 것을 표현하고 있지만, 상담자와의 관계의 맥락에서 그렇게 하
고 있다. 그것은 그녀가 고립되어 대화를 하지 않는 상황보다 더 희
망적이다.

지금까지의 대화에서 상담자는 다른 부분을 파괴하고 싶어 하는
알린의 그 부분에 공감하려 애쓰고 있다. 그 대화는 나중에 알린이
가졌던, 실제로 학대받았던 관계 속에서 보였던 관계 방식이었음이
드러났다. 그러나 알린의 다른 부분은 아직 회기 안에서 목소리를
내지 않았으며, 그녀가 그렇게 하는 것은 중요하다. 인간중심 상담
자의 의무는 내담자의 가장 큰 목소리를 내는 부분이 아니라 내담자

전체(whole)에 대한 것이다. 그리고 이 회기의 후반에서 우리는 다음과 같은 대화를 발견한다.

데이브: 알린, 우리는 당신을 문제로 몰아넣었던 당신의 부분에 대한 분노에 관해 많은 이야기를 들었어요. 아니, '분노'라는 건 옳지 않네요. 당신은 그 부분을 증오하죠. 하지만 그녀는 당신의 일부예요. 저는 그녀가 어디에서 오는 건지 궁금하군요.

알 린: 그 망할 년은 창녀였어요. 그녀는 정말 창녀예요.

데이브: 그녀는 여전히 거기 있어요. 여전히 여기에도 있고요. 여전히 당신의 일부죠. 그렇지만… 신에 의해 당신은 그녀를 싫어하게 되었죠…. 당신은 정말로 그녀를 싫어해요….

알 린: [침묵]

데이브: [침묵]

알 린: 그녀는 울고 있어요.

데이브: [침묵]

알 린: 그녀는 단지 그녀가 할 수 있었던 유일한 일을 했을 뿐이에요.

독자는 이보다 훨씬 더 많은 것이 있다는 것을 느낄 것이다. 하지만 알린은 우리가 요지를 충분히 파악할 수 있을 만큼 보여 주었다. 저자들이 채택한 인간중심 원리는 내담자의 **모든** 부분에 공감하는 것이다. 때로 내담자가 그들의 '자아'를 다른 부분들이라는 용어로 상징화하는 경우에도, 이것은 내담자의 다른 부분들과 공감적 접촉을 추구하는 접근을 요구한다. 이는 알린과의 작업에서 예시된 '교섭'과 같은 종류를 뜻한다. 그러나 그것은 단순한 '교섭' 이상이다. 그것은 상담자의 인간애가 단지 한 부분과 대화를 하는 것이 아니라 내담자의 인성 전체와 대화를 하려 하는 것이다.

무조건적인 긍정적 존중

왜 무조건적인 긍정적 존중이 중요한가
자기 보호적인 내담자
개인적 언어
내담자를 받아들일 수 없을 때 어떻게 해야 하나
내담자가 나의 수용을 받아들일 수 있을까
따뜻함에 집중하기
조건부에 집중하기
무조건적인 긍정적 존중은 '친절함' 이 아니다

만약 공감의 과정을 구체적인 행동 반응으로 제한하는 것이 어렵다면, 무조건적인 긍정적 존중도 그것이 상담자의 태도이기 때문에 마찬가지로 난해하다. 그러나 이 태도는 아주 간단한 언어로 정의할 수 있다.

무조건적인 긍정적 존중은 내담자를 향한 인간중심 상담자의 근본적인 태도에 부여된 용어다. 이러한 태도를 가진 상담자는 자신의 내담자의 인간성을 매우 소중하게 여기고 내담자의 특정한 행동으로 그 가치가 편향되지 않는다. 이런 태도는 내담자에 대한 상담자의 일관된 수용과 지속적인 따뜻함으로 분명하게 나타난다.

인간중심 상담에서 이런 태도의 두드러진 특징은 일관성에 있다. 인간중심 상담자는 내담자가 어떻게 행동하는가에 상관없이 각양각색의 내담자에게 그러한 태도를 보여 줄 수 있다. 열의를 보이고 상담자에게 지속적인 존경을 표시하는 내담자를 존중하는 것은 쉽다. 하지만 내담자가 반복적으로 자기 패배적이고, 스스로를 가치 없다고 보며, 다른 사람을 교묘히 속여서 손해를 입히고, 상담자에 대해 직접적인 공격성을 드러냄으로써 자신의 취약성을 숨기는 경우에는 상담자가 존중의 태도를 갖기가 매우 어렵다. 내담자에 대한 이러한 수용적 태도는 모든 내담자에게 한결같을 뿐만 아니라, 인간중심 상담자가 맺는 어떠한 내담자와의 관계에서도 지속적으로 유지된다. 내담자가 자기 자신을 존중하지 않음에도, 그리고 비록 상담자가 내담자의 모든 행동을 좋아하거나 인정하지 않을지라도, 내담자는 상담자가 그들의 관계 내내 자신을 일관되게 존중하고 있다고 느낀다. 내담자가 하는 행동 중 일부를 좋아하지 않으면서도 내담자를 가치 있는 사람으로서 수용하는 것은 가능하다. 자주 내담자는 불쾌한 행동을 노골적으로 보이면서 상담자의 이러한 기본적인 수용을 시험한다. 〈글상자 5-1〉은 이해하기 어려운 내담자의 한 예를 보여 준다. 하지만 이 내담자의 행동은 일단 상담자가 그 수용의 단계가 가능해지자 이해할 수 있게 되었다.

 〈글상자 5-1〉 사랑하는 것을 두려워하는 하찮은 사람

친구의 추천으로 상담자에게 찾아온 메리는 교사다. 첫 번째 인터뷰 내내 그녀는 차가운 태도로 있었으며, 상담이 그녀에게 해 줄 수 있는 것에 대해 다소 냉담하고 그다지 열의가 없었다. 그녀는 학교 아이들에 대한 자신의 증오에 대해 흥미를 보이며 이야기했다.

나는 아이들을 싫어해요. 아이들은 당신을 매일 비웃어요. 소리 지르면 아이들은 소리를 죽이고 히죽히죽 웃고 1분 이상 조용히 있지 않아요. 그들에게 프랑스어를 가르치려고 해 봐야 의미가 없습니다. 그들에게 예의 바른 행동의 기초를 가르치려는 것이 내가 노력한 전부죠. 내가 얻을 수 있는 유일한 기쁨은 그들을 당혹스럽게 만드는 것이에요. 어떤 아이들은 너무 건방져서 그 방법을 쓰지 않는 것이 좋지만, 어떤 아이들에게는 그 방법이 잘 들어요. 나는 그들을 울리는 데 굉장한 즐거움을 얻어요.

대부분의 사람은 어린아이들에 대한 이 교사의 잔인한 태도에 화가 날 것이다. 보통의 반응은 그녀의 태도를 용납할 수 없는 것으로 일축하고 계속 일할 직업에서의 윤리성을 그녀가 재고해 볼 수 있게 하도록 노력할 것이다. 그러나 그렇게 판단하는 것은 상담자의 일이 아니다. 그것은 의사소통을 깊게 하기보다 단절할 뿐이다. 상담자가 이러한 폭력적인 행동이 그 사람의 전체를 나타내지는 않는다는 것을 수용할 때 내담자를 향한 관심, 염려와 애정까지도 느끼게 된다. 세 번째 회기에서 그녀가 다음과 같이 이야기했을 때 이 교사의 타인에 대한 폭력적인 태도를 이해하는 데 도움이 되는 것을 발견해 냈다.

> 나는 이따금 몹시 슬퍼요…. 정말 너무 슬퍼요. 나는 어느 누구에게도 그것을 보여 줄 수 없어요. 나는 그저 나의 아파트에서 혼자 울 뿐이죠. 나는 사람들에게 아주 불편할 수 있어요…. 그냥 사람들이 두려워요…. 아마도 남들이 나의 본모습을 알까 두려워하는 것 같아요…. 사랑하는 것을 두려워하는 하찮은 사람 말이죠.

이러한 태도를 설명하는 많은 단어가 있다. 우리는 이미 무조건적인 긍정적 존중(unconditional positive regard)과 수용(acceptance)이라고 불렀다. 이전에 널리 쓰이던 다른 용어로 비소유적 온정(non-possessive warmth) 그리고 존중(respect)이 경우에 따라 선호되었다. 하지만 그 말 그 자체로 이 특성(dimension)의 중요한 점을 본질적으로 설명할 수는 없다. 예를 들어, 아주 냉담하게 조건적으로 누군가를 존중하는 것은 가능하다. Carl Rogers가 이러한 특성을 나타내기 위해 사용한 단어는 존귀하게 여기는 것(prizing)이다. 이러한 그의 미국식 문맥은 그것이 다른 어떤 용어보다 훨씬 더 강렬한 느낌으로

전달되기 때문에 탁월한 선택이었다. 마찬가지로 David Cain
(1987)은 이러한 태도가 내담자에게 제공하는 역할을 강조하기 위해
지지(affirming)란 단어를 사용하였다. 그것은 그의 가치를 지지하는
(affirms) 것이다. 이러한 특성에 적당하지 않은 한 가지 단어는 **좋아
함**(liking)이다. 이러한 차이점은 모든 내담자를 좋아한다는 것이 이
치에 맞지 않다고 생각이 드는 수련생에게 중요하다. 다른 곳에서
설명된 대로, 우리 문화에서 좋아함은 매우 조건적인 요소다
(Mearns, 2003: 3-5). 우리는 보통 자신의 것과 유사하거나 보완이 되
는 가치를 보이는 누군가를 좋아한다고 생각한다. 우리의 좋아함은
이와 같이 유사성이나 상보성을 조건으로 한다. 그러나 내담자를 가
치 있는 사람으로 **가치화**(valuing)하는 것은 조건적이지 않다. 우리와
상당히 다른 가치 패턴을 보이는 사람의 인간성에 대한 깊은 존중을
느끼는 것이 똑같이 가능한 것이다. 〈글상자 5-2〉는 한 상담자가
자신의 저명한 정치인 내담자에 관해 좋아함과 가치화하는 것 사이
의 이러한 차이점을 기술한 내용 중에서 발췌한 익명의 인용을 재현

📖 〈글상자 5-2〉 **나는 그를 좋아하지 않지만 깊은 관심이 있다**

그를 라디오에서 듣거나 TV에서 볼 때, 나는 두 가지 반응을 나
란히 함께 보인다. 나는 그의 보수파 정책과 성명에 얼굴을 찡그리
고 머리를 흔들며 언짢은 낯을 한다. 나는 그가 가난한 사람의 고통
에 완전히 무관심한 정말 차가운 사람이라고 생각한다. 하지만 동
시에 종종 내가 웃음 짓는 것도 안다. 나는 그를 꽤 잘 알고 있다.
그가 정말 자신감 있어 보이지만, 인터뷰 전에 신경성 불안으로 이
리저리 서성거렸을 것을 안다. 또한 나는 그가 감정을 가지고 있다

는 것을 안다. 그것이 나의 것과는 다를 수도 있겠지만 그는 감정을 가지고 있다. 그는 그의 헛소리를 진짜 믿는다(적어도 나에게는 헛소리다). 그는 장기적인 안목에서 사람들이 과잉 보호(그의 말)되지 않고 자력으로 결국 도움을 받게 될 것이라는 것을 진짜 믿는다. 그는 성실할 뿐만 아니라 진실하다. 그는 그가 믿는 것을 말하며 그의 신념은 시종 변함이 없다. 나는 그에게 투표하지 않겠지만, 내가 속한 정당에 많은 도전이 될 그의 자질은 신뢰할 수 있다고 생각한다. 나는 그를 좋아하지 않는다. 그러나 깊은 관심이 있다.

한 것이다.

상담자에게는 좋아함과 가치화하는 것의 차이가 중요하지만, 우리의 내밀한 대안적 단어보다 '좋아함'을 사용하려는 경향이 있는 내담자에게는 일반적으로 그 구분이 중요하지 않다.

왜 무조건적인 긍정적 존중이 중요한가

억압적 가치의 조건에서 양육되어 온 내담자는(1장 참조) 그가 중요한 타인의 기대에 부합되게 행동할 때에만 자신이 가치 있다고 배우게 될 것이다. 내담자를 향한 상담자의 무조건적인 긍정적 존중은 그러한 가치의 조건화를 직접적으로 파괴하므로 중요하다. 상담자는 내담자가 '조건'에 따르는 것과 상관없이 내담자를 존중한다. Lietaer(1984)는 상담자의 무조건적인 긍정적 존중에 의해 진행되는 과정을 설명하기 위해 역조건화(counterconditioning)라는 용어를 사용하였다. 가치의 조건화에 부응하는 것과 가치 있는 존재가 되는 것, 그 사이의 조건화된 연결고리는 내담자의 삶에서 제시된 조건화된 가치의 순응 여부와 상관없이 계속적으로 내담자를 있는 그대로 소중하게 대함으로써 끊어진다.

가치의 조건화를 무너뜨리는 데 있어 무조건적인 긍정적 존중은 내담자의 부정적, 자기 패배적인 순환을 깬다([그림 5-1] 참조). 자기 수용이 부족한 내담자는 그런 태도를 반영하는 방식으로 행동한다. 그는 사람들이 자신을 존중하기를 기대하지 않기 때문에 타인에 관하여 유달리 자기 보호적이다. 그는 약하고 부적절하게 공격적이며 감정을 드러내지 않는 것으로 보일 수 있다. 혹은 아마도 사람들과의 진지한 사교적인 만남에서 뒤로 물러나는 경향이 있을 것이다. 이러한 행동은 다른 사람에게 환영받지 못하며 실제로 사람들을 쫓아 버릴 수 있는데, 이는 내담자에게 자신이 사랑받지 못하며 사랑스럽지 않다는 추가적인 증거를 제공하게 된다. 무조건적인 긍정적

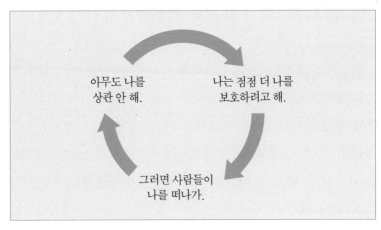

[그림 5-1] 자기 패배적 순환

존중은 상담자가 내담자의 자기 보호적 행동에 의해 편향되는 것을 거부하고, 그 대신 내담자의 본질적인 가치에 대한 끊임없는 수용을 제공함으로써 이러한 순환을 깰 수 있다.

이런 상담자의 다른 행동은 그 관계에서 내담자의 행동에 영향을 미친다. 상담자와의 관계에서 내담자는 더 이상 자기 보호적일 필요가 없으므로 자기 자신과 경험에 대해 더 깊이 개방할 만큼 충분히 안전하다고 느끼기 시작한다.

조건화된 가치에 대한 반박을 통해 영향을 미치고 내담자가 자신을 방어할 필요성을 덜 느끼도록 도와주는 것 외에도, 상담자의 무조건적인 긍정적 존중은 내담자의 자기 가치화(self-valuing)에 훨씬 더 직접적으로 영향을 준다. 어떤 의미에서 내담자는 상담자의 수용의 태도에 의해 오염되고 조금씩 자기 자신을 향해 같은 태도를 경험하기 시작한다. 아무리 잠정적이라 할지라도 이러한 방식으로 내담자가 자기 자신을 존중할 때에만 진정한 변화가 일어날 수 있고, 많은 내담자의 경우 이러한 최초의 자기 가치화는 그들에 대한 상담자의 존중을 감지하고 그러한 태도가 가능하다는 것을 수용하는 것의 직접적인 결과다. Watson과 Steckley(2001)에 의해 수행된 연구 검토에서 무조건적인 긍정적 존중이 제공하는 중요한 치료적 기능이 입증되고 있다. 상담자가 보여 주는 무조건적인 긍정적 존중의 태도가 결국에는 극적인 결과를 낳는다는 사실은 치료 초기의 면담에서 인간중심 상담자가 기억해야 하는 중요한 점이다. 치료 초기의 만남에서 내담자는 사람들을 멀리하기 위해 사용하는 교묘한 자기 보호 기제로 무장되어 있을지도 모른다.

🌸 자기 보호적인 내담자

때로 상담자에게는 자기 보호에 능숙한 내담자에게 반감을 갖지 않는 것이 어려운 작업이다. 예를 들어, 메리, 로저, 제임스는 관계에서 친밀함을 막음으로써 사람들에 맞서 그들 자신을 보호하는 개별적인 방식을 발달시켜 온 내담자다.

45세의 메리는 자신을 돌보지 않는다. 그녀는 머리를 감지 않았고, 옷은 낡고 검은색과 회색이 섞여 있었다. 그녀의 겉모습에서 느껴지는 강렬함에도 불구하고 그녀의 얼굴은 야위었고 상당히 무표정했다. 그녀는 냄새도 났다. 그녀는 처음 두 회기 동안의 대부분을 흐느껴 울었고, 두 차례 모두 '나는 당신이 왜 나 같은 사람 때문에 신경을 쓰려고 하는지 모르겠다'는 이야기로 끝을 맺었다.

로저는 그의 아내와 함께 상담실에 마지못해 온 35세의 성공한 사업가다. 첫 번째 회기에서 아내에 대해 이야기했다. 그는 아내가 '자기 분수를 모르기' 때문에 그들 문제의 원인이라고 말했다. 로저의 생각에는 아내의 새 친구들은 '그녀의 머리에 터무니없는 공상을 채워 넣는' 사람이었다. 그들의 문제에 대한 로저의 해결책은 '만약 아내가 제자리로 돌아온다면 모든 것이 괜찮을 것이다'였다. 일에 관한 이야기를 할 때, 기간 안에 상환이 어렵다는 것을 알고도 돈을 대출해 준 것 때문에 최근 사업이 어려워진 소규모 경쟁업자에 대해 로저는 즐거운 듯 이야기했다. "성업 중인 사업을 인수하는 것보다는 대출금으로 발생한 손해를 받아들인 뒤 파산한 그 기업을 헐값에 사들이는 것이 비용이 덜 들어요." 로저는 그 사건 이후 자살 시도를 한 그의 예전 경쟁자를 '겁쟁이'라고 생각했다.

　18세의 제임스는 소외감을 느끼고 의심이 많으며 화가 나 있어서 작업하기가 어려웠다. 다음 내용은 첫 회기 상담 내용의 30분 정도를 발췌한 것이다. 앞선 상담 시간의 대부분 제임스는 상담자를 비아냥거렸다. 그는 상담자가 교육을 받기는 했는지, 왜 그렇게 '엄청 늙었는지'를 물었으며, 상담자가 입은 옷에 대해 비웃었다. 상담자는 결코 쉽지 않은 30분이라고 생각했으나, 제임스의 공세에 견디면서 그 시간에 전념했다. 시간에 지남에 따라 제임스의 공격은 악화되어 절정에 이르렀다.

제임스: 좋아, 내가 어떻게 직업을 구하면 되는지 말해 보시죠…. 어서 말해 봐요…. '조언'을 해 달라고요. 그게 결국 당신 직업이잖아요…. 어서 돈을 벌어 보라고, 돌팔이!

상담자: [오랜 침묵 끝에] 나는 당신이 나를 점점 더 밀어붙이는 것같이 느낍니다…. 정말로 싸우고 싶은 것처럼 말입니다.

제임스: 네, 맞아요. 난 싸우고 싶어요. 당신은 다른 모든 사람들처럼… 오로지 자기만을 위해 좋은 일을 하는 척하는 사람이야. 당신은 당신 스스로를 '남을 도와주는 좋은 사람'으로 여기기 좋아하는 것이 분명해. 글쎄, 내 생각에 당신은…, 난 당신이 쓸모없는 사람이라고 생각하지. 계속 돈 벌어, 나쁜 년!

상담자: [오랜 침묵 끝에] 나는 아픔을 느껴요…. 슬픔도 느껴요. [침묵] 당신은 어떤 느낌인가요…? 당신도 아픔을 느끼나요? [긴 침묵]

나중에 살펴보니, 이 세 내담자는 네 가지 공통점을 갖고 있었다.

- 그들은 모두 깊이 슬프다.
- 그들은 모두 사랑받지 못한다는 기분을 강하게 느낀다.
- 그들은 자기 자신을 사랑하지 않는다.
- 그들은 모두 매우 취약하다.

이들 내담자의 행동은 매우 다르게 보이는데, 그들이 자신의 취약성을 다른 자기 보호적 패턴을 통해 보여 주었기 때문이다. 메리는 깊이 상처받은 '아이' 속으로 침잠하였고, 로저는 냉혹한 오만함과 우월성을 투사했다. 그리고 제임스는 분노, 불신, 소외 및 노골적 공격성을 사람들을 멀리하는 방법으로 사용했다. 그들의 자기 보호는 외부 세계에 대한 방패로서 그들이 인간으로서 진짜 누구인지를 숨기기 때문에 다른 사람을 쫓아 버린다. 무조건적인 긍정적 존중은 그러한 자기 보호적 방패에 의해서 한쪽으로 편향되지 않고 기다리며 끊임없이 그 사람의 가치를 가치화하고 그로 인해 방패 뒤에 들어갈 수 있는 권리를 얻게 된다.

⚙ 개인적 언어

자신의 취약성을 보호하는 개인 특유의 방법은 자신의 다양한 측면을 나타내는 특유의 방식인 개인적 언어(personal languages)의 한 측면일 뿐이다. 만약 상담자가 다른 문화권의 내담자나 다른 언어를 가지고 있는 내담자와 작업한다면 내담자 언어의 의미를 알기 위해 특별히 참을성 있고 관대하며 관심을 쏟을 것이다. 상담자는 이른 판단이 단순히 내담자의 언어 및 문화에 대한 이해 부족 때문일 수도 있음을 알기 때문에 그것을 경계할 것이다. 자신의 무조건적인 긍정적 존중의 태도를 발달시키고자 하는 상담자에게는 모든 내담자에 대해 동일한 가정을 하는 것이 도움이 될 수 있다. 상남자는 새로운 개별 내담자가 자신을 표현할 때 쓰는 자신만의 개인적 언어를 갖고 있다는 가정을 하고 시작할 수 있다. 상담자의 과제는 주로 공감을 통하여 그 언어를 알아내고 이해하는 것이다. 이는 상담자가 내담자의 어떠한 행동에 의해 편향되기보다는 내담자에게 초점을 둘 수 있도록 도와주기 때문에 초보 상담자에게 유익한 접근이다. 상담자는 내담자의 행동에 대해 판단적이 되지 않고 이 행동은 이 내담자에게 무엇을 의미할까라는 질문에 집중한다. 다음은 내담자에게 개별적인 의미를 지닌 개인적 언어의 양상에 관한 몇 가지 예시다.

- 짐의 농담은 보통 그가 긴장하고 있다는 것을 의미한다.
- 폴리의 눈물은 종종 그녀가 화가 났다는 것을 의미한다.
- 로버트의 분노는 종종 그가 슬프다는 것을 의미한다.
- 샐리의 흥분은 보통 그녀가 칭찬을 필요로 한다는 것을 의미한다.
- 피터의 그 웃음은 그가 상처받았다는 것을 의미한다.
- 제인의 '세상을 향한 외침'은 그녀가 굉장히 소중히 여기는 그녀의 연약한 부분이 건드려지는 것을 의미한다.
- 거스의 부드러운 말은 강한 사랑의 메시지다.

- 브라이언의 말의 신중함은 오해로 타인에게 상처 주지 않으려 는 그의 진심 어린 욕구를 반영한다.
- 데이브의 둔감하고 직설적인 성격은 속임수에 대한 그의 두려 움을 반영한다.
- 도널드의 반복되는 지각은 벌어지고 있는 일에 마음이 편치 않 다는 것을 의미한다.
- 더그의 반복되는 지각은 스스로 통제한다는 기분을 느끼기 좋 아한다는 것을 의미한다.
- 찰리의 반복되는 지각은 그가 시간 엄수에 대하여 엉성하다는 것을 의미한다.

상담자가 내담자의 개인적 언어를 차츰 배워 감에 따라 내담자의 행동이 이해하기 쉬워지고, 그 행동 뒤의 사람을 점점 더 보게 되고, 받아들이기 쉬워진다. 비슷한 맥락으로 정신분석적으로 훈련된 Bruno Bettlheim은 중증 정신장애 아동과의 작업에서 과제를 "아 이의 행동에 근거한 논리를 발견하고 이해하는 것"의 하나라고 말한 다(Bettleheim, 1987).

✿ 내담자를 받아들일 수 없을 때 어떻게 해야 하나

상담자의 무조건적인 긍정적 존중의 태도를 촉진하기 위해 상담 자가 할 수 있는 개인적인 작업에 관해 이 장의 뒷부분에서 더 상세 히 설명할 것이다. 그러나 경험이 부족한 상담자가 가질 수 있는 초

기의 우려는 그들이 받아들일 수 없는 내담자를 마주 대했을 때 상
담자가 취할 수 있는 실제적인 행동이다. 이러한 문제는 보통 상담
관계 후반보다는 초반에 발생한다. 상담자는 어쩌면 즉각적으로 내
담자를 싫어할지도 모르며, 혹은 첫 번째 또는 두 번째 회기에서 상
담자는 그 관계에서 약간 물러나는 것을 느낄지도 모른다. 그러한
뒤로 물러남을 느낄 때, 상담자는 다른 사람을 멀리하기 위한 자기
보호 체계—이러한 종류의 반응을 불러일으키도록 고안되어 있
다—에 대해 우리가 이야기해 왔던 것을 상기하는 것이 좋다. 이러
한 자각도 상담자의 판단을 분류하는 데 도움을 주며, 상담자가 좀
더 오랫동안 개방적인 태도와 호기심을 유지하도록 돕는다. 상담자
가 취할 수 있는 실제적인 또 다른 조치는 공감하기에 더 많은 주의
를 기울이는 것이다. 상담자가 직관적으로 물러나려 할 때 이러한
노력은 쉽지 않을 수 있으며 상담자는 자기 자신에게 '나는 이 사람
을 아직 모른다'는 사실을 반복적으로 상기시킴으로써 자신의 노력
을 강화해야 할 것이다. 공감하기 위한 의식적인 변화는 두 가지 유
익한 결과를 낳을 수 있다. 첫 번째는 그것이 상담자의 주의가 자기
자신에서 내담자에게로 옮길 수 있다는 것이다. 두 번째는 공감과정
자체가 내담자에 대한 새로운 측면과 깊이를 드러내는 데 도움이 된
다는 것인데, 그것은 상담자의 섣부른 판단에 질문을 던질 수도 있
다(〈글상자 5-1〉 참조).

　상담자가 취할 수 있는 다음 단계는 슈퍼비전에서 자신에게 주의
를 기울이는 것이다. 슈퍼바이저의 도움으로 상담자는 '이 내담자
에 대해 내가 알고 있지 못하는 것은 무엇인가?'의 질문을 검토해 볼
수도 있을 것이다. 이는 가능한 탐색에 대한 새로운 영역을 열어 줄

뿐만 아니라 섣부른 판단에 토대한 증거가 제한적임을 상담자에게 일깨울 수 있기 때문에 유익한 질문이다. 이 물음에 주의하는 것은 〈글상자 5-3〉에 기술된 치료적 관계에 집중하기(focusing on the therapeutic relationship) 훈련을 통해 보강할 수 있다.

 〈글상자 5-3〉 치료적 관계에 집중하기

포커싱 연습의 수련을 적용하여(Gendlin, 1981), 상담자는 내담자와의 관계에 관한 감각 느낌(felt-sense)에 집중할 수 있다. 피상적인 반응 수준을 넘어서 심사숙고할 수 있도록 충분한 시간 여유를 두고 순서대로 각 질문을 하게 되면 이전에 상징화되지 못했던 반응이 나타날 수 있다.

• 내가 나의 내담자를 생각할 때, 나는 어떤 감각을 경험하는가? 그 것이 전부인가?

그의 장점은 무엇인가?(각 순서대로 집중한다)
 −이것에 집중할 때 나는 어떤 경험을 하는가? 그것이 전부인가?
그의 단점은 무엇인가?(각 순서대로 집중한다)
 −이것에 집중할 때 나는 어떤 경험을 하는가? 그것이 전부인가?

• 그가 나에게 가장 필요로 하는 것은 무엇인가?
• 내가 그에게 무엇을 가장 주기를 원하는가?
• 우리의 관계에서 나는 누구인가?

〈글상자 5-3〉에 기술된 바와 같은 탐색 작업은 상담자가 자기 판단의 근원에 대해 자신 안에서 단서를 발견하는 데 도움이 될 것

이라는 기대를 바탕으로 한다. 상담자가 취할 수 있는 이러한 실제
적인 행동의 기저에 깔려 있는 것은 상담자의 반감은 사실 상담자의
것이며, 이에 따라 상담자의 책임이라는 것을 인정하는 것이다. 자
신의 감정에 대한 책임을 계속해서 내담자에게 투사하는 것은 인간
중심 상담자로서 적합한 행동이 아니다.

우리는 대부분의 비수용의 사례가 상담 초기에 일어난다고 가정
하면서 이 절을 시작했다. 물론 그렇지만, 어려움이 상담관계 후반
에 나타나는 사례가 있다. 만약에 상담자가 이런 어려움에 주의를
기울이지 않으면 그 관계에서 점점 철수하는 상황을 초래하게 되며,
필연적으로 치료 진행의 정체 상태를 야기하게 된다. 상담자는 이러
한 문제를 슈퍼비전에서 다시 주목하게 될 수 있으나, 마찬가지로
상담자는 내담자와의 어려움을 솔직하게 탐색하여 그들의 해결책에
두 사람 모두 주력할 수 있도록 해야 한다. 이러한 절차는 그들 관계
의 발전에 기여할 뿐 아니라 내담자에 대한 중요한 치료적 정보를 발
견하도록 할 수도 있다. 이러한 어려움에 대해 개방하는 상담자의 예
는 6장 및 8장, 그리고 상담자와 내담자 사이의 무언의 관계(unspoken
relationship)에 대한 탐구에서 제시된다(Mearns, 2003: 64-73).

💮 내담자가 나의 수용을 받아들일 수 있을까

아주 자주 내담자는 상담자가 자신을 존중한다고 여겨지면 안심
한다. 심지어 내담자는 첫 상담의 마지막에 그들의 안도감을 실제로
표현할지도 모르며, 이런 식으로 주목받는 것이 얼마나 기분 좋은지

에 대해 말할지도 모른다. 그러나 때로 내담자는 아주 심한 거절의 경험을 겪었기 때문에 자신이 상담자에 의해서도 거절당할 것이라고 생각한다. 어떤 경우에는 내담자가 거절에 대해 너무 준비되어 있어서 실제로 내담자 자신도 거절을 부추기는 것같이 보인다. "당신이 나에게서 본 걸 난 볼 수가 없어요. 난 정말 쓸모없는 사람이라고요." 미숙한 상담자는 내담자의 자기 충족적 기대(self-fulfilling expectations)에 말려들어 내담자에 대해 점점 비판적으로 될 위험이 있다. 한 상담자는 그녀의 내담자 앤드류와의 작업을 슈퍼비전 받으면서 이를 숙고해 보았다.

나는 시간이 흐르면서 내가 앤드류와의 약속을 두려워하게 된다는 것을 깨달았다. 그는 너무나 부정적이어서 나조차 그에게 점점 부정적이 되었다. 최근 들어 나는 점점 그에게 엄격해졌고 어떻게 그가 그의 삶을 바꿀 수 있을지에 대해 너무 많은 제안을 했다. 또한 나는 확실히 그에게 갈수록 더 냉담해졌다. 앤드류의 경우, 이것은 그를 점점 더 그의 '거절당한 어린 소년' 속으로 후퇴하게 한 것 같다.

만약 내담자가 오랫동안 거절당한 경험이 있다면 아마 처음에는 상담자가 수용하는 것을 신뢰하지 않을지도 모른다. 그의 인생은 다른 형태의 사랑을 준 뒤 그것을 거두어 가 버리는 사람으로 가득 차 있을지도 모른다. 왜 그가 이번에는 믿어야만 하는 것인가? 그런 내담자는 상담자의 수용에 대한 판단을 유보할 수 있고, 어떤 경우에는 상담자에게 수용에 관한 일련의 시험을 할 수도 있다. 내담자는 상담자가 이러한 장해물을 성공적으로 넘을 경우 신뢰할 준비가 되어

있을 것이다(2장의 '샌디' 참조). 〈글상자 5-4〉는 상담자의 수용을 신
뢰하는 것에 어려움이 있었던 한 내담자의 회고를 재현한 것이다.

 〈글상자 5-4〉 **수용은 수용하기 어려울 수 있다**

　　그들이 함께한 시간의 마지막 즈음에 혹은 작업의 관례처럼, 상
담자와 내담자는 그들의 상담 과정을 검토하는 데 얼마간의 시간을
쏟을지도 모른다(6장과 9장 참조). 다음은 내담자가 상담자의 수용
을 묵살하려고 했던 상담 회기를 회고하고 있는 것을 발췌한 인용
문이다.

　　처음에 나는 당신이 내가 괜찮은 사람이라고 생각하는 사실로
인해 많은 어려움을 겪었어요. 당신은 심지어 나를 좋아하는 것처
럼 보였죠. 그것은 내게 너무 낯선 일이라서 처음에는 믿지 않았어
요. 나를 포함해서 아무도 나를 좋아한 적이 없었어요! 당신이 정말
로 나를 좋아하는 척했던 것이 아니라는 것을 깨달았을 때, 가식적
이었던 사람은 바로 '나'라는 것을 생각하기 시작했습니다. 나는 괜
찮은 사람인 척해야만 했어요. 그렇게 하지 않았다면 당신은 아마
나를 좋아할 수 없었을 거예요. 내가 생각해 낸 그다음 설명은 당신
에게 나의 끔찍한 부분을 정말 모두 보여 준다면 당신이 나를 좋아
할 수 없을 거라는 겁니다. 그래서 나는 가장 바닥 중의 바닥인 나
자신을 내가 본 대로 당신에게 보여 주었어요. 그런데 이러한 것도
당신이 나를 싫어하게 만들지 못한다는 것을 알고 나서야 비로소
나의 모든 것이 당신과 함께할 수 있으며 그것이 우리 둘 중 누구에
게도 파괴적이지 않다는 것을 깨달았습니다.

　어떤 상담자에게든 특히 어려운 상황은 내담자가 상담자의 무조
건적인 긍정적 존중을 있는 그대로 받아들이지 않고 상담자의 따뜻
함을 상담관계 이상의 사적인 관계의 가능성을 비치는 것으로 오해
할 경우 발생한다. 그러한 상황에 처해 있는 상담자가 연루된 많은
문제 중 하나는 계속해서 내담자에 대한 자신의 수용을 보여 주는
동시에 그 한계를 알리는 것이다. 경험이 부족한 상담자의 과민 반
응은 계속 오해의 소지를 일으키지 않도록 수용을 일부 거두어들이
는 것일 수도 있다. 만일 상담자가 그렇게 한다면 내담자의 인생에
서 자주 일어났던 거부 패턴을 상담자 자신이 무의식적으로 되풀이
한다는 사실을 깨달을 것이다. 존중을 전달하면서 동시에 한계를 명
확히 하는 것은 쉬운 일이 아니다. 이러한 미묘한 상황을 다루는 정
형화된 방법은 있을 수 없으나, 〈글상자 5-5〉는 그러한 예시 하나
를 재현하고 있다.

 〈글상자 5-5〉 당신을 사랑하는 내담자를 수용하기

　다음의 인용문은 상당히 장기간 진행되었던 상담의 종료 즈음의
내용을 발췌한 것이다. 상담자가 보기에 그 상담은 사실상 종결되
었다. 많은 작업이 이루어졌고 계약이 향후 검토 가능성을 위한 방
책과 함께 잘 마무리되었다고 보았으므로, 상담자는 상담을 끝내면
서 그 문제를 조심스럽게 제기했다. 내담자가 마치 특별한 뭔가 때
문에 오는 것 같은 기분이 내내 들었지만, 대부분의 회기 동안 이러
한 가능성에 관해 논의해 왔다. 내담자는 상당히 긴 독백을 다음과
같이 끝냈다.

내담자: …나는 내 인생 처음으로 내가 얼마나 다른 사람을 정말로 사랑하는지를 깨달았어요. 그 누군가가 바로 당신이라는 것이 매우 곤란하지만… 그건 사실이에요. 이것이 내가 끝까지 버텨 왔던 이유라는 것을 알아요. 나는 종결할 걸 생각하면 두려워요. 나는 당신이 더 이상 필요하지 않지만 힘들어요.

상담자: …나를 보내는 것이 힘든가요?

내담자: 네, 나는 그렇게 하는 것이 옳다는 것을 알지만… 힘들어요….

상담자: 나는 이 순간에 당신이 나에게 뭔가 소중한 것을 맡기고 있는 것 같은 느낌이 들어요. 뭔가 굉장히 부드럽고 섬세하고… 중요한 선물 같은….

내담자: 그 모든 것이 또 날 위한 것 같군요.

상담자: 내가 그것을 부숴 버릴까 봐 두려우세요?

내담자: 아니요, 별로…. 내가 그런 것을 두려워했다면 당신에게 이걸 주지도 않았을 거예요. [침묵]

상담자: 무슨 생각 하세요?

내담자: 지금 끝내는 것이 우리에게 좋다는 생각이요.

🌸 따뜻함에 집중하기

단지 내담자에 대하여 수용을 느끼는 것으로는 충분치 않다. 그 수용은 전달되어야 한다. 어떤 진실한 상담자의 자연스러운 미소는 소통의 수단이 될 것이며, 한편 다른 상담자는 말이나 신체 접촉을 통해 그들의 따뜻함을 보여 줄 것이다. 모든 상담자는 아마 그 자신만의 특별한 레퍼토리—그 자신만의 따뜻함을 보여 주는 독특한 방법—을 가지고 있을 것이다. 인간중심 상담자로서 성장의 한 가지 측면은 따뜻함을 각각 다른 내담자마다 다른 방법으로 보일 수 있도록 하는 그의 레퍼토리의 확장이다. 이것은 상담자로서 '상담자가 상담실에서 제공할 수 있는 자신을 확장하는 것'을 설명한 것의 일부분이라고 볼 수 있다(6장 참조). 만약 상담자가 자신의 방으로 오는 내담자마다 깊은 관계의 만남을 제공하려면 폭넓은 레퍼토리를 개발할 필요가 있을 것이다. 일부 내담자는 말로 하는 따뜻함의 표현을 신뢰하지 않는데, 예를 들어 아마 접촉하는 것만큼 신뢰하지 않을 것이다. 반면에 접촉하는 것을 폭력으로 받아들이는 내담자도 있다. 〈글상자 5-6〉은 상담자가 그들의 따뜻함을 전달하는 많은 방법을 나열한 것이다. 이 목록은 결코 완전하지는 않지만 상담자가 자신의 기술을 반영하는 것과 그것의 점차적인 발전을 돕는 데 유용할 수 있다.

 〈글상자 5-6〉 따뜻함을 전달하는 방법

　모든 개별 상담자는 그들 자신만의 따뜻함을 전달하는 방법의 레퍼토리를 가지고 있을 것이다. 다음의 각 항목을 통해 우리의 따뜻함을 표현하는 것이 얼마나 쉬운지 혹은 어려운지 곰곰이 생각해 보는 것은 흥미롭다.

- 내담자를 만나기 위해 문으로 가기
- 내담자와 악수하기

- 내담자의 이름 사용하기
- 미소
- 따뜻한 목소리 톤 사용하기
- 눈 맞춤 유지하기
- 내담자가 재미난 사건을 이야기할 때 진심으로 웃기
- 따뜻함을 보여 주는 단어 사용하기
- 내담자에게 진실한 흥미 보여 주기
- 내담자에게 신체적으로 다가가기
- 내담자의 팔 접촉하기
- 내담자의 어깨 접촉하기
- 손잡아 주기
- 내담자 안아 주기

따뜻함은 상담관계에서 신뢰를 발전시키는 것을 돕는다. 따뜻함이 너무 적으면 신뢰의 발전과 상담의 진행이 지체될 것이다. 또한 어떤 사례에서는 상담자가 아무리 진정으로 느낀다 하더라도 따뜻함을 지나치게 보여 주는 것이 특정 내담자에게 어려움을 느끼게 할지도 모른다. 이러한 경우는 드물며 다른 사람의 따뜻함을 의심하는 특정 내담자에게 국한될 것이다. 그러한 경우 상담자가 따뜻함을 드러내기를 멈추는 것은 실수다. 왜냐하면 따뜻함 보여 주기를 멈추는 것은 앞서 언급한 것처럼 거부 패턴을 단순히 반복하는 것이 되기 때문이다. 대신 상담자는 따뜻함을 계속 보여 주되, 자신의 레퍼토리에서 강하지 않은 방법을 사용할 수 있다. 그러나 인간중심 상담자는 단순히 그렇게 하지는 않을 것이다. 상담자는 자신이 하는 것

에 대해 개방적일 것이다. 그 목적은 단순히 내담자와 수월한 의사
소통을 하기 위해서가 아니라, 치료적 관점을 알아내기 위해 그들의
관계를 이용하기 위해서다. 〈글상자 5-7〉은 상담자가 이러한 방법
으로 자신의 일을 보여 주는 것을 나타낸다. 6장에 상담자가 좀 더
충분히 자신을 사용하는 것을 알아보는 추가 사례가 있다.

 〈글상자 5-7〉 지나친 눈물

샌드라와 그녀의 내담자 사이먼은 인간의 따뜻함에 위안을 느끼
는 부분이 상당히 다르다. 샌드라에게 따뜻함은 쉽게 다가오고 충
분히 표현할 수 있다. 반면에 사이먼에게는 따뜻함이 어렵다. 과거
의 경험으로 그것은 신뢰할 수 없고, 그래서 그는 과장된 표현에 불
편함을 느낀다. 이번에 샌드라는 사이먼의 고군분투에 반응했다.
그녀는 그의 노력의 모든 작은 부분을, 그리고 그만의 세계에서 다
른 이들을 향해 다가가려는 그의 '작은 걸음'도 느꼈다. 그가 마침
내 끝내고 그녀의 눈을 봤을 때, 그녀는 그에게 빛나는 웃음을 보였
다. 그러나 웃음뿐만 아니라 그녀의 눈에는 또한 눈물이 있었다. 이
것은 따뜻함을 강하게 보여 준 것이다. 이번에는 사이먼에게 너무
강하게 따뜻함을 보여 주었다. 샌드라는 이에 대해 말했다.

"미안해요, 사이먼…. 내가 당신을 좀 놀라게 했어요. 내가
그렇게 하는 것은 당신을 아주 힘들게 해요. 내가 당신을 좀
더 존중하도록 노력할게요. 하지만 또한 나는… 당신이 얼마
나 노력해 왔는지 느꼈어요."

〈글상자 5-7〉은 상담자가 내담자의 편안함과 불편함의 방식을

존중하는 것에 대한 세심한 균형을 보여 준다. 그러나 상담자는 기꺼이 그 둘 사이의 차이점을 가지고 작업을 할 수 있다. 이에 대한 기본 원리는 자신을 신비로움 뒤에 강력하게 숨기기보다는 자신의 경험과 행동에 대해 기꺼이 언급하려는 인간중심 상담자의 태도다 (솔직하게 그녀의 일을 보여 주는 과정; 6장 참조).

접촉은 자연스럽고 말 그대로 다른 인간을 향해 한 인간이 다가가는 것이지만, 일부 문화에서 많은 상담자는 접촉을 통해 그들의 따뜻함을 보여 주는 것이 굉장히 어렵다는 것을 알고 있다. 접촉이 가진 문제는 순환적이다. 충분한 접촉이 없는 문화에서는 그것이 두렵고, 의심되며, 거의 사용되지 않게 된다. 그러나 상담에서 접촉이 발생할 때 그것은 대개 더할 나위 없이 자연스럽고, 관련된 그들 사이의 소통 흐름이 전혀 불연속적이지 않은 것으로 경험된다.

일부 상담자에게는 접촉의 사용이 쉽게 다가오지만, 다른 상담자에게는 그것을 발전시키는 데 시간이 걸린다. 어려움은 자신의 접촉을 신뢰하는 것에 놓여 있다. 우리의 접촉이 우리 자신의 필요에 의한 강요이기보다는 내담자에 대한 진실한 반응에서 나오는 때를 아는 것이다. 상담자는 자신의 접촉에 대한 사용을 탐색하면서 그것이 강제적인 경우를 발견할지도 모르고, 그러한 조짐에 대해 인식하는 것을 배우게 될 것이다. 강요적인 접촉의 한 예는 내담자와 포용하는 것이 따뜻함의 표현도 아니고 기꺼이 내담자의 감정과 함께하고자 하는 표현도 아니라, "이제 그 울음을 멈추어라. 그것을 더 이상 참을 수 없으니까."와 같은 말을 하는 경우다.

19년 전 이 책의 초판 이후로 우리는 상담 문화가 상담 행동의 다른 차원보다 접촉에 대해서 변화해 왔다는 것을 인정해야 한다. 일부 상담자가 접촉을 통해 그들의 힘을 남용하는 경우가 있다는 것은 매우 이성적이고 근거가 있는 걱정이다. 그러나 그러한 가능성에 대한 우려는 일부 상담 단체에서 어떠한 종류의 신체적 접촉이라도 하지 못하게 하는 결과를 가져왔다. 앞으로 제도화(institutionalization; Mearns, 1997b)되는 다른 직종은 신체적 접촉과 관련해 유사한 재조정(re-positioning)에 주목하고 있다. 1988년 다친 아이를 무릎에 앉혀 놓고 껴안아 주었을지도 모르는 초등학교 교사는 아마 2007년에는 교사 노조와 경영진에게서 비접촉을 유지하기 위한 엄격한 권고를 받을 것이다. '보호시설에 있는' 아동의 처지를 진지하게 생각하는 사회복지사가 1988년에는 적절한 양육적 '포옹'을 해 줄 수 있었겠지만, 2007년에는 '전문가적 거리'를 유지할 것이다. 사실 이러한 가상의 2007년의 사회복지사는 아동과의 신체적 접촉이 금지된 규약을 따르는 데 있어 전적으로 안전한 선택을 하고 있지 않을 수 있다. 20년 전 신체적 접촉을 남용한 사람처럼, 현재의 사회복지사는 20년 후에 소송에 직면하게 될지도 모른다는 추측은 지나친 것이 아닐지도 모른다. 소송 당사자는 영구적인 정신적 피해와 적절한 신체적 접촉의 제공에 실패함으로써 초기 손상을 치료하지 못했다는 이유로 상담자와 그녀의 기관을 고소할 수 있다. 그 고소는 인간의 발달에서 신체적 접촉의 중요성을 입증한 수많은 심리학 연구가 있기 때문에 반박하기 어렵다(Lambers, 2002).

내담자가 상처받기 쉬우며, 남자가 주로 가해자인 이런 분야에서 일하는 남자로서, 우리는 이러한 딜레마를 고통스럽게 느낀다. 우리 둘 다 그 문제에 대해 자신만의 방식으로 고군분투하고 있고 서로에게 많은 지지를 하고 있다. 딜레마에 대한 쉬운 답은 없다. 실제로 이러한 문제에 대한 우리의 개인적인 고통은 '병든 사회에 해결책은 없다'는 결론에서 잘 나타나 있다. 그럼에도 우리는 인간중심 상담이 우리의 인간애에 바탕을 둔 최선의 노력이며, 만약 우리가 그 일로부터 우리의 인간애를 철회한다면 내담자와 우리 스스로에게 가식을 제공하게 되는 것이라는 믿음을 이어 가고 있다. 그래서 우리는 손이나 어깨를 부드럽게 접촉하는 것—다른 사람을 접하면서 우리의 감각에서 자연스럽게 일어나는 접촉—을 말리지 않을 것이다. 또한 우리가 진정으로 안아 주고 싶고 내담자가 그것을 원할 때 우리는 그런 진실한 포옹을 말리지 않을 것이다. 우리는 이러한 경우에 내담자를 존중할 것이고 그의 경험을 소중하게 다룰 것이다. 그러나 우리는 우리의 일에서 인간애를 철회하기를 거부하며, 우리 인간애의 본질적인 부분은 우리가 표현하는 존재라는 사실이다. 이 말의 위험성은 다른 이들이 그들의 남용적인 행동에 대한 허가인 것처럼 이 말을 이용할 수 있다는 점이다. 이러한 딜레마를 벗어날 길은 없다. 그것이 아마 결국 우리를 글을 쓰는 사람으로서 침묵하게 만들거나 또는 우리를 더 이상 전문가로 일할 수 없게 할지도 모르겠지만, 적어도 우리는 우리의 진실성을 계속 간직할 것이다.

✿ 조건부에 집중하기

이 장 초반에서 우리는 일상생활의 대부분의 좋아함은 조건적 (conditional)이라고 했다. 어떤 관계에서든지 암시적으로 다음 문장을 완성할 수 있는 일단의 조건이 있다. '만일 당신이 ~한다면, 나는 당신을 더 좋아할 것이다.' '만일 당신이 ~한다면, 나는 당신을 아주 좋아하지 않을 것이다.' 심지어 아주 가까운 관계에서도 한 사람이 다른 사람을 좋아하는 것은 여전히 조건적인 것으로, 다른 사람이 '너무 많이 변하지 않기' 또는 '나를 사랑하는 것을 지속하기' 또는 다른 조건과 얼마든지 연관되어 있다. 상담은 일상이 아니고, 무조건적인 긍정적 존중은 우리의 조건적 좋아하기와 다르다. 인간중심 상담자에게 과제는 자신의 안전감, 안정성 그리고 자기 수용을 향상하는 것이며, 그 결과로 상담자는 조건 제한을 유발하는 자기보호 같은 방식으로 다른 사람을 만나려는 욕구가 줄어들게 될 것이다. 인간중심 훈련에서 중요하게 강조하는 것은 상담자의 자기 수용 차원에 집중하는 것이고, 우리는 이 책을 통해 이러한 문제에 대해 거듭 돌아보게 될 것이다.

상담자를 위한 첫 단계는 상담자가 조건부(conditionality)에 대한 어려움을 이해할 수 있는 쉬운 여러 종류의 상황을 인식하게 되는 것이다. 〈글상자 5-8〉은 호감의 조건부 탐색을 돕기 위해 부부상담자와 함께할 자원봉사 부문 훈련에서 사용되는 스물여섯 가지 상황의 예시를 제시하고 있다(Mearns, 1985).

 〈글상자 5-8〉 나의 기호는 얼마나 조건적인가

조건부를 탐구하기 위한 예시로 부부상담자에게 다음과 같은 스물여섯 가지 상황의 목록이 주어졌고, 그러한 내담자를 수용하는 것이 그들에게 얼마나 쉬운지 혹은 어려운지 반영하도록 요구했다.

• 상담자로서 당신의 능력에 의문을 가진 남편

- '내 아내가 내게 복종하기로 약속했고 그것이 아내가 해야 하는 일이며 더 이상 논의할 것이 없다'고 말하는 남편
- 남편을 포함하여 일반적으로 남자를 싫어해 온 페미니스트
- '그는 지루하고 더 젊은 남자를 찾았기 때문에 그를 떠나고 싶다'고 말하는 여자
- 끊임없이 욕을 하는 내담자
- 멈추지 않고 말하지만 결코 자신의 감정에 대해서는 말하지 않는 내담자
- 유치원(미국에서 '초등학교')에서 일하는 약물 밀매자
- 피켓라인에서 '폭력을 행사하는 것'에 대해 말하는 광부
- 헤로인 중독자
- 항상 당신을 개종하기 위해 노력하는 것처럼 보이는 복음주의자
- 자신의 아기를 때리는 아버지
- 자신이 게이라고 밝힌 내담자
- 당신에게 '당신은 우리를 조금도 돕지 못하고 있고, 만일 이번 회기에서 아무 일도 일어나지 않으면 우리는 그만둘 것'이라고 말하는 커플
- 남편이 관계에서 모든 중요한 결정을 해야 한다고 느끼는 여성
- 아내가 모두 말하게 두고 '당신이 내 삶에 대해 캐묻는 것은 무슨 권리죠?'라고 말하는 남편
- 그들의 문제에 대해 해결책을 말하지 않는다고 당신을 반복적으로 비난하는 커플
- 피켓라인에서 '폭력을 행사하는 것'에 대해 말하는 경찰
- 나이 든 여성을 습격한 젊은이
- 자신이 레즈비언이라고 말한 내담자
- 변화의 기미가 전혀 보이지 않는 내담자

> - 정기적으로 맞는 것이 평범한 결혼생활의 일부라고 받아들이는 여성
> - 아내를 정기적으로 때리는 남편
> - 아내에 대해 불평하지만 변화 노력이 보이지 않는 내담자
> - 자신의 아기를 때리는 어머니
> - 당신에게 반해 있다고 말하는 남성 내담자
> - 당신에게 반해 있다고 말하는 여성 내담자

〈글상자 5-8〉의 예시에 대한 탐구를 통해서 상담자는 자신의 가치 명료화 작업을 시작할 수 있다. 왜냐하면 내담자에 대한 상담자의 평가에서 조건적이 되기 쉬울 때가 바로 가치관에 위배되거나 위협받을 때이기 때문이다. 상담자의 가치관과 그것이 자신의 수용에 끼칠 영향을 자각하는 것은 그 자체로 상담자에게 통제 수단이 될 수 있다. 게다가 가치에 대한 인식은 상담자에게 그러한 가치의 토대에 의문을 가지고 더 많이 탐구할 기회를 제공한다. 때로 상담자는 가치관이 자신의 실제 경험에 거의 근거하지 않고 부모로부터 내사된 무엇이며 현재 자신에게 중요한 역할을 하지 않는다는 사실을 알게 될지도 모른다. 그러나 다른 때에는 도전받는 그 가치관이 자신의 심리에 확고한 토대를 갖고 있다는 것을 알게 될 것이다. 예를 들어, 그것은 상담자 자신의 욕구와 두려움에 뿌리를 둘지도 모른다. 그러므로 내담자를 무조건적으로 수용하는 것은 특히 어렵고, 심지어 상담자에게 위협이 될 수도 있다.

인간중심 접근에서 훈련뿐 아니라 슈퍼비전은 개인적 성장에 지

속적으로 주의를 기울이는 것을 뜻하며, 이는 조건부의 통로가 될 수도 있는 상담자 안의 욕구와 두려움을 드러내고 이해하는 것과 관계가 있다. 〈글상자 5-9〉에서는 수련 상담자 자신의 일을 방해해 온 개인적 욕구의 발견을 설명하고 있다. 이 경우에 욕구는 상담자가 인간중심 접근을 가치 있게 여기는 것과 관련되어 있다. 상담자는 내담자를 수용하는 것이 내담자가 인간중심적 가치를 따르는 것에 대한 조건이라는 사실을 발견하였다.

 〈글상자 5-9〉 인간중심 접근은 그에 반하는 것을 수용할 수 있는가

다음의 인용문에서 수련 상담자는 그녀의 슈퍼바이저와 지난해 동안 그녀의 발전과 특히 그녀가 지나온 두 가지 중요한 난관에 대해 이야기하고 있다.

올해 나에게 중요한 쟁점은 감정을 탐색하기보다는 오로지 그들의 생각에 대해 이야기하고 싶어 하는 것처럼 보이는 내담자를 내가 얼마나 수용하지 않았는지 깨닫는 것이 우선이었습니다. 물론 나는 감정의 중요성을 너무 확신해서 모든 내담자가 당장 그렇게 해야 한다고 생각했어요. 그건 인간중심적 접근이 너무도 당연하게 여기는 것 중 그저 하나였고, 내가 나의 내담자를 길 아래로 계속 밀어내었고 그들의 저항을 분명 수용하지 못했어요. 서로 관련이 있는데도, 또 다른 난관은 극복하기가 더 어려웠어요. 나는 명백히⋯ 성장에 반대되는 것처럼 보이는 방향으로 움직이는 데 몰두하는 것 같은 한 내담자를 수용하는 것이 매우 어렵다는 것을 알았어요. 내담자와의 모든 작업은 내담자는 성장의 방향으로 움직여야 한다는 조건, 즉 내담자가 인간중심적 가설을 확인하는 조건에 달린 기초적인 수준이었지요. 나는 정기적인 폭력을 휘두르는 남편에게 다시 돌아가는 것에 몰두하는 것처럼 보이는 한 내담자와 굉장한 어려움을 겪었어요. 나는 그를 떠난다는 것에 대해서는 그녀의 생각에 귀 기울일 수 있었지만, 그녀가 매번 되돌아가는 것에 대해 이야기하면 '그녀가 그것을 더 깊이 숙고해 보도록' 하려 했지요. 이 불쌍한 여자는 그녀의 남편을 떠나고 싶어 하는 자신의 일부만을 나에게 말할 수 있음을 곧 깨달았어요. 그러면서 동시에 다른 부분은 반영하지 않으며 기이하며 위압적이기까지 한 결혼생활로 되돌아가기를 원했어요. 그 내담자를 통해 나는 인간중심적 접근이 내가 생각하는 것보다 훨씬 더 도전적이라는 것을 깨달았습니다. 실제로 인간중심적이 된다는 것은 당신이 실제로 성장에 반대되는 (당신의 가치관에 반하는 모든 것) 방향으로 움직이는 내담자를 존중해야 하기 때문입니다.

가끔 상담자의 욕구와 두려움은 상담자가 일을 하는 기관과 관계가 있다. 기관은 인간중심적이라기보다는 정확히 기관중심적이고, 그들의 내담자는 좀처럼 무조건적으로 수용되지 않는다. 이런 이유로 기관의 상담자가 조건적이지 않다면 실제로 비난받기 쉬울지도 모른다. 예를 들어, 학교 상담자는 아마 소란을 피우는 학생을 감싼다고 동료에 의해 비난받거나 또는 임상심리학자가 '교묘하게 속이는' 환자를 수용하는 것을 '순진한 행동'으로 보는 정신과 직원과 어려움에 부딪힐 것이다. 인간중심 상담자는 당연히 이러한 압박에 두려움을 느낄지도 모른다. 왜냐하면 동료의 신뢰를 잃는 것은 가혹한 처벌이기 때문이다. 상담자가 점차 그들의 내담자에게 더 조건적이 되고, 그리고 그런 식으로 상담자가 기관의 조건부를 반영하는 것은 놀랄 일이 아니다. 이러한 기관 근무의 문제에 쉬운 답은 없다. 상담자는 그의 기관이 인간중심적이지 않다는 사실에 대한 불평으로 반응할 것이다. 불평의 의미심장한 심리적인 함의는 우리가 원하는 것과 하기로 되어 있는 것 사이에서 느끼는 부조화를 줄이도록 돕는다는 것이다. 불평은 사실상 우리가 외부의 요구에 순응하고 우리의 양심에 맞서도록 돕는다(Milgram, 2004). 좀 더 도전적인 반응은 '기관중심적'이어야 한다는 것을 존중하면서 우리의 원칙을 버리지 않고 기관의 규정을 따르며 일하는 것이다. 기관의 규정을 따르며 인간중심 원칙을 적용하는 이 중요한 영역에 대해서는 다른 곳에서 다루어진다(Mearns, 2006b; Mearns & Thorne, 2000: 2장).

❀ 무조건적인 긍정적 존중은 '친절함'이 아니다

무조건적인 긍정적 존중은 가끔 내담자에게 '친절함'인 것처럼 오해된다. 하지만 그것은 친절함에 관한 것이 아니다. 그것은 내담자에게 조건적인 요구를 하지 않으면서 내담자를 깊이 존중하는 것이다. '친절함'은 사회화된 가면이다. 그것은 우리가 실제 느끼는 것을 은폐하기 위해, 또는 그들로부터 어떤 반하는 판단을 미연에 방지하기 위해 세상에 투사된 얼굴이다. 친절한 것은 내담자가 우리의 무조건성를 보고 신뢰하도록 하는 데 도움이 되지 않는다. 친절한 것은 내담자에게 인간의 따뜻함에 대한 체험을 하게 해 주지 않는다. 실제로 그것은 종종 다른 반응에 대한 위장 수단으로 사용되기 때문에 내담자가 냉담함을 느끼게 할 수 있다. 친절한 것은 깊이 있는 관계보다 피상적인 관계와 더 관련이 있다.

인간중심 훈련의 초기 과업 중 하나는 다른 사람에 대한 그들의 반응이 진심 어린 것인지 아닌지를 알기 위해 '친절한' 수련생에 도전하는 것이다. 때때로 사람들은 진심으로 친절하다. 그들이 겉으로 친절한 체하는 것이 문제가 아니다. 대부분의 상황에서 단순히 그 자신이 되는 것이다. 그러나 그들의 '친절함'이 일치성이 있다는 그 사실이 그들이 알게 될 어려움을 줄이지는 않는다. 어떤 내담자는 따뜻함, 안전함, 제공된 환경을 즐길 것이고, 이 친절한 상담자가 관계적 도전을 해 올 때 충격을 받을 것이다. 다른 내담자는 친절한 상담자를 믿는 데에 어려움을 가질 것이다. 그들은 '친절한' 사람을 충분히 보아 왔다.

다음에 인간중심 상담자가 내담자에게 한 세 가지 표현이 있다. 이는 다수의 사람이 '친절하지 않음'으로 판단하는 표현이다. 그러나 이러한 표현이 발생한 구체적인 상황을 보면, 각각의 표현은 내담자를 깊이 존중하고 있었다.

- 나는 당신에게 짜증 나는 것을 느껴요!
- 나는 당신이 지금 나를 또다시 버린다는 것을 느껴요!
- 그래서 내가 지금 끝내 버리고 사라지길 바라나요?

이와 같은 구체적인 상담자의 표현을 읽을 때 그것을 다른 문맥과 바꾸지 않는 것과 자신의 내담자에게 사용하는 상상을 하지 않는 것이 중요하다. 그 표현의 본질이 무엇이든 간에 이는 아주 드문 경우다. 왜냐하면 구체적인 표현은 특정한 관계에서 비롯되고 문자 그대로 의미 있게 바꾸지 못하기 때문이다. 바꿀 수 있는 것은 표현 뒤에 숨겨진 상담자의 의도다. 위의 세 가지 표현은 모두 내담자인 존과 상담자의 작업에서 발췌한 것이다. 모두에서 이면의 상담자의 의도는 두 부분으로 이루어져 있었다.

1. 존과 접촉하기: 다른 사람과의 거리를 두는 존의 평상시 방식보다 깊은 수준으로 그를 만나는 것이다.
2. 상담자가 그에게 정말로 관심을 가지고 있음을 보여 주고 함께 하는 작업에 정말 신경 쓰고 있음을 보여 주기: 이는 존에게는 힘든 자각이다.

존의 상담자는 그녀의 말로 계속해서 설명했다.

존은 정말로 미꾸라지처럼 빠져나가 파악하기 어려운 사람이다. 그는 관계에서 조금 나아가다가, 그다음에는 겁을 내고 뒤로 물러난다. 하지만 그의 성격은 종종 다른 사람에게 좌절을 느끼게 하고, 짜증 나게 하고, 화나게 하는 교묘한 패턴을 보인다. 그래서 그들은 그를 떠난다. 나 또한 좌절을 느끼고, 짜증 나고, 화가 났지만 떠날 수가 없다. 그에게 "나는 당신에게 짜증 나는 것을 느껴요." "나는 당신이 지금 나를 또다시 버린다는 것을 느껴요." "그래서 내가 지금 끝내 버리고 사라지길 바라나요?"라고 말할 때, 나는 그에게 나의 긍정적 존중을 표현하였고 조건적이지 않았다. 그는 내가 그에게 "이런 것을 하지 말아요!"라고 말하는 것이 아니라 "존, 나는 당신이 이런 것을 해야만 한다는 것을 알아요. 이것은 다른 사람이 당신과의 관계에서 느끼는 방식이에요."라고 말한다는 것을 안다. 내가 그에게 말하는 것은 다음과 같다. "당신은 나에게 중요해요." "당신과 관계를 맺는 것은 나에게 중요해요." "나는 우리의 관계를 얻기 위해 노력할 거예요." "그래요, 당신은 차단하고 물러설 수도 있어요. 나는 당신이 그렇게 하는 것을 수용해요. 나는 당신이 그런다는 걸 알아요. 그리고 당신이 그렇게 안다는 것을 내가 인식함을 당신이 알고 있다는 것도 알아요." "마찬가지로 당신에게서 그것을 수용하지만 그것을 따르지는 않을 거예요. 나는 내가 주는 것을 줄이진 않을 겁니다. 왜냐하면 당신은 물러나는 것이 필요하니까요!"

나의 짜증 섞인 "나는 당신에게 짜증 나는 것을 느껴요."라고 한 표현은 이 모든 것을 짧게 표현한 축약판이다. 아마 존은 최소한 어느 정도는 그것이 이 모든 것을 의미한다는 것을 알 것이다. 만약 그렇지 않다면 나는 그에게 말할 것이다.

내담자중심 치료(Bozarth, 2001; Brodley & Schneider, 2001)에서 엄밀하게 비지시적인 접근을 하는 수련생은 아마 이 책에 설명된 관계적인 접근에서 큰 차이를 느낄 것이다. 비지시적 내담자중심 치료는 내담자에게 방향을 제공하는 것과 같은 상담자의 행동을 금지하는 경향이 있다.

무조건적인 긍정적 존중은 또한 도전, 대립, 개입, 비난, 요청하지 않은 안내나 직접적인 안심시키기 혹은 지지를 보여 주는 소통의 **부재**에 의해 소통된다. 의도된 것이든 아니든 간에, 만약 표현된다면 이러한 생략된 모든 유형의 소통은 치료자의 조건적 인정이나 명백한 비난의 표현으로 여겨질 것이다(Brodley & Schneider, 2001: 157).

우리는 이런 조언의 숨은 의도에 동의한다. 내담자가 그들의 개인적 힘을 상담자에게 양도하는 관계로 발전하는 것을 피하기 위함이다. 내담자가 자신의 평가의 소재에 있어서 그 중심에 머무르는 것이 이 접근에 대한 기본적 관점의 전부다. 차이가 있다면 우리는 상담자에게 구체적인 행동을 지시하거나 혹은 금지함으로써 이런 것을 성취하려 애쓰지 않는다는 것이다. 역설적이게도, 내담자중심 및 인간중심 접근에서 지시성의 문제는 전적으로 상담자중심 방식에서 다루어져 왔다. Brodley와 Schneider의 인용문에서 그러한 행동은 금지되고 있다. 왜냐하면 그러한 행동이 조건부로 '인식될 것 같기' 때문이다. 실제로 이러한 것은 내담자가 자신의 자아감을 유지하면서 상담자와 관계를 맺을 수 있는 능력에 대해 거의 신뢰를 두고 있지 않다. 역사적으로 지시성에 대한 논쟁은 두 극단—내담자의 진실성을 신뢰하는 것과 상담자의 특정한 행동을 금지하는 것—의 범위에 걸쳐 있다. 우리의 관점은 특히 내담자의 성격에 대해 단독의 추정을 만들어 내는 이러한 양극단 모두를 잡고 있는 것이 인간중심적이지 않다는 것이다. 내담자에 대한 한 가지 관점은 그들이 쉽게 영향을 받는다는 것이다. 다른 하나는 그들이 그들 자신의 진실성을 유지하기 위해 신뢰받을 수 있다는 것이다. 좀 더 내담자중심 및 인간중심 입장은 내담자가 아주 다양하고 우리의 목표는 그들의 개인적 특성을 인식하고 그에 반응하는 것이라는 것이다. 그래서 평가의 소재가 완전히 외부에 있는 내담자에 대하여 상담자는 지시적으로 보이는 행동을 피하도록 매우 주의해야 한다. 실제 이러한 도전은

상당하다. 왜냐하면 이렇게 취약함을 지닌 사람은 다른 사람의 평가
를 너무나 필요로 해서 (심지어 자신의 감정을 판단하는 것에서 조차)
아주 사소한 단서에서 지시를 찾아낼 것이기 때문이다.

상담자: 왜 그런 결정을 내렸죠?
내담자: 그것이 나에게 더 낫다고 당신이 생각한 결정 때문이에요.
상담자: 무엇이 당신을 그렇게 생각하게 만들었나요?
내담자: 내가 다른 것보다 그 결정을 말할 때 당신이 더 미소 지었
    어요.

이런 내담자와 작업할 때, 비록 우리는 또한 내담자가 우리의 의
사소통에서 무엇을 이해하고 있는지 확인하기 위한 검토를 빈번하
게 하기를 원하겠지만, 우리의 행동은 비지시적인 내담자중심 치료
자와 매우 비슷하게 보일 것이다. 이런 작업의 예는 6장, 그리고 매
회기마다 수많은 검토가 있었던 Mearns(2003: 80-83)에서 설명된
사례를 보면 알고 내담자는 이런 영향을 받기에 아주 취약하다.

반면에 다른 내담자—그의 평가의 소재와 관련해 더 지시적인 내
담자—의 경우에 그의 다름을 무시하는 것은 특히 내담자중심/인
간중심이 아니다. 만약 우리가 이런 내담자와 관계를 수립하고자 한
다면, 우리는 우리와의 관계에서 그가 그 자신이 될 수 있도록 그를
신뢰할 필요가 있다. 앞서 언급한 내담자 존과 함께 한 작업의 사례
에서, 새로 구한 직장에 대해 극찬을 늘어놓은 뒤 존은 상담자에게
그가 그 직장을 잡는 것이 좋은지 물었다. 다음과 같은 상담자의 반
응은 명백히 '지시적'이다.

상담자: 물론 당신은 그것을 잡아야 해요. 좋은 생각이군요.

존　　: [침묵] 그래요. 내가 그런 식으로 말해서 그렇다는 거겠죠, 그렇죠? 이제 내가 다른 식으로 말할 테니 그것이 어떻게 들리는지 보세요.

　　존의 상담자는 내담자가 자신의 의사결정 과정을 이끌 수 있는 잘 내재화된 평가 소재를 가지고 있다는 사실을 알았다. 상담자의 직접적이고 확정적인 반응은 존에게 지시적이지 않았다. 대신에 그는 그것을 자신의 해석을 비추기 위한 '거울'로 이용했다.

　　인간중심 상담 접근의 관계적 강조에서, 상담자는 다양한 범위의 내담자를 통해 다른 많은 방식으로 자신이 관계를 맺고 있다는 것을 알게 될 것이다. 다양한 범위에 걸쳐 특정 행동을 규정하거나 금지하는 것은 내담자의 고유성을 인정하지 않는 것이고, 상담자가 공들여 만든 관계의 고유성의 가치도 부정하는 것이다. 이는 또한 상담자에게 도전을 준다. 상담자는 모든 내담자에게 일관된 일단의 행동을 보이기보다 각기 다른 방식으로 개별 내담자를 만나고 존재의 넓음과 깊이를 함양하는 것이 필요할 것이다. 다음 장은 상담자가 상담실에서 제공할 수 있는 것을 확장하고 심화하는 것과 일치성을 갖는 것에 충분히 도움이 되는 내용이다.

일치성

일치성은 왜 중요한가
공명
메타커뮤니케이션
불일치성
일치성에 대한 안내
어떻게 하면 상담자의 일치성을 발달시킬 수 있을까
조화로운 통합의 세 가지 조건

Rogers는 말년에 갈수록 인간중심 치료를 발전시키고자 노력했고, 다음과 같이 적고 있다.

치료적 관계에서 치료자의 **진실성**이 가장 중요한 요소라고 나는 믿는다. 그것은 치료자가 자연스럽고 자발적일 때 가장 효과적인 것 같다. 그것은 아마도 치료자 중 누군가가 말한 것처럼 '훈련된 인간성' 일 수도 있지만, 그 순간에 그것은 그 사람만의 자연스러운 반응이다. 그러므로 분명하게 서로 다른 치료자는 각기 다른 방법으로 좋은 결과를 얻어낸다. 누군가에게는 '툭 터놓고 얘기해 보자' 라고 하는 성급하고 간단 명료한 접근이 효과적일 수 있는데, 이것이 그에게는 가장 솔직하게 자기다운 것이기 때문이다. 다른 누군가는 훨씬 신사적이고 따뜻한 접근으로 할 수 있는데, 이것이 그 치료자의 모습 그대로이기 때문이다. 경험을 통해서 더 깊이 강화되고 확장된 나의 견해는 가능한 한 가장 깊은 수준으로 그 순간에 솔직하게 자기 자신이 될 수 있는 사람이 가장 효과적인 치료자라는 것이다. 아마도 이보다 중요한 것은 없을 것이다.

만약 Rogers의 주장이 맞다면, 우리는 흥미롭지만 두려운 도전에 직면하게 된다. 아주 치유적인 기능을 하는 것이 만남에서 제공되는 타인의 고유한 인간성이라는 생각은 흥미롭다. 하지만 그것은 또한 도전과 대면할 용기가 없을지도 모른다는 두려운 가능성에 직면하도록 한다.

〈글상자 6-1〉 내가 되기 위해 용기 낼 수 있을까

나는 내담자와 함께하면서 다음과 같은 용기를 낼 수 있을까.

- 내 안에 있는 감정을 느낄 수 있을까?
- 내담자가 잡아 주기를 원한다고 느낄 때 내담자를 잡아 줄 수 있을까?
- 강한 감정이 느껴질 때 분노를 표현할 수 있을까?
- 혼란에 대해 도전받을 때 그것을 인정할 수 있을까?
- 혼란이 지속될 때 그것을 인정할 수 있을까?
- 짜증이 올라올 때 그것을 표현할 수 있을까?
- 애정이 있을 때 그것을 표현할 수 있을까?
- 속이 끓어오를 때 소리칠 수 있을까?
- 어디로 이끌릴지 모르더라도 자발적일 수 있을까?
- 부드러운 만큼 강할 수 있을까?
- 강한 만큼 부드러울 수 있을까?
- 내담자와의 관계에서 나의 감각적인 자아를 사용할 수 있을까?
- 전문가라는 모습에 숨어 있지 않고 밖으로 나올 수 있을까?

나는 내담자와 함께하면서 내가 되기 위해 용기 낼 수 있을까?

일치성(congruence)은 〈글상자 6-1〉에서와 같은 도전적인 질문을 제기하지만, 도전은 상담자가 일반적으로 불일치성의 규범을 지지하기 때문에 그것이 존재한다. 사실 우리는 종종 정신건강 분야(mental health provision)에서 발견되는 불일치성의 수준에 당황한다. 내담자에게 일치성 없는 관계를 제공하면서 그들의 불일치성과 싸우는 내담자와 작업하는 것이 말이 되는가? 이러한 질문에 내해 정신건강 분야에서 심각하게 고민하지 않는다는 사실은 사회적이고 사회심리적인 관점에서 설명할 필요가 있다. 일치성 없는 관계는 우리 문화에 철저하고 깊이 배어 있어서 건강하고 심지어는 정교한 실제로 간주되어 왔다. 인간으로서 우리는 불일치성을 기르기 위한 엄청난 기술을 사용해서 다른 사람에게 사실대로 보이는 것으로부터 보호받게 된다. 타인에게서 숨기 위한 레이스 커튼과 안전막(Mearns, 1996; 1997a)을 만들어 내고, 타인과 공모하여 서로가 자유롭게 만날 수 가능성을 확실하게 최소화하기 위해 제한적인 규범을 개발한다(Mearns, 2003: 67-68). 만약 불일치적인 우리의 문화적 규범에서 우리 스스로 충분히 자유로울 수 있다면 우리의 입장에 의문이 생길지 모른다. 심지어 우리 문화를 집단의 **병리적 불일치성**으로 생각할 수 있을지도 모른다. 물론 사회관계에서의 불일치성에 대한 이러한 비판적 개관은 하나의 설명일 뿐이다. 사회심리적인 관점과 동일하게, 우리는 수많은 사회적 상황에서 다른 모습을 나타낼 수 있는 인간의 정교함에 감탄한다. 이러한 다양성은 사회 속에서 생존적인 가치가 크다. 그것은 다양한 상황에서 각각의 목적에 가장 잘 맞는다고 판단되는 모습을 보일 수 있게 한다. 따라서 아이들은 관계에서의 불일치성에 대한 가치를 빠르게 학습한다. 예를 들어, 질이 자신의 분노의 감정에 대해 비난을 받는다면, 분노를 위로를 받는 슬픔으로 바꿀 수 있다. 만일 잭이 그의 슬픈 감정이 남성으로서 보호자의 이미지에 맞지 않는다는 것을 알게 되면 항상 슬픔을 좀 더 적합한 분노로 바꿀 수 있다. 만일 후에 잭과 질이 배우자로 만나게 된다면, 관계 초기에 그들은 부부치료사에게 가게 될지도 모른다.

만일 우리에게 불일치할 수 있는 능력이 없다면, 현재의 정교한 사회 구조를 유지하기 어려울 것이다. 예를 들어, 우리는 사회 체계를 채우고 있는 서로 다른 역할을 수행하기 위해 현재의 걱정거리는 제쳐놓을 수 있는 서로의 능력에 의존한다. 서로의 불일치하는 능력에 대한 자신감은 적어도 사회 체계에 대한 안전감을 준다. 만약 치과의사가 (그의 내면에서 어떤 일이 일어나든) 자신의 전문적인 역할을 수행할 것이라고 기대할 수 없다면 그가 우리의 입속에 드릴을 넣도록 하는 것이 두려울 것이다!

우리는 공감을 과정으로, 무조건적인 긍정적 존중을 태도로 정의했다. 그리고 이제 일치성을 치료적 관계에서 내담자에 대한 상담자의 존재 상태로 정의한다.

일치성은 상담자가 내담자에게 나타내는 표면상의 반응과 상담자의 내면에서 경험하는 것이 일치하는 상담자의 존재 상태다.

상담자가 내담자에게 솔직하게 있는 그대로의 모습으로 반응할 때(행동 방식이 내면에서 경험하고 있는 것을 나타낼 때), 가식적이거나 방어적이지 않은 상태로 내담자에게 반응할 때 상담자는 일치성이 있다. 반대로 상담자가 '똑똑'하거나 '유능'하거나 '배려하는' 것처럼 가장할 때 내담자와의 관계에서 상담자는 거짓된 것이다. 상담자의 겉으로 드러나는 행동은 내면에서 경험되고 있는 것과 일치하지 않는다. Moustakas는 아동 심리치료 작업에서 일치성의 중요성에 대해 말하고 있다.

나는 전문 치료자의 역할을 하는 것을 그만두어야만 하고, 나의 잠재력과 재능과 기술, 한 인간으로서의 모든 경험이 아이와의 관계에 자연스럽게 융화되도록 하며 언제든지 아이를 한 인간으로서, 가능한 한 총체적인 한 인간으로서 만나야 한다는 것을 알았다(Moustakas, 1959: 201).

일치성은 복잡한 개념이 아니지만, 인간중심적 상담자의 성장 초기 단계에서는 가장 어려운 개념이다. 앞서 기술한 사회화의 부분으로서 우리가 발달시킨 불일치성의 정교한 체계에 도전하는 것을 배우는 것은 어렵다. 초보 상담자에게 반응을 보류하거나 불일치적인 표현을 하기보다는 자신이 경험한 것을 그대로 나타내라고 제안하는 것은 쉬워 보인다. 하지만 훈련 중인 상담자가 이미 형성된 자신의 사회화된 부분을 거스르는 것은 매우 어렵고, 훈련과정에서 상담자 주변의 사람들과 일치성 있는 사회를 만드는 작업을 공유하는 새로운 학습 상황에서는 재학습이 일어나는 데는 시간이 걸린다. 이러한 환경에서는 자신의 불일치성에 대해 알게 되고 일치성을 표현하는 방법을 배울 수 있다. 내담자에게 상담자 자신의 대부분을 자유롭게 내어줄 수 있고, 그것이 상담자와 내담자 모두에게 건강한 일이라는 것을 배우게 된다. 또한 상담자는 자신이 어려워하는 부분들에 대해서 배울 수 있다. 그 부분들은 자신의 욕구와 두려움에 너무 꽉 묶여서 내담자를 위해 비워 두어야 할 심리적인 공간에 침입하여 왜곡한다. 점진적으로 상담자는 신뢰하는 것을 배우게 되고 한 인간으로서 자신을 더 많이 활용하게 되며, 여전히 깨달아 가고 개선하는 과정에 있는 부분들을 인내하며 이에 대해 웃을 수 있게 된다.

　무조건적인 긍정적 존중처럼 일치성도 자주 사용하는 몇 개의 이름이 있는데, 그중 하나가 **진실성**이다. 진실성이란 단어는 일상적으로 의식적인 통제, 즉 진실할 것인지 아닌지를 선택한다는 뜻을 내포하기 때문에 처음 배우는 학생은 혼란할 수 있다. 그러나 이 장의 뒷부분에서도 보겠지만, 상담자에게 불일치성은 반드시 의도적인 통제는 아니다. 도리어 불일치는 상담자가 내담자에 대한 자신의 감정을 자각하지 못하고 있을 때 발생할 수 있다. 때때로 사용되는 또 다른 이름은 **투명성**인데, 이 단어는 Sid Jourard(1971)가 자신의 책 『투명한 자아(*Transparent Self*)』에서 사용해 유명해졌다. 그러나 Germain Lietaer(2001)는 일치성이란 말을 상담자의 자신의 경험에 대한 정확한 인지로 제한함으로써 학생을 혼란하게 하였고, 자신의 경험에 대한 전달을 의미하는 것으로 투명성이란 단어를 채택했다. 다른 대체어는 **진솔성**과 **진정성**이다. 이런 단어는 내담자가 이러한 차원을 얼마나 자주 경험하는지를 설명하는 데 이점이 있다. "상담자가 진실한 사람처럼 행동해요. 그녀는 나와의 관계에서 정말 진정성 있게 보여요." 하지만 그 단점 하나는 무엇이 진정성 있고 진실한지에 대한 질문을 하게 만든다는 것이다. 상담자는 방어적으로 행동하고 자신의 반응을 숨길 때 진정성을 멈추고 있는 것인가? 일치성이란 단어는 상담자 안에서 경험하고 있는 것과 표면상의 행동 사이의 접촉점을 설명할 수 있는 중요한 이점이 있다. 그러나 가장 많이 사용되는 단어라도 그것과 '두 사람 사이의 일치성'에 대한 개념을 혼동하는 신입생에게는 때때로 어려움을 유발할 수 있다. 신입생은 '상담자는 내담자와 완벽하게 일치했다'는 문장을 '상담자는 내담자와 완벽하게 조화됐다'는 뜻으로 볼지도 모른다. 따라서 일치성과 공감에 대한 혼동이 초기에 발생할 수 있다.

진실성, 투명성, 진솔성 또는 우리가 선호하는 일치성 중 어떤 단어를 사용하든, 그것은 다음 두 가지 다른 면을 강조하는 데 유용하다.

1. 상담자가 경험하고 있는 것에 대한 자각
2. 상담자가 경험하고 있는 것에 대한 전달

내담자에게 반응하는 데 일치성 있기 위해서 상담자는 (1) 자각하는 것과 (2) 스스로를 표현하려는 자발성이 모두 필요하다. 이 둘은 서로 완전히 다른 능력이고, 훈련 중인 상담자는 둘이 서로 다른 방식으로 큰 노력을 요하는 일임을 알게 된다. 이 장의 뒷부분에서 불일치성의 다른 형태를 볼 때 이러한 차이에 대해 다시 살펴보게 될 것이다.

✤ 일치성은 왜 중요한가

공감과 무조건적인 긍정적 존중처럼, 일치성도 내담자가 좀 더 쉽게 상담자와 상담과정을 신뢰하도록 돕는다. 만약 상담자가 일치성 있다고 내담자가 받아들이면, 그는 상담자에게서 받은 반응이 개방적이고 솔직하다고 받아들일 수 있다는 것을 알게 될 것이다. 그는 상담자가 자신을 조작하는 것에 관심이 없으며, 결과적으로 그 관계에서 더욱 자유로움을 느낄 수 있게 된다는 것을 안다. 인간중심 접근의 일치성은 상담자의 신비성을 없앤다. 신비성은 힘에 대한 환상을 불러일으키고, 투명성은 그것을 사라지게 한다. 5장에서 언급했던 것처럼, 상담훈련을 받고 있는 인간중심 상담자는(또한 인간중심 상담의 훈련자도) 내담자에게(혹은 훈련받는 상담자에게) '작업 과정을 보여 주라'는 도전을 지속적으로 받는다. 교사가 학생에게 수학 문제를 풀도록 격려하는 것뿐만 아니라 풀이과정을 설명하도록(답을 찾아가는 단계를 보여 주도록) 격려하는 것처럼, 인간중심적 상담자 역시 내담자에게 효과적으로 반응하도록 격려받을 뿐 아니라 그 반응으로 이끌기 위한 모든 세세한 과정을 보여 주도록 격려받는다. 이에 대해서는 〈글상자 6-2〉에서 설명하고 있다.

 〈글상자 6-2〉 작업과정을 보여 주라!

인간중심 상담자가 지지적이지 않고 강력하고 때때로 신비스러운 말을 단순히 꺼내기보다는 자신의 작업과정을 보여 주는 원리는 애인을 떠나는 것에 대해 이야기하고 있는 내담자 폴에게 하는 대안적인 응답 A와 B를 통해 설명된다.

내담자: 조지와 함께 있는 것이 나에게는 정말 아무 이익도 없어요. 우리는 함께 시간을 보내왔지만 이제 끝났어요. 너무 혼란해요. 난 그럴 필요가 없어요. 이제 새로운 사람을 만날 때예요.

응답 A: 과거에는 이런 상황에서 애인을 떠났는데 아마도 지금은 아닌가 봐요?

응답 B: 과거에는 이런 상황에서 애인을 떠났는데 아마도 지금은 아닌가 봐요? 제 말은 당신이 애인과 끝났고 당신이 떠날 때라는 말을 계속해서 들어왔다는 거예요. 그렇지만 난 확

신하지 못해요. 이게 뭔지 모르겠어요. 아마도 한 번 혹은
두 번 전 당신이 덜 단호한 모습을 봤어요. 당신이 애인을
떠나는 것을 생각할 때 더 힘들어하는 것 같아요. 왜 저는
이번엔 다르다고 느껴질까요? 저만 그런가요? 이번엔 다르
기를 단지 제가 원하고 있는 걸까요? 어느 정도는 그런 것
도 같아요. 난 정말로 당신에게 더 나은 것을 원해요.

A와 B의 차이는 B가 첫 대답 뒤에 모든 것을 포함하고 있다는
것이다. 그것은 내담자보다 상담자와 함께 좀 더 작업할 수 있는 부
분을 포함해 그것에 기여하는 모든 측면을 보여 준다. 보다 충분히
일치성 있는 이 대답은 내담자에게 신비성을 경감하고 그가 훨씬
더 많이 앞으로 나아갈 수 있도록 한다. 좀 더 모호한 대답인 A가
항상 부적절한 것은 아니다. 어떤 관계에서는 아주 간결한 것이 내
담자가 집중하도록 도울 수 있다. 하지만 상담자는 이후에도 여전
히 그들 안에서 나온 대답을 설명하고 싶어 할 것이다.

'작업과정을 보여 주는 것'은 상담자 발언의 신비성을 제거하고
내담자에게 도움이 되지 않는 충격을 될 수 있는 한 줄인다. 게다가
그것은 인간중심 치료의 관계에서 중심이 되는, 상담자의 말 속에
있는 인간애를 보여 준다. 작업과정을 보여 주는 것은 어렵지 않지
만, 인간중심 상담자는 내담자와의 관계에서(그리고 인간중심 상담 훈
련자와 훈련생의 관계에서) 얼마나 자주 그에 실패하고 있는지 발견하
고 있다. 물론 우리의 작업과정을 보여 주는 것은 우리 스스로를 투
명하게 표현하는 것이다. 상담의 신비성과 힘의 특징을 없애고 우리
의 모든 약점을 노출하는 것은 아마도 힘든 일일 것이다.

신뢰는 상담자가 신비하고 비밀스럽게 여겨지는 관계에서 분명히 존재할 수 있지만, 그것은 우월하다고 생각되는 존재에게 가지는 그런 종류의 믿음이다. 인간중심 접근의 목표는 더욱 평등한 관계를 만드는 것으로서, 상담자가 신비성이나 우월함을 통해 신뢰를 요구하는 것이라기보다는 신뢰를 얻는 것이다. 일치성 있는 상담자가 얻게 되는 신뢰는 진정한 인간 존재로서 완전하게 존재하려 하고, 어떤 종류의 허울 뒤에도 숨지 않으려 하는 사람이 얻을 수 있는 것이다.

일치성이 중요할 수 있는 두 번째 이유는 자신의 약함을 개방하고자 하는 상담자의 자발성에서 나타난다. 상담자가 혼란해하고 힘이 없고 실수하고 때로는 사과하는 모습까지 개방적일 때, 그가 내담자에게 하는 대답은 일치성이 있다. 약함을 분명히 개방하는 것은 자기 자신의 약함에 대한 두려움으로 일생을 보내고 있는 내담자의 자기 수용을 위한 모든 새로운 가능성을 만나게 해 주는 것이다.

상담자가 나를 정말 이해하지 못했다고 인정했을 때 몹시 놀라웠다. 그녀는 진지했고 미안해했고, 하지만 여전히 견고했다. 내가 만일 그녀였다면 그러한 것은 나를 망쳤을 것이다. 그것은 누군가 불완전함을 가져도 여전히 괜찮을 수 있다는 것을 처음으로 깨달은 순간이었다.

상담자의 일치성이 중요한 세 번째 이유는 적어도 잠재적으로 내담자가 스스로 좀 더 일치적이 되기 위해 노력하는 상담의 목표와 관련이 있다. 내담자는 숨기거나 가장하기보다는 솔직하고 정확하게 자신의 느낌과 반응을 좀 더 표현할 수 있게 되기를 원한다. '보델링'은 인간중심 상담의 직접적인 목표는 아니지만, 상담자가 자신이 희망했던 치료 결과와 반대되는 무언가를 표현하는 일은 꽤 부적절할 것이다. 자신은 불일치적이면서 내담자가 일치성을 촉진하기를 기대하는 상담자의 경우는 확실히 부적절하고 그릇된 것일 것이다.

신뢰의 향상, 결점에 대한 개방, 일치적인 표현의 모델링은 일치성의 중요한 효과이지만 일치성을 기르는 주요한 치료과정의 부속물이다. 이 과정은 독특한 방식의 작업이다. 상담자의 일치성은 내담자와 상담자의 현상적 실재(phenomenal reality)가 비교될 수 있는 상호작용적 연계성(interactive sequence)을 창조한다. 두 현상적 실재 사이에서 관찰되는 불일치는 내담자를 위한 중요한 치료 도구일 수 있다. 또는 상담자에게는 새로운 자기 학습이 될 수 있다. 그리고 때로는 둘 다이기도 하다. 이 문제는 관계를 중시하는 인간중심 치료에서 가장 중요한 것일 수 있는데, 그것은 주의 깊은 정교함이 필요하다. 첫째, 현상적 실재라는 말은 친숙하지 않다. 그것은 본질적으로 개인이 경험하는 현실을 뜻한다. 그것은 다른 사람이 경험하는 것과 다를 수 있다. 다음의 상호작용적 연계성을 보면서 내담자와 상담자의 현상적 실재를 생각해 보자. 내담자인 짐은 여러 가지 이유로 상담 회기를 세 차례 불참했다. 세 번째 불참 후 그의 상담자는 괜찮다면 그가 다시 왔으면 좋겠다는 편지를 썼다. 다음은 상담 회기 앞부분을 보여 준 것이다.

상담자: 지난 세 번의 상담 회기에 당신이 오지 못할 다른 이유가 있었는지, 아니면 오고 싶지 않았던 것인지 난 확신할 수 없었어요.

짐　　: 상담이 도움이 안 된다고 생각했을 뿐이에요.

상담자: 상담이 성과가 없었나요…? 아니면 다른 이유라도?

짐　　: 당신이 편지를 써 줘서 좋았어요. 고마웠어요.

상담자: 당신에게 무슨 일이 있는지 모르기 때문에 걱정했어요. 만약 당신이 상담을 그만두고 싶다고 한다면 존중하고 싶었어요. 하지만 그렇지 않다면 당신을 다시 보고 싶었어요.

짐　　: 제가 한심하게 느껴지나요?

상담자: 아니요. 전 당신을 한심하게 생각하지 않아요, 짐. 오히려 그 반대예요. 전 당신한테 약간의 슬픔을 느껴요. 당신이 얼마나 상실감을 느끼는지 얘기했죠. 그에 대한 슬픔을 느껴요. 하지만 한심한 느낌은 아니에요.

짐　　: 당신은 절 한심하게 느끼지 않는군요.

상담자: 전혀 그렇지 않아요, 짐. 그렇게 느끼지도 않고 느껴 본 적도 없어요.

짐　　: 하지만 우리가 지난 시간에 만났을 때 전 한심했어요. 전 계속해서 울었죠. 울고 있는 바보였어요.

상담자: 그렇게 느끼지 않았고 또 지금도 그렇게 느끼지 않아요. 전 지금 제가 그랬던 것처럼 당신이 너무 외롭다고 느껴요. 당신은 늘 너무 외로웠어요. 필사적으로 몸부림치고 있는 당신을 보는 것은 숨이 막혀요. 제게 그런 힘, 혼자라는 느낌에서 살아남기 위한 힘이 있을지, 그리고 계속 노력할 수 있을지 잘 모르겠어요.

짐　　: [상담자를 쳐다보며] 저에 대해 그렇게 느끼나요?

상담자: 네.

짐　: 당신이 저를 한심하게 생각할 거라고 확신했기 때문에 상담에 오지 않았어요.

상담자: 제가 그렇게 느낀다고 확신했군요. 전혀 의심도 없이 말이지요. 내가 느끼는 것과 반대로 얘기하면 당신은 절 믿을 수 있어요?

짐　: 어려워요…. 믿기 어려워요…. 하지만 당신을 믿지 않는 것이 어렵네요.

일치성을 탐색하기 위한 목적으로, 우리는 짐과 그의 상담자를 지금의 상태로 놓아둘 수 있다. 그러나 독자들은 그들이 잠재적으로 중요한 치료 영역을 어떻게 개방하는지 볼 수 있다. 짐은 자신이 감정을 드러냄으로써 '한심'하게 보일 것이라고 예상했다. 상담자가 실제로 어떻게 느꼈는지 분명하게 말하지 않고 대화가 지속되었다면 짐은 계속 오해했을 것이다. 이것은 어린 시절 그의 부모가 그를 한심하게 봤다는 것을 나타낸다. 그에게는 외로움과 슬픔을 보이는 것이 한심한 것이었다. 그는 자신의 경험에서 더 멀어지게 하는 자기 판단을 내면화했다. 사실 상담자의 편지로 시작된, 일치성을 보여 주는 연속적인 상황에서 짐은 자신의 현상적 실재가 같은 사건에 대한 상담자의 현상적 실재와 극명한 차이가 있다는 것을 발견한다. 그는 자신의 슬픔이 한심하다고 여겨진다. 그 차이를 받아들이는 것—모든 인간은 자신의 현실에 대한 개념을 붙잡기 위해 애쓴다—이 그에게는 여전히 어렵지만, 그는 "당신을 믿지 않는 것이 어렵네요."라고 말한다. 이것은 상담자가 아주 믿을 만하고 완전히 일치적인 것이 얼마나 중요한지를 보여 준다. 상담자가 경험하고 있는 것을 가능한 한 자세하고 정확하게 보여 줄 필요가 있는데, 상담자는 자신의 내담자에게 현실에 대한 대안적인 관점을 제공할 수 있는 영광스러운 자리에 있기 때문이다.

위의 예에서 중요한 치료과정은 짐과 그의 상담자가 현상적 실재를 비교하고 그 차이를 가지고 작업했다는 것이다. 이것은 상담자가 내담자를 별로 긍정적으로 느끼지 않을 때에도 똑같이 적용된다. 아래 로버트와 그의 상담자의 축어록을 보자. 로버트는 게이 파트너들에게 계속 거절당한 가장 최근의 일에 대해 이야기하고 있었다.

로버트: 그래서—제가 또 그러네요—전 계속 시도했는데 잘 되지 않았어요. 제가 왜 애를 써야 하는지 모르겠어요. 결코 잘 되지 않아요, 결코 잘 되지 않을 거예요.

상담자: 로버트, 그만해요! 당장 멈춰요. 당신은 날 미치게 하네요. 로버트, 당신은 아주 좋은 사람이지만 가끔씩 날 화나게 해요! 난 당신을 흔들면서 '당신 자신을 포기하는 것을 그만두세요.' '똑같은 레코드를 틀지 마세요.'라고 말하고 싶군요. 만일 당신이 내가 관심 있는 젊은 남자라면 나도 질색하겠어요. 우! 좌절감을 느껴요. 당신은 관계에서 기여할 게 많은 사람이에요. 얻을 것도 많은 사람이고요. 하지만 어떻게 그럴 수 있죠? 어떻게 항상 그럴 수 있어요? 어떻게 그렇게 되도록 놔둘 수 있죠?

로버트: 끝났나요?

상담자: 네.

로버트: 나와 상담을 끝낼 건가요?

상담자: 전혀 그렇지 않아요, 로버트.

로버트: 제가 그런 경향이 있긴 해요, 그렇죠?

상담자: 계속하세요, 로버트.

로버트: [미소 지으며] 제가 계속 반복하긴 하네요, 그렇죠!

상담자: [미소 지으며 그에게 윙크한다.]

우리는 이 책 전체에서 독자들에게 상담자의 반응과 내담자의 반응이 바뀌는 것을 상상하지 말라고 경고하고 싶다. 로버트와 상담자의 상호작용적 연계성은 둘 다 인간으로서 존재하는 것처럼 그들 관계의 특별한 것이다. 그러나 상담자 반응의 숨은 의도는 다른 작업에서 한 번 더 적용될 수 있다. 상담자의 의도는 로버트와의 관계에서 경험하고 있는 것을 가능한 한 분명히 하는 것이다. 그것이 상담자가 그에게 제공할 수 있는 것—온당한 인간의 실재—이기 때문에 그는 자신을 점검하고 다른 현상적 실재를 점검하기 위해 그것을 사용할 수 있다. 또한 상담자는 내담자에 대한 비판적 관점을 제공하는 것을 두려워하지 않는다. 그가 적어도 처음에는 좋아하지 않았겠지만, 상담자는 그의 반응이 어떤 것이든지 그것을 다룬다. 이 경우에 로버트의 "끝났나요(finished)?"라는 대답에 약간의 불안과 어느 정도의 유미가 있지만, 그는 아마도 어느 정도는 심각하게 받아들여 자신과 관계를 끝내는 것(finished with me)에 대해 생각할 필요가 있다. 그 질문에 대해 상담자는 강하게 "전혀 그렇지 않아요, 로버트."라고 답한다. 상담자와 내담자는 그 이후의 상호작용적 연계성에서 서로 유머를 나눈다.

이 대화에서 주목할 만한 흥미로운 상담자의 언어가 있다. 그녀는

"당신은 날 미치게 하네요."와 같은 말과 다른 솔직한 표현을 사용한다. 상담자는 덜 직접적이고 덜 비판적인 언어로 가장하지 않는다. 그녀는 "로버트, 당신이 그런 행동을 할 때 난 짜증 나는 감정이 커지는 것을 느껴요. 그것은 나의 분노예요."와 같은 표현은 시도하지 않는다. 그녀는 자기 자신과 자신의 내담자, 그리고 문제를 해결하기 위한 그들의 잠재력을 매우 존중하기 때문에 '전형적인 상담자의 언어(counsellor-speak)'를 사용하지 않는다.

인간중심 상담자의 일치성에 대한 가장 흔한 실수는 로버트의 상담자와 같은 대답을 '부정적'이라고 보기 때문에 검열한다는 것이다. 이러한 표현의 검열과정은 내담자에 대한 표현되지 않은 반응을 쌓이게 하는데, 잠재적으로 유용한 초반의 '짜증'이라는 감정이 좌절감을 키우고 지속적인 분함과 분노까지 일으키는 데에는 시간이 오래 걸리지 않는다. 이러한 단계에 의해 상담자가 내담자와의 관계에서 경험하는 것은 내담자보다는 상담자 자신과 더 관련이 있다. 이것은 그들 사이의 무언의 관계(the unspoken relationship)의 일부가 된다(Mearns, 2003: 64-73). 사실 어느 단계에서 내담자는 상담자가 입 밖에 내지는 않지만 인지할 수 있는 자신에 대한 평가를 경험하게 될 것이다. 때때로 이 과정에서 상담자가 결국 내담자에게 '일치적'이 되기로 결정함으로써 내담자에 대한 감정의 남용은 증가한다. 이것은 대개 그들의 억눌린 분노를 터뜨리는 것을 의미한다. 그것은 치료적인 일치성과 아무 관련이 없다. 만약 상담자가 상담을 이러한 방식으로 악화시킨다면, 상담자의 대안적인 개입은 적절한 사과로 시작한 후 내담자의 과정에 대한 평가나 추측을 표현하지 않고 상담자 자신의 작업과정을 자세하게 설명하는 것이다. 이것은 최소한 내담자가 자신의 책임은 무엇이고 상담자의 책임은 무엇인지를 알도록 도울 것이다.

이 장 초반에서 우리는 일치적인 관계를 맺는 보통의 과정에서 학습을 하는 것은 내담자보다는 상담자일 것이라는 사실을 잠깐 언급했다. 이것은 다음의 트로이와 그의 상담자 간 대화에서 나타나고 있다. 트로이가 오래 아프신 후 돌아가신 그의 어머니에 대한 슬픔을 길게 이야기한 상담의 마지막 부분이다.

> 트로이: 어머니 없이는 못 살 것 같은 느낌이에요. 전혀 예상치 못한 감정이에요.
>
> 상담자: 당신이 정말 안타까워요, 트로이. 어머니가 당신에게 큰 의미를 가지고 있었기에 그녀가 사망한 것이 당신에게 충격을 줬네요.
>
> 트로이: [긴 침묵]
>
> 상담자: [주저하며] 제가 당신을 잘못 이해한 것 같네요, 트로이. 그건 당신이 아닌 저였던 것 같아요.

이러한 일은 많이 발생한다. 상담자는 자신이 일치적이고 공감적으로 반응하고 있다고 생각했다. 그러나 트로이의 침묵으로, 그녀의 반응은 트로이에 대한 것이 아닌 자신에 대한 것이었다는 것을 깨닫는다. 게다가 그러한 깨달음을 표현하면서 자신의 일치성을 재발견할 수 있다.

상담자는 때때로, 실제로 꽤 자주 실수를 한다. 이것은 우리가 몹시 불안해해야 할 일은 아니다. 우리가 내담자에게 향상된 현존의 질(quality of presence)을 제공하기도 하지만, 때때로 우리 자신의 인간성을 내담자의 것과 혼동하는 경향이 있다. 훈련과 차후 성장을 통해 우리는 우리 자신의 취약함과 그것이 어떻게 상담 작업에 방해가 되는지에 대해 인식하게 될 것이다. 이런 사실로 인해 우리는 취약함이 표면으로 떠오를 때 느끼고 스스로를 향해 부드럽게 웃을 수 있으며, 잠시 동안 그것을 제쳐놓을 수가 있다. 이것이 인간중심 상담자가 성장하는 능력이다. 또 다른 능력은 트로이의 사례에서처럼 개인적인 과정이 상담에서 방해적일 때 알아채는 것이다. 알아차렸을 때, 상담자는 내담자가 경험하는 것을 오염시키기 전에 상담자 자신의 것을 되찾을 필요가 있다. 트로이의 침묵은 상담자의 반응이 자신에게 맞지 않았다는 것을 알아차리는 내담자의 힘을 암시하는 것이다. 그러나 평가의 소재가 외부에 치우친 내담자는 상담자의 경험을 자신의 것으로 통합할 수밖에 없을지도 모른다.

❀ 공명

Peter F. Schmid는 공명(resonance)이 내담자와의 관계에서 상담자가 경험하는 것의 본질을 명확히 하도록 돕는 것이라는 유용한 개념을 제공한다.

치료자는 치료 중에 자각을 통해 자신이 경험하는 것, 즉 경험의 즉각적인 현재의 흐름을 의식하기 시작한다. 그들이 경험하는 것은 내담자의 세계와 치료자 자신의 세계에 대한 공명이다. 공명은 내담자와의 관계에 의해 유발된 치료자의 반향을 뜻한다(Schmid & Mearns, 2006: 81).

공명은 자기 공명, 공감적 공명, 개인적(사적) 공명의 세 가지 형태로 구분된다.

자기 공명

자기 공명은 자신의 생각, 두려움, 욕구, 의심, 느낌 등에 대한 반향(reverberation)이다. 그것은 내담자 자신의 경험에 대한 설명에 의해 유발될 수 있지만 온전히 우리 자신의 것이다. 트로이의 상담자가 경험한 것과 트로이의 경험이 처음에 혼동되었던 것이 자기 공명이었다. Schmid가 제공하는 또 다른 예는 자신의 애인에 대해 이야기하고 있는 내담자에 관한 것이다.

내담자: 그를 사랑하는 것일까요, 싫어하는 것일까요? 모르겠어요, 혼란해요….

상담자: [자신의 애인을 생각하며] 좋은 질문이네요! 당신은 절대 알수 없어요(Schmid & Mearns, 2006: 183).

트로이의 상담자에 관하여 언급했던 것과 같이, 상담자는 자기 공명과 관련하여 자신의 취약함을 깨닫기 원할 때 성장할 것이다.

공감적 공명

상담자의 많은 반향은 자신의 내담자에 대해 공감적이 되는 경험을 하게 할 것이다. 상담자는 내담자에 대한 느낌을 이해하고, 그것을 그에게 되돌려 주는 반영을 익히게 될 것이다. 상담자 반응의 풍부함에 대해 설명하기 위해서 공감적 공명을 두 가지 형태로 구별할 필요가 있다.

첫째는 상담자가 내담자의 표현된 경험을 가능한 한 자세하게 묘사하는 조화된 공감적 공명이다. 이것은 4장에서 '정확한 공감'으로 설명되었다. Schmid의 예가 계속된다.

내담자: 그를 사랑하는 것일까요, 싫어하는 것일까요? 모르겠어요, 혼란해요….
상담자: [무엇보다 내담자의 혼란을 느끼면서] 당신 안에 여러 감정이 있군요. 당신은 애정을 경험하고 혐오를 경험하네요. 그리고 그것들이 당신 안에서 동시에 하나가 되어 있군요 (Schmid & Mearns, 2006: 183).

둘째는 보완적인 공감적 공명으로, 내담자의 현재 표현에 상담자가 무언가를 더해 내담자의 상징화가 보완되는 것을 의미한다. 상담자가 추가한 것도 공감의 결과다. 그러한 추가는 인식의 가장자리에서 내담자가 경험하는 차원을 반영할지도 모른다. 보완적인 공감적 공명은 4장에서 '추가적인 공감'이나 '깊은 반영'으로 설명된 것이다. 예를 들어 보면 다음과 같다.

내담자: 그를 사랑하는 것일까요, 싫어하는 것일까요? 모르겠어요,
　　　　혼란해요….

상담자: [내담자가 애인에 대해 점점 싫증이 나고 있다는 것을 우선
　　　　적으로 느끼면서] …혹은 그를 잊기도 하나요(Schmid &
　　　　Mearns, 2006: 183)?

개인적(사적) 공명

자기 공명은 상담자에게서 나오고 공감적 공명은 내담자에게서
나오지만, 개인적 공명은 그들 사이에서 생긴다. 개인적 공명에서
상담자는 온당한 인간으로서 내담자가 경험하는 것에 대한 자신의
반응을 포함한다. 그것은 이전 회기에서 상담자가 내담자에게 자신
의 현상적 실재를 제공하는 것으로 설명되었다. 예를 계속 보자.

내담자: 그를 사랑하는 것일까요, 싫어하는 것일까요? 모르겠어요,
　　　　혼란해요….

상담자: [내담자의 혼란에 개인적으로 접근하면서] …당신이 이 시점
　　　　에서 옳은 결정을 내리기를 내가 얼마나 진정으로 바라는지
　　　　깨닫게 되네요(Schmid & Mearns, 2006: 183).

이것은 단지 내담자의 경험에 대해 언급하는 것(공감적 공명)과는
다르며, 또한 내담자의 이야기에 반응하여 자신의 이야기를 하는 것
(자기 공명)과도 다르다. 개인적 공명으로 상담자는 내담자와의 관계
에 대한 관점을 보여 준다. 개인적 공명은 상담자가 보여 주는 내담

자와 함께하기의 질을 잘 반영하며, 내담자가 더 깊은 관계로 들어
가도록 강력하게 촉진한다.

Lietaer는 일치성에 관한 그의 논문에서 정신분열증 진단을 받은
환자와의 작업을 묘사하고 있는데, 그것은 확실한 개인적 공명이다.

매우 내향적인 환자 집단에서 고전적인 유형의 개입—감정의 반영—
이 충분하지 않았다. 가끔 아주 적은 반영만 있었다. 환자와 접촉을 시
도하던 중에 내담자중심 치료자는 도움이 되는 대안적인 자원, 그들 자
신의 지금-여기에서의 느낌을 사용해야 한다는 것을 배웠다(Lietaer,
2001: 46).

이어서 그는 Gendlin의 말을 인용한다.

내담자가 자기 표현을 하지 않을 때 상담자가 그 순간에 경험하는 것
이 없는 것은 아니다. 치료자 안에서는 모든 순간에 아주 많은 감정과 사
건이 일어난다. 그 대부분은 내담자와 현재의 순간과 관련된다. 치료자
는 내담자가 사적이거나 치료적으로 적절한 무언가를 표현할 때까지 수
동적으로 기다릴 필요가 없다. 대신 치료자는 그 순간에 자신이 경험하
고 있는 것에 의지할 수 있고, 끌어낼 수 있어 항상 존재하는 저장소를
찾아서, 동기가 없거나 조용하거나 평가의 소재가 외부에 있는 사람과
도 치료적인 상호작용을 시작하고 깊어지게 하고 계속할 수 있다
(Gendlin, 1967: 121).

Lietaer와 Gendlin의 이러한 설명은 전생에서 얻은 정신적 외상

으로 말을 하지 못하게 된 입원환자 릭과 작업한 저자 중 한 명
(Mearns)의 경험과 유사하다.

나는 우리의 첫 만남을 말을 하면서 시작했다. 침묵하는 환자와의 작
업에서 말하기나 어떠한 상호적인 의사소통도 기대하지 않는 것은 중요
하다. 그렇지만 우리는 항상 그들의 말에 대한 반영이나 다른 의사소통
을 기대하고 있다. 첫 회기 때 내가 한 말은 내가 누구인지에 대한 것이
었다. 그것은 상대에게서 아무 반응도 얻지 못하는 그러한 상황에서 아
주 어려운 일이라 할 수 있다. 나는 내가 누구인지에 대해 설명해야 했
고 그것은 진실임에 틀림없었다…. 내가 릭에게 군대의 대표자가 아닌
진짜 사람이 되어 가도록 내가 누구인지에 대한 설명을 해야 했다. 내가
나 자신을 보듯이 모든 의심과 두려움과 나쁜 점까지 모두, 그리고 특히
지금-여기에서 무엇을 느끼는지를 포함하여 나 자신을 정확하게 나타
내야 했다. 이 환자는 아주 작은 불일치도 찾아낼 것이기 때문에 나의
의사소통은 극도로 일치적이어야 했다(Mearns & Cooper, 2005: 100-
101).

이것은 개인적 공명과 자신을 알리고자 하는 자발성 사이의 간극
을 메우고 있기 때문에 흥미로운 예다(Barrett-Lennard, 1962). 대부
분의 경우, 내담자가 알고 싶어 하지 않은 것은 상담자와 그의 삶에
관한 것이다. 하지만 위의 예에서와 같이 상담자가 특히 부서지기
쉬운 관계를 만들려고 노력하는 곳에는 예외가 있다.

🌸 메타커뮤니케이션

메타커뮤니케이션은 우리 각각에게 그리고 우리 사이에 일어나고 있는 것에 대해 이야기하는 우리의 의사소통에 관한 것이다(Kiesler, 1982, 1996; Rennie, 1998; van Kessel & Lietaer, 1998). 메타커뮤니케이션은 상담과정에서 공식적인 검토 시간을 집어넣음으로써 구조화하거나 또는 상담자와 내담자 모두 상대에 대한 그들의 경험과 과정을 반영하도록 격려하는 연습을 통해 구조화할 수 있다. 그와 동시에 메타커뮤니케이션은 상담 회기 동안 상담자와(또한 내담자와) 함께 그들 사이에 일어나는 사건에 대한 자신들의 경험을 제공하고 다른 사람의 반영을 요청하는, 격식에 얽매이지 않는 단순한 대화 부분일 수 있는데, 다음과 같은 상담자와 내담자의 진술과 질문이다.

- 이번 회기는 어떠셨어요?
- 당신이 내게 질려 가고 있다는 느낌이 들었어요.
- 내가 그것을 얘기했을 때—진심이었는데—그렇게 들렸는지 궁금해요.
- 당신이 그렇게 말하다니 못 믿겠지만 내 머릿속의 작은 목소리가 사실이 아니라고 말하네요.
- 당신이 이것에서 어느 정도 벗어나고 있는지 걱정돼요.
- 오늘 좋은 시간이었어요. 그런데 지난주에 일어난 일에 대해 이야기하지 않았네요.
- 당신은 나에게 매우 다정해요…. 그런데 전 아직도 당신을 마녀

라고 생각해요!

메타커뮤니케이션은 두 사람이 그들의 관계에서 더 많은 요소를 의식하도록 돕기 때문에 중요하다. 어느 인간관계에서나 말하는 것과 말하지 않는 것이 있는데, 후자는 대개 더 크고 심리적인 중요성이 있다(Mearns, 2003: 68-73). 메타커뮤니케이션을 위한 가장 좋은 비공식적인 수단(매개)은 상담자의 일치성이다(그리고 내담자의 솔직함이다!). 메타커뮤니케이션으로 이끄는 일치성을 위한 자극제는 보통 상담자의 개인적 공명이다. 상담자는 내담자와의 대화에서 불편감이 커지는 것을 느낄 것이다. 말하지 않은 것에 중요한 무언가가 있다는 것을 느낀다. 그녀 안에서 불편감이 메아리치고, 그것은 사라지지 않는다. 그것은 말하지 않고 있는 것에 대한 자신만의 깨달음으로 이끌거나 혹은 내담자가 숨기고 있는 것 같은 느낌이 있을 것이다. 두 상황 모두 일치성 있는 반응이 요구된다. 상담자가 때때로 하는 실수는 너무 앞서서 작업하려고 하는 것이다. 그것이 더 안심은 되겠지만, 상담자는 내담자보다 훨씬 앞서 있게 되고 그것은 너무 강력하게 들릴 수 있다. 이런 일이 나타나고 있을 때 일찍 표현한다면, 여전히 강력하기는 해도 상담자 레이철과 내담자 실비아 사이의 다음의 대화 같은 좀 더 동등한 대화를 할 수 있다.

레이철: 아무것도 없을지 모르지만, 전 오늘 회기 동안 불편한 감정을 느꼈어요…. 우리 사이에 무언가가 있는지 궁금해요. 당신은 이와 같은 어떤 것이 느껴지나요?
실비아: 아니요!

[침묵]

레이철: 당신은 아니라고 말하지만 꽤 강하게 말하는군요, 실비
아….

실비아: [눈을 내리깔고 안절부절못하며 불편해 보인다.]

레이철: 그만 하고 싶으세요, 아니면 계속 할까요?

실비아: [숨을 돌리고] 한 주간 만났던 누군가가 내가 당신을 그만 만
나야 한다고 말했어요. 이것이 나에게 전혀 도움이 되지 않
을 거라면서요.

말할 필요도 없이, 실비아와 레이철의 지금의 숨김없는 대화에는
더 많은 것이 있었다. 말하지 않은 무언가에 대해 레이철이 느끼는
것은 마술적이거나 신비스러운 것이 아니다. 그녀는 다른 사람처럼
사람들과의 수천 번의 상호작용 경험을 통해 발달된 민감성을 사용
했다. 또한 그녀는 질문을 하면서 가능한 한 촉진적인 방식으로 전문
적인 기술을 사용했다. 더욱이 그녀는 이것이 자기 공명이 아니라 개
인적 공명이라는 것을 아는 충분한 능력이 있었다. 그와 유사한 자기
공명의 예는 내담자가 자신에 대해 의심을 표현하지 않고 있다는 두
려움을 숨기고 있는 미숙한 상담자로서, 실제로 그때까지 그런 의심
을 가지고 있지 않은 내담자에게서 그런 감정을 유도하는 경우다.

일치적인 메타커뮤니케이션의 훈련은 평가의 소재가 완전히 외부
로 향해 있는 내담자와 작업할 때 대단히 중요하다. 이처럼 연약한
내담자와의 작업에서 상담자는 종종 일치성의 사용을 금해야 한다
고 생각한다. 평가의 소재가 완전히 외부로 향해 있는 내담자는 그
와 다른 사람 사이에 다른 점이 있다는 것을 아는 데에 대단한 어려

움이 있다. 그래서 상담자 자신의 명확성 부족으로 인해 그런 혼란
을 초래하지 않는 것은 필수적인 일이다. 또한 내담자가 관계에서
추론하는 것을 상담자가 내담자와 함께 점검하는 것이 중요하다. 그
래서 메타커뮤니케이션은 훨씬 더 큰 역할을 한다. Mearns(2003:
80-83)는 내담자 준과의 작업을 예로 들고 있다. 준은 평가의 소재에
관련해 매우 취약했는데, 아무 조언도 하지 않는 상담자에게서 지시
를 받고자 했다. 그녀는 지시를 필요로 했고, 다른 어조, 한숨, 시선
이 바뀌는 것, 그리고 수많은 언어적 · 비언어적 단서를 감지하는 것
에 능숙했다. 그녀는 이러한 신호를 상담자가 그녀에게 무엇을 믿기
를 원하는지, 무엇을 하기 원하는지, 심지어 무엇을 느끼기 원하는
지에 대한 단서로 여겼다. 평균적으로 각 회기마다 10회 정도 상담
자는 잠시 멈추고 준이 자신의 행동에서 무언가를 추론하고 그것을
노골적으로 자신의 실제 경험과 맞춰 보고 있는지를 확인했다. 이러
한 작업은 힘들었지만, 준은 자신이 경험하는 것을 관찰하고 관리하
는 데 매우 동기화되어 있었다.

평가의 소재가 완전히 외부로 향해 있는 준과는 대조적으로,
Brian Thorne과 작업한 내담자 엠마는 상담자와 점점 편해지고 있
고 그들 사이에서 일어나는 일에 대해 꽤 놀랍고 친밀한 방식으로
용기 있게 말하고 있다.

엠　마: [눈물을 참으려 하지만 잘 안 된다.] 당신은 날 사랑하죠, 그
　　　렇죠? [속삭이면서 의심하는 어조로 말했다.]
브라이언: 네, 당신을 사랑해요. 사랑이 누군가의 행복을 바라는 깊이
　　　로 측정된다면요. 나는 당신의 안녕과 행복을 너무나 갈망해

서 폭발할 것 같은 순간이 있어요. [나는 이 말을 하면서 모
든 것을 얘기했다는 것을 알았고 매우 취약함을 느꼈다.]

엠 마: 나도 그것을 알지만 진짜로는 못 믿겠어요. 당신은 나와 사
랑에 빠지지 않았어요, 그렇죠?

브라이언: 그래요, 엠마. 난 당신과 사랑에 빠지지 않았지만 꽤 열렬한
감정이 있어요. [마지막 대화 후의 침묵은 오랫동안 지속되
었던 것 같다. 사실 얼마나 오래 지속됐는지는 모르지만 시
간과 공간을 초월한 것 같았다. 엠마가 다음 말을 했을 때
멀리서부터 돌아온 것 같았지만 내 눈에서는 그녀의 윤곽이
더 선명하게 그려졌다. 마치 처음부터 내가 그녀를 알고 있
는 것 같았다.]

엠 마: 방금 잠시 동안 당신이 나의 아버지라고 생각했어요. 그는
결코 날 여자로서 알지 못했어요.

(Thorne, 2002: 73-74)

이 예에서 무언의 관계를 언급하기 위한 상담자와 내담자 모두의
준비는 청소년기 초기에 아버지의 죽음에 대한 해결되지 않은 내담
자의 슬픔으로 향하는 중요한 단계가 되었다.

❀ 불일치성

대개 불일치성의 경우는 다음에 나오는 사례처럼 확연하게 드러
나지는 않는다. 슈퍼비전에서도 불일치성은 녹취된 인터뷰 전체나

심지어는 여러 일련의 인터뷰를 검토하고 나서야 비로소 차츰 변화가 관찰된다. 이를테면, 상담자의 자연스러움이 서서히 떨어지고 보다 조심스러워지는 것이다. 인터뷰의 하나하나의 부분에서는 두드러지는 불일치성을 찾을 수 없지만, 점차 상담자가 그 관계에서 자신을 분리하는 것이다. 이렇게 슬그머니 엄습해 오는 불일치성은 슈퍼비전을 통한 도움과 상담 녹취분석 없이는 상담자가 알아차리기 힘들다. 때로는 불일치성이 두드러지게 눈에 띈다. 이러한 예로는 상담자가 자신의 진짜 반응을 감추려 할 때 나오는 '이중 메시지(double-message)'를 들 수 있다. 이중 메시지란 상담자의 언어적 표현과 비언어적 표현이 다른 것을 말한다. 상담자가 "가능하면 빠른 시일 내에 다시 만나는 것이 좋을 것 같습니다."라고 말하면서 동시에 표정은 지루해 보이는 것이 그 예다. 다른 흔한 예로, 상담자의 따뜻함이 지나치게 넘쳐서 진실로 보이지 않는 경우 또는 상담자가 사실은 듣지 않으면서 듣고 있는 척하는, 짜증스러울 정도로 습관적인 '음흠~' 등이 있다.

불일치성이 앞서 이야기했듯이 우리 문화 속에 너무나 깊이 배어들어 있어서, 상담자는 이러한 불일치 상태의 무수한 방법을 발달시켜 가게 될 것이다. 인간중심 훈련이 자기개발을 위해 개인치료보다 집단치료를 더 강조하는 이유는 적어도 전형적인 형태의 참만남 집단에서는 불일치 상태를 유지하기가 더 어렵기 때문이다(Mearns, 1997a).

축어록에서 발췌한 사례 1, 2는 두드러지는 불일치 반응 두 가지를 보여 주고 있다.

〈사례 1〉

내담자: 당신은 나를 좋아하지 않죠.

상담자: 물론 당신을 좋아해요.

[침묵]

이 사례에서 상담자는 자신이 내담자를 좋아하지 않는다는 사실을 완전히 깨달았으나 거짓말을 했다. 내담자가 상담자에게 도전하는 것은 결코 쉽지 않으며, 그것은 이 특별한 사례에서 분명한 사실이다. 내담자가 치료적 관계에 기꺼이 몰두해서 심지어 상담자와의 관계에서 어려움을 볼 수도 있다는 사실에 상담자가 반응할 수 있는 큰 기회였다. 그러나 안타깝게도 이 상담자는 일치성 있는 반응을 제공하면서 내담자의 반응에 포괄적인 확인을 할 기회를 놓치고 말았다.

〈사례 2〉

내담자: 당신은 오늘 제게 화가 난 것처럼 보이는군요.

상담자: 아뇨. 화나지 않았어요…. 그냥 오늘 할 일이 산더미처럼 쌓여서 그래요.

읽는 사람은 상담자가 화가 났다는 것을 추측할 수 있을 것이다. 여기에서 상담자의 불일치성은 자기 안의 화에 대한 알아차림의 부족 때문이었다. 이 사례에서는 상담자의 불일치성으로 인한 악영향이 오래 지속되지는 않았다. 다만 상담자가 화났다는 것을 꽤 분명하게 느끼고 있었던 내담자에게 일시적인 혼란을 주었다. 회기 중간

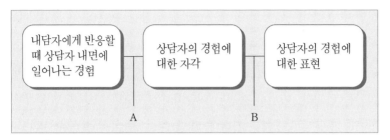

[그림 6-1] 불일치성의 두 가지 유형

에 상담자는 자신의 불일치를 깨달아 내담자에게 그에 대해 충분히 설명하고 자신의 화가 아닌 불일치에 대해 사과하는 것을 비중 있게 다루고 넘어갔다.

이들 사례는 [그림 6-1]에서 A, B 지점에서 발생할 수 있는 분명히 구별되는 두 가지의 불일치성 유형을 설명하고 있다.

불일치 유형 A는 상담자가 내담자에 대해 반응할 때 경험하는 것을 알아차리지 못하기 때문에 내담자에게 표현해 줄 수가 없다. 사례 2는 이러한 형태의 불일치성을 보여 주는 전형적인 예다. 불일치 유형 B는 상담자가 경험하는 것을 알아차리지만 표현하지 않기로 선택하는 것이다(사례 1). 또 다른 예는 A와 B의 차이점을 명확히 하는 데 도움이 될 것이다. 불일치 유형 A에서 상담자는 짜증이나 초조한 감정이 고조될지도 모른다. 그러나 이는 상담자가 이러한 감정에 반응하지 못한다는 것을 알아차리지 못하기 때문이다. 상담자가 비록 자신의 불일치성을 알아차리지 못하더라도, 내담자는 상담자의 비언어적 태도의 변화를 지각함으로써 뭔가 잘못되었음을 감지할지도 모른다. 내담자는 상담자의 긴장이나 더 차갑고 냉정해지는 어조를 느낄 수도 있다. 또한 눈 맞춤을 피하는 상담자를 의식한다든가 상담자가 보이는 관심의 질적인 상실을 직감할 수도 있다. 불일치 유형 B에서도 똑같은 결과가 나타날 수 있으나 완전히 다른 이유 때문이다. 상담자는 짜증이나 초조한 감정이 커지고 있다는 것을 알아차리기는 하지만, 이러한 감정이 내담자와 관련된 지속적인 반응이라 할지라도 표현하지 않는 것이다. 내담자는 상담자의 경험과 표현 사이의 비일관성을 느끼고 있을 수 있다. 내담자는 상담자가 무엇을 하고 있는지 알지는 못하지만 그의 예민함은 의심을 불러일으킨다. 불일치 유형 A와 B의 이러한 차이는 상담자가 반복적으로 불일치를 범한 후 "누구를 속이려는 건가요, 선생님? 나 아니면 당신?" 이라는 질문으로 상담자를 직면하게 하는 내담자에 의해 예리하게 비친다. 상담자가 내담자를 속이려 하는 경우라면 불일치 유형 B이지만, 상담자 자신이 속고 있는 것이면 불일치 유형 A인 것이다!

상담자의 불일치성 원인을 탐색하는 데 있어 A, B 유형을 구별하는 것은 중요하다. 불일치 유형 A는 상담자의 자각이 부족한 것과 관련이 있을 수 있다. 혹은 상담자가 내담자의 호소 문제에 개인적인 어려움을 가지고 있을 수도 있다. 예를 들어, 분노를 두려워하는 상담자는 자신의 내담자에 의해 그 주제에 다가감에 따라 불일치성이 증가할 수 있다. 그렇지 않으면 불일치성은 관계에서 상담자의 상황을 보여 줄 수도 있다. 예를 들어, 상담자는 내담자와의 관계에서 갈수록 커져 가는 소원함과 분리(detachment)에 대해 알아차리지 못할 수도 있다. 이러한 모든 요소가 상담자가 내담자와 함께 있어 주기(presence)에 질적 저하를 초래하고, 이로 인해 불일치 상태에 이르게 된다.

상담자가 의식적으로 억제하는 불일치 유형 B의 근거는 유사하거나 전혀 다를 수도 있다. 상담자는 '나쁜' 감정은 표현하지 않고 '좋은' 감정만 표현할 수 있으며, 소수의 사례에서는 정반대의 경우도 있다. 혹은 상담자가 충분히 함께 있어 주기에는 정서적 · 직업적으로 너무 지쳐 있어서 상담에 깊게 빠져들어 가기보다는 조력상담의 시늉만 하려고 할 수도 있다. 어떤 경우는 내담자가 보는 상담자 자신의 어떤 이미지를 지키고 있을 수도 있다. 예를 들어, 내담자가 자신을 전문적이고 영향력 있거나 일관되고 안정적으로 보게끔 애쓰는 것이다. 상담자의 능력에 관한 그러한 통념을 지키려고 하는 것은 믿음-치유(faith-healing) 차원에서는 도움이 될 수 있겠지만 일치성과는 거리가 멀다. 어떤 경우에는 불일치 유형 B가 A처럼 상담자 안에 있는 두려움과 같은 다른 정서와 관계가 있을 수도 있다. 저자 중 한 사람은 다른 책에서 이에 관해 다음과 같이 적고 있다.

나는 나의 불일치 유형 B가 두려움과 많은 관련이 있다는 것을 알고 있다. 나의 진짜 반응으로부터 내담자를 보호할 때, 사실 나는 따라올 수 있는 나의 감정의 결과로부터 '나'를 보호하고 있는 것이다. '내담자가 지금 당장 소화하기에는 너무 힘들 것이다.' 또는 '내 머릿속에서 어느 정도 해답을 정리한 다음 내담자와 이야기 나누겠다. 그냥 지금 이대로는 너무 혼란할 것이다.'와 같은 말이 무난하다. 이러한 것은 내담자에게 반응하지 않을 좋은 구실이 되지만 아주 쉽게 합리화해 버릴 수 있다. 그 기저에는 '그걸 말하면 내담자가 나에게 몹시 실망할 거야.' '내가 그걸 말하면 나를 좋아하지 않게 될 거야.' '말하면 그다음에 무슨 일이 벌어질지 몰라.'와 같은 생각이 있을 수 있다. 그러한 두려움은 일치성을 방해한다. 이러한 점에서 두려움은 공감과 무조건적인 긍정적 존중 역시 방해할 수 있다(Mearns, 1986: 8).

✿ 일치성에 대한 안내

이 장의 앞부분에서는 일치성에 관한 우리만의 정의를 간명하게 살펴보았다. 일치성이 있으려면 내담자에게 하는 표면적인 반응과 내담자와의 관계에 있어서 상담자 내면의 경험이 모순되지 않게 부합되어야 한다는 것을 보여 주었다. 상담자의 감각(sensations)이 모두 상담 계약에 적절한 것은 아니기 때문에, 우리는 보다 완전한 이해를 위해 은연중에 암시되는 상담자 경험의 유형을 자세히 살펴봐야 한다. 상담자가 '일치성이 있다'고 해서 매 순간에 느껴지는 것은 무엇이든지 있는 그대로 표현할 수 있는 것은 아니다. 만약 상담자가 그렇게 한다면 내담자보다 상담자 자신에게 더 초점이 맞춰지게 될 것이다. 상담자의 치료적 일치성을 일반적으로 규정할 세 가지 지침을 마련할 필요가 있다.

첫째, 일치성에 대해 말할 때 우리는 내담자의 경험에 대한 상담자의 반응을 가리킨다. 상담자는 내부에서 일어나는 수많은 감정과 느낌을 가질 수 있지만, 내담자에게 표현하기 적절한 반응만을 가리킨다. 이러한 점에서 일치성은 '기꺼이 드러내고자 하는 마음'과는 다르다는 점에 유의하는 것이 중요하다. 이에 관해서는 이 장에서 이미 논의하였다. 상담자가 일치성이 있을 때 그 당시 내담자의 경험에 대해 느껴진 반응을 진실하게 전한다. 이러한 반응은 상담자의 삶의 영역을 거의 개방하지 않으며, 주의의 초점도 상담자보다는 내

담자에게 머무르게 될 것이다. 예를 들면, 상담자는 다음과 같이 말
할 수 있다.

> 사랑했던 사람을 잃었을 때를 기억해요. 나 역시 당신이 설명한 '황폐
> 함(desolation)' 같은 것을 느꼈어요. 하지만 당신은 무언가를 더 말하
> 고 있군요…. 당신은 황폐함뿐 아니라 소멸감(annihilation) 같은… 것
> 을 느끼고 있군요.

이 예에서는 자기 공명과 공감적 공명이 혼합되어 있다. 상담자는
내담자가 겪은 것과 비슷한 경험인, 황폐함에 대한 자신의 느낌을
반향하고 있으나(자기 공명), '소멸감'과 유사한 내담자의 감정 역시
느끼고 있다(공감적 공명). 상담자의 반응은 자기 공명을 명확하게
분류하면서 그것에 계속 중점을 두려 하지 않고, 대신에 공감적 공
명으로 넘어간다. 자기 공명의 요소는 치료적으로 중요하지 않다.
이것은 단지 일시적인 선물(passing gift), 즉 그냥 드러내고자 하는
마음이다.

일치성 있는 반응을 위한 두 번째 지침은 그것이 내담자가 당면한
문제와 관련된 것이어야 한다는 것이다. 때로는 내담자의 경험에 대
해 상담자가 보이는 반응은 오로지 상담자 자신하고만 관련이 있을
뿐일 때가 있다. 예를 들면, 내담자가 자신의 결혼에 대해 이야기하
는데 상담자는 다른 내담자의 결혼을 생각하게 될 수도 있고, 내담
자가 자신의 스트레스에 대해 말하고 있는데 상담자는 일반적인 스
트레스 현상에 대해 반영하게 될 수도 있다. 상담자의 이러한 경험
이 내담자가 가져온 문제에 대한 반응이라 할지라도, 그것이 내담자

의 현재 경험과 관련이 있을 가능성이 별로 없기 때문에 그것을 표현하기 위해 내담자 이야기의 흐름을 방해하지는 않을 것이다.

대체로 상담자의 자기 공명은 내담자의 관심사와 관련이 없으며 상담자에 의해 말로 표현되지도 않을 것이다. 이에 반해 공감적 공명과 개인적 공명은 내담자의 문제와 관련이 매우 높다. 위에서 예로 든 일시적인 '기꺼이 드러내고자 하는 마음' 같은 것은 예외가 되겠지만, 이 경우에도 자기 공명은 간단히 언급만 될 뿐 작업에서 초점을 두지는 않는다. 또 다른 예외는 주의가 필요할 정도로 자기 공명이 상당히 지속되거나 두드러지는 경우인데, 이는 상담자의 현재 경험을 방해할 위험이 있기 때문이다. 이것은 일치성에 대한 세 번째 지침으로 우리를 이끈다.

상담자는 상담 회기에서 내담자에 대한 여러 반응을 경험할 수 있다. 설령 내담자의 관심사와 관련된 것에만 반응한다 하더라도, 상담자는 그 회기에서 큰 영향을 줄 수 있기 때문에 상담자가 반응하는 경험이 지속적이고 특별히 두드러지는 경향이 있다는 사실에 세 번째 지침은 필수적이 된다. 상담자는 자신의 인식의 안팎으로 떠다니는 경미한 짜증의 감정, 혹은 내담자가 말한 특정한 것과 관련해 괴로움이 잠깐 스쳐 가는 것은 그냥 둘 수도 있을 것이다. 하지만 그러한 짜증이나 괴로움이 지속되거나 반복되어 상담자와 내담자 사이의 관계에 중대한 영향을 끼칠 정도라면 주목할 필요가 있다. 대부분의 그러한 사례는 공감적 공명이나 개인적 공명의 분류에 들어가지만, 지속적이거나 두드러진 반응은 예외적으로 자기 공명에 속한다. 〈글상자 6-3〉에 나온 어려움에 처한 상담자의 이야기를 살펴보자.

〈글상자 6-3〉 자기 공명이 넘치는 경우

대개 상담자의 자기 공명은 내담자나 상담 작업과 관련이 없다. 하지만 때로는 그것이 너무 뚜렷하거나 집요하기 때문에 상담자가 관계에서 '현재'에 머무르기 위해 말을 꺼낸다. 상담자인 래니는 그러한 예를 보여 준다.

망명한 나의 내담자 타리크는 고문 경험에 대해 이야기하고 있었다. 고문당했던 나의 개인적인 경험은 대개 그러한 내담자와 가까워지도록 해 준다. 다른 상담자는 섬뜩해 두려워할 때 나는 가까이 머무를 수 있다. 그런데 이번에는 통제력을 잃어버릴 정도로 나의 경험에 너무 가까이 다가가 버렸다. 내담자가 자신이 겪은 고문을 자세하게 이야기할 때 나는 내 자신의 것을 떠올렸다. 나는 칼로 베이는 고통을 모두 느꼈다. 식은땀이 흐르고 떨리기 시작했다. 그의 목소리는 어느새 배경이 되었고 나를 고문하던 사람의 가학적인 미소와 직면하였다. 얼마간은 타리크가 이런 날 알아차리지 못하고 계속 이야기해 나갔다. 그 뒤 그는 서서히 침묵하다가 나를 빤히 쳐다보았다. 나는 어쩔 수 없이 말하게 되었다. 그에게 나에 관해 이야기해야만 했다. 내 이야기의 세부 설명이 아니라 내가 무엇을 경험하고 있었는지에 대해서 말이다.

래 니: 타리크, 난 두려워서 떨고 있어요. 그게 내가 당신에게서 멀어질 만큼 너무나 강력하기 때문에 이 부분에 대해 말을 해야겠습니다. 나 또한 오래전에 고문을 당한 적이 있습니다. 그건 수년간 나에게 영향을 주지 않았어요. 사실 그게 때로는 도움이 되기도 하죠. 하지만 방금 그게 나를 휩쓸어 버렸어요. 엄청난 두려움에 압도당했습니다. 이것을 말함으로

써 진정될 거라고 기대하고 있어요. 지금 말하면서 진정되
는 것을 느낍니다. 당신과 함께 머물지 못했던 점에 대해 미
안하게 생각합니다.

타리크: 이해해요.

래 니: 당신은 이해하리라 생각해요.

〈글상자 6-3〉에서 상담자는 전문성의 일부로서 자신의 자기 공
명을 개방하고 있다. 상담자는 자신의 경험에 대해 더 이야기하려고
상담 회기를 사용하려는 것이 아니라, 자기 스스로 의미를 찾기 위
해 이를 표현할 시간이 필요한 것이다. 그런 것이 아니라면 이는 기
만 행위가 될 것이다. 이 내담자는 상담자가 괴로워하는 것을 눈치
챘기 때문에 그 이유에 대해 알아야 한다. 이처럼 강력한 혼란도 이
예에서 본 바와 같이 일치성 있게 잘 다루어질 경우 관계에 깊이가
더해질 수 있다.

요약하면, 상담자가 상담 회기 중에 경험하는 순간의 모든 느낌을
표현해야 한다고 생각하지 않도록 일치성에 관한 우리의 전문적 정
의(working definition)에 권한을 줄 필요가 있다. 〈글상자 6-3〉처
럼 예외적인 경우를 제외하고, 우리가 '일치성'이 있다는 것에 대해
이야기할 때 상담자가 느끼는 반응 중 내담자와 관계를 맺고 있고 비
교적 지속적이거나 두드러진 것을 표현하는 것을 말한다. 이러한 지침
은 상담자가 자각하는 많은 부분을 배제하는 것으로 보일 수도 있지
만, 사실상 그것은 대부분의 중요한 요소를 포함하고 있다. 일치된
반응의 지침에 관한 이러한 문제는 Mearns와 Schmid(2006)에서 더

자세히 다루고 있다.

그렇다 하더라도 그들은 내담자에 대한 반응의 적합성에 물음을 가지고 고심하는 초보 상담자를 위한 '지침'일 뿐이다. 상담자의 경험과 분별력이 쌓이면서 상담자는 일치성에 있어 유연해지고 자신의 순간적 판단을 신뢰할 수 있게 될 것이다. 상담자의 발달 단계상이 단계가 되면 상담자가 충분히 현재에 머무를 수 있으며 치료적 관계에서 상담자 자신을 도구로 사용할 수 있게 된다. 내담자의 경험을 정확하게 따라가면서 의식의 가장자리까지 들어갈 수 있게 하는 공감, 그리고 한 인간으로서 그의 가치에 대한 무조건적 존중이 결합된 상담자의 편안한 일치성은 강력한 인간애를 함께 전한다.

🌼 어떻게 하면 상담자의 일치성을 발달시킬 수 있을까

상담 수련생은 최소한 무조건적인 긍정적 존중의 태도를 기초로 인간중심 접근을 하게 되고, 대개는 수련 초반부터 수련생이 공감적 민감성(empathic sensitivity)을 발산할 수 있도록 특히 주의를 기울이지만, 일반적으로 가장 늦게 발달되는 것이 바로 일치성이다. 무엇이든 많은 영향력을 가지고 있는 것은 그에 비례하는 위험에 대한 위협을 수반한다. 치료과정에서 인간중심 상담자가 상담자 자신의 자기(self)를 사용하면 영향력 및 위험이 높아지므로 초심자는 신중을 기하는 것이 현명하다.

근본적으로 일치성에 내재된 위험은 바로 상담자의 자기 공명이 상담과정을 방해하는 것이다. 즉, 상담자 자신의 욕구와 두려움이 내담자에 대한 자각과 지나치게 밀접하게 매여 상담자의 일치된 반응에 혼란을 주게 되는 것이다. 자신의 욕구와 두려움을 내담자에게 부과한 상담자가 "하지만 난 그저 일치성이 있었을 뿐이야!"라고 하는 것은 설득력 없는 변명이다. 일치성이 주는 자유에는 상담자가 자기개발을 계속해야 할 특수한 책임이 따르는데, 그러한 자기 개발을 통해서만이 상담자 자신의 욕구와 두려움이 상담 장면에 영향을 덜 끼치게 될 수 있기 때문이다(〈글상자 6-4〉 참조).

📖 〈글상자 6-4〉 **일치성이란 상담자 자신의 욕구나 두려움을 부과하는 것이 아니다**

4장에서 상담자의 사적인 욕구나 두려움이 상담자의 공감에 어떻게 악영향을 줄 수 있는지 살펴보았다. 마찬가지로 이러한 것은 상담자의 일치성도 방해할 수 있다. 다음의 두 인용은 상담 회기에서 자신의 욕구와 두려움이 그들 자신을 교묘하게 속이는 방식을 깨달아 가는 과정에 있는 상담자와의 슈퍼비전 회기에서 발췌한 것이다.

A. 나는 내담자에게로 가서 그녀를 꼭 안아 주고 싶었다. 하지만 "그래, 그래, 울지 마. 내가 돌봐 줄게, 가여운 것."이라고 말하는 것은 나의 욕구였다는 것을 깨달았다. 안아 주는 것은 때로는 '주는 것'일 수 있으나 때로는 '제거하는 것'이다. 이 사례에서 만약 그렇게 했다면 내담자를 내가 다룰 수 있는 어린 소녀로 머물게 했을 것이다. 그리고 내가 다루기 더 어려워하는 여자를 제거해 버렸을 것이다.

B. 나는 그에게 너무 화가 난다. 그것은 강력하고 집요하지만, 그

화가 내담자와는 아무 상관없다는 단순한 이유는 적절하지 않다. 나는 그 내담자처럼 부인을 가구 다루듯 하는 남자를 상담하는 것은 딱 질색이다. 내가 이런 나 자신의 두려움 안에 갇혀 있는 한 그의 다정함, 부드러움 또는 두려움을 볼 수가 없다.

〈글상자 6-4〉의 상담자는 이 사례에서 자신의 욕구와 두려움의 영향력을 자각하였다. 인간중심 접근을 배우는 것은 상담자가 상담 장면에서 자신에게 영향을 주는 욕구와 두려움의 모습을 발견하고 탐색하는 작업을 수반한다. 이러한 작업이 진행됨에 따라 상담자는 자기 자신을 더욱 신뢰하게 된다. 일치성을 배우는 것은 자기 신뢰를 배우는 것과 불가분의 관계에 있다. 일치된 반응을 포함하여 상담자가 자기 자신을 상담관계에서 도구로 활용하려면 자기와 그러한 반응을 신뢰해야만 한다. 대개 상담자는 자신의 반응이 어디로 이어질지도, 심지어 어디서 오는지조차 모를 테지만, 공감적 반응과 자신의 욕구나 두려움에서 비롯된 반응 간의 차이를 분간하는 것을 익히게 될 것이다. 자기 자신에 대한 신뢰를 배우면서 상담자는 자발적인 반응일지라도 쓸모없는 것이 아니라는 것을 알게 될 것이며, 대개 그런 것이 내담자에게 도움이 되는 것임을 경험하게 될 것이다.

아주 유능한 슈퍼바이저의 도움을 받을지라도, 상담자는 무턱대고 자기 자신에 대해 숙고한다고 해서 이러한 발견을 할 수는 없다. 이는 상담을 포함한 실제 조력적인 상황에서 자기 자신을 '실험(experimenting)'하는 것을 통해서만 도달할 수 있다. 초보 상담자는 이러한 상담자 시험의 개념에 불편함을 느낄지도 모르겠으나, 사실 상담자가 조력자로서 발전하고 변화하려면 자기 자신의 다른 측면을 이용하는 감각에 대한 시험은 불가피한 것이다. 〈글상자 6-5〉는 시험에 속하는 한 사례에 관한 상담자의 보고를 재구성하였다. 이 사례에서 상담자는 '억지로 내가 그냥 그렇게 하도록 놔두었다'는 표현을 사용하고 있다. 이는 일치성을 시험하는 것에 대한 개념을 완벽히 묘사하고 있다. 상담자는 정신적 교감을 포함하여 자기 자신을 보다 신뢰할 수 있도록 서서히 성장해 왔으나, 그 과정에서 중요한 한 걸음은 실제로 일어나게 내버려 두기 시작하는 것이었다. 역설적으로 들릴지 모르지만, 이것은 '그것이 일어나도록 내버려 두는' 고의적 의도를 취할 때가 종종 있다.

 〈글상자 6-5〉 **감동적인 시험**

이 인용문은 상담훈련의 개인 발달적 측면에 초점을 둔 일지로, 한 상담 훈련생의 '개인 프로파일'에서 발췌하였다.

어제 벤[내담자]은 슬픔에 떨며 불안해했고, 나는 정말 내 손을 뻗어 그의 손에 얹고 싶었다. 예전에는 주로 그것이 얼마나 적절한지에 관해 생각하기에 바빴지만, 의도적으로 그냥 내 자신을 내버려 두었다. 내가 그에게 닿자마자 마치 나의 따뜻함의 일부가 그에게로 넘어간 것 같았고 그의 긴장이 해소되었다. 그는 숨이 거칠어지고 갑자기 흐느껴 울기 시작했다.

이러한 실험은 상담자의 일치성을 기르는 데 있어 중요한 단계다.

〈글상자 6-5〉의 예에서 상담자는 자신의 반응이 믿을 만하다는 한 층 깊은 확증을 얻었다. 그리고 내담자와 신뢰를 쌓을 수 있는 자신의 존재에 대한 또 다른 면을 발견하였다.

일치성을 기르는 과정에서 상담자는 상담에서 건설적으로 사용할 수 있는 자기 자신에 대한 더 많은 특성을 알아내게 될 것이다. 이러한 발견은 대단히 흥미롭다. 상담자는 자기 자신에 대해 거의 투자하지 않는, 흔히 다소 경직되고 틀에 박힌 듯 보이는 지점에서 상담자의 거의 모든 부분이 상담 작업에서 활용될 수 있다고 생각될 때까지 점점 더 자유로운 상태로 변화해 가기 때문이다.

인간중심 상담자의 성장에 있어서 이것은 본질적인 과제다. 3장의 결론에서 언급되었듯이, 궁극적인 목표는 상담자가 일부 내담자에게만이 아니라 상담자의 문을 두드리는 모든 내담자에게 관계적인 깊이가 있는 참만남을 제공할 수 있는 것이다. 이는 초기 훈련에서는 달성되지 않는다. 초기 훈련에서는 상담자가 자기개발의 자세를 갖도록 도와준다면 성공인 셈이다. 대부분의 작업은 이후 계속 이어지는 상담자의 전문적인 성장에서 일어난다. 이러한 자기개발 교육과정에는 두 가지 큰 부분이 있다. 인간에 대한 상담자의 경험을 확장하는 것과 상담실에서 상담자가 제공할 수 있는 자기를 확장하는 것이다.

인간에 대한 경험의 확장

여기서의 목표는 경험이 풍부해지는 것과 점점 더 다양해지는 인간의 부류에 편안해지는 것이다. 이는 또한 바로 앞서 언급했던 '자기 실험(experimentation with self)'과 3장에서 다루었던 사회 경험의 확장과 같은 것이 포함된다. 슈퍼바이저의 도움과 때로는 지속적인 전문가 성장 지지 그룹이나 인터비전(intervision) 그룹[4]의 도움으로, 상담자는 만약 그들을 내담자로서 만난다면 그에게 '도전'으로 다가올 수 있는 다양한 사람과 집단을 알아 갈 수 있을 것이다. 때로는 이러한 것이 상담자의 이전 경험에서 충분히 도전받지 못했던 두려움이나 편견과 관련되어 있다. 상담 훈련생인 데비는 그녀의 도전 중 하나에 대해 말하고 있다.

나는 내가 상담자로서 전문적으로 일하고자 한다면 인간의 다른 절반에 대해 알아야 한다는 것을 마침내 깨달았다. 그래서 나는 남자와 상담을 시작했다!

데비의 도전과 관계된 가벼움과 유머는 중요한 메시지를 담고 있다. 우리가 자기 개발 과제에 긍정적이고 열린 마음으로 접근할 수 있다면 그러한 점이 우리를 좀 더 쉽게 도전에 임하게 할 것이다. 훈련생과의 작업에서 평생 자기 개발 과제에 주로 관심이 있는 인간중심 슈퍼바이저(Lambers, 2000, 2006)는 수련 중인 상담자가 그 과정에서 방어적이기보다 개방적인 시각을 취할 수 있도록 돕는 데 훌륭한 자원이 될 수 있다.

좀 더 경험이 많은 상담자인 임란은 자신이 노력했던 도전이 엄청

---

4 네덜란드, 벨기에 그리고 최근에는 프랑스에서도 '슈퍼비전(supervision)'이라는 용어가 '인터비전(intervision)'으로 대체되고 있다. 인터비전은 경험 많은 두 명의 치료자 간에 또는 소집단 내에서도 가능하다.

난 착각이었다는 것을 다음과 같이 진술했다.

나 자신을 '동성애혐오증'이라고 공공연히 인정한 적은 없어도 나는 동성애혐오증을 갖고 있는 것이 맞았다. 남성 집단상담에 참여하면서 그것은 곧 사라졌다.

임란은 가장 힘든 일을 해냈다. 자신을 편견의 뒤로 숨기기보다는 그것을 직면했다. 그는 약간의 도움을 받았는데, 그의 개인 성장 집단의 게이 회원이 그의 문제, 그리고 그 집단에 합류하여 자신의 문제를 다루어 보려는 그의 바람을 솔직하게 내놓고 그를 남성 집단에 가까이 갈 수 있도록 도와주었다. 우리는 다른 집단원이 그의 과제를 돕기 위해 제쳐 놓아야 했던 두려움을 추측만 할 수 있을 뿐이다.

개인 과제의 많은 양상은 임란의 것처럼 두려운 것은 아니며, 보통은 그러한 과제를 다루는 방식이 엘리자베스의 예에서만큼 극단적이지는 않다.

나는 내담자의 깊은 절망과 만나는 위기에 이르게 되면 늘 뒤로 물러나곤 했다. 처음에는 그 위기를 사람들의 절망적인 경험에 대한 책을 읽으며 극복했다. 그것은 나를 눈물짓게 하고, 나 자신의 존재에 대한 감각에 더욱 가까워지게 한다.

독서가 인간 본성에 직접적으로 소통하기보다는 이차적인 소통을 제공하기 때문에, 어쩌면 사람들은 독서의 가치를 도외시할 수도 있다. 그러나 독서는 우리의 상상력을 자극하고 의식을 확장하는 데 있어 효과적일 수 있다. 저자 중 한 명(Thorne)은 자신의 자서전에서 인간 본성에 대한 지식과 공감적 레퍼토리를 발달시키는 데 있어 끊임없는 창조적 자극의 원천으로서 문학에 관한 자신의 연구를 자주 인용한다(예, Thorne, 2005: 128).

저자 중 한 사람(Mearns)은 극심한 정신적 충격을 겪은 전쟁 참전용사와 72회기가 넘는 상담에 노력을 쏟으면서 자신의 환자가 겪은 전쟁의 상황을 완전히 이해하기 위해 씨름했다. 결국 그는 이해를 깊어지게 할 수 있는 경험을 찾았다.

> 나에게 어려움을 견디도록 힘이 되었던 경험은 참전용사 집단의 비공식 토론에 참여하는 것이었다. 나는 [나의 환자들이] 말했던 경험과 연결되기 위해서 그 집단을 활용하였다(Mearns & Cooper, 2005: 207).

인간중심 상담자가 더욱 다양한 인간 본성에 익숙해지도록 인생 경험을 넓힐 수 있는 방법은 수없이 많다. 어떠한 것도 자신의 내담자가 지금 겪고 있는 것이라고 말할 수는 없겠지만, 이는 익숙함의 부족에서 비롯된 두려움을 느끼지 않도록 상담자를 더 가까이 다가가게 한다.

상담실에서 사용할 수 있는 자기의 확장

상담자가 더욱 다양한 내담자에게 깊이 있는 관계를 제공하고자 한다면, 상담자가 제공할 수 있는 '자기(self)'를 넓히는 것이 도움이 된다. 이러한 안내는 전문성 안에서 상담자의 행동을 끊임없이 자제

하게 만드는 경향과는 상반되는 것이다. 그러한 경향성은 특정한 내
담자의 문제와 관련해 정해져 있는 일련의 개입으로 상담이 축소되
는 결과만 초래할 뿐이다. 그것이 의학 모델에는 적합할지도 모르지
만, 관계의 중요성에 대한 연구 증거와는 일치하지 않는다(Mearns &
Cooper, 2005: 1장).

상담실에서 우리가 제공할 수 있는 자기를 확장하는 것은 내담자
와 그의 부분들에 반응하여 좀 더 많은 부분을 사용하는 데 능숙해
지는 모습—혹은 소위 우리가 칭하는 자기의 조합(configurations)—
을 취할 수 있다(2장과 4장 참조). 초보 상담자가 다소 도달하기 쉬운
수준에서 우리는 또한 자신을 다양한 관점으로 생각해 볼 수 있다.
이는 상담에서 당장은 중요한 역할을 하지 않을지 모르지만, 적절한
때에 우리가 다양한 내담자의 생활과 경험 속으로 이어지는 '다리'
를 만드는 데 도움이 될 수 있다. 이러한 것은 **실존적 시금석**(existential
touchstones; Mearns & Cooper, 2005: 8장)이라고 일컬어지며 다음
과 같이 설명된다.

> 인생의 사건과 자기 경험은 우리에게 우리 자신의 다른 측면을 보여
> 주고, 우리를 내담자가 현재 경험하고 있는 감정 상태에 더 가까이 들어
> 갈 수 있게 한다. 그러므로 이는 내담자와 보다 충실한 만남으로 이어 주
> 는 '다리(bridge)' 역할을 하는 것이다.

이 현상에 있어 흥미로운 특징은 실존적 시금석의 일부는 우리에
게 부정적이거나 심지어 해로운 경험으로 시작했을지도 모른다는
것이다. 그러나 우리는 그것을 폄하하기보다는 우리의 치료적 역량

에 더해질 수 있도록 서서히 그것을 통합하였다. 〈글상자 6-6〉은
실존적 시금석의 몇 가지 예를 보여 준다.

 〈글상자 6-6〉 **실존적 시금석: 약점이 강점으로**

5명의 상담자는 우리에게 상담에서 그들에게 실존적 시금석이
된 초기의 어려운 경험을 보여 준다.

• 이전의 외로움에 대한 기억은 외로워하는 내담자에게 좀 더 가까
이 갈 수 있도록 해 주는 어떤 것이다.

• 학대의 경험을 극복하는 데 수년이 걸렸다. 하지만 그것이 더 이
상 나를 두렵게 하지는 않는다. 지금 나는 그것을 학대받는 나의
내담자와 점점 더 가까워지는 방법으로 사용할 수 있기까지 하다.

• 나는 당신이 중요한 사람과의 사별을 앞으로 '극복'할 거라고 생
각하지 않는다. 그러나 그것은 당신을 한 사람으로서 더욱 깊어
지게 하고 사별로 인해 늪에 빠져 있는 내담자와 함께 머무르는
데 도움을 주는 핵심이 된다.

• 내담자의 맹렬한 분노가 무서웠다. 처음에는 놀라 움츠러들었지
만 오래전 나의 분노를 어떻게 느꼈는지를 더듬어 봄으로써 다시
그것에 가까이 돌아왔다. 처음으로 그것을 사용하는 나를 보는
일이 흥미로웠다.

• 자살에 대해 이야기하는 그 내담자가 내게는 너무 어려웠다. 나
는 반복해 귀를 기울여 봤지만 이내 소리가 점점 희미하게 들렸
다. 나는 내게 영향을 주고 있는 것이 예전에 나 자신이 했던 많
은 자살사고와 접촉하는 것에 대한 저항임을 깨달았다. 저항을
멈추고 내 경험의 감각을 되살려 접촉했을 때, 나는 내담자를 만
나는 것에서 평온해지고 깊어졌다.

이러한 아주 사적인 경험을 사용할 때 주목해야 할 중요한 점은 그 경험이 내담자에 관한 어떠한 것도 말해 주지 않는다는 점이다. 〈글상자 6-6〉에서 상담자 자신이 경험한 외로움, 학대, 사별, 분노, 자살사고는 내담자가 겪고 있는 것과는 다르다. 그러한 경험은 공감이 아니지만, 상담자가 내담자 경험의 힘과 접촉하도록 도와주는 실존적 상태로 들어갈 수 있게 해 준다. 시금석의 본질과 힘에 관한 더 자세한 내용은 Mearns와 Cooper(2005: 8장)와 Mearns와 Schmid(2006)에 나와 있다.

일치성을 발달시키는 것은 인간중심 상담자에게 가장 큰 노력을 요하는 과제 중 하나일지 모르지만, 이는 내담자를 위해서뿐만이 아니라 상담자 자신을 위해서도 큰 도움이 된다. 상담자는 상담관계에서 일치성을 가짐으로써 소모되는 대신 에너지가 **북돋워지는**(energising) 체험을 하게 된다. 설령 에너지가 충만해지는 경험이 없다 하더라도, 상담자는 그것의 반대를 생각하면 된다. 즉, 불일치성이 팽배한 상황에서의 상담 작업은 상담자를 소진하고 약화한다. 허상을 유지하기 위해 에너지가 소모되는 것이다. 상담자가 상담에서 자신을 점점 더 많이 사용할 때, 내담자에 대한 수용과 내담자의 세계로 들어가 두려움 없이 그 안에서 돌아다닐 수 있는 능력을 겸비한 활기차고 경험이 풍부한 인간 존재를 내담자에게 제공하게 된다. 이러한 조화로운 통합(combination)은 많은 내담자에게 해방감으로 경험되며 그들을 고무한다는 것은 분명한 사실이다.

🌸 조화로운 통합의 세 가지 조건

깊이 있는 관계에 관한 개념은 3장의 결론에서 개략적으로 살펴보았다. 깊이 있는 관계는 공감, 무조건적인 긍정적 존중, 일치성의 핵심 조건을 제공하는 상담자에 의해 촉진된다는 사실을 강조했다. 그후 이들 조건을 각기 따로 분리해서 설명했다. 그러나 그렇게 분리해서 논하는 것은 이론적 관념에 빠지도록 하는 위험이 있다. 핵심 조건의 힘은 부분들보다 훨씬 더 큰 무언가를 창출하기 위해 이 세 조건이 통합되고 얽히면서 이 모두 높은 수준으로 존재하는 데에 있다. 또한 다른 논평가는 이러한 핵심 조건의 필수적인 통합적 본질을 관찰해 왔다. 예를 들면, Bozarth는 다음과 같이 말한다.

…일치성, 공감, 무조건적인 긍정적 존중의 조건은 이론상 분리할 수 없을 만큼 상호연관성이 높다. Rogers는 가끔 이 세 조건을 따로 설명했는데, 이는 아마 치료자에게 실용적인 지침을 제공하고 각 요소의 구체적인 면을 분명히 하기 위한 방법이었을 것이다(Bozarth, 1998: 83).

실제로 Bozarth는 "이 세 가지 조건은 사실 본질적으로나 기능적으로 하나의 조건"이라고 주장한다(1998: 80).
이와 비슷하게 Freire는 공감과 무조건적인 긍정적 존중을 같은 경험으로 간주한다.

이러한 설명은 공감적 경험과 무조건적 긍정적 존중이 근본적으로 단일한 것이고 같은 경험이라는 결론에 이를 수밖에 없게 한다. 치료자는 무조건적인 긍정적 존중으로 내담자에게 자신의 현존을 제공하면서 내담자 경험의 모든 면을 수용한다. 공감적 경험을 통해 치료자는 내담자의 세계에 들어가서 내담자의 내적 참조틀의 모든 면을 받아들인다(Freire, 2001: 152).

이 장에서 우리는 상담자가 내담자에 대해 불분명하거나 왜곡되지 않고 정확하게 반영할 수 있도록 해 주는 것이 일치성의 주요 기능이라는 것을 제안함으로써 일치성과 공감 간의 관련성에 대해서도 짚어 보았다. 우리는 여기서 더 나아갈 수 있는데, 바로 일치성을 내담자와 관계된 상담자의 감각 느낌에 주의를 기울인 것의 결과물로 생각해 보는 것이다. Gendlin은 공감과 일치성 사이의 이러한 유사성에 대하여 다음과 같이 말했다.

일치성은… 우리 안에서 일어나고 있는 체험적 과정 내에서 반응하는 것을 말한다. 우리가 경험하고 있는 느낌과 생각의 단계를 보여 주면서 과장되거나 인위적이지 않게 반응하지만, 우리의 체험적 실체(felt being)에서 나온… 경험적 과정처럼 공감과 일치성은 정확하게 같은 것이고, 내담자에게 반응하여 그와 함께 현재 경험하고 있는 것에 대한 솔직한 표현이다(Gendlin, 1970: 549).

무조건적인 긍정적 존중과 일치성 역시 다른 사람의 성장을 촉진하는 요소라는 점에서 관계가 있다. 상담자가 내담자를 수용할 때, 상담자는 내담자를 신뢰하고 충분히 일치되는 방식으로 자신을 거리낌없이 사용하는 것이 더욱 쉬워진다. 실제로 상담자가 특정 내담자와의 관계에서 일치성을 갖는 데 어려움을 느낄 경우, 인간중심적인 슈퍼바이저는 그들이 내담자를 얼마만큼 수용하는지 생각해 보도록 자주 요청할 것이다. 일치성의 부족은 신뢰와 수용이 어렵다는 징후일 수 있기 때문이다. 반면에 일치성을 가지는 것은 수용의 촉진을 돕는다. 이것은 관계에서 위험 감수하기(taking risks in the relationship)로 불린다. 예를 들어, 상담자가 내담자와의 관계에서의 어려움을 개방할 수 있으며 그 두 사람이 그런 어려움을 탐색하고 명확히 할 수 있다면, 그들의 관계 및 상호 수용은 여느 관계에서 일어나는 것과 정확히 같은 방식으로 강화될 것이다.

　인간중심 접근에서 가장 잦은 도전은 아마도 다음의 질문에 함축되어 있을 것이다. '당신의 무조건적인 긍정적 존중과 일치성이 모순될 때 어떤 일이 일어날까? 당신은 수용의 부족에 대한 일치성이 있는가? Carl Rogers는 이 질문을 자주 받았지만, 그가 어떤 대답을 하건 질문자는 좀처럼 만족하지 못했다! 이러한 문제점 중 하나는 질문자와 대답하려고 애쓰는 숙련된 인간중심 치료자의 일반적으로 매우 다른 내적 참조틀로부터 발생한다. 질문자는 상담자가 그러한 모순에 놓이게 될 많은 상황을 쉽게 상상할 수 있다. 그러나 현실에서는 대체로 경험이 풍부한 인간중심 상담자에게 이러한 갈등은 전혀 일어나지 않는다. 이는 지극히 부정직하게 들릴 수도 있겠지만 그래도 사실이다. 성숙하고 노련한 인간중심 상담자는 내담자를 존중하는 것에 있어서 질문자가 지레 짐작한 그러한 종류의 어려움을 겪지 않는다. 많은 사람은 타인이 취한 견해로 위협을 받을 때 그 사람을 존중하는 것에 문제를 가지게 된다. 하지만 인간중심 상담자는 개인적인 성장이 주안점이기 때문에 자신의 내부에 덜 취약하다. 즉, 그들은 내담자가 취하는 다른 가치 태도에 의해 전혀 위협받지 않는다. 인간중심 상담자가 질문자의 딜레마를 이론적으로 생각해 볼 수는 있지만, 그것이 실제로 문제가 되는 일은 거의 없다.

　그럼에도 우리는 초보 인간중심 상담자를 위해 여전히 이 질문에 대해 숙고해 보아야 한다. 상담자는 자신이 가장 두려워하는 점을 가지고 있는 내담자와 맞닥뜨렸을 때 어떻게 할까? 상담자는 그러한 도전 앞에서도 내담자를 존중한다는 어느 정도의 '연기(portray)' 하기 위해 애써야 하는 것일까? 실제로 상담자는 연기를 할 수도 있다. 왜냐하면 그 자신도 다른 그 어떠한 종에서도 관찰되지 않은 능력인 불일치에 아주 능한 인간이기 때문이다. 혹은 그 대신 상담자는 이 내담자와의 작업을 즉시 중단해야 할까? 첫 번째 대안과 비교해 볼 때 이는 훌륭한 선택인데, 상담자가 그 과정에서 어려움을 자기 것으로 인정하고 그것을 내담자에게 투사하지 않으려고 하는 경우라면 특히 그렇다. 세 번째 가능성은 상담자가 내담자와의 관계를 끊지는 않지만 상담자의 곤란을 내담자에게 솔직하게 자인하는 것이다. 이는 어려운 선택이며 슈퍼바이저가 훈련생인 상담자에게 강요할 그런 문제는 아니다. 왜냐하면 이러한 선택을 하는 데 있어서 훈련받는 상담자는 자신의 개인적인 한계를 뛰어넘으려고 사실상 그 순간에 선택을 하고 있는 것이기 때문이다. 그것은 이러한 모호한 상황에 들어가서 치료적 역할을 하는 경험이 있는 숙련된 치료자의 경우에는 다르다. 상담자가 자신의 불완전함을 인정하고 두렵더라도 내담자에게 정직할 때, 이는 훈련받는 상담자에게 중요한 한 걸음이 될 수 있다. 훈련 초기의 어느 한 상담자의 이러한 경험이

〈글상자 6-7〉에 재현되어 있다.

 〈글상자 6-7〉 정직하기

안내담자과 계속 작업해 나갈 수 없는 지점에 이르렀다. 그녀가 레즈비언인 것을 거리낌 없이 드러내는 것이 나에게는 회기마다 도전이었다. 나는 어떻게 해야 할지 몰랐고 두려웠다. 나는 그녀에게 '~인 척' 할 수 없었다. 그녀는 그걸 훤히 알아챌 것이다. 나는 슈퍼바이저와 그 상담의 종결에 대해 이야기했다. 돌이켜 보니, 내가 종결지 않으려고 슈퍼바이저에게 이야기를 꺼냈다는 것을 깨달았다. 결국 얀에게 '실토'하기로 했다. 어느 날 나는 '이야기'하였다. 심호흡을 하고 그녀에게 그녀가 두렵다고 말했다. 나는 이것이 그녀보다 나 자신과 더 관계된다는 것을 알았고, 나는 그것을 그녀에게 덮어씌우고' 싶지 않았다. 그러나 항상 그녀가 나에게 표현하는 애정이 어려웠고, 여태까지 그 부분에 대해 정직하지 못했다고 이야기했다. 얀의 반응은 너무도 놀라웠다. 나의 정직함에 감사를 표했던 것이다. 그녀는 그녀에 대한 나의 두려움에 슬프기도 하고 화도 나지만, 내가 정직하지 않았다면 그보다 훨씬 좋지 않았을 것이라고 했다. 그 순간 나는 내 안에 이러한 큰 동성애 혐오가 없었으면 하고 바랐던 기억이 난다. 왜냐하면 우리가 비록 서로에게 정직하긴 했지만, 나 자신이 내 안에서 더 나아가지 않는 이상 얀과도 더 이상 앞으로 나아갈 수 없다는 것을 알았기 때문이다.

일치성은 내담자에 대한 반응으로 상담자가 체험하고 있는 것을 간명하게 나타내 주므로 상담자의 작업에 대한 신비성을 제거한다. 이는 상담자가 복잡하고 위협적인 해석이나 내담자의 병리에 대한 이론을 마음에 품고 있지 않다는 것을 보여 준다. 이는 상담에서 은밀한 비밀을 없애고 상담자와 내담자가 같은 현실을 공유한다는 것을 보증한다. 일치성은 건강한 인간관계와 신뢰를 발전시키는 데 있어 매우 기본적인 것이므로 그것을 과소평가하는 도움은 어떤 것이라도 의심을 해 봐야 한다. 상담자의 불일치는 이미 취약성이 있는 누군가에게 분명 손상을 입히는 것이 될 수 있으므로 내담자를 위해 온전히 그리고 정직하게 현존하는 것이 상담자의 직업적 의무다. 일찍이 이 장에서 우리는 한 질문을 제기했는데, 지금 바꾸어 질문해 볼 것이다. '내담자에게 반응함에 있어 내가 나 자신으로 온전히 될 수 있는가?' 우리는 〈글상자 6-8〉의 상담자 일치성의 중요성을 한 내담자의 시각에서 본 내용으로 이 장을 마치려 한다.

 〈글상자 6-8〉 내담자에게 반응하면서 내가 나 자신으로 온전히 될 수 있는가

상담이 종결되고 얼마 후 내담자가 자신의 상담자에 대해 회고하고 있다.

그녀는 언제나 거기 있었고, 언제나 깨어 있었고, 항상 존재했어요. 처음에는 그녀가 나한테 관심이 있을 거라고 믿지 않았어요. 그러니까 그녀가 진실할 거라고 믿지 않았죠. 아무도 나에게 관심을 가져 주지 않았어요. 내가 그녀를 신뢰하기까지 오랜 시간이 걸렸어요. 그러나 우리가 만날 때마다 그녀는 무척 믿음직스러웠어요, 정말로. 그녀는 나한테 짜증을 내곤 했는데 그때마다 짜증이 난다고 말했고, 그러고는 괜찮았어요. 가끔 나도 그녀에게 짜증이 나곤 했고 그 또한 괜찮았어요. 사람들이 이따금 서로에게 질리는 것과 비슷한 그런 거죠, 그렇죠?

공감, 무조건적인 긍정적 존중, 일치성의 복잡한 내용을 살펴보면서 우리는 치료과정의 여러 지점에서 사례를 인용하여 설명했다. 이제 여러 단계에서 발생하는 문제를 체계적으로 조명하는 과정을 거치는 일이 남아 있다. 그러한 여정을 시작하는 필연적인 지점은 상담의 시작 단계다.

제7장

'시작'

힘겨루기
내담자가 기대감을 갖고 도착하다
초기의 순간
신뢰 구축
위장과 단서
시작 단계의 종결
구조와 계약
금전 문제
요약
사례 연구 I

◉ 힘겨루기

우리 대부분은 도움이나 정보를 구하러 갔다가 접수대에서 일하는 사람에게서 한 번 이상 당황스러운 경험을 한 적이 있을 것이다. 아주 전형적인 이런 당황스러운 상황을 볼 것 같으면, 대기실은 날짜가 지난 잡지로 가득 차 있고, 아주 불친절하며, 예정보다 30분이나 지나도 사람은 보이지 않고 인터콤을 통해 오른쪽에 있는 두 번째 방으로 가라고 말해 준다. 그 지시를 따라 닫혀 있는 문 앞에 도착한다. 머뭇거리다 노크를 하지만 반응은 없다. 다시 노크하자 짜증 섞인 목소리로 들어오라고 명령한다. 안으로 들어가자 책상에 앉아 메모지 위에 무언가를 쓰고 있는 한 사람과 마주하게 된다. 몇 분간 더 무시당한 후 그 사람이 고개를 들어 쳐다보며 팔로 손짓하면서 책상 앞에 있는 불편한 의자 앞으로 부른다. 이쯤 되면 매우 심각하게 위축되어서 우리는 왜 이곳에 왔는지 거의 기억할 수 없게 된다.

방금 묘사한 과정은 극단적인 예이지만 권력 남용의 적나라한 형태를 보여 준다. 심지어 오늘날 일부 상담 전문가의 사무소에서도 만연하게 행해지고 있다. 인간중심 상담자에게 있어 중요한 관심사는 무의식적으로 이런 유사한 덫에 빠지지 않는 것이다. 1장에서 본 것처럼, 인간중심 상담자의 행동과 태도는 권위 추구나 타인의 통제를 거부하고 힘의 공유를 추구하는 것이 중요하다는 믿음을 통해 바람직하게 결정된다. 내담자를 따뜻하게 맞이하며 첫 만남에 대한 믿음을 갖는 것의 함의는 중요한 것이고, 상담자와 내담자 사이의 상호작용뿐 아니라 상담이 이루어지는 환경의 모든 양상과도 관계가 있다. 권력 힘겨루기(게임)는 말과 목소리 톤에서 나오는 것 못지않게 책상과 의자에서도 나올수 있다. 스스로에게 다음과 같은 질문을 해 보는 것이 상담자에게는 유익하다. '내담자가 나를 만나기 위해 어떠한 과정을 거쳐야 하고, 그 과정에서 내담자가 받는 메시지는 무엇인가? 〈글상자 7-1〉은 제기될 수 있는 그런 고찰 사항 중 몇 가지를 요약하고 있다.

 〈글상자 7-1〉 나의 상담 서비스가 주는 메시지는 무엇인가

- 나의 서비스에 대한 문서 자료는 얼마나 온정적이고 반기는 것인가?
- 그것이 나의 권위를 과장하는가?
- 나의 자동응답 메시지가 타인에게는 어떻게 받아들여지는가?
- 내게 웹사이트가 있다면 그것이 정보만큼이나 호의도 전달하는가?
- 내 대기실이 말해 주는 것은 무엇인가?
  - 내 잡지처럼 내가 구식이라고 하는가?
  - 내 서비스가 대기실의 가구처럼 조잡하다고 하는가?
  - 우리가 대기실에 싱싱한 꽃을 놓아둘 정도로 충분하게 그 환경을 좋아한다고 하는가?
  - 나의 정보 게시판은 그것이 필요한 내담자를 충족할 정도로 충분히 최신식이고 흥미로운가?
- 접수자는 내담자에게 어떻게 반응하는가?
  - 그/그녀는 온정적인가?
  - 그/그녀는 내담자가 정말 그곳에 있는 것이 좋다고 느낄 정도로 그들을 돕는가?

-그/그녀는 혼자 있을 필요가 있는 내담자와 약간의 주의가 필요한 내담자에게 똑같이 신경을 쓰는가?
-그/그녀는 위기에 처한 내담자에게 반응할 수 있는가?
-그/그녀는 자신이 나의 일을 중단하게 할 정도로 중요한 상황의 종류에 대해 알고 있는가?
-그/그녀는 나의 돌봄과 주의가 더 많이 필요한가?
• 내 상담실은 내담자에게 무엇을 말해 주는가?
-그것이 따뜻함을 전달하는가, 아니면 차고 냉정한 분위기를 전달하는가?
-내 자격증은 왜 벽에 걸려 있는가?
-그것이 나나 내담자에게 얼마나 먼 곳에 있는가?
-그것은 자신감을 주는가?
-아니면 그것은 내가 전문가라는 것을 내담자에게 상기시켜 주는가?
-그 밖에 내 방이 (포스터, 그림, 책 등을 통해) 나에 대해 알려 주는 것은 무엇인가?
-그것은 괜찮은가?
-타인보다 더 편안하고 더 높다는 의미에서 분명히 '내 것'인 의자가 있는가?
-나와 내담자 사이에 다른 탁자나 장애물이 있는가?
-과도하게 가깝지는 않아도 모든 속삭임을 들을 수 있을 정도로 충분히 가깝고, 또한 과도한 단절 없이 접촉할 수 있다고 내담자가 느낄 수 있게 가구가 배치되어 있는가?

🌸 내담자가 기대감을 갖고 도착하다

새 내담자를 기다리고 있는 상담자가 최초 만남의 경험에 대해 개방성을 유지하는 데 어려움을 겪는 것은 당연하다. 여기에는 많은 이유가 있지만 사전 정보가 주요한 방해물로 나타날 때가 간혹 있다. 비록 그러한 정보가 제한적일지라도 그 영향력으로 인해 마음이 산란해지고 해로운 것이 되고 만다. 상담자는 잠재적 내담자와 전화로 대화를 했고, 이것이 거부감이나 호감의 씨앗을 뿌리거나 혹은 '진단'의 시작이 되었을 수도 있다. 상담자가 기관에 종사할 경우라면 내담자의 주소나 위계상의 직급 또는 지위가 상담자에게 환상을 불러일으키거나 자극할 수도 있다. 무엇보다도 가장 어려운 것은 내담자가 다른 사람이나 기관을 통해 의뢰를 받아서 상담자가 상세한 의뢰 문서나 내담자와 그의 과거에 대한 전체 관련 서류까지도 소유하고 있는 경우다. 그러한 혼란스럽고 많은 사전 정보에 직면하면 상담자는 열린 마음으로 내담자를 받아들이는 데에 심각한 문제를 경험할 수 있고, 종종 내담자의 무능력이나 좌절에 대한 타인의 판단과 왜곡된 시선을 통해 그를 보게 된다. 그래서 매우 숙련된 인간 중심 상담자조차 잠재적 내담자에 대한 타인의 판단에 귀를 막고 눈을 감는 기술을 키우고, 보통 단편적이고 비현실적인 자료에 근거한 자신의 미성숙한 느낌을 멀리하려고 노력하기도 한다. 의뢰 편지와 서류는 주의를 기울여 다루고 기술적으로 읽을 필요가 있다. 그 서류는 내담자가 알아주길 기대하는 중요한 정보를 담고 있을 수도 있다. 하지만 상담자는 사실을 의견과 분리하며 그 내용을 구별하는 능력—실제로 보기보다 더 어려운 작업이다—을 개발할 필요가 있으며, 내용으로 인해 내담자를 만나기도 전에 어떤 선입견을 가져서는 안 된다.

내담자가 상담과 상담자에 대해 갖는 기대는 많고도 다양하며, 또 많은 기대가 상담자 자신의 상담에 대한 이해와 많이 다를 수 있다. 일부 내담자는 무엇을 해야 할지를 들으며 권위적인 조언을 받을 것을 기대하고 올 수 있다. 또 어떤 내담자는 그 문제의 진단을 이끌어 내는 질문 공세를 기대할 수도 있다. 하지만 또 다른 이들은 치료적 게임에 익숙해 있기 때문에 거의 도움을 기대하지 않지만 그 낮은 가능성에도 불구하고 여전히 이번 상담자는 다를지도 모른다는 희망을 가지고 온다. 상담자는 내담자의 기대에 대한 어떤 가정도 할 수 없지만, 치료적 관계의 초기에 어느 정도 드러나고 탐색되지 않는다면 계속해서 그 이후에도 심각한 어려움이 있을 것이라고 확신할 수 있다. 상담자가 새 내담자를 처음 맞아 상담실의 문이 그들 뒤에서 닫힐 때 개방적이고, 주의를 기울이고, 수용적이고, 가정을 하지 않는 것의 모두가 상담자의 바람직함이라고 다시 한 번 지적한다.

🌸 초기의 순간

상담자는 친숙한 장소에 있지만 내담자는 그렇지 않다. 상담자는 자신의 방을 상세하게 알지만 내담자는 처음으로 그곳에 왔다. 상담자는 상담 활동에 정통하지만 내담자는 완전히 무경험자다. 상담자는 자신의 경험과 지식으로 안정감을 갖지만 내담자는 취약하며 고통스러운 상황일 수 있다. 요컨대, 이 시작의 순간에서 이것은 대단히 불평등한 만남이다. 상담자는 내담자가 규칙을 알지 못하는 어떤 게임에서 거의 모든 카드를 쥐고 있는 셈이다. 인간중심 상담자에게 이 분명한 권력의 불균형은 시급히 다루어야 할 문제다. 내담자는 그가 모든 상황에 대한 통제권을 포기한 것이라기보다는 자신이 복종하고 의존하는 것 외에 선택의 여지가 없는 열등한 입장에 자신을 몰아넣게 된다는 사실을 인식해야 한다. 상담자는 그런 권력 불균형을 시정하기 위해 모든 것을 하려고 최대한 애쓸 것이다. 상담자는 온정과 평등의 신호를 주는 자신만의 개인적 방법을 개발한다. 그 예로, 저자 중 한 사람은 일본의 다도(tea ceremony) 경험에서 영향을 받았고 그 이후 그는 회기를 시작할 때 내담자의 위기가 아주 긴급하지 않다는 것이 확실하면 반드시 모든 내담자에게 따뜻한 음료를 제공한다. 내담자에게 차나 커피를 따라 주는 것이 최초의 무조건적인 선물이고 존중의 표시가 된 것이다. 손이 닿는 곳에 물 한잔을 주는 것도 신중함과 배려를 보여 준다.

시작할 때 속도는 중요하다. 서두르지 않는 것은 한숨 돌릴 여유가 있음을 나타내면서 긴장을 완화하도록 유도할 수 있다. 상담자가 처음 하는 말이 내담자의 시간이 되고, 내담자의 필요에 의해 그 시간을 이용할 자유가 있음을 더 강화하는 경향을 띠게 된다. 상담자는 내담자가 맞춰야 하는 미리 짜인 계획이나 구조를 가지고 있지 않다. 이 처음의 기회에서 함께 보낼 수 있는 시간의 길이만이 유일한 구조가 될 수 있고 상담자가 그것을 명료화하는 것은 당연하다. 그리고 나서 일단 내담자가 의자를 선택하고 기대감을 갖고 앉으면 상담자가 시작할 것이다.

이제 우리에겐 약 50분이라는 시간이 있습니다. 제가 어떻게 도움이 될 수 있을까요?

물론 때로는 어떤 서론도 필요하지 않고 내담자가 갑자기 눈물을 흘리거나 아마 며칠 동안을 자제해 왔을 말을 쏟아내면서 시작할 수 도 있다. 이런 일이 발생하면 상담자는 내담자를 충분히 배려하고 그가 이끄는 곳으로 따라가는 것에 만족할 것이다. 상담자는 상호작용에서 개입하려 하거나 자신의 구조를 강요하려고 시도하지 않을 것이다. 몇 년 전에 저자 중 한 명은 첫 면담을 시작하고 처음 몇 초 안에 울기 시작한 어린 여학생을 만난 적이 있었다. 그녀는 이후 40분 동안 계속 울었다. 상담자는 그저 주의 깊게 기다렸고 몇 분 후 부드럽게 내담자의 손을 잡고 가만히 있었다. 40분이 지나자 그 소녀가 눈물을 그치고 고개를 들며 "고맙습니다. 이제 훨씬 기분이 좋아졌어요."라고 말했다. 그리고 그녀는 상담자가 한마디도 하지 않았음에도 그곳을 떠났다.

때로는 내담자가 시작하는 첫말이 상담과정에 대한 자신의 기대나 기대감결핍을 드러내는 경우도 있다. "제가 어떻게 도와줄까요?"라는 개방형 질문에 대해 내담자가 "잘 모르겠습니다. 아마도 당신이 노와줄 수 없을 겁니다." "당신이 제게 조언을 해 주었으면 합니다." "저는 단지 제가 장기적인 안목을 가지도록 도와줄 누군가가 필요합니다." "저는 상담자를 만나 본 적이 없습니다. 당신이 하는 일이 무엇입니까?" 혹은 "저는 지금 한계를 느낍니다. 누군가 저를 도와주어야 합니다."와 같이 대답하는 것도 당연하다. 그 대답이 어떤 것이든, 상담자는 내담자의 기대와 욕구에 주의하고 그것을 이해하려는 의도를 가지게 될 것이다. 필요하다면 내담자의 부적절하거나 실현될 수 없는 기대를 부드럽게 고쳐 줄 것이다.

그 반응이 수백 가지 다른 형태를 취할 수 있겠지만, 인간중심 상담자의 임무는 언제나 같다. 내담자를 '동등하게' 대하고, 내담자가 절대적인 관심을 받을 가치가 있고 또 상담자가 내담자를 이해하기 위해 할 수 있는 모든 노력을 마땅히 받을 수 있고, 내담자가 동료인 한 인간으로 인식되어 그 이유만으로 상담자가 내담자를 수용하고 정직하게 대해야 하는 존재임을 내담자에게 보여 주는 것이다. 이것이 최우선 임무라는 관점에서 위에 인용된 내담자의 시작 진술에 대해 상담자가 제공할 수 있는 다양한 반응을 찾아내는 것이 유익하다. "글쎄요, 아마도 당신은 말을 꺼내지 못할 수도 있습니다. 당신은 사실 제가 도움이 될 거라는 확신을 못하고 있군요." 혹은 "당신은 다가올 것에 대해 당신 마음속에 의심을 품고 있습니다."

이 두 가지 반응은 모두 상담자의 주요 관심은 내담자가 한 말을 사실상 상담자가 들었다는 것을 암시하는 것이고, 그런 초기 단계에서 상담자 자신의 치료계획을 세우거나 단지 안도감을 쉽게 제공하는 것과는 관련이 없음을 보여 준다.

"나는 당신이 제게 조언을 해 주었으면 합니다."라는 말은 상담자에게 더 어려운 문제를 제기한다. 상담자는 자신이 조언을 해 주는 일을 하는 것이 아니며 그런 역할에 놓이는 것이 역효과가 날 수 있음을 안다. 동시에 상담자는 내담자가 반사적인 비난으로 받아들이게 될 반응에 대한 위험을 감수하고 싶지 않을 수도 있다. 상담자는 다음과 같은 대안적인 반응을 할 수 있다 "당신은 어떤 안내가 필요하군요." 혹은 "무엇이 앞으로 나아갈 수 있는 길인지 아마도 우리가 함께 알아볼 수 있겠네요." 혹은 대개의 경우 상담자는 그 말을 단지 딱딱한 분위기를 푸는 것으로서 간주하고 그저 고개를 끄덕이거나 미소를 지을 수도 있다. 만일 내담자가 상담자의 전문적인 조언을 기대하거나 자신이 해야 할 일을 말해 줄 것이라고 기대하는 것이 명백한 경우, 상담자는 이런 기대를 상담이 진행되는 가운데 원만하게 해결할 필요가 있다.

"나는 그저 이 일을 바르게 이해하도록 도와줄 누군가가 필요합니다."라고 시작하는 내담자는 상담자에게 역할 문제에 대한, 혹은 진술 안에 은연중에 감춰진 내용에 반응해야 할지 말지에 대한 딜레마를 제시한다. 혹은 실제로 두 가지 모두에 대해 "당신이 더 분명하게 볼 수 있도록 제가 도와드리면 좋겠습니다."라는 상담자의 말은 내담자가 요구하는 듯이 보이는 바를 있는 그대로 비춰 주는 거울이 되려는 상담자의 자발성을 가리킨다. "당신은 다소 과하게 느끼고 있습니다."라는 말은 객관적인 균형을 잃어버린 내담자의 두려움을 인정하는 것이다. 반면에 "아마도 우리는 함께 당신이 잃어버렸다고 느끼는 그 균형을 찾는 노력을 할 수 있을 것입니다."라는 말은 내담자 진술의 두 가지 측면에 대처하려는 시도다.

이미 상담자가 나타낼 수 있는 반응 중 일부에서 평등이라는 중요한 문제가 암시되었다. 정직과 명료함을 위히어 가급적 신속하게 상담자는 내담자의 인생에서 전문가의 역할을 떠맡을 것이라는 환상을 쫓아내고 싶을 것이다. 그 필수적인 일을 함께 떠맡기 위해서 협력과 '나란히 가기(coming alongside)'라는 개념을 설정하는 것이 필요하다. 항상 그렇듯 상담자는 주어진 순간에 민감해지고 이 역할 문제에 대한 선입견이 내담자의 더 긴급한 욕구를 잔인하게 짓밟지 않도록 노력해야 한다. 예를 들어, 내담자가 전신을 떨고 두 단어를 거의 연결할 수 없는 상황에서 상담자가 함께 작업하는 것에 대해 설교를 하는 것은 가장 어리석은 일일 수 있다.

상담 초기에 역할과 임무에 대한 정의를 요구하는 내담자는 실제로 드물고, 여러 가지로 그런 내담자는 상담자의 꿈일 뿐이다. 물론 이론적으로는 모든 내담자가 그 기관의 광고 자료나 상담자가 하는 작업에 대한 광고 내용을 읽었다면 오기 전에 이 문제를 제기했어야만 했다. 그러나 실제로 그런 사람은 거의 없고, 있다고 해도 자신과 상담자의 관계에 대한 함의를 거의 내면화하지 않는다. 따라서 "나는 상담을 받아 본 적이 결코 없습니다. 내가 무엇을 해야 합니까?"라고 말하는 우발적인 내담자에 대한 있음직한 반응은 숙고해 볼 만한 가치가 있다고 본다. 거의 항상 그러하듯이 상담자가 많은 선택권을 가지고 있다. 상담자는 질문 뒤에 숨어 있는 감정에 대해 반응하려고 할 것이다. "제가 일하는 방식에 대해 아시는 게 중요합니다." 혹은 상담 초기에 있을 수 있기 때문에 그것을 곧이곧대로 받아들여 대답하려고 시도하는 것이 나을 수도 있다. 게다가 상담자는 내담자가 이 문제를 철저하게 탐색하고 싶은 것인지 확인하기 위해 "우리가 시작하기 전에 당신은 그 일에 대해 어느 정도 말하고 싶은 겁니까?"라고 물어볼 수도 있다. 만일 상담자가 두 번째 대안을 선택한다면 "제 임무는 당신이 문제를 좀 더 분명하게 이해하기 시작할 수 있게 당신 마음속에 있는 것을 표현하도록 돕는 거라고 생각합니다. 그리고 저는 당신에게 무슨 일이 일어나고 있는지 이해하려고 노력하는 데 정말 관심이 있습니다."와 같이 말할 수도 있다. 그런 반응은 아주 간결한 방식으로 많은 중요한 문제를 다루게 된다.

먼저 상담자의 도움으로 보다 명료함을 가지고 나아감에 있어서 내담자의 책임을 확고하게 강조한다. 두 번째, '마음속에 있는 것을 표현하는' 것이 반드시 쉬운 것도 아니어서 숙련된 도움이 필요할 수 있다는 인식이다. 세 번째, 상담자의 마지막 발언은 이해하는 것에 대한 엄청난 중요성을 강조하고 있고, 상담자가 이러한 임무에 헌신하려는 준비가 되어 있음을 가리킨다(예; '정말 관심이 있습니다.'). 만약 내담자가 상담 작업 시작 전에 미니 세미나(mini-seminar) 같은 것을 하고 싶어 함을 분명히 말한다면, 상담자는 자신이 바라는, 그들이 성취할 수 있는 관계의 본질에 대해 더 자세히 이야기하고, 삶의 도전에 대처하는 내면의 자원을 발견하도록 하는 개개인의 능력에 대한 상담자의 핵심 신념에 대해 이야기할 가능성이 있다. 상담자는 또한 그들 모두에게 필요하고 적절한 듯 보이는 한 자신이 내담자 옆에 기꺼이 머무르겠다는 의도를 명료하게 진술할 수도 있다. 분명하고 거리낌없이 상담자는 상담관계의 모든 측면과 교육이 필요한 활동에 대해 내담자에게 설명할 것이다. 상담자는 전문적 연막(smokescreen) 뒤로 물러서거나, 심리치료 관련 전문용어나 신비스러운 분위기로 내담자를 구슬려서 이용할 의도가 전혀 없음을 분명히 하려고 애쓸 것이다. 반대로 상담자의 메시지는 상담과정에 대해 자신이 가능한 한 정직하고 투명하고 싶어 한다는 것, 그리고 처음부터 정직하고 투명한 것을 내담자가 원하는 것 같다면 그것을 전달하기 위해 어떤 일도 할 준비가 되어 있다는 것이 될 것이다. 저자 중 한 사람(Thorne)은 심지어 이 책의 이전 판의 한 장(chapter)에서 상담 작업 전에 어떻게 준비해야 하는가에 관심을 가졌던 어떤 내담자에 관한 내용을 다루고 있다.

❀ 신뢰 구축

상담 '시작' 단계의 지속 시간은 상담을 시작할 때 내담자의 '준비성(readiness)'과 직접적으로 관련되어 있다. 일부 내담자는 자신의 삶을 책임질 준비가 되어 있고 알지 못하는 과정을 기꺼이 신뢰할 수 있을 때 상담에 온다. 다른 내담자는 이러한 책임감과 신뢰가 잘 형성되기 전에 이 과정에 착수할 수도 있다(〈글상자 7-2〉 참조).

 〈글상자 7-2〉 상담에서 내담자의 준비 상태

내담자의 낮은 '준비 상태'를 나타낼 수 있는 다섯 가지 요소가 있다. 이 중 어떤 것도 상담을 불가능하게 만들지는 못하지만, 그런 요소의 유무로 인해 상담과정의 시작이 길어지거나 짧아질 수 있다.

- 변화를 원하는 것에 대한 우유부단함: "지나치게 혼란을 일으키는 게 아니라면 파트너와의 관계가 달라지길 원해요."
- 타인에 대한 일반적인 신뢰 부족: "사람들은 나를 돕고 싶다고 말하지만 사실은 자기 자신을 돕고 싶은 거지요."
- 자신의 인생에서 대한 책임을 지기 싫어함: "그건 나와 상관없어요. 내가 이런 일을 하는 건 우울증 때문이에요."
- 상담에서 책임을 지기 싫어함: "나를 치료하는 건 당신의 일이에요. 이제 시작하세요!"
- 감정을 인식하거나 탐색하기 싫어함: "예, 그게 슬프지만 나쁜 감정에 초점을 두는 건 아무 소용이 없었어요."

신뢰 구축에는 마술 같은 공식은 없고 단지 두 가지 일반적인 규칙이 있다. 즉, 그 과정이 결코 서둘러 될 수는 없고 상담자는 늘 중요한 조건을 지속적으로 제공하며 치료적 관계에서 권력의 동등화를 위한 헌신적인 태도를 보인다. 내담자의 '준비성'은 치료적 관계에서 신뢰가 발달되어 가는 속도에 영향을 줄 것이고, 이 신뢰의 구축과 유지는 착수하는 작업의 수준과 질을 결정하게 되는 것이다. 이 장의 후반에 시작되는 우리의 사례 연구에서는 내담자의 '준비성'이 아주 좋았기 때문에, 상대적으로 부족한 상담자의 작업에도 불구하고 두 사람 모두 단지 두 번째 상담에서 깊은 친밀감에 휩싸이게 되었다. 다른 경우에는 몇 주나 몇 달이 걸려서야 충분히 신뢰가 쌓이기에 비틀거리며 첫걸음을 앞으로 내딛게 된다.

앞서 제시했던 "이제 우리에겐 약 50분이라는 시간이 있습니다. 제가 어떻게 도움이 될 수 있을까요?"라는 시작 진술은 이미 권력의 불균형과 담합하는 것이다. 상담자는 도움을 주기 위해 그곳에 있고 내담자는 도움을 받는 사람이라는 생각은 우월/열등 방정식의 분위기를 띤다. 어떤 내담자는 내담자에 관한 한 이런 목적에 부합한다. 〈글상자 7-3〉은 다양한 다른 가능성을 보여 주는데, 이 모든 가능성은 역할 개념에 대한 암시를 나타내는 덫을 철저하게 피하려고 애쓰는 동시에 아직은 알지 못하는 한 동료 인간에 대해 환영하며 비임상적인 초대를 하는 것이다.

〈글상자 7-3〉에 나타나는 모든 반응은 한 요소를 공유한다. 그러한 반응은 잡담을 피한다. 날씨 얘기를 하거나, 상담에 오기 위해 내담자가 어떻게 왔는지 언급하거나, 국내 상황에 대해 얘기함으로써 내담자를 편하게 하려는 시도는 전혀 하지 않는다. 아마도 그런 전략

〈글상자 7-3〉 상담자의 다양한 시작 진술

1. 이제 우리에겐 약 50분이 있습니다. 이 시간을 우리가 어떤 식으로 함께 사용하는 게 좋을까요?
2. 아, 그것 때문에 여기에 오셨군요. 이제 우리가 사용할 수 있는 시간은 약 50분입니다.
3. 우리가 함께할 시간이 50분 정도 있습니다. 무엇 때문에 여기 오셨는지 알려 주세요.
4. 어디서부터 시작하는 게 좋겠습니까? 이제 우리에겐 50분 정도 있는데요.
5. 준비가 되면 당신이 원하는 곳에서부터 편하게 시작하세요.
6. 당신은 저의 충분한 관심을 받고 있습니다. 우리가 가진 시간을 어떻게 사용하고 싶은지 제게 알려 주시면 됩니다.
7. [미소 지으며] 그럼 이제 그건 모두 당신의 몫입니다. 어디서부터 시작하면 좋을까요?
8. [미소 지으며] 제가 당신에게 어떻게 도움이 될 수 있을까요?

에 의존하는 경우가 매우 가끔 생길 수 있지만, 대개의 경우 한순간의 숙고를 통해 내담자의 주요 관심사가 상담하러 온 이유에 대한 탐색을 빨리 시작하는 것임이 드러난다. 그런 상황에서 날씨나 기타 관계없는 말을 나누는 것은 보통 걱정과 긴장을 완화하기보다는 배가하고 시작 단계에서 피상(superficiality)의 부적절한 규준을 설정하게 된다.

즉시 시작하고 모든 잡담을 피하는 것은 위기에 처한 내담자의 경우에 분명히 중요하다. 내담자의 반응인 "나는 한계를 경험하고 있어요. 누군가 나를 도와주어야 해요."는 그런 위기에 처한 내담자의 한 예다. 이러한 시작 진술을 접할 때 상담자는 깊이 공감하는 자세로 즉시 바꿔야 할 필요가 있다.

위기의 내담자는 무엇보다도 자신의 감정이 수용되고 이해받고 있다는 것, 그리고 상담자가 아주 진지한 태도로 그를 대하고 있다는 것을 알기를 원한다. 물론 이것은 상담자 자신도 그 위기에 휩쓸려야 한다는 의미는 아니다. 실제로 공감적 이해 자체가 미치는 영향은 위기를 해소하며 그 속도를 완화하고 내담자가 겪을지도 모르는 스스로를 무능하다고 여기게 만드는 불안과 공포감을 어느 정도 경감한다.

여기에서 발생하는 깊이 이해받는 경험과 동료애는 그 자체로 위기가 될 수 있는 압도적인 무력감과 공포에 강력한 해독제가 된다. 상담자의 공감 능력이 시작부터 잘 준비되어 있을 때 위기의 내담자가 상담과정에 더욱 신뢰를 부여하는 경향이 있다. 〈글상자 7-4〉

📖 〈글상자 7-4〉 **위기의 내담자와 공감적 시작**

상담자: 제가 어떻게 도움이 될 수 있을까요?

내담자: 16세인 제 아들이 교통사고로 죽었습니다. 어제요. 나는 그저 그 사실을 받아들일 수가 없어요. 미칠 것 같아요. 악몽에 시달려요.

상담자: [내담자의 무릎에 손을 얹고] 당신은 그저 당신에게 일어난 너무 끔찍한 일에 어떻게 대처해야 할지 모르시는 거군요. 당신은 지금 미칠 것 같다고 느끼시는군요.

내담자: [흐느껴 울면서 상담자의 팔에 쓰러진다.]

는 그런 시작을 예증하고 있다.

이런 극적이고 공감적인 교류로 첫 회기를 시작하는 것은 내담자를 높은 자기 노출(self-disclosure)로 이끄는 강렬한 관계로 빠르게 발전시킬 가능성이 높다. 실제로 상담자가 정확하게 공감하면 할수록 그것이 발생할 가능성은 더 높아진다. 관계가 급속히 빠른 속도로 진전될 때는 위험이 있는데, 내담자는 자신이 수치를 모르고 품위 없는 경솔함으로 스스로를 너무 노출하였다고 느끼게 된다. 숙련된 상담자는 이런 가능성에 주의하고 내담자에게 그런 감정에 대해 미리 주의를 줄 수 있다. "우리는 오늘 많은 것을 공유했고, 당신은 나에게 매우 개방적이었어요. 당신이 너무 많이 말했다고 느낀다면 내가 괜찮다고 생각함을 당신이 알았으면 해요. 난 마음 깊숙한 곳의 감정을 개방한 것이 옳았다고 확신해요." 관계에서의 신뢰 구축은 섬세하고 복잡한 과정이며, 부적절한 수치심은 그 치료 동맹에 큰 방해물이 될 수 있다.

위기의 내담자와 뚜렷하게 대조를 이루는, 모든 분야의 정신과 상담 서비스를 받았을지도 모르는 '냉담한' 내담자는 아주 다른 방식으로 상담자에게 도전을 준다. 그런 사람은 진정성이 없음(inauthenticity)을 분별하는 데 재빠르고 기계적인 상담 기술의 응용에 아주 익숙할 소지가 있다. 요컨대, 내담자는 비방어적인 방식으로 임하려는 상담자의 진정성과 기꺼이 하는 마음(willingness)을 평가하는 데 관심을 갖게 된다. 그런 내담자가 때로 냉소적이고 공격적으로 보일 수 있는 것도 놀라운 일이 아니다. 〈글상자 7-5〉는 시작 시점부터 상담자의 일치성을 시험할 수 있는 전형적인 시작 대화를 보여 준다.

〈글상자 7-5〉 '냉담한' 내담자와 일치성의 시작

상담자: 이제 우리에겐 50분의 시간이 있습니다. 어떻게 시작하고 싶으세요?

내담자: 치료 시간 말인가요?

상담자: 맞습니다.

내담자: 무엇부터 시작할지는 신만이 아시죠. 사람은 모두 같아요. 당신은 내가 그 지독한 일을 모두 하기를 기대하는군요.

상담자: 다소 거친 말로 느껴지네요. 당신은 겨우 30초 동안 나를 알았을 뿐인데요. 하지만 당신은 상담자가 모두 게으른 사람이라고 생각하는군요. 당신에게 그 어려운 모든 일을 하라고 누가 강요하나요?

내담자: 그 비슷한 거라고 생각해요. 하지만 인정하세요. 당신은 내게 어떤 대답도 주지 않을 거잖아요, 그렇죠?

상담자: 그건 아니라고 보지만 어떤 대답을 찾기 위해 당신과 고군분투할 가능성을 즐기기 시작하려고 합니다. 당신이 기꺼이 위험을 감수한다면 나는 한번 시도해 볼 용의가 있습니다.

이런 내담자에게는 진정한 공감도 인위적이고 형식적인 것으로 보일 수 있고, 상담자는 자신의 감정과 확실하게 접촉을 지속하면서 그 감정이 투쟁적이고 비수용적인 것 같아도 그것을 표현할 준비가 잘되어 있을 것이다. 냉담한 내담자는 간혹 자신에게 진정한 관심을 보이지 않는 상담자나 그 상담 역할 뒤에 계속 숨어서 무서워하는, 정체불명의 인물로 사라진 상담자를 경험해 왔다. 무엇보다도 그들은 자신의 명백한 공격성이나 공공연한 냉소주의에도 흔들리지 않을 정도로 충분히 강한 정체성을 가지고 있고, 자신에게 개방적이고 솔직할 준비가 되어 있는 상담자를 찾고 있다.

일부 내담자는 처음 상담을 받기 시작할 때 자기 파괴에 가까운 자기 거부의 성향을 띤다. 그들은 무가치하고 거부당하고 희망이 없다고 느낀다. 그런 경우에서 두드러지는 것은 상담자의 무조건적인 긍정적 존중의 태도다. 이것은 공감과 일치성은 상관이 없다는 뜻이 아니다. 심하게 자기 거부를 하는 내담자의 경우 신뢰 조성을 위한 가장 적극적인 요소는 단지 상담자의 온정과 무조건적인 존중일 것이다. 상담자가 그런 태도를 몇 주에 걸쳐 보여 주면 내담자는 그것이 강하고 영속적인 것이라고 어렴풋이 느끼기 시작한다. 그런 내담자는 간혹 상담자의 인내와 온정이 바닥나서 자신이 그 밖의 다른 곳에서 적극적으로 도움을 찾을 것을 상담자에게 요청받는 것이 시간 문제일 뿐이라는 것을 두려워한다. 마침내 이런 일이 발생하지 않을 것이라는 생각이 들 때, 처음으로 자기 부정의 수렁에서 벗어나려는 시험적인 움직임을 위한 준비가 된다. 그들은 최소한 자신에 대한 상담자의 수용이 하나씩 싹틈을 이해할 수 있다. 저자 중 한 사람은 그의 사무실 벽에 아주 호기심 많은 내담자가 볼 수 있게 Richard Church가 쓴 주목할 만한 시를 써놓곤 했는데, 그 시는 "기다림을 배우는 것은 내 인생을 소모한다. 소모하고 그만큼 양육한다."로 시작한다. 그리고 이 '기다림을 배우는 것'이라는 훈련은 자기 거부를 하는 내담자를 마주했을 때 하나의 전제조건이 된다. 그런 훈련이 없다면 인간중심 상담자가 각 개인의 내적 자원에 대한 깊은 믿음에 근거하여, 몹시 괴로워하는 내담자와 신뢰성 있는 관계를 맺고 지속적인 온정과 관심의 무조건성을 진정으로 유지할 수 있는 가능성은 희박하다.

🌸 위장과 단서

인간의 내적 세계는 하나의 성역이라서 많은 내담자가 긴 숙고 후에야 입회를 허락한다는 것은 그다지 놀라운 일이 아니다. 내담자가 망설이며 솔선해서 더 깊은 단계로 옮겨 갈 때 다소 모호한 방식으로 그렇게 하는 것도 당연하다. 특히 관계의 초기 단계에서는 사실상 내담자가 이중 메시지를 주려는 것처럼 보일 수도 있다. 그런 행동은 쉽사리 이해할 수 있다. 내담자의 경우 상담자가 아직 드러나지 않은 요소에 효과적으로 반응할 수 있을지 확신이 없을 수 있기 때문이다. 내담자는 강렬한 감정이 많을수록 그 정제되지 않은 욕구와 공포 혹은 혼란과 폭력이 상담자를 쫓아버릴지 어떨지를 모른다. 내담자 자신의 그런 양상이 과거에는 다른 사람들을 쫓아 버렸을 것이다. 내담자가 채택할 수 있는 한 가지 전략은 일종의 '위장(disguise)'이다. 이런 행동은 '손해 보지 않으려고 양다리를 걸치는' 내담자의 욕구를 암시한다. 만일 상담자가 더 깊은 단계에서 충분히 반응하지 않는다면 자신이 상처입을 수 있는 결과로 인해 고통을 받지 않고 쉽게 물러날 수 있기 때문이다. 그런 과정은 보통 내담자로서는 완전히 의식적인 것은 아니다. 그것은 그저 내담자 의식의 경계를 넘어서는 것이다.

상담관계의 초기 단계에서 가장 일반적인 '위장' 가운데 하나는 내담자가 유머를 가장하여 중요한 메시지를 누설하면서도 명백한 경박함으로 그 말들을 포장하거나 웃음으로 얼버무리는 것이다. 그런 경우에 상담자에게는 그 메시지나 유머러스한 포장에 대한 반응을 선택하는 일이 남게 된다. 한 예로, 웃으면서 "나는 가끔 그것 때문에 우울해져요. 상상해 보세요, 우울한 나를!" 이라고 말하는 내담자의 경우를 들 수 있다. 이런 종류의 이중 메시지는 인간이 자기 방어에 얼마나 노련한지 그 증거를 보여 준다. 상담자가 더 깊은 수준으로 반응하지 못하거나 불충분한 방식으로 반응한다고 판명되면, 내담자는 그 위장으로 쉽게 되돌아가서 "제 말을 너무 진지하게 받아들이지 마세요. 전 그저 농담을 했던 거예요."가 주요한 메시지였음을 암시할 수 있다.

같은 범주에 해당되는 다른 일반적인 전략은 내담자가 아주 중요한 메시지를 전하지만 훨씬 덜 중요한 듯한 단어를 선택하면서 메시지를 전달하는 것이다. 이 '희석하는(diluting)' 단어의 선택은 매우 우울한 사람이 자신에 대해 '때로 조금 기운 없는 느낌이 드는 것'으로 말하거나 절망적으로 외로운 자신에 대해 "하지만 모든 사람이 때로 외롭다고 느끼니까 그게 실제로는 그렇게 나쁘지 않아요."라고 평가할 때 발생하게 된다. 위에 언급된 것처럼 몇몇은 매우 보편적이더라도, 우리 모두는 선호하는 특정한 위장 레퍼토리가 있고, 관계의 시작에서 상담자의 임무 중 하나는 새 내담자의 특정한 레퍼토리를 발견하는 것이다. 이것은 우리가 내담자의 '개인적 언어'를 통찰할 때 이미 설명했던 것의 한 양상이다(5장 참조).

때로는 그것이 더 깊은 단계로 나아가려는 내담자의 욕구를 암시하는 실제적인 말이 아니라, 이 중요한 변화가 이루어질 수 있음을 암시하는 어떤 비구어적 '단서'일 때가 있다. 부자연스럽게 긴 망설임이나 목소리 톤의 변화, 눈 맞춤의 회피 등이 그런 단서가 될 수 있다. 위장과 같은 방식에서 상담자는 그 단서를 받아들이거나 그러지 않을 기회를 갖게 되고, 내담자는 그 단서의 존재를 인정하거나 그러지 않을 수 있다. 흔히 미숙한 상담자는 단서를 알아채고도 더 깊은 단계로 나아가지 않으려고 결정하거나, 어쩌면 그 단서에 대처하는 상담자 자신의 능력이 의심스러운 영역으로 들어가는 것에 대해 두려움을 느낄 수도 있다. 더 일반적으로는 미숙한 상담자가 그 단서를 알아채고도 그것을 끝까지 추적하는 데 있어서 자신감을 갖지 못할 수도 있다. 상담자는 자신의 축적된 사회 경험을 신뢰하는 것을, 다른 말로는 자신의 감수성을 아직 배우지 못한 것이다. 혹은 상담자의 반응이 불충분하다고 결정하는 것은 내담자일 수도 있다. 어느 경우건 모두 더 표면적인 단계에 머물 수도 있다. 이와 같은 상호교환에 포함된 사회 기술은 정말 대단하다. 초대를 받는 것과 거절을 당하거나 진심으로 충분히 수용되지 않는 것, 그리고 이 모두는 인식할 필요가 전혀 없는 의사소통 단계에서 수행되어 왔다. 어떤 일이 일어나든 양측은 '체면'을 유지할 수 있고, 이것은 상담관계의 시작 단계에서 특히 내담자에게 중요할 수 있다.

🌸 시작 단계의 종결

이 장의 대부분은 상담의 초기 회기나 상담자와 내담자의 관계에서 벌어지는 초반의 순간과 관련이 있다. 하지만 지금쯤은 시작 단계가 보통 첫 회기를 넘어서까지 나아가고, 어떤 특정한 지속 시간으로 표현될 수 없음이 분명해질 것이다. 우리는 그 관계 내 신뢰 구축에 대해 많이 이야기했고, 아마도 이것은 결국 시작의 끝이 이르게 되는 시점을 결정하는 기준이 되어야 할 것이다. 알 수 없거나 일부만 알 수 있는 영역으로 나아가는 위험을 감수할 정도로 내담자 자신이 그 관계를 충분히 신뢰할 수 있다고 느끼는 그 단계에서 치료의 여정이 진행되고 상담자의 동료의식이 환영받고 승인받는 것이다. 우리가 본 것처럼, 어떤 내담자의 경우 그러한 지점은 30초가 지난 후에 도달될 수 있지만, 다른 내담자의 경우는 이 중요한 단계가 몇 주가 되어서야 완결된다. 신뢰가 발생하는 데 걸리는 시간은 천차만별이며 상담관계의 초반에 동의가 필요한 구조화에 중대하게 영향을 미친다.

❀ 구조와 계약

첫 상담 회기의 마지막에 상담자와 내담자는 다음에 무엇을 해야 할지의 문제에 직면한다. 해야 할 필요가 있는 유일한 일로 그 관계를 긍정적이고 만족스러운 결론으로 끌어가는 것도 물론 가능하다. 어쨌든 50분 동안의 면담에서 적절히 탐색될 수 있고 해결될 수도 있는 관심사와 문제가 일부 있다(Talmon, 1990). 첫 회기로 상담이 종결되는 이유는 상담자가 제공하는 것의 적절성에 내담자가 만족하지 않는 데에서 발생한다. 아마도 내담자는 좀 더 즉각적인 '해결'을 기대하거나, 상담자가 더욱 강력한 인물이기를 바라는 관계를 추구해 왔던 것이다. 이와 같은 문제는 초기 상담 동안 중요한 내용이 될 수 있지만, 그런 문제는 상담자가 시기상조라 여기더라도 조기 종결을 암시할 수도 있다(9장 참조). 그 일이 지속될 것 같으면 그 관계의 초기 단계, 첫 회기의 말미에서 이에 대한 함의를 완전히 다루는 것이 바람직하다. 그들이 착수하려는 서로에 대한 협력의 특성에 대한 의미를 이해하는 것이 내담자와 상담자 모두에게 중요하다.

인간중심 전통에서 항상 그런 것처럼 가능성 있는 각기 다른 많은 선택안이 있을 수 있고, 상담자는 절대 내담자에게 구조를 강요하지는 않되 그들이 함께 하는 일을 위해 상호 간에 수용할 수 있는 합의를 하는 것이 바람직하다. 상담자와 내담자가 구체적인 상담 회기 횟수에 대한 일시적인 계약에 동의하는 것은 일반적인 일이다. 예를 들어, 그들은 주 1회씩 4번을 더 만난 후 평가하자고 결정할 수 있다. 동의한 횟수만큼의 상담이 끝날 때 연장을 할지 말지 결정하는 사람은 상담자가 아닌 내담자임을 시작부터 명백히 하는 한 이런 종류의 합의에 대해 본질적으로 부적절한 경우는 전혀 없다. 상담에서 자신을 드러내는 많은 내담자는 타인에 의해 많은 거절과 부정을 경험해 왔기에, 4회기의 계약 제안에 대해 한 달 이상 그들을 상담하지 않기 위한 상담자의 정중한 거부로 해석하는 경향이 있다. 물론 연장을 할지 말지에 대해 내담자에게 궁극적인 결정을 남겨 두는 방침이 상담자가 평가해야 할 시점에 상담자 자신의 생각과 감정을 말할 권리를 상실한다는 뜻은 아니다. 관계가 비생산적이거나 성취될 것이 더 이상 없을 것 같다고 믿는다면 상담자는 그렇게 말할 것이고, 그때에는 상담자의 감정이 의사결정 과정에서 중요한 요소가 된다. 하지만 상담자는 자신이 옳고 자신이 내담자보다 더 잘 안다는 기본 가정에서 출발하지 않을 것이다. 우리의 경험상 내담자가 계속하기를 강력하게 바라거나 상담자가 종결을 강력하게 바라는 상황에서 그런 일시적인 계약이 끝나는 일은 결코 일어나지 않았다. 그런 명백한 정체 상태가 일어난다면 상담자가 자신의 슈퍼바이저에게 얻을 수 있는 모든 지원을 동원하여 최소한 당분간은 계속하려고 시도해야 한다는 것이 우리의 믿음이다.

일시적인 계약을 채택하는 대신, 상담자와 내담자는 필요해 보이는 한 계속 만날 것에 동의하는 보다 개방형의 합의를 선택할 수 있다. 어려움이 특히 심각해 보일 때는 몇 주, 한 달 혹은 두 달 같은 다소 막연한 시간 규모가 언급될 것이다. 이러한 합의는 거절에 대해 심하게 불안해하거나 두려워하는 내담자 혹은 자신이 몇 년 동안 심한 고민 덩어리를 안고 살았음을 의식하는 내담자에게 훨씬 더 적합하다. 하지만 상담자가 끝을 내야 한다고 느낄 때도 그 관계를 종결하는 힘을 갖고 있지 않고, 내담자가 치료적 욕구를 결정함에 있어서 자신이 주요한 역할을 한다는 것을 시작부터 아는 것은 필수적이다. 그런 개방형 합의는 주기적인 검토 회기로부터 종종 이들을 볼 수 있는데, 그것은 임시 계약의 끝에 발생하는 것과 본질적으로 같은 것이다. 이러한 것은 처음에 원칙적으로 동의될 수도 있고 그것을 도입하려 하는 내담자나 상담자와의 치료과정에서 자연스러운 부분이 될 것이다.

상담의 빈도도 초기 단계에서 결정할 필요가 있고, 여기에서 다시 한 번 인간중심 상담자는 너무 심한 경직성을 피하는 데 주의할 것이다. 매주 50분의 상담이 대부분의 내담자에게 충분히 적절한 것 같지만 이 특수한 구조를 깰 수 없는 것은 아니다. 긴박한 위기 상태에서 처음 오는 내담자는 처음에 더 빈번한 만남을 요구할 수도 있고(더 단기간의 경우에 가능), 반면에 회기와 회기 사이에 더 긴 기간을 원하는 내담자도 있다. 이것은 커플의 사례에서 일어나는 경향이 있는데, 회기 사이에 그들이 처리하는 내용을 유지하는 데 있어서 주간보다는 보름 단위가 낫다. 상담 초기에 합의된 빈도를 계속 지키기란 힘들다. 상담의 지속 시간 역시 달라질 수 있다. 두 명의 저자는 내담자가 2~3시간 혹은 그 이상 지속되는 상담을 원했고 그것에서 이로움을 얻었던 경험이 있다. 소수의 내담자는 덜 빈번한 간격으로 이루어지는 더 긴 상담 회기에 대해 자신이 더 편안함을 느끼게 됨을 발견하는데, 그것은 일반적이다. 하지만 시작 단계에서 확립할 필요가 있는 것은 당초에 어떤 구조를 채택했더라도 회기의 빈도와 지속 시간에 대해 개방적인 상태가 되려는 상담자의 기꺼운 마음이다. 실제로 내담자가 구조의 급진적 변화를 갈망하는 것은 규칙적이기보다는 예외적인 것이지만, 그런 변화가 최소한 가능하다는 것을 초반부터 아는 것은 종종 많은 내담자에게 어느 정도 중요하다. 설령 이런 변화가 상담자에게 잠재적으로 불편함을 낳을지라도, 그것은 상담자가 기꺼이 권력을 공유하려 하고 내담자의 욕구에 반응하고자 한다는 또 다른 신호다.

내담자가 정해진 횟수의 상담만 받을 수 있다는 방침을 지시하는 기관에서 인간중심 상담자가 일하기가 어려울 것이라는 사실은 앞서 논의된 많은 것에 의해 명백해졌을 것이다. 그런 시스템은 상담자와 내담자 모두에게서 권력을 빼앗고, 따라서 그런 공유된 무기력을 인정하고 수용하고 초월함으로써만 인간중심 상담자와 그 내담자가 건설적으로 함께 작업할 수 있다. 우리는 이것이 불가능하다고 믿지 않지만 그런 방침은 분명히 인간중심 상담에 엄청난 걸림 돌이 된다. 감당할 수 없이 많은 내담자에 대처하기 위해 그런 방침 을 운영하는 곳에서는 분명 자원의 부족이 실제적인 문제가 된다. 짧고 강렬한 치료적 관계가 좋은 결과를 낳는다는 이유로 그러한 정 책이 도입된 것에 우리는 불편함을 느낀다. 분명히 그런 단기상담 은 아주 이득이 될 수도 있고 실제로도 아주 이득이 되는 것으로 판 명되고 있지만, 우리는 이것이 모든 내담자에게 적용될 것이라 보지 않는다.

'단기(short-term)' 상담과 '시간제한(time-limited)' 상담 사이에는 중요한 차이점이 있다. 기관 상담자, 특히 일차 진료기관에서 작업 을 하는 사람은 '시간 제한' 관례를 수행해야 한다는 압력을 느껴서 융통성 없이 고정된 횟수의 상담만 제공할 수 있다. 이런 종류의 방 침은 내담자 사이의 개인적인 차이에 전혀 관심이 없고, 상담 제공 의 구조화 방식이 조잡하고 비효율적이다. 우선 상담 초반에 8회 회 기를 한계선으로 조건화한다면 내담자가 자신의 마음속에 이를 하 나의 목표(target)로 설정할 수 있고, 그렇지 않다면 3~4회 회기면 충분할지도 모른다. 또한 내담자가 특별히 마음에 준비가 된 시점에 서 조기 종결하는 것은 비경제적일 수도 있다. 내담자의 상황이 아 주 심각하고 작업할 준비가 되어 있는 시점에서 종결하는 것은 그 이후에 만성적인 결과로 나타날 때 더 많은 비용이 든다. 이와 똑같 이 비용을 아끼는 대안으로 '단기'이지만 시간 제한적이지 않은 상 담을 고려해보는 것이다. 예를 들어, 일차 진료 서비스 기관에서는 시간 제한은 전혀 없지만 모든 것이 단기다. 이런 시스템 하의 상담 서비스는 내담자당 평균 6회 회기를 제공하는 계약을 할 수 있다.

이 시스템으로 서비스의 양이 제한적이고 예측 가능하지만, 상담자가 단지 2~3회 회기를 요구했던 내담자로부터 '저축'한 나머지 회기들을 다른 내담자에게 투자하면서 상담을 더 많이 할 수 있게 한다. 최근 연구에서 McGeever (2006)는 이런 방식으로 관리하고 제공한 범위가 1회에서 40회 회기까지 있는 주요 일차 진료 상담 서비스(primary care counseling service)에 관해 보고한다. 이 후자의 모델은 상담자에게 또한 유리한데, 주로 단기 계약이지만 일부 중기와 장기의 계약까지 포함한 다양한 경험을 축적할 수 있다(Mearns, 1998). 실제로 많은 재정적, 임상적 함의와 관련된 중대한 문제로 인해 야기된 많은 논점을 제자 중 한 사람이 1999년 영국상담심리치료협회(British Association for Counselling and Psychotherapy) 연례 훈련 회의 기조 강연에서 발표하였다(Thorne, 1999).

금전 문제

사설 개업 기관이나 보수를 지불하는 기관에서 일하는 상담자는 모든 새 내담자와 초기 단계에서 금전 문제에 직면해야 한다. 일부 경우에는 기관에서 상담비를 결정하고 내담자의 계좌로 상담비를 청구함으로써 상담자의 책임을 덜어 준다. 하지만 상담자 자신이 첫 회기에서 상담비 문제를 종종 언급해야 하는데, 이것은 언제나 쉽지 않다. 특히 내담자가 아주 힘든 상황에 있거나 혹은 시간과 차후 만남의 빈도를 정하는 데 어려움을 느끼는 경우라면 더욱 그렇다. 하지만 그 문제는 피할 수 없는 것이고 솔직하게 직접적으로 터놓아야 한다. 내담자가 불확실함과 모호함을 가지지 않도록 하는 것이 중요하다. 내담자는 자신이 얼마를 지불해야 할지를 정확히 알아야 하고 (만일 상담비가 내담자의 수입에 따라 정해진다면 내담자는 그에 따른 상담비를 알 필요가 있다), 사전 통보 없이 약속 시간에 맞춰 나타나지 못한다면 자신에게 무슨 일이 일어날 것인지 알 필요가 있다. 상담자의 입장에서는 관계의 금전적 측면에 대한 내담자의 감정을 이해하는 데 관심을 가지게 되고(특히 힘든 감정이 있다면), 또한 지불 방식에 대해 어떤 선택 사항이 있는지 알려 주게 될 것이다. 우리의 경험상 내담자보다는 상담자가 금전 거래에 대해 큰 불편함을 경험하는 일이 아주 흔한데, 그런 불편함은 상담자 자신의 유능함에 대한 자기의심이 숨어 있고 심지어 상담과정 자체의 효과성에 대한 다소 불안정한 믿음에서 생긴다. 상담자는 슈퍼비전에서 이런 문제를 다룰 필요가 있다. 왜냐하면 상담 서비스 비용을 청구하는 것에 대한 윤리적인 염려는 오히려 상담자 자신의 개인적이고 전문가적인 정체성에 대한 보다 근본적인 의심을 감추기 위한 연막의 역할을 할지도 모르기 때문이다. 상담 비용에 대해 마지막으로 주의해야 할 점은 상담자가 자신이 '이용되었다'고 느낄 정도로 너무 저렴하거나 혹은 그 액수에 맞게 잘 '수행해야' 한다고 느낄 정도로 너무 비싸지 않은 상담비로 일하는 것이 중요하다.

🌼 요약

우리는 상담관계의 시작에 대해 이렇게 엄격하게 검토하거나 혹은 가구와 오래된 잡지 같은 아주 사소한 문제를 숙고하도록 하는 것에 대해 미안해하지 않는다. 첫인상이 우리 삶의 다른 많은 측면에서 우리 모두에게 엄청나게 중요하다는 사실은 잘 알려져 있다. 치료적 관계에서 예상되는 결과는 종종 처음 2~3회 상담에서 발생하는 상호작용의 질로 예견될 수 있다고 주장하는 사람이 있다는 것은 그리 놀랄 일이 아니다. 인간중심 상담자에게 있어서 상담자가 말하고 행동하는 모든 것, 상담자가 내담자에게 제공하는 환경에 대한 모든 것, 함께 작업하는 시작점에서 동의하는 구조에 관련된 모든 것, 이 모든 것이 다음과 같은 명백한 메시지를 전달하려고 시도하고 있을 것이다. "당신을 환영합니다. 저는 당신을 한 사람의 인격체로 받아들이고 가치를 부여합니다. 저는 당신을 이해하고 싶습니다. 저는 우리가 서로에게 마음을 터놓고 솔직할 수 있었으면 좋겠습니다. 당신에게서 어떤 것도 빼앗으려고 생각하지 않습니다. 우리가 함께 하는 작업이 당신에게 도움이 되고 가치가 있다고 당신이 느끼는 한 우리가 함께할 수 있기를 바랍니다."

❀ 사례 연구 I

도입

우리는 임의로 상담과정의 '시작' 단계를 내담자가 상담자와 그리고 그들의 관계에 충분한 신뢰를 형성하여 이전에는 두려워하던 인식의 가장자리를 탐색할 수 있는 기간으로 규정하고 있다. 이를 위

해 충분한 신뢰를 발달시키는 것은 일반적으로 어느 정도의 깊이 있
는 관계가 필요하다. 때로 내담자는 깊이 있는 관계 없이도 상담자에
게 높은 신뢰를 갖지만, 그것은 아이가 부모에게 갖는 의심의 여지가
없는 신뢰와 같은 것이고, 오래가지 못하는 특징이 있다. 정신역동
상담자가 볼 때 그런 신뢰는 돌변적인 투사나 전이 주문(trans-
ference spell)을 중단하는 데 취약하다. 내담자가 상담자를 '완벽한
부모'라고 보는 한에서만 그 의심의 여지가 없는 신뢰는 지속될 수
있다. 인간중심 상담에서 우리는 사실상 아동-부모보다는 성인-성
인의 신뢰를 추구하는데, 이는 후자가 내담자의 실존적 경험에 대한
보다 깊은 차원에 도달하는 데 더 건전한 기초를 제공하기 때문이
다. 이 신뢰의 발달에는 물론 일련의 여러 '층(layers)'도 존재할 수
있다. 충분한 신뢰의 발달로 과정이 시작되지만, 보다 두텁고 사적
인 영역에 도달하기 위해서는 향상된 수준의 깊이 있는 관계가 필수
적인 요소가 된다. 이것은 8장의 '중기' 단계의 일부로 논의된다.

시작 단계를 고찰함에 있어서 신뢰를 발달시키기 위해 치료적 과
정이 반드시 거쳐야 할 단일한 경로가 없다는 사실을 이해하는 것은
상담훈련을 받는 사람을 자유롭게 하는 것이다. 상담자와 내담자가
자신의 치료적 만남에서 다음 단계를 향하여 앞으로 나아갈 때 오히
려 '성공에 이르는 길'이 많이 있다. 다음에 계속될 사례 연구의 초
반부에서 우리는 상담과정의 시작 단계를 통해 그런 '길'을 추적하
여 밝혀낸다. 이것은 단일 사례이기에 우리가 이 책에서 제시한 모
든 점을 반영할 수는 없다. 그럼에도 우리는 이 사례가 예측할 수 없
는 여정을 함께하기 위해 서로 간에 충분한 용기와 신뢰를 발견하는
것이 상담자와 내담자에게 어떤 의미가 있는지에 대해 많은 부분을

강조하리라 기대한다.

한 가지 사례를 기술함에 있어서 주요한 문제는 무엇을 배제할지 결정하는 일이다. 이어지는 설명에서 우리는 내담자와 상담자 모두에게 특히 중요하다고 느껴졌던 자료만 포함하려고 시도했다. 그리하여 그 과정에 근본적으로 영향을 주었던 순간을 탐색하는 데 더 많은 지면을 할애할 수 있도록 많은 면담과 사건에 대해서는 간단한 논평만을 제시했다.

사례 발표에 사용된 많은 출처로부터의 자료는 상담을 종결하고 약 2년 후에 상담자(Dave Mearns)와 내담자 모두가 수행한 작업의 결과로, 이번 판에서 수정되었다. 먼저 첫 회기를 제외한 모든 회기의 경우에 오디오테이프 녹음을 이용할 수 있었다. 두 번째로 중요한 정보 출처는 내담자 조앤이었다. 그녀는 상담기간 동안 일기를 썼기 때문에 그것을 오디오테이프와 함께 사용해서 그녀가 넉 달 동안의 상담과정을 어떤 식으로 경험했는지에 대해 상세하게 기록할 수 있었다. 그녀에게 17회 회기 각각에 대한 논평과 면담 사이에 발생했던 모든 통찰에 대해서도 고려해 달라고 부탁했다.

자료의 세 번째 출처는 사례에 대한 상담자의 기록이었다. 이 사례 연구에서는 일반적인 인간중심 사례 연구에서처럼 치료적 관계의 질과 강도에 대한 상담자의 판단을 포함해서, 단지 내담자를 통해 나오는 정보와 상담 시 내담자의 행동에 대해서뿐만 아니라 그런 접촉 동안 내담자에 대한 상담자 자신의 경험에 대해서도 주의를 기울였다. 그래서 인간중심 상담자의 사례 기록은 보통 '내담자' '상담자 자신' '관계'의 세 가지 차원을 포함하고 있다. 처음 10회 면담의 경우에는 그런 상세한 사례 기록을 수집할 수 있었지만 그 이후에는 더 부족해졌다. 그 기록 중 일부는 문장 형태로 재작성되어서 사례 발표로 재현하였다.

조앤과 상담자는 상담과정에 대한 그들의 개인적 경험을 재구성한 후에 자신이 인식한 것을 함께 비교하였고, 이런 방식으로 더 많은 자료를 만들어 냈다. 이런 비교 경험을 하는 동안 조앤과 상담자는 설명을 위해 자주 테이프 녹음으로 되돌아가서 참조했다. 이 면담들에서는 이해상의 차이를 보이는 많은 예를 버리고, 내담자의 경험에 대해 상담자가 내린 틀리게 판명된 가정을 발견해서 포함하였다. 상담자와 내담자의 긴밀한 협력을 통해 만들어진 다음 상담과정의 기술은 서로 합의한 설명이며, 단순히 사건에 대한 상담자의 그럴듯한 핑계가 아니라는 사실을 보장한다.

배경

이 사례의 배경은 개업 상담자의 상담실이다. 상담이 시작되던 때에 조앤은 27세였다. 그녀는 로저와 결혼했고, 자녀가 없었으며, 사회봉사 단체에서 일했다. 그녀의 어머니는 죽었고 아버지와는 연락하지 않고 살아왔다. 조앤은 이전의 내담자에게 의뢰를 받아서 전화로 직접 상담자와 약속을 잡았다. 전화로 대화하는 동안, 조앤은 상담료 문제를 개입하였다. 상담자는 경제적 여유가 있는 내담자에 해당하는 높은 상담료와 재정적 어려움을 겪는 내담자를 위한 낮은 상담료의 두 가지 요금 방침을 얘기해 주었다. 상담자는 또한 자신의 규정이 내담자가 계속하지 않겠다고 결정할 경우에는 첫 회기에 대해서 상담료를 청구하지 않는 것이라고 말했다. 조앤은 더 높은 상담료를 지불하겠다고 결정하고 상담을 계속하든 계속하지 않든 간에 첫 회기에 대해 지불하고 싶다고 말했다.

그 배경과 관련 있는 또 다른 부분은 첫 회기 동안 상담자의 상태다. 그 당시 상담자 자신이 다소 진이 빠지고 불안정한 느낌이 있었다는 것이 언급하는 이 사례에서 특히 중요한 부분이다. 조앤으로 인해 상담자의 사례 건수가 한계에 이른데다, 상담자는 전화 통화 이후에 자신이 그녀를 받아들이기 전에 좀 더 신중했어야 했는지에 대해 곰곰이 생각했다. 상담자를 불안하게 한 또 다른 문제는 크리스틴이라는 내담자와의 어려움이었는데 그녀는 개인적인 치료 작업을 많이 요구하였다. 내담자는 때로 도전적이고 요구가 많은 시기를 경험하지만, 크리스틴의 '부서지기 쉬운 과정'(Warner, 2000a)은 상담자에게 '당신이 잘 해낼 수 있는지 증명'하라는 반복되는 요구와 끊임없이 이어지는 비난과 결합되어 상담자는 평소보다 더 어려움을 겪고 있었다. 이 어려움은 조앤과의 초반 상담 회기에 바람직하지 않은 영향력을 행사했다.

면담 1

2년 후 그들의 회상에서 상담자와 내담자가 첫 면담에서 똑같은 사건에 대해 특히 중요한 것으로 초점을 둔 것은 흥미로운 일이다. 우리는 그 경험에 대한 조앤의 설명으로 시작하겠다.

내가 그의 사무실에 들어갔을 때 너무 무서웠다. 나는 용감한 얼굴을 하고 있었지만 이것은 나에게 정말 사느냐 죽느냐의 문제였다…. 그리고 그는 낯선 사람이었다…. 어떤 점에서 나는 내 인생을 한 낯선 사람에게 막 맡기려던 것이었다.

내가 문 안으로 막 들어섰을 때 그가 내게로 와서 마치 불안한 듯 눈을 깜빡거리며 내 시선과 마주쳤다. 나는 생각했다. '오 세상에, 그는 나를 도와줄 만큼 강하지 않은가 봐.' 5분도 되지 않아 나는 문 밖으로 뛰쳐나가고 싶었지만 그럴 수 없었다. 그래서 계속 말을 했다. 내가 감정을 많이 '보여 주었다'고는 생각하지 않는다. 그가 "매우 긴장하신 거 같네요. 겁이 나세요?"라고 말하자 상황이 변했다…. '이게' 겁나느냐고? 나는 테이프에서 내가 크게 안도의 한숨을 쉬는 것을 들을 수 있다. 그리고 내가 앉은 후 처음으로 그를 바라보았던 것을 기억한다.

이 면담의 나머지 중 많은 부분이 자신의 이야기를 말하는 조앤에게 할애되었다. 그녀는 자신이 어떻게 인생의 '수감자(prisoner)'로 느끼는지에 대해 말했다. 그녀는 자신의 남편 로저를 '감정 없는' 사람이라 부르면서 로저가 자신의 감정에 반응할 수 없는 것처럼 보이는 그 사실에 심하게 괴로워했다. 그녀는 자신들의 관계에서 일찍부터 시작되었던 가학–피학성 성행위에 대해 설명했다. 그녀는 자신이 '그 밖에 다른 것을 하는 것이 두려웠기' 때문에 결혼에 뛰어들었다고 느꼈다. 2년 전에 그녀는 바람을 피웠지만 그만두라고 로저가 요구하자 그에게 '복종했다'. 그녀는 자신이 '죄로 인해 무력하다'고 느꼈고, 유일하게 취할 수 있는 행동이란 '다시 노력하기' 위해 그 결혼으로 되돌아가는 것이었다고 말했다. 이 결혼으로의 복귀에 대해 말하면서 그녀는 "한 가지 면에서는 그것이 제대로 안 될 거라는 걸 알았지만 스스로 그 사실을 부정했어요."라고 말했다.

2년 후 조앤은 상담에서 자신의 이야기를 할 때 어떻게 느꼈는지 기술한다.

첫 회기가 끝날 무렵까지 나는 대부분 내 이야기를 했다. 때때로 나는 너무 빨리 말해서 그 상담자가 거기에 끼어들 기회가 없었다. 그것이 내가 내 이야기를 할 수 있는 유일한 방식이었다고 생각한다. 나는 그 안에 포함되어 있던 그 '감정'과 직면할 수 없었다. 또한 나는 만약 그가 내 말을 멈추려고 하거나… 나를 인정하지 않거나 거절하고 있구나 싶은 경우에는 빨리 말하고 상담자를 별로 쳐다보지 않았다.

이 면담의 거의 끝에 이르러서 상담자는 조앤의 말의 흐름을 꽤 단호하게 멈추었고, 강하게 '확언하는' 말과 함께 신중하게 자신의 관심, 온정, 이해를 보여 주는 데 시간을 들였다.

당신은 오늘 내게 당신 자신에 대해 엄청나게 얘기했어요. 그렇게 하는 게 얼마나 두려운 일인지 알고 또한 그렇게 하는 게 당신에게 얼마나 중요한지도 알아요. 나는 당신의 용기를 존경하고 있어요. 당신은 분명히 싸워 보지도 않고 놓아 버리지는 않을 겁니다.

이 첫 면담에 대한 설명에서 우리는 특히 그 '내담자'와 그녀가 떠올린 소재에 관심을 가졌다. 하지만 앞서 언급한 것처럼, 인간중심 상담자는 또한 '상담자 자신'과 내담자와의 '관계' 발전에도 관심을 가진다. 그래서 우리는 아래에 이 최초의 면담 이후 그에 대한 상담자의 생각을 재현한다.

나 자신: 조앤과의 첫 회기에서 나 자신에게 초점을 두었을 때, 나는 내가 처음에 아주 불안했던 것을 깨달았다. 처음에 그녀는 매우 긴장하고 엄숙해 보였고 눈은 나를 똑바로 간파하는 듯 보였다. 나는 그녀의 긴장으로 많이 당황해서 안정되는 데 시간이 좀 걸렸다. 처음의 그녀의 긴 독백으로 나는 '그녀'를 중심에 세우고 그녀에게 더 집중할 수 있는 여지가 생겼다. 그 초기의 순간에서 난 실제로 그녀에 대해 '두려움'을 느꼈고, 내가 그녀를 중심에 두고 집중했을 때에야 애쓰고 있는 그녀에게 진심으로 존중하는 마음이 서서히 들기 시작했다.

관　계: 가장 중요한 순간은 내가 그녀의 흐름을 강하게 멈추고 내가 얼마나 그녀의 용기를 존경하는지 그녀에게 분명하게 보여 주었던, 거의 마지막에 이르렀을 때라고 생각한다. 그런 확언은 그녀가 힘들게 애쓰는 것과 관련해서 그녀에게 중요할 수도 있지만 그녀의 신뢰와 우리의 관계를 강화하는 데에도 도움이 될지 궁금하다. 나는 우리 관계의 잠재성에 대해 매우 긍정적으로 느끼지만 그녀가 약속을 지킬 수 있는지에 대해서는 의문이 든다. 나의 존중과 이해를 '전달'하려고 특히 노력하는 게 중요할 것이다. 내가 그것을 정말로 강력하게 보여 주지 않는다면 그녀가 나를 믿을 수 없을지도 모른다고 생각한다.

면담 2

이 면담은 다음과 같은 상담자의 질문으로 시작되었다. "바로 지금 당신에게 가장 중요한 것은 무엇입니까?" 조앤은 지난 면담 이후에 자신이 얼마나 기분이 좋아졌는지에 대해 계속 말했다. 한 주 내내 그녀는 더 강해졌다고 느꼈다. 그녀는 말했다. "그 기분이 사라지지 않았으면 좋겠어요…. 나는 그게 효과가 있었으면 좋겠어요…." 우리는 상담자의 기록을 통해 그에 관한 설명을 계속하겠다.

나중에 회복되었지만 이 시점에서 나는 실수를 했고, 우리의 치료적 관계를 위해 중요한 변화로 회기는 종결이 되었다. 조앤이 "나는 그게 효과가 있었으면 좋겠어요."라고 말했을 때 나는 그녀의 응시에 깊은 인상을 받았는데, 그것은 아주 꿰뚫는 듯했다. 나는 마치 어떤 협박을 받고 있는 듯 초조해지고 불안해져서 의자로 물러났다. 순식간에 나는 크리스틴이 나를 힘들게 했던 시간과 내가 얼마나 잘 대처하지 못했는지 생각했다. 나는 조앤도 내가 그녀에게 도움이 되지 못할까 봐 절망적으로 두려운지 궁금하기 시작했다. 몇 분이 채 지나지 않아 나는 완전히 중심을 잃고 이 이론을 내 마음의 구석진 곳으로 던져 두기 어렵다는 것을 알게 되고 조앤이 하고 있는 말을 완전히 듣는 데 집중하지 못했다. 짧은 침묵 후에 나는 그 순간 내가 조앤의 모습에서 본 것에 대해 말함으로써 나의 불확실성과 직면하고자 결심했다. 크리스틴에 대한 나의 경험이 방해를 해서 오염되기 쉽다는 것을 알았기 때문에 그녀에 대한 나의 더 깊은 경험을 반영하지 않았다. 그래서 나는 말한다…. [테이프에서 계속됨]

상담자: 그게 효과가 있었으면 좋겠다고요…? 당신이 그렇게 말할 때 아주 긴장한 것처럼 보여요…. 그리고 아주 '긴장한' … 그에 대해 말할 게 더 있나요? 그것과 함께 나타나는 다른 감정은 더 없나요? [긴 침묵]

조 앤: 예… 두려움… 아니… '공포' 요. 나는 겁이 나요. 나는 완전히 겁에 질렸어요. [침묵]

상담자: [부드럽고 느리고 따뜻한 목소리로] 무엇 때문에 겁이 나요, 조앤?

조 앤: 나는 당신이 나를 버릴까 봐 겁이 나요.

[상담자의 기록에서 계속됨]

이것 때문에 나는 놀랐다. 나는 그렇게 되고 있는 것을 전혀 몰랐다. 나는 크리스틴과의 경험으로 너무 오염되어서 내가 조앤을 위해 충분히 강하지 않다면 그녀 역시 똑같이 겁에 질릴까 봐 두려웠다. 사실상 조앤이 갖는 공포의 근원은 아주 달랐다. 그녀는 내가 그녀를 '버릴까 봐' 두려웠던 것이다. 나의 초기 반응에 대해 의문을 품고 그것을 검토해 볼 것을 고려했던 것이 지금은 기쁘다.

조앤은 버림받음에 대한 자신의 공포를 드러낼 때를 회상하면서 이 두 번째 면담 이야기를 계속한다.

두 번째 면담의 이 순간이 내게는 중요했다. 나는 거부당할까 봐 겁났다고 말한 후에 밀려오는 감정에 휩쓸렸던 것을 기억한다. 이것이 내 인생의 마지막 기회라는 생각과 거부당할지 모른다는 감정뿐 아니라 그것이 로저와 나의 관계를 지배했던, 거부에 대한 똑같은 공포라는 인식이 번뜩했다. 또한 더 이전으로 돌아가는 연결고리가 있는 것 같았다(나는 나중에 이것이 내 아버지에게 거부당한 문제와 관련이 있음을 알게 되었다). 이 모든 것뿐 아니라 공포를 말로 표현한 바로 그 행동이 상담자와 나의 관계에 깊은 영향을 주었다. 나는 상담자가 나를 가망 없는 사례로 보고 돌려보내지 않을 것임을 깨달았을 때 상담자와 더 가까워진 듯 느꼈고 훨씬 덜 두려워졌다. 이 일로 인해 후에 상담에서 나의 '다리(bridge)'에 대해 상담자에게 말하는 것이 더 쉬워졌다.

이 일은 상담자와 조앤 사이의 신뢰에 큰 기여를 했던 것으로 보이고, 조앤은 그때 '다리'에서 뛰어내리려는 자신의 개인적인 자살 환상에 대해 상담자와 공유할 수 있었다(8장 참조). 이 신뢰가 발달할 때에만 상담자의 수용과 헌신이 지속될 것이라는 상대적인 확실성을 갖고 더 많은 위험을 감수할 준비가 되기 때문에, 이 중요한 신뢰의 발달이 상담과정의 '시작'과 '중기'를 분리하는 임의의 기준선을 그리고 싶어 하는 지점이다.

이 사례에서는 때때로 상담자의 부주의가 있음에도 신뢰가 아주 빠르게 발달했다. 두 가지 주요한 요인이 그 과정의 상대적으로 빠른 속도에 기여한다. 첫째, 조앤이 상담에 대해 높은 '준비 상태'에 있다는 것이 분명하다. 내담자의 준비 상태의 지표로서 앞서 이 장에서 개관한 요인을 사용하면(〈글상자 7-2〉 참조), 조앤이 변화를 기다리는 것에 대해 우유부단하게 끌려 다니지 않았음이 분명하다. 그녀는 일반적인 신뢰 부족으로 고통받지 않았다. 그녀는 상담에서 벌어진 일에 대해 기꺼이 상당한 책임을 지려고 했고, 기꺼이 자신

의 감정을 인식하고 탐색하려고 했다. 이 요인들의 아주 많은 부분
이 나타난다면 우리는 시작 단계가 꽤 짧을 수 있음을 기대하게 된
다. 상담자도 또한 그 과정의 속도에 기여했다. 비록 상담자가 자신
의 다른 내담자인 크리스틴을 조앤과 동일시하는 위험에 빠지긴 했
지만, 상담자는 자신의 부족함을 '알아차리고' 조앤에 대한 자신의
인식을 '검토할' 것을 스스로 고려했다. 비록 상담자가 서투른 시작
을 했지만 그 상황은 상담자가 자기 인식이 부족했거나 자신의 가정
들을 기꺼이 검토하려고 하지 않는 경우에는 위험해졌을 것이다.

이 경우 시작 단계의 상대적으로 빠른 속도를 보고 독자들은 항상
그럴 것이라고 잘못 생각할 수도 있다. 예를 들어, Mearns와 Cooper
(2005)가 6장에 기술한 '릭'의 사례에서 시작 단계는 릭이 처음으로
말을 한 때인 27번째 면담까지 계속된다.

조앤과 상담자 사이의 관계에서 신뢰는 이제 주요한 과정이 이루
어질 수 있는 정도로 확립되었다. 그들은 '시작' 단계를 끝내고 그
들의 상담과정에서 '중기' 단계로 막 들어가려고 한다.

제8장

'중기'

사례 연구 Ⅱ
중기: 개관

🌸 사례 연구 II

면담 2(계속)

이 면담의 마지막 무렵에 내담자는 큰 위험을 무릅쓰고 그녀의 믿음이 잘못된 것이 아니라는 것을 발견하게 된다. 이 축어록 중에는 긴 침묵이 있는데, 이는 조앤이 결국 깨게 된다.

조   앤: [머리를 낮게 숙이고 느리지만 확고한 목소리로] 내가 가장 침체되어 있을 때 나는 나의 '다리(bridge)'를 찾아가요. [침묵] 그것은 철도 위에 있는 높은 다리예요. [침묵] 나는 마치 다가오는 기차를 기다리는 것과 같은 이상함을 느껴요. 그리고 그때 만약 나의 몸이 기차를 향해 떨어진다면 어떻게 될 것인지 상상해요. 그리고 나는 [기차로] 몸을 던지고 [기차에] 치어요…. 그리고 그 아픔이 어떨지 느껴요…. 그리고 깜깜해져요…. 그리고 공허해져요. [침묵]

상담자: 그건 나에게 이상한 것으로 들리지 않는군요. 매우 중요하게 들리네요. 그것은 당신에게 매우 중요한 것인가요?

조   앤: [상담자를 바라보며] 이것은 저에게 매우 중대한 것이에요. 그것은 나를 제정신으로 유지하게 만들어요. 사실 그것은 나를 우스꽝스러운 식으로 살게끔 해요. [침묵] 내가 당신에게 이런 이야기를 할 거라고는 생각도 못했어요. 왜냐하면 그것은 매우 중요하고… 매우 소중하기 때문이에요.

상담자: [천천히 말하며] 그렇군요, 알겠어요. 나는 그것이 얼마나
　　　　귀하고, 당신에게 얼마나 중요한 것인지 안다고 생각해요.
　　　　그것은 실제로 당신의 삶을 이끌어 가고 있군요…. 매우 소
　　　　중한 것이네요. 그것과 더불어 당신이 나를 믿어 주는 것에
　　　　영광스러움을 느껴요.

조　앤: (미소 짓는다.)

이 대화에서 상담자의 이해와 수용으로 인해 조앤은 관계의 깊이
를 더하는 친밀함을 경험하게 되었다. 이러한 깊이 있는 관계의 경
험은 절대 잊을 수 없다. 2년 후 조앤은 말한다.

이것은 매우 아름다운 순간이었어요. 그리고 놀라운 것은 빠르게도
두 번째 만남에서 일어났다는 거예요. 나는 상담자를 나의 '다리'를 아
는 이 세상의 유일한 사람으로 여길 수 있도록 매우 충분히 믿었어요. 그
는 또한 그것이 의미하는 것과 중대성을 너무 잘 이해하고 있었어요….
그리고 그것은 나에게 실로 아름다운 것이었지요.

물론 이것은 단지 깊이 있는 관계를 만들어 낸 상담자의 공감의
질만을 나타내는 것은 아니다. 내담자는 자신에 대해 깊이 드러냄으
로써 참만남을 개시했다. 내담자인 조앤을 위한 이 아름다운 경험을
만약 상담자가 자살 예방에 관한 기관 협약에 의한 의무로만 느낀다
면 무슨 일이 일어날 수 있을지와 분명하게 대비된다. 만약 내담자
가 '자살에 대한 생각'를 가지고 있다는 증거가 있다면 이러한 협약
으로 인해 상담자는 특별한 조치를 취해야 한다(보통은 또 다른 누군

가에게 통보를 하는 것을 말한다). 표면상으로 조앤은 확실히 자살에 대한 그녀의 생각을 가지고 있는 것으로 보였다. 하지만 현상학적 관점에서 그녀의 환상은 실제 자신의 생존 전략인 것이다. 이와 같은 협약은 '조력의 책략'이라는 견지에서 훌륭히 해석할 수 있다. 그러나 그것은 내담자를 보호한다는 명목하에 존재하지만 사실 그 진짜 기능은 기관을 보호하는 것이다(Mearns, 2006b).

면담 3

상담자의 기록에서 이 세 번째 만남이 상담자에게 중요한 요소임을 살펴볼 수 있다.

이 면접의 내용은 기술하기가 쉽다. 그것은 그들이 관계 맺은 가학-피학적인 행태와 관련하여 남편과 그녀 자신에 대한 조앤의 점점 커져가는 혐오감에 대해 전적으로 몰입한 내용이다. (조앤은 과거와 현재에서 이 경험에 대해 상당히 자세하게 들어갔다.) 지난주 동안 그녀는 이러한 경험에 대한 접근을 거부했다. 이 면접 과정은 조앤이 그녀의 가학-피학적인 성생활에 대해 그녀가 느끼는 몇몇 긴장과 죄책감의 '짐 덜기'를 하는 것처럼 보였다. 그녀가 조금씩 세부 사항을 나에게 말함으로써 그녀의 죄책감을 쫓을 수 있다는 것은 매우 중요하게 보였다. 또한 조앤이 벌써 조금씩 강해진다는 것도 명백했다. 2주 전에는 그녀가 자신의 남편을 거부할 수 있었다고 생각하지 않는다…. 그녀는 현재 매우 빨리 진전되고 있다. 하지만 내가 오직 그녀에게만 초점을 두고 있는 오늘 그녀에 대해 이상한 점이 하나 있었다. 나는 그녀가 그들의 성생활에 의해 크게 장애를 받고 있다는 것을 정말 느끼지 못했는데, 아직 그녀는 이에 대해 나에게 이야기할 때 매우 격앙되어 보였다. 숨겨져 있는 다른 무언가를 우리가 놓친 것일까? 지금으로선 뭔가를 하기에 너무 늦었다. 그것을 다음 회기에 시작하는 것은 좋은 생각이 아닐 것이다. 왜냐하면 그녀가 상담에 오면 자신에게 그때 중요한 것을 우선 다루기 때문이다. 하지만 이는 감정의 격앙 속에서 어떻게 그녀가 이 상담 회기에 임하는지와 이 행동이 그녀에게 무엇을 의미하는지의 차이점을 보여 준다. 나는 그것이 미래에 발생할 경우를 생각하여 그것을 보관할 것이다. 왜 내가 이 만남에서 그것을 놓치고 있는가? 그것이 지금은 명확한 것처럼 보인다. 나는 그녀의 가학-피학적 경험에 의해 조금 위축되었다고 생각한다. 그녀가 나눈 경험으로 인해 나는 상황을 잘 보지 못했다. 나는 가학-피학에 대한 세부적인 경험에 대해 많은 정보를 가지고 있지 않다. 나는 한동안 그녀 얘기의 요지에서 벗어나 말의 내용과 그녀의 생존 전략 사이의 모순을 감지하지 못했다.

면담 4

상담자의 기록에서 나온 이 발췌록은 네 번째 만남의 주요 주제를 암시한다.

오늘 조앤은 첫 번째 만남 때처럼 그녀 자신과 상황에 대해 부정적이었다. 그녀는 이런 말을 반복했다. "그건 좋지 않아요." "난 그를 떠날 수 없어요." "나는 아무 쓸모가 없어요. 난 힘이 없어요."

이것은 미숙한 상담자가 "걱정하지 마세요. 이제 괜찮아질 거예
요."와 같은 식으로 조앤을 우울의 기분에서 끄집어내려 시도할지
도 모를 상담 방식의 하나였다. 그러나 상담자의 더욱 유익한 반응
은 이런 우울증과 퇴행을 내담자의 상담 진행과정에서 통합적인 것
으로 이해하는 것이다. 때때로 내담자는 최악의 상태를 거쳐 계속
앞으로 나아가기 전에 그 상태를 경험해야 한다. 또한 치료과정은
거의 정기적으로 진전이 있는 것이 아니다. 실제로 치료과정은 종종
봉우리, 골짜기, 고리형과 나선형과 같이 롤러코스터의 패턴으로 묘
사된다(이 장의 후반부를 보라). 인간중심 상담자의 작업은 이러한 여
행의 모든 부분에서 동반자가 되는 것이다. 심지어 부정적이고 우울
하고 비이성적으로 보이는 부분에서도 말이다. 단순히 퇴행의 비이
성적인 것을 지적한다고 해서 그것을 그만두게 하지는 못한다. 실제
로는 그것이 내담자의 실패 경험을 증가시킬 수 있다.

이 면접에서 조앤은 두 번 말했다. "나는 나의 다리를 찾아가길 원
했어요." 상담자는 그것이 그녀에게 무슨 의미인지를 탐색하였다.
하지만 그는 후에 자신이 그것을 하는 동안 기회를 놓쳤음을 느꼈
다. 그의 기록에 다음과 같이 적혀 있다.

글자 그대로 그녀의 다리에 함께 가 보자는 나의 직관을 따랐으면 좋
았을 텐데. 이때 나는 나의 빠른 판단이 좋은 기반을 마련하고 내가 그것
을 따라야 한다는 것을 알았다. 우리의 관계는 그녀의 매우 사적인 공간
에 나와 함께 가는 것을 그녀가 수용할 만큼 충분히 강하다. 그녀와 함께
하는 것이 그녀가 현재 '묶여 있는 것'을 풀어 주는 데 도움이 되었을지
도 모른다.

이 회고에서 상담자는 이 경우에 주의를 기울이는 것이 아마 옳았을 것이라고 생각할 것이다. 비록 조앤이 그녀의 '다리'의 중요한 의미를 나누었더라도 아직도 그녀에게 다리는 은밀한 공간이기 때문에 제안하기가 어려웠을 것이다. 또한 이러한 제안을 하는 데 있어서 상담자는 내담자의 평가의 소재에 주의 깊은 신중을 기할 필요가 있다. 상담과정의 이 시점에서 조앤이 자신에게 책임질 만큼 충분히 '아니요'라고 말할 수 있겠는가?

비록 주의를 두는 것이 이 사례에서 바람직할지라도, 치료적 맥락을 넓히는 일반적인 문제는 중요한 문제다. 인간중심 상담자는 상담소라는 물리적인 경계에 한정되지 말아야 한다. 상담소는 편리하고 사적인 공간이기 때문에 만남의 장소로 쓰인다. 때로 이러한 장점은 일어날 다른 이익을 위해 희생할 만한 가치가 있다. 상담 전문가들 사이에서는 상담실 밖에서 작업하는 것에 대한 반발이 있다. 그것은 때때로 윤리적인 문제로 이어지기도 한다. 이것은 초기의 정신역동적 영향에서 발생하는데, 불행하게도 치료적 맥락을 확장하는 것에 관련된 문제에 대한 우리의 탐색을 제한해 왔다(Mearns & Cooper, 2005: 55-58).

면담 5

이 면접은 상담자의 질문으로 시작된다. "한 주 동안 당신에게 무슨 일이 있었나요?" 조앤은 "별일 없었어요." 하고 대답했다. 조앤은 초기 세 번째 회기 동안 매우 조용하고 수줍은 모습을 보여 왔다. 상담자는 그녀의 조용한 태도와 시선 회피에 대해 자신의 경험을 개방함으로써 직면했다.

상담자: 오늘 당신이 날 보기를 꺼리는 것처럼 느껴지네요…. 그리고 당신은 너무 더 조용하네요…. 기분이 어떤가요?

조　앤: [눈물이 터져 나오며] 이건 정말 희망적이지 못해요. 난 희망이 없어요. 나는 못하겠어요. 나는 그[로제]를 떠날 수가 없어요.

상담자: 거기서 그 밖의 다른 감정도 느껴지나요?

조　앤: 나는 희망이 없어요…. [침묵] 나는 내가 당신을 실망시킬 것 같다고 느껴요.

상담자: 내가 실망하게 되는 건 당신이 이제껏 그랬던 만큼 강하지 못하기 때문인 건가요?

조　앤: 네, 난 매우 당황스러워요.

상담자: 당신이 지금과 같은 방식으로 있다면 내가 아마도 당신을 매우 좋아하지 않을 것 같은가요?

조　앤: [계속 눈을 피하며] 그래요. 누가 우는 계집아이를 좋아할 수 있겠어요? [그녀는 의자 밑에 다리를 밀어 넣고는 그것을 팔로 감싸고 무릎에 머리를 묻는다. 그녀의 울음은 깊은 흐느낌이 된다.]

상담자: [소파에 앉아 있는 조앤의 옆에 앉기 위해 자리에서 이동한 뒤 다정하게 팔로 그녀를 감싼다. 조앤이 계속해서 흐느껴 우는 가운데 그들은 거의 5분 동안 그대로 있는다.]

회기의 나머지 시간 동안 상담자는 조앤의 옆에 앉아 있었고, 그녀가 울음을 멈추고 어린 소녀 때 느꼈던 삶에서 계속되는 슬픔에 대하여 이야기하기 시작했다.

이 발췌록에서 상담자는 인간중심 상담자로서 매우 충분히 잘했다. 그는 조앤의 깊은 불행과 황폐함을 관계 속에서 신중하게 공감해 주었을 뿐만 아니라. 그녀가 받아들여질 수 없을 것이라고 느끼는 동안에도 조앤에게 일관성 있으며 가치 있게 대했다. 이 모든 것에 있어서 상담자는 그 자신의 감정과 감각의 질, 강도에 완전히 일치성을 보였다. 그는 조앤이 우는 동안 그녀에게로 가서 그녀를 잡아 주는 그의 온전한 반응을 보여 주고자 했다.

그 상황에서 함께 온전히 머물러 주지 않고서는 이 같은 상호작용에 대한 중요성을 판단하는 것이 어려울지도 모른다. 후에 그녀의 회고에서 상담자의 행동에 대한 그녀의 관점은 매우 명확하다.

그가 나의 불행과 슬픔 안에서 단지 나와 함께하고 싶어 하는 것으로 느껴졌어요. 그것이 왜 중요한지 기술하는 것은 어렵지만 매우 중요하게 느껴졌어요. 이는 그가 나를 거절할 것이라 예상했던 바로 그 순간에 실제로는 그가 나를 향해 다가왔고 내 옆에 앉았던 사실과 관련이 있어요. 그것은 그가 정말, 진정으로 나와 함께한다는 의미였지요. 그리고 나서 나는 강렬한 나의 황폐함을 온전히 마주할 수 있었고 어느 정도 극복할 수 있었어요.

상담자는 그의 기록에서 이 상호작용에 대한 비슷한 관점을 나타냈다.

오늘은 조앤에게 그리고 우리의 관계에 있어서도 결정적인 회기였다. 나는 매우 황폐한 땅에 서 있는 그녀를 만날 수 있었다. 그리고 그녀와 함께 그것을 나누었다. 그녀는 확실히 강력한 감정을 가지고 있었다. 내가 경험한 그 감각은 엄청난 긴장을 주었기 때문이다. 그녀의 절망과 슬픔의 감각으로 나는 저려 왔다. 나는 내 온 몸에서 그녀를 느낄 수 있었다. 그리고 이 회기의 끝에서 나는 지치고 힘이 빠짐을 느꼈다.

이 회기에서 상담자가 따라갔을 수도 있는 다른 길이 있다. 이 책을 통해서 우리가 애써 강조하는 것은 치료과정에는 많은 길이 있을 수 있고 모든 것이 성공적일 수 있다는 것이다. 상담자가 보여 줄 수 있는 또 다른 반응은 조앤이 그녀 자신 안에서 다른 부분이나 조합을 상징하는지 아닌지를 탐색하는 것이다. 그녀의 다리를 의자 밑으로 넣고 그것을 팔로 감싸안고 있는 동안 말했던 "누가 우는 계집아이를 좋아할 수 있겠어요."라는 것은 그녀의 하나의 자기 조합(self-configuration)을 보여 주고 있다(Mearns, 1999; Mearns & Thorne, 2000). 만약 그렇다면 다른 부분 사이에서의 역동은 치료적인 면에서 아주 의미심장할 수 있다. 하지만 인간중심 상담자는 부드럽게 탐색하고, 다중자아에 대한 어느 암시도 주입하지 않도록 아주 주의할 것이다. 왜냐하면 사람들은 상담자가 그들의 의식의 가장자리로 이끄는 지시에 특히 취약하기 쉽기 때문이다. 하지만 내담자가 경험하는 엄청난 감정의 상태를 염두에 두고, 상담자는 이 예에서처럼 그 감정에 머물러 주는 것이 낫다. 그러나 종종 작지만 나중에 어떤 기회에서 그들의 목소리를 듣기 위해 부분들이 존재할 가능성에 주목하길 바란다. 부분들의 견지에서 내담자가 어떻게 그들의 자아를

상징화하는지, 그리고 어떻게 반응을 하는지에 대한 문제는 이 장의
후반에서 다룰 것이다.

면담 6

조앤은 10분이나 일찍 도착했고 상담자가 준비되어 있었기에 회
기가 시작되었다. 조금의 기다림도 없이, 조앤은 지난주 그녀의 의
식 속에서 넘쳤던 반 정도 기억하는 다양한 기억과 생각을 되새기기
시작했다. 그녀는 지금까지 언급하지 않은 긴 사실을 말했다. 이는
그녀가 13~16세였을 당시 그녀의 아버지가 정기적으로 성관계를
위해 그녀를 이용했다는 것이었다. 때때로 이 성관계에 앞서 신체적
으로 다양한 잔인한 행동이 가해졌을 것이다. 그녀는 이전에 가학−
피학적이었던 그녀 남편과의 관계에 대해 몰두했던 것처럼 매우 자
세하게 이 행동에 대해 언급했다. 말을 하면서 때때로 '증오심'뿐만
아니라 '분노' '두려움' 그리고 후에 '절망'으로 그녀는 끊임없이
몸을 떨었다. 회기의 끝이 가까워 오자 그녀는 수사학적인 질문과
함께 자세를 가다듬었다. "이 모든 감정을 가지고 내가 무엇을 할 수
있을까요?"

그녀 아버지의 잔인함에 대해 말한 것뿐만 아니라, 조앤은 그녀의
어머니가 한 일에 대해서도 원한을 가졌다. 다음은 이를 요약한 조
앤의 독백 중 하나에서 발췌한 것이다.

나는 아빠가 말한 대로 그것에 대해 오랫동안 침묵을 지켰어요. 하지
만 나는 엄마가 그것을 알아내길 바랐지요. 어느 날 나는 엄마가 일찍

들어와 침대에서 울고 있는 날 발견했을 때 알아차렸어야만 했다고 생각해요. 나는 기분이 매우 언짢았어요. 세상에 그 무엇보다도 엄마가 알아 버렸기 때문에 죄책감이 너무 들었어요. 하지만 나는 그녀가 알길 바랐어요. 엄마는 아무 말 없이 내 방에서 나가 계단을 내려갔어요. 나는 엄마가 다시 올라와 주길 바랐지만 그녀는 절대 그러지 않았고 난 잠들어 버렸죠. 다음 날 엄마는 아무 일도 없었다는 듯이 행동했고 나도 그랬어요.

지금 돌이켜 생각해 보면 엄마가 무슨 일이 일어나고 있는지를 알고 있었다는 걸 정말 확신해요. 하지만 엄마는 그것을 덮어만 두었죠…. 그리고 날 도와주지 않았어요. 그 후 얼마 지나지 않아 아빠는 그 행위를 그만두었고, 나는 완벽하게 혼자가 되어 버렸어요. 나는 죽어서 모든 것이 끝나 버렸으면 했어요. 왜냐하면 아빠와 엄마와 관련된 이러한 끔찍한 일의 원인이 나에게 있는 것만 같았거든요.

같은 회기에서 조앤은 그녀 아버지와의 관계와 남편과의 관계 사이의 연계성을 찾게 되었다. "그것은 마치 내가 또 다른 아빠를 선택해서 이번엔 그것을 바로잡기 위해 애쓰는 것 같아요." 16세에 '죽어서 모든 것이 끝나길 바랐던' 내담자가 경험한 듯 보이는 감각에 대해 상담자가 뚜렷한 유사성을 반영해 주고 다리에서 뛰어내리는 (자살) 환상에서 발견한 '암흑'과 '공허함'에 대한 경험을 반영해 주었을 때, 조앤은 유사성을 인식했고 '편안함'뿐만 아니라 계속해서 다른 감각에 초점을 두었다. 그것은 소멸 속으로 후퇴하는 환상을 따라가는 것이었다.

이 회기는 로저와의 관계가 변화한 것 또한 강조된다. 그를 배우자로 선택한 그녀의 부분적인 이유에 대해 알았으며, 그녀는 지난주에 남편에게 근친상간에 대해 말할 수 있었다는 것을 보고하였다. 그녀는 남편과 함께 많이 울었고, 그는 그녀가 기대한 것보다 더 나은 반응을 해 주었다. "그는 무슨 일인지 알지 못했어요. 하지만 적어도 나를 잡고 가볍게 두드려 주었지요. 그는 성심껏 걱정하는 마음을 보여 주었어요."

이번 회기에 대한 설명에서 우리는 상담자의 행동에 대해서 많은 언급을 하지 않았다. 사실상 이 회기에서 조앤이 자신의 이야기를 한 것과 기억을 말하도록 촉진한 것은 이전 회기의 상담자의 행동이었다. 다섯 번째 상담에서의 사건은 조앤이 새로운 영역에 들어가도록 안정감과 자신감을 주는 깊이 있는 관계를 증가시킨 것이었다. 조앤은 그녀의 상담자와, 그들의 관계에서, 그리고 그녀 자신에 대해 자신감을 가지게 되었다. 이를 우리는 '깊이 있는 관계의 지속적인 경험'이라 부른다(3장과 Mearns & Cooper, 2005: 52-53 참조). 때로 상호관계(mutuality)라는 용어가 이런 관계 상태를 묘사한다. 상담자가 내담자와 함께 머물러 주는 것도 중요하지만, 조앤이 그녀 자신에 대해 책임을 더 많이 지게 될수록 상담자가 하는 것은 점점 덜 중요해진다.

면담 7, 8, 9

아마도 상담과정에서 제일 예상하기 어려운 것은 속도일 것이다. 때로 내담자는 천천히 시작하고 나중에 매우 빨리 가게 된다. 반면 다른 경우에는 시작이 빠르지만 결국에는 일시적 소강 상태로 이어진다. 드러난 것과 같이, 후자의 패턴이 지금 우리의 사례의 경우다. 7, 8 및 9회기 동안 조앤은 5와 6회기 사이에서 언급된 것을 직면하고 또 직면하게 된다. 그녀는 문제를 둘러보고 또 둘러보면서 처리하고 재처리한다. 상담과정에서의 이 명백한 '정체된' 단계는 상담자에게 어려울 수 있다. 그리고 이러한 단계는 내담자의 치료과정에서 자주 중요한 측면이고, 개인의 인생을 변화시키기 위해서 많은 시간이 걸린다는 것이다. 조앤의 경우에는 그녀가 예상했던 것보다 더 많이 지난 6회기의 끝 무렵에 이를 깨달았다. 어떤 의미에서 그 당시에는 상황이 너무 빠르게 진행되었고, 몇 주 만에 자신에 대한 이해를 '따라잡은' 것은 그리 놀라운 일은 아니다. 2년 후 조앤은 상담과정의 이 단계에 대해 되돌아볼 수 있었다.

우리가 함께한 시간 중반부에 우리는 꽤 오랫동안 그냥 맴돌았어요. 우리 둘 다 다음은 어디로 가야 할지 몰랐고 시도한 모든 게 쓸모없는 것 같았어요. 그리고 이제야 내가 정체 상태였다는 걸 깨달아요. 왜냐하면 어느 수준에서 내가 너무 많은 것을 발견하게 되었지요. 나는 그때 나의 삶에서 어떤 변화를 일으키는 데 있어 도움받기를 분명히 바라며 상담을 받기 시작했어요. 그리고 갑작스럽게 나는 아버지가 나를 고문하고 망가지게 하고 어머니가 은밀히 모든 길 부정하는 데 있어 공모했다는 것과 남편이 나의 아버지처럼 성적 학대를 하는 사람이었기 때문에 그와 결혼했다는 사실을 수용하게 되었어요.

상담자 기록의 발췌록을 보면 이 단계가 얼마나 어려운지, 그리고 어떻게 인간중심 상담자가 정체 상태의 소재를 찾으려 애써 고민하는지 보여 준다. 만약 그것이 내담자 안에 있다면 끈기 있는 집중은 보답을 가져다줄 것이지만, 정체 상태의 소재가 상담자나 그들의 관계 안에 있다면 상담자는 더 직접적인 행동을 해야 할 것이다.

내가 의심한 것같이, 우리는 정말 지금 정체, 멈춰 있는 것 같다. 나는 이 정체 상태가 우리 관계와는 아무 관계가 없다고 확신한다. 분명하게도 우리 관계는 개입의 부족으로 인해 정체되지는 않았다. 또한 나는 정체 상태가 나에게서 나오는 것이라 생각하지 않는다. 흔히 정체 상태를 만들어 내는 자신을 억누르고 있는 느낌이 전혀 없다. 또한 나는 조앤이 내가 그녀에 대해 억제하도록 할지 모르는 나의 어떤 가치관을 위협하고 있다고 느끼지 않는다. 나는 정체 상태에 놀라지 않고 있다는 사실을 인식하고 있다. 아마도 나는 약간은 이를 예상하고 있었는지도 모른다. 여섯 번째 회기에서 그녀가 산더미 같은 내용을 얘기했을 때, 나는 그녀가 그것을 처리하기 위해 시간이 필요할 거라고 생각한 것을 기억한다. 나는 정말 조앤의 정체 상태가 나로 인해 오염된 것이 아니라고 생각한다. 그녀는 자신 안에서 가로막혀 있다고 보았고 오늘 그에 대해 말했다. "나는 내 속이 막혀 있음을 느껴요…. 내가 나 자신을 숨막히게 하는 것을 느껴요." 나는 앉아서 그것에 집중하면서, 비록 내가 그 정체 상태를 만들어 내지 않았다고 생각하더라도 실제로 그에 영향을 미쳤을지도 모른다고 생각한다. 나는 정말 짜증을 느꼈고, 내가 조앤이 정체 상태에서 빠져나오도록 도우려 노력한 많은 일이 있었던 것을 알고 있다. 대신에 내가 할 수도 있는 것은 정말로 노력하고 정체 상태에 있는 그녀를 수용하는 것이다.

면담 10

회기 사이에서 인간중심 상담자가 탐색을 위해 가능한 방법을 찾았을 때는 보통 이 방법으로 다음 회기를 시작하지 않을 것이다. 대신에 그는 무엇이든 내담자에게 가장 중요한 것을 가지고 시작할 것이고, 일어나고 있는 것에 대한 그의 지속적인 반응을 확인하는 데 시간을 사용할 것이다. 이 특별한 사례에서 상담자는 약 20분 정도를 기다렸고, 그때 조앤은 과거의 일을 다시 들여다보았다. 그리고 나서 상담자는 그가 할 수 있는 한 정확하고 충분하게 그의 반응을 표하는 개입을 했다.

나는 꽤 정체된 것을 느껴요. 나는 지난 회기 동안 이런 느낌을 수시로 느꼈어요. 정말 재밌는 느낌이죠. 왜냐하면 나는 우리가 하고 있는 것과 함께 해 온 것에 대해 꽤 괜찮다고 느끼기 때문이에요. 하지만 지난주 회기 후에 나는 당신 안에서 무슨 일이 일어나는지를 정말 들은 것이 없음을 깨달았어요. 난 급행열차와 같이 당신이 뿜어내는 열기에 익숙해졌고 계속해서 당신을 독려할 방법을 찾고 있는 것 같아요. 하지만 나는 당신의 급행열차가 당분간 정거장에 멈춰 섰고, 우리가 그것이 무슨 의미인지를 알아보려고 했던 사실을 깨닫는 데 실패했다고 생각해요.

이 진술에서 상담자는 조앤에 대한 그의 반응이 매우 일치적인 상태에 있다. 일치적 반응은 때로는 아주 길다. 왜냐하면 상담자가 내담자와의 관계에서 상담자의 주요한 반응뿐만 아니라 그의 반응에 대한 자세한 내용('그의 작업을 보여 준다')을 정확하게 주의하면서 보여 주기 때문이다.

비록 조앤이 일시적으로 정체되었다고 상담자가 반응한다 해도 그의 인상을 강조하게 되더라도, 역설적으로 그 반응은 그녀가 현재의 감정을 더 강렬하게 경험하고 이후 계속 나아가도록 돕는 정반대의 효과를 가진다. 인간관계의 놀라운 일 중 하나로, 만약 상담자가 내담자를 그의 감정 밖으로 끌어내려고 시도할수록 종종 내담자는 그것과 함께 정체 상태가 되는 결과를 보이게 된다. 반면에 내담자의 경험을 이해하고 온전히 음미하기 위해 노력하는 대안적 접근은 경험의 강렬함을 가져오고 결과를 낳는 뒤따라 일어나는 변화의 서막이 된다. 인간중심 접근법의 독특한 특징 중 하나는 이러한 과정을 이용하는 능력이다.

조앤의 개인사에 대한 감정에 집중해 보면 분노가 먼저 두드러지게 나타난다. 그녀는 소리 지르며 그녀의 분노를 표현하는 동안 울기 시작했고 의자에서 털썩 넘어져 바닥에 주저앉았다. 그녀의 울음은 결국 깊은 흐느낌으로 바뀌었다. 그 시점에서 상담자가 자리에서 일어나 가만히 그녀를 마주 보며 그녀 옆에 앉아 주었다. 상담자는 설명을 하는데, 상담자의 기록에서 나온 것이 아니라 2년 후 오디오 기록을 들으면서 떠오른 기억으로 얘기하고 있다.

나는 그녀가 멈추기를 계속 바랐습니다. 하지만 그녀는 계속했고, 결국 나는 이 흐느낌이 그녀 존재의 매우 중요한 핵심에서 나오는 것이라는 걸 알아차렸습니다. 그것은 수년 동안 축적되어 왔던 것이었습니다. 그녀와 함께 앉아 있었을 때, 나는 그녀가 자기 안의 학대받은 '어린 소녀'가 낮의 빛을 보도록 허용하고 오래전에 금지되었던 것 — 그녀 자신을 위해 우는 것 ─ 을 하도록 허용한다는 걸 느꼈죠. 나는 이 순간을 기억합니다. 이는 아마도 또 다른 시작이었을 겁니다. 아마도 자기 수용의 시작이었겠죠.

조앤은 그녀가 경험한 이 과정을 우리가 이해할 수 있도록 도왔다. 다음은 그녀가 2년 후 언급한 것이다.

상담 시작 초기에 나는 나의 감정의 문을 열었다고 생각해요. 감정이 조금 나왔어도 그때는 그것이 많은 것처럼 느껴졌고, 나는 너무나도 많은 감정이 그곳에 있다는 것에 깜짝 놀라서 감정의 문을 닫아 버렸어요. 나는 의식적으로 그러지는 않았어요. 마치 어느 단계에서 내가 그것을 수용할 수 없다는 것을 알고 있는 것처럼 나의 방어가 분노 경험의 문을 닫아 버렸지요. 그리고 특히 나의 어머니와 아버지가 했던 일로 인한 깊고 깊은 슬픔의 경험도 대부분 닫아 버렸지요. 나는 처음에 두려웠어요. 그리고 나서는 덜 두려워하게 되었고 어떤 느낌이 느껴지기 시작했죠. 하지만 나는 두려움을 다시 느꼈어요. 10회기가 되어서야 내 감정이 충분히 열렸지요.

면담 11~14

불행하게도, 상담자의 게으름으로 인해 이 회기들에 관한 기록은 전혀 없다. 그래서 우리는 2년 후에 조앤과 상담자의 회고와 함께 오디오를 통한 정보에 의존해야 한다. 조앤은 10회기 후에 그녀에게 무슨 일이 있었는지에 대해 이야기하기 시작한다.

일단 내가 분노와 슬픔을 개방했을 때, 그것들은 단지 나오기만 한 것이 아니라 사라져 버렸어요. 이러한 감정은 반복해서 되돌아왔지만, 매번 약간씩 줄어들었지요. 심지어 지금도 나는 그것에 대해 화가 나고 슬퍼요. 그리고 나는 항상 이럴 것이라고 추측하죠. 하지만 그 시점 이후로 줄곧 많은 것이 갑자기 바뀌었어요. 바뀐 것은 외부 상황이 아니라 내가 그것을 다르게 보기 시작했다는 거예요. 로저는 더 이상 나의 존재를 지배하는 괴물이 아니에요. 대신에 그는 그 자신의 문제를 가지고 있는 약한 남자일 뿐이죠. 나는 이제 내가 그를 떠날 수 있음을 알아요. 우습게도 그런 사실로 인해 적절한 때에 내가 그를 떠날 거라는 사실을 알지만 이제는 떠나는 데 덜 필사적이에요.

이 녹음을 들어 보면 이 회기들[11~14]에서 어떻게 나의 목소리가 변하는지 매우 분명해요. 삐걱거리고 연약하고 흥분된 목소리에서 안정적이고 고요하고 신중한 목소리로 되었어요. 나는 나의 '저주받은 작은 소녀'에서 빠져나왔고, 갑작스럽게 스스로의 인생을 선택할 줄 아는 여자가 될 수 있었어요.

조앤의 말은 회기에 임한 그녀의 상황을 아주 잘 요약해 주고 있다. 그녀가 주의를 기울이고 있는 이 문제들은 그녀의 삶을 통제하는 데 집중되어 있다. 그녀는 그녀가 로저와 결혼한 이유가 그가 그녀의 아버지와 비슷했기 때문이라는 것을 안다. 그리고 그들의 가학-피학적인 행태 또한 그녀의 아버지와의 관계에서 반영된 것이었다는 것도 안다. 그녀는 한 회기에서 이렇게 말했다.

인생에서 나의 목표는 나를 상처입히면서도 로저가 나를 사랑하게 만

드는 것이었어요. 그것은 나와 성관계를 가지며 나에게 상처를 준, 하지
만 결코 나를 정말로 사랑하지 않은 나의 아빠와는 다르게 말이죠.

그녀는 자신에 대한 자각의 증진으로 인해 자기 상사에게 성적으
로 유혹하는 행동을 했다는 사실을 깨달았으며, 이전 직장에서 그녀
가 자신의 지적인 능력을 꽤 의도적으로 숨겨 왔음도 깨달았다. 이
것이 그녀가 반복적으로 그녀 자신을 '미숙한 어린 소녀'로 확증하
는 패턴의 모든 부분이라는 것을 느꼈다.

11~14회기에 관한 그녀의 말은 흥미롭다. "나는 나의 '저주받은
어린 소녀'에게서 나왔어요." 이것은 조앤이 부분들의 견지에서 그
녀 자신을 상징화하고 있다는 분명한 표시다. 적어도 그녀는 상담이
끝나고 2년이 지나도 계속 이를 유지한다는 것이다. 이 상징화가 상
담 진행 중에 분명했더라면 어느 시점에서 상담자가 그녀에게 상징
화가 어떤 의미인지를 탐색했을 것이다. '저주받은 어린 소녀'는 그
녀에게 무슨 의미인가? 한 부분 혹은 조합(Mearns, 1999; Mearns &
Thorne, 2000)을 따르는 것은 다른 부분(혹은 조합)을 낳는다. 종종
부분들 사이의 역동이 개인이 느끼는 갈등을 인물화하도록 한다. 또
한 개인은 일반적으로 부분들을 통해 그들의 경험(Gendlin, 1984;
Purton, 2004)에 집중하는 것을 좀 더 쉽게 생각한다. 각 부분은 상
당한 삶을 포함하고 있고, 오직 함께 고려될 때 서로를 무효화하는
것처럼 보일 수 있다. 조합이론은 자신이 여러 다른 '부분들'로 구성
된 것으로 경험하는 사람들과 함께 이해하고 작업하는 인간중심 상
담의 방법으로 개발되었다. 하지만 우리는 그 이론이 모든 사람은
부분들을 가져야만 하고 상담자는 부분들을 찾는 것이 임무라는 가

정을 한다면 이 이론은 잠재적으로 엄청나게 오용될 수 있다는 것을 다시 강조하고 싶다. 인간중심 상담자는 주의를 기울여 현상에 접근할 것이다. 그리고 일관되게 인간중심적 방식으로, 오직 내담자가 자기 자신을 기술하기 위해 쓰는 용어(terms)를 사용할 것이다(조합의 작업과 관련해서 인간중심 훈련의 자세한 사항은 Mearns & Thorne, 2000: 7장에 서술되어 있다).

이 치료과정의 '중기 단계의 끝부분'은 11~14회기에서 나온다. 여기서는 조앤이 그녀의 인생과정을 억제해 왔던 감정적 막힘을 크게 직면하고 극복한 것을 명백히 보여 준다. 그녀는 자기 수용을 하기 시작했고 이제 그녀의 인생에서 변화를 만드는 것에 더 자유로워졌다.

우리의 11~14회기의 논의는 9장 서두에서 계속 이어진다. 조앤과 그녀의 상담자는 상담과정의 마지막 단계를 마무리하고 있다. 하지만 치료과정의 중반부를 끝내기 전에 토론이 반드시 필요한 여러 일반적인 문제가 있다. 그 문제로 돌아가서 몇 가지를 짚고 넘어가고자 한다.

❊ 중기: 개관

인간중심 상담자는 내담자의 일을 명확히 정의 내릴 수 있는 일련의 단계를 따라서 개념화를 하지 않는다. 대신에 상담자는 개개의 내담자가 고유한 존재이고, 내담자가 경험하는 치료과정이 개인마다 다르다는 것을 인식한다. 그러나 각 내담자의 고유함에 대한 강조는 상담과정을 연구한다는 것이 무의미하다는 의미가 아니다. 몇 가지 문제, 예를 들어 깊이 있는 관계의 발달과 그로 인한 신뢰 증진이 있는데, 그것은 매우 중요하기 때문에 많은 내담자와의 작업에서 중요한 역할을 할 것이다. 이 중기 단계의 깊이 있는 관계는 친밀감을 경험하게 하고 계속적인 깊이 있는 관계 형태의 발전으로 **상호** 의존 경험을 낳을 것이다. 또한 이 중기 단계 기간의 공통점은 내담자의 자기 수용의 성취다. 더군다나 이러한 일은 가끔 치료과정 내에서 일어나기도 한다. 그럼에도 반드시 점검할 필요가 있다. 왜냐하면 상담자가 그 중요성을 인식하지 못한다면 그것은 심각한 문제로 나타낼 수 있기 때문이다. 이 마지막 그룹은 상담자의 온전한 치료적 개입(full therapeutic involvement)과 **과잉 개입**(over-involvement) 사이의 한계성에 관한 질문을 포함한다. 이 장의 나머지 부분에서 상담과정의 이러한 모든 측면을 탐색할 것이다.

이 사례 연구에서 상담자는 세 가지 측면, 즉 치료적 관계의 발전, 내담자의 치료과정, 그리고 상담자의 상담과정에 주의를 기울였다. 우리는 이 세 가지를 소제목으로 하여 치료과정의 중기 단계와 관련된 문제를 살펴볼 것이다.

치료적 관계의 발전

어느 정도의 깊이 있는 관계의 구축과 그로 인한 내담자와 상담자 사이의 신뢰는 상담과정의 '시작'에서 중요한 부분이 된다. 하지만 이는 깊이 있는 관계가 작업이 계속 진행됨에 따라 중요한 문제가 되지 않는다는 의미가 아니다. 우리는 내담자와 상담자가 온전히 서로를 경험하면서 관계가 깊어지고 강화될 것을 기대한다.

2회기의 후반부에 조앤이 자신의 거절에 대한 두려움을 말하는 위험을 감수했을 때, 그리고 그녀의 인생에서 '다리'가 차지한 중요성을 상담자와 나누었을 때가 깊이 있는 관계의 가장 강력한 순간이었다. 5회기에서 조앤의 말대로 상담자가 '절망과 우울함에 빠져 있는 나와 단지 기꺼이 함께하려' 했을 때, 우리는 깊이 있는 관계의 유사한 순간을 경험했다. 이러한 때에 내담자와 상담자 사이의 이해는 수용에서처럼 여러 단계로 존재한다. 그 결과는 공유된 깊은 감각이다. 이러한 순간은 단지 부드러운 접촉, 짧게 서로 바라보거나 그냥 단지 조용히 같이 앉아 있어 주는 것만으로도 두드러지게 되는데, 시간이 지난 후에도 그 순간은 내담자와 상담자 사이에 오래 두드러지게 기억되는 경향이 있다. 과거 인간관계에 문제가 있었고 자기 수용이 약한 내담자에게는 그런 순간이 자기 존중의 발달에 있어 독특하고 강력하게 도움이 될 수 있다. 깊이 있는 관계의 순간을 통해 내담자와 상담자 둘 다 친밀감을 경험하는 경향이 있다. 이는 서로의 인간성을 온전히 마주하는 두 인간의 강력한 경험이다. 이는 대부분의 내담자에게 온전히 따뜻하고 '긍정적인' 경험이 될 것이다. 하지만 모든 내담자가 그러한 것은 아니다. 초기 발달에 있어 보호자의 사랑이 비일관적이고 예상을 할 수 없는 경험을 한 내담자는 타인이 보여 주는 온정과 자신의 내부에서 느끼는 온정에 대해 건강한 의심을 개발했을지도 모른다. 2장에서 '자아 친화적 과정'으로 기술된 자기 보호체계는 인간이 깊이 있는 관계의 순간에 강한 양가적인 반응을 가지게 한다. 다른 모든 인간처럼, 그들의 어떤 부분이 친밀감에 가치를 두고 갈망을 하지만 또 다른 부분은 근본적으로 친밀감에 위협을 느끼고 의심과 심지어 증오와 분노로 반응한다. 이는 깊이 있는 관계가 이러한 사례에서 금기시된다는 의미가 아니다. 오히려 정반대다. '관계'가 위험을 기반으로 하기 때문에 그것이 잠재적으로 가장 치유적인 조건인 것이다. 우리는 단지 모든 내담자가 친밀감의 경험에 전적으로 가치를 둘 것이라고 가정하는 것에 주의하자는 것을 여기서 언급한다. Mearns와 Thorne(2000), Mearns와 Cooper(2005)는 친밀감에 두려움을 느끼는 내담자와의 도전적 작업에 대해 보여 준다.

깊이 있는 관계의 순간은 상담자와 내담자 둘 다에게 그들의 관계에 자신감을 더해 준다. 그리고 이는 지속적인 깊이 있는 관계의 경험 구축에 기여한다(3장의 끝부분과 Mearns & Cooper, 2005: 52-53에 기술되어 있다). 이 책의 이전 판에서 우리는 이 과정을 상호관계의 발달로서 기술하였다(Mearns & Thorne, 1988, 1999). 지속적인 깊이 있는 관계에 대한 감각과 함께 상담자와 내담자 둘 다 그들의 작업을 공동의 과업으로서 경험하고, 서로의 관계에서 진솔성을 성취하고 유지하기 위한 각자의 헌신을 신뢰한다. 둘 다 서로에 대해 두려워하지 않고 친밀감이 적합한 방식으로 상담 현장에서 쉽게 일어난다. 일상적인 관계에서 특징적으로 보여 주는 다양한 형태의 방어는 지속적인 깊이 있는 관계를 발전시켜 온 내담자와 상담자 사이에서는 볼 수 없다. 상담맥락에서 그들은 서로에게 두려움을 느끼지 않는다. 점차적으로 그들은 너무 투명해져서 각자를 상징하는 것을 멈추고 용기 있게 각자를 분명하게 볼 수 있게 된다. 이제 상담자는 자신에게 솔직한 어떤 방식으로도 공감적 감각을 보이는 데 어려움이 없다. 내담자 또한 그들이 어떻게 상담을 진행할지 제안을 하는 것에 더 능동적이게 된다. 그는 심지어 상담자가 정직하게 대응할 것이라는 확실한 믿음에서 상담자에게 다소 특이한 요청(예를 들어, 우리의 사례 연구 마지막에 조앤이 그녀 어머니의 무덤을 방문하는 것에 상담자가 동행해 달라고 예기치 않게 요청한 것과 같은 것)을 할 수 있다.

내담자의 치료과정

죽음 직전에 비디오로 촬영한 어느 인터뷰에서 Carl Rogers는 이렇게 말했다. "개인의 삶에서 아주 특별한 순간이 있는데, 그것은 변화할 수 있다고 느낄 때다. 바라건대, 치료에서 이러한 일이 더 많이 일어나길 희망한다."(Bennis, 1986) 이것은 사실상 인간중심 상담이 목표로 하는 아주 단순한 진술이다. 이는 내담자가 변화할 수 있다고 느끼는 더 많은 '특별한 순간'을 만들기를 추구한다.

본질적으로 인간중심 상담은 내담자 안에 있는 '자연적인 치유과정'을 자유롭게 풀어 줌으로써 그러한 순간을 만들어 내기 위해 노력한다. 1장에서 충분히 논의했던 것처럼, 인간중심 접근은 사람들이 기본적으로 신체적인 감각뿐만 아니라 심리적인 감각에 있어서 건강해지길 원하고, 긍정적인 정신건강 발달을 위한 잠재력을 가지고 있다고 가정한다. 오래된 문제로 인해 종종 개인이 경험하는 어려움은 사실 삶의 유년 시절에 파괴적인 상황―주로 상처를 주는 관계―에서 살아남기 위해 개발한 자기보호 체계와 관련이 있다. 그들은 유년 시절의 삶에서 살아남기 위해 자신을 방어하기 위한 방법을 개발했다. 하지만 그러한 유년 시절의 방어로 인해 이후의 삶에서 특히나 관계 형성에 제약을 받는 방식으로 역기능적인 삶을 살

게 된다. 상담관계를 통한 상담자의 임무는 내담자의 발달이 현재의
장애를 초월해서 진전할 수 있도록 내담자의 자연적인 치유과정이
자유롭도록 돕는 일이다. 사회적 그리고 정서적 고립, 두려움, 부정,
명료함의 부족, 감정 인식의 부족, 무력한 자기 의심과 자기 부정은
이러한 장애의 전형적인 예다. 두 사람이 만드는 관계를 통해 내담
자는 더 이상 사회적으로나 정서적으로 고립되지 않고, 내담자의 믿
음이 커질수록 그의 두려움은 줄어든다. 왜냐하면 두려움과 믿음은
동전의 양면이기 때문이다. 두려움의 감소는 다른 문을 여는 열쇠
다. 내담자가 두려움을 덜 가질 때 그때까지 부정해야 했던 어려움
을 직면할 수가 있다. 내담자의 감정의 세계는 덜 위협적이 되고 그
에게 더 접근하기 쉽게 되어 간다. 그리하여 자신이 아주 소중한 존
재로 받아들여지는 상담자와의 관계 경험을 통해 자신의 가치를 부
정하는 것이 점점 더 어렵게 되고 자기의심이나 자기부인의 장벽 제
거를 시작하게 된다. 가끔 상담에서 움직임이라고 불리는 내담자
내에서 치유과정의 점진적인 해방은 Goff Barrett-Lennard(1987)
가 아름답게 묘사한 '상처에서 희망으로의 통로'라고 말할 수 있다.

　치료과정 중에 내담자의 '변화'가 나타날 때 실제 무엇이 일어나
는지를 보다 가까이서 반영하는 것은 흥미롭다. 우리는 '변화'라는
말을 다소 피상적으로, 그리고 그것이 무엇을 의미하는지 고려하지
않고 사용하는 경향이 있다. 다른 책에서 Mearns는 '갑작스러운
(seismic)' 변화라고 언급하고 있고 조앤의 현재 사례 연구와 함께
좋은 예시로 보여 주고 있다.

　이것은 마치 변화에 대한 압력이 표면 아래에서 커지게 된 것 같다. 그

러고 나서 꽤 갑작스럽게 주요한 변화가 일어난다(Mearns, 2003: 92).

이것은 '점진적(osmotic)' 변화와 비교가 된다. 기술에 따르면 다음과 같다.

이러한 형태의 변화에서 느린 변화는 마치 내담자가 천천히 진행된 자기개념 변화에 대해 인식을 하지 못하는 것 같다. 이 과정은 아주 점진적으로 일어나기 때문에 변화의 모든 요소가 잘 지각되지 않지만, 내담자가 쌓인 변화의 영향을 알아채는 때가 온다(Mearns, 2003: 92).

'점진적' 변화에서 상담자는 내담자가 알아차리기 오래전에 변화하는 것을 보았을지도 모른다. 한 내담자가 이 경험을 다음과 같이 요약한다. "이것은 정말 이상한 느낌이었어요…. 아무것도 변하지 않았어요. 하지만 모든 것이 달라요."

인간중심 상담에서 변화는 앞서 언급한 것같이 장애 요소를 제거하는 것에 달려 있다. 이것이 안정되고 규칙적인 과정일 가능성은 낮다. 상담 수련생은 상담과정을 일련의 잘 단정하게 정리된 단계로 지나치게 단순화하는 저자와 수련감독자에 의해 일반적으로 오도될 수 있다. 그러한 '단계(stages)'는 수련생에게 상담과정이 이해 가능하고 예측 가능하다는 즐거운 착각을 주게 된다. 하지만 이것은 허구이고 수련생이 내담자를 이해하고 관찰하는 핵심 작업에서 멀어지게 한다. 이론가가 내놓은 패턴을 내담자가 따르기를 기대하고 기다리는 상담 수련생이라면 그는 이미 인간중심 상담의 관점을 포기한 것이다.

숙련된 인간중심 상담자는 내담자의 변화가 정체 상태나 퇴행의 기간과 함께 잠잠하고 고요한 시기도 많이 있다는 사실을 알고 마음 편안해한다. 게다가 상담자는 자주 나오는 '딸꾹질'이 내담자의 치유과정을 풀어 주는 자연스러운 측면이라는 것을 알 것이다. 이러한 단계는 내담자가 변화하기 전에 더 많은 힘을 얻을 필요가 있다는 사실을 자주 보여 준다. 그리고 내담자는 빠르고 극적인 변화의 시기 때만큼은 상담자의 주의 깊은 관계 형성을 요구한다.

숙련된 상담자는 내담자가 좋아지기 전에 자주 더 나빠지는 것처럼 보인다는 사실을 잘 인식하고 있다. 하지만 이는 치료적 관계가 좋아 보이는데도 내담자가 명백하게 악화되는 것을 볼 때 혼란함을 느끼는 초보 상담자에게는 어려울 수 있다. 이러한 현상을 이해하는 한 가지 방법은 내담자가 전문적인 도움을 구하기 전에 어려움에 맞서 스스로를 보호할 수 있는 최선의 노력을 해 왔을 것이라는 사실을 기억하는 것이다. 그는 많은 두려운 감정을 부정하고, 슬픔이나 분노를 일으키는 상황을 피하려 애쓰고, 감정적인 소통과 위험을 최소화하려고 다른 사람과 관계를 맺는 것을 제한해 왔을지도 모른다. 간단히 말하자면, 그는 자신을 보호하기 위해 많은 장벽을 세웠을 것이다. 내담자는 상담과정이 시작되고 내담자의 두려움이 줄어들면서 이전에는 피했을지도 모르는 상황을 직면하고, 유년 시절에 두려워했던 감정을 개방함으로써 더 많은 위험을 감수하기 시작한 것이다. 내담자는 심리적으로 좌절하여 주변 사람에게 더 자주 울거나 이전에 억눌렀던 분노를 표출한다든가 더 감정적으로 의존하거나 요구하는 행동을 보임으로써 고통을 야기할지도 모른다. 6세 소년 딥스(Axline, 1971)와의 놀이치료 작업에 대한 사례 연구를 담은 Virginia Axline의 아름답고 영원한 책을 보면, 딥스는 치료에서 진

전을 보이기 시작했을 때 부모의 눈에는 '더 이상하게' 보였다는 사
실을 알 수 있다. 그는 사실 더 강하게 느끼고 그의 분노와 슬픔, 억
압했던 그의 감정을 더 보여 줄 수 있었다. 우리의 사례 연구에서 조
앤은 집에서 변화가 시작되면서 두 번째 회기 후 어느 정도 힘을 보
여 주었지만, 네 번째와 다섯 번째 회기쯤에서는 뚜렷하게 무기력감
과 부정적인 깊은 감정에 빠졌었다. 하지만 우리는 후에 5회기와 6회
기에 조앤이 황폐함의 바닥을 치고 그것을 상담자와 함께 공유하는
것이 결정적으로 중요했다는 것을 알 수 있다. 그녀는 어렸을 때부
터 인식해 왔던 깊은 절망감을 온전히 경험할 수 있었다. 이전에는
충분히 편안하게, 그리고 온전히 그 감정을 자각하지 못했다. 그래
서 그녀는 늘 감정이 차단되어 있었다. 내담자에게서 자유로이 일어
나는 치유과정의 중요한 부분은 그가 '가치 있는 인간'으로서 그 자
신을 소중히 여기기 시작한다는 느낌 가운데 자신을 수용하기 시작
하는 것이다. '가치 있는 인간'이란 약점과 강점이 분명히 있지만 본
질적으로 가치 있는 사람을 뜻한다.

　인간중심 관계에서는 수많은 요소로 인해 자기 수용의 발전이 일
어난다. 그 요소들은 상담자의 일관적인 가치화(5장 참조)와 오랫동
안 부정적 견해로 내담자를 가두어 둔 감정적 차단을 풀어 주는 것
도 포함한다. 예를 들면, 조앤의 사례에서 그녀는 어릴 적 학대와 관
련된 죄책감과 두려움으로부터 풀려났다. 자기 수용의 성장으로 인
해 내담자는 자신을 귀중히 여기고 그의 가치화 과정을 신뢰한다.
상담관계에서는 가치의 소재가 상담자에서 그 자신에게로 옮겨 간
다. 그러한 변화는 우리의 사례 연구에서 분명하게 나타나며, 10회
기가 분명한 변화가 보이는 중요한 시점인 듯하다. 그 이후에 조앤

은 모든 태도와 삶에 대한 접근 방식을 변화시켰다. 결혼과 같은 삶의 여러 측면에 대한 가치에 대해 그녀는 명료해진다. 그녀는 자신의 가치에 대해 더 확신에 차 있다. 그리고 이제 훨씬 더 효과적으로 자신의 삶을 바꿀 줄 안다. 이 시점 이후로, 그녀는 여전히 상담자에게 가치를 더 높이 두지만 그에 대한 필요는 줄어들었다. 가끔 놀랄 정도로 감동을 주는 것은 내담자가 얼마나 빨리 우울의 구덩이에서 모든 것이 다르게 보일지도 모르는 기본적인 자기 수용의 상태로 옮겨 갈 수 있다는 것이다. 다음 장의 마지막에서 보는 것처럼, 내담자는 여전히 그의 삶의 많은 것을 다시 만들 수 있다. 하지만 자기 수용의 핵심이 구축될 때 상담 작업의 가장 중요한 부분이 성취되고, 내담자의 변화는 뒤집을 수가 없게 된다. 한 내담자가 자기 수용이 일어나는 기분이 어떤지를 기술한다.

이것은 마치 아무것도 변하지 않는 것처럼 느껴진다. 하지만 모든 것은 변했다. 나는 상담을 하러 오면서 내가 원하는 것은 내 인생에서 수많은 변화를 만드는 것이라 생각했다. 지금까지 내 인생에서 어떠한 변화도 만들지 않았다. 그리고 나의 모든 삶이 변화되었다. 변화가 나에게 일어났다. 내 생애 처음으로 나는 내가 좋은 점과 나쁜 점을 가지고 있는 것을 말할 수 있다. 하지만 기본적으로 나는 인간으로서 괜찮다고 생각한다. 비록 내 삶의 외부적인 어떤 것도 바뀌지 않았지만, 이것이 모든 것을 바꿀 것이다. 그로 인해 나는 사랑스러운 아내가 될 것이다. 그로 인해 나의 아이들에게 나의 사랑을 보여 줄 것이다. 그로 인해 내가 하는 일을 바라보고 내가 간직하고 싶은 부분을 정할 것이다. 그리고 그로 인해 사람들을 만나고 그들을 두려워하지 않을 것이다.

이런 기본적인 자기 수용의 성취는 주로 내담자의 개인적 힘이 빠르게 증가한 후에 일어난다. 하지만 이러한 물리적 현상의 비유는 과학적이라기보다 시적이다. 그것은 자기 수용을 통해서 마치 개인 내부의 융합이 엄청난 양의 에너지를 방출하는 것과 같다. 이것은 일단 자기 수용이 구축되면 9장에서 보는 것처럼 내담자가 종종 그의 삶 안에서 많은 변화를 만들어 내기를 원하기 때문인 것과 같다. 그리고 그는 자기 수용을 위해 그가 모을 수 있는 모든 에너지를 필요로 할 것이다.

상담자의 치료과정

인간중심 상담자 또한 상담관계의 진행기간 동안 어떤 과정을 경험한다. 그 과정의 주요 주제는 그녀의 내담자와의 깊이 있는 관계를 제공하려는 노력이다. 개개의 치료적 관계에서 이러한 노력은 그녀의 직업생활 전반에서 동일한 종류의 노력의 중요성을 되풀이하여 보여 준다. 이 노력은 단순하게 진술되지만 극도로 도전적이다. 이 노력을 통해 상담을 받으러 오는 모든 내담자에게 깊이 있는 관계를 제공할 수 있게 된다. 그녀는 그녀 자신이 인간으로서 속이 깊고 관대하게 될 수 있기를 기대한다. 그로 인해 내담자가 주로 관계를 억제하는 보호, 즉 자기 보호를 위해 발달시킨 어떠한 시스템에도 꺾이지 않게 된다. 그녀는 모든 내담자에게 완벽하게 모든 핵심 치료 조건을 제공할 수 있다. 물론 이것은 기초 훈련 동안 가까스로 시작이 된 발달적 과정을 기술한다. 발달 초기 기간에는 치료적 조건과 내담자가 주는 도전에 익숙해질 것이다. 그녀는 내담자와 깊이 있는 관계의 순간을 경험하고 일부 내담자와는 깊이 있는 관계가 계속되는 경험을 할 것이다. 처음에는 그녀는 자기 비판적일 수 있다. 왜냐하면 처음 시작할 때 결국 모든 사람은 완벽하길 기대하기 때문이다. 그녀의 과정에서 핵심 부분은 자기 비판이 변화를 수반하는 자기 수용에서 동반되는 이익과 함께 자기 호기심(self-curiosity)에 자리를 내주는 때다. 자기 수용에 의해 지지받는 자기 호기심은 기본 훈련을 위한 목표로 충분하다. 왜냐하면 자기 호기심은 그녀 일생의 발달과정을 위한 기반을 제공하기 때문이다. 그에 의해 그녀는 자신의 실존적 깊이에 접근하고, 점점 다양해지는 내담자와 깊이 있는 관계에서 참만남을 제공하기 위한 그녀의 인간애에 대한 관용에 접근할 수 있을 것이다.

위의 문단은 3장에서(Mearns & Cooper, 2005: 8장에도 요약) 기술했던 발달과정을 요약하고 있다. 하지만 이는 상담자가 각 내담자와 경험하는 과정의 종류와도 같다. 초기 과정에서 상담자는 편안하지 않은 그녀 자신의 관점과 분투하는 것이 당연하다. 이는 상담자가 크리스틴이라는 다른 내담자와의 관계에서 가졌던 그의 어려움의 방해가 조앤과의 상담 작업에서 잘 나타나고 있다. 과정의 초기 부분에서 필수적으로 상담자는 일치성을 위해 노력했다. 이 노력은 그녀의 내담자와의 관계 안에서 풍족하고 유동성 있게 그녀 자신을 활용할 수 있게 한다. 그녀는 특히 상담 초기 과정에 '실수'를 할 수 있다. 우리는 다양한 책에서 제시하는 모든 사례 자료에서 '실수'를 삭제하지 않기 위해 조심한다(Mearns & Thorne, 2000; Thorne, 2002; Mearns, 2003; Mearns & Cooper, 2005). 왜냐하면 '실수'는 깊숙이 우리의 내담자를 만나기 위해 노력하는 과정의 일부이기 때문이다. 우리는 공감에 실패하거나 혹은 불완전한 공감을 발견하게 된다. 가끔은 실패하지만 내담자에게 가치화를 주려고 노력하고, 아마 그 무엇보다도 '표현적인 자기'의 일반적인 반응에서 벗어나기 위해 분투하며, 우리 자신의 엄청난 깊이로부터 타인과 진솔하게 반응하려 한다(3장 참조). 어떤 식으로 다른 사람과의 만남을 '놓친다'는 의미에서 '실수를 하는 것'은 우리의 인간성의 일부다. 우리의 실패는 비방받기보다는 소중히 여겨져야 한다. 비방은 회피와 방어를 가져온다. 우리의 내담자는 비방을 통해 학습할 수 없거나 혹은 그들 또한 자신의 실수에 대해 비판을 받거나 더 심각하게도 우리의 실수에 대해 책임을 지려 한다. 실수에 대한 좀 더 건설적인 반응은 내담자에게 책임감을 가지는 것이다. 이는 우리가 우리 자신의 취약함에 대해 인식하는 것, 우리의 내담자가 우리의 행동에 대해 경험하는 것을 아는 것, 우리 자신의 과정에 대해 내담자와 함께 개방하는 것, 그리고 자주 우리의 내담자에게 사과를 하는 것에 노력해야 한다는 의미다.

때로는 빠르게, 때로는 천천히 상담과정이 진행됨에 따라, 상담자는 내담자와 보다 온전히 개입하게 될 것이다. 그녀는 내담자에게 거울처럼 자신을 제공하는 것에 능숙해지고, 6장에서 자세히 기술한 것처럼 일치성에 대한 자신의 잠재력을 온전히 사용하는 것에도 아주 능숙해진다. 우리의 사례 연구에서 상담자가 3회기에서 벌써 이 작업을 하고 있음을 알고 있다. 나중에 그 회기를 회고하면서, 그는 내담자에 대해 자신의 감각 느낌에 의존하여 그녀의 남편과 그들의 가학-피학적인 행태에 대한 조앤의 감정 이면에 더 많은 것이 있을지도 모른다는 가설을 세웠다. 그 당시에는 이 가설을 이용할 적당한 공간이 없었다. 하지만 조앤의 학대 사실이 드러났을 때 가설은 사실로 밝혀졌다. 비슷하게, 5회기에서 상담자가 조앤의 옆에 앉았을 때 그는 그녀 경험의 반사 작용으로서 그의 신체적 감각을 사용할 수 있었다. "나는 그녀의 절망감으로 인해 저렸다. 나는 온 몸으로 그녀를 느낄 수 있었다." 다른 분명한 예로, 10회기에서 상담자는 바닥에 있는 조앤 앞에 웅크려 앉으며 그녀의 슬픔을 깊이 느꼈다. 조앤과의 관계에서 상담자가 자기 자신을 사용한 것에 대한 예는 많지만 지금까지 우리는 아주 주목할 만한 사례연구 기록 중 일부를 사용했다.

상담과정에서 상담자의 온전한 개입의 탐색에 있어, 우리는 온전한 개입과 과잉 개입 사이의 차이점에 대한 질문에 대답할 수 있어야 한다. 대부분의 다른 상담자처럼 우리는 상담자의 '과잉 개입'은 잠정적으로 치료적 과정에 손상을 줄 수 있다는 것으로 여기며, 게다가 비윤리적이라는 사실을 인식하고 있다. 사실상 그러한 아주 높은 정도의 사적인 개입이 인간중심 상담자에게 요구되는데, 과잉 개입은 그것이 상담자의 진실성과 전문성에 대한 내담자의 신뢰를 해침으로써 인간중심적 작업의 기반을 위협하기 때문에 더 심각하게 고려된다. 상담자가 신뢰를 남용할 때 치료적 관계의 손상은 물론 총체적 접근의 진실성과 근본적인 치료방침에 손상을 주게 된다.

과잉 개입은 여러 형태를 띠지만, 일반적으로 상담관계에서 상담자의 욕구가 너무 두드러지는 것과 관계가 있다. 흔한 형태는 상담자가 내담자와의 관계 안에서 내담자에게 권력을 행사함으로써 자신의 중요성을 확인하려는 수단으로 사용하는 것이다. 인간중심 접근은 권력을 지향하는 상담자에게는 옥토가 아니다. 왜냐하면 그 상담자에게는 상담자중심 접근법이 더 적합하기 때문이다. 하지만 인간중심 접근법의 맥락에서 권력 남용의 증상은 내담자 사이에 과도한 의존성을 낳게 하는 것, 사랑 그리고/또는 미움의 미해결된 감정의 반복적이고 강렬한 예, 그리고 한 번이라도 내담자와의 상호관계 상태에 도달하는 것에 실패하는 것 등을 포함한다.

또 다른 형태의 과잉 개입은 상담자가 자신의 과정과 내담자의 과정을 섞어 버리는 것이다. 그래서 가령 상담자가 내담자의 사별의 실제적 경험을 듣지 못하고 그것을 자신의 것과 유사하리라 상상하거나, 내담자의 학대자에 대해 자신의 분노를 허용하거나, 상담자 자신의 미해결된 사건 속에서 내담자를 만나려 시도할 때, 상담자는 내적 황폐함 속에서 자신을 잃게 된다. 만약 상담자의 사별, 학대나 실존적인 황폐함의 경험이 아직까지 그녀에게 고통스럽다면, 위험한 것은 과잉 개입으로 인해 온전한 개입을 할 수가 없다는 것이다. 이런 형태의 과잉 개입의 위험성에 대한 최악의 반응으로는 그것이 절대 일어날 수 없다고 확신하는 것이다. 과잉 개입을 막는 유일한 방법은 상담자가 자신의 인간애의 대부분을 없애는 것이다. 상담자가 분명하게 내담자에게 관심이 없다면 과잉 개입의 형태는 일어나지 않을 것이라는 확신을 가질 수 있다. 물론 이는 인간중심 상담과 같은 관계 지향적 접근에서의 선택은 아니다. 과잉 개입 형태가 일어날 가능성을 겁먹고 피하는 대신, 우리는 성장하는 상담자가 그것을 더욱 자각하기를 원한다. 이 발달적인 과제는 엄청난 권력을 갖고 있는 우리 자신의 과정 안에서 일어나는 영역을 이해하는 것 중의 하나가 된다. 그것은 우리가 어느 시점에 그들과 함께 있는지를 검토하는 것, 그것들이 부정적으로 침해하는 방식을 인식하는 것, 그리고 우리의 과잉 개입의 위험에 대해 현재 진행 중인 상담을 관찰하는 것이다. 우리의 수련감독자 그리고 훈련기간 동안에 우리의 개인 성장 집단은 우리의 관찰과정 중에 큰 도움을 줄 수 있다. 하지만 이 과정은 단순히 위험을 관찰하는 것이 아니다. 과정은 발달적이다. 과정은 그런 위험이 미래의 자원(실존적인 시금석)으로 전환되도록 강력한 자기 경험을 되찾기 위한 우리의 노력을 지지해 줄 것이다. 분명히 그것은 우리의 발달 과제의 한 부분이기 때문에 이러한 형태의 과잉 개입을 두려워해서는 안 된다.

상담자가 내담자와 함께 성적 만족을 추구하는 것은 분명히 과잉 개입이다. 그리고 내담자의 동기에서든 혹은 상담자 자신의 동기에서든 복잡한 문제와 상관없이 비윤리적 행동으로 간주된다. 여기서는 아무런 예외도 자격도 없다.

과도한 성적 개입의 위험성을 강조한 반면에 앞서 치료적 관계에서 친밀감의 중요성을 강조했기에, 우리는 치료적 관계에서 상담자의 성적 관심을 어디에 두어야 하는지에 관한 중요한 문제를 다룰 필요가 있다. 상담에 관한 책은 주로 성적 관심에 대한 문제를 완전히 무시한다. 그러나 우리는 상담자가 성적 관심을 인식하게 되고 이해하고 결국 자신의 성적 관심을 편하게 느끼는 것이 아주 중요한 것이라 여긴다. 상담자가 알아야 할 것은 때로 내담자에 대한 강렬하고 긍정적인 감정이 성적 파트너에 대한 사랑스러운 반응과 동일한 측면과 본질을 가지고 있다는 사실이다. 성적 관심은 인간의 정상적인 반응의 일부이고 이로써 상담자는 내담자에게 끌림의 한 부분으로서 성적인 감정을 인식하는 경우가 있을 것이다. 상담자의 성적 관심이 위험을 야기하는 경우는 상담자가 다음의 세 가지 방식 중 어느 하나로 과잉 반응을 보이는 경우다.

- 상담자가 자신의 내담자와 성적 행위에 관련되는 경우
- 상담자가 자신의 끌림에 대해 자각하지 못한 채 내담자에게 성적 신호를 보내는 경우
- 상담자가 내담자를 거부하면서 자신의 성적 관심에 반사적으로 행동하는 경우. 종종 상담자는 아무런 설명 없이 약간 냉정해지거나 내담자에게서 약간 물러나는 형태를 보인다. 이는 성적인 감정에 더 흔한 반사적인 행동 가운데 하나다. 그리고 이는 거부와 수용의 문제가 아주 중요한 내담자에게는 불안을 일으킬 수 있다.

성적 관심은 정상적이고 인간의 삶을 향상하는 한 부분이다. 결코 성적 관심이 존재하지 않는다고 가장하기보다, 우리는 인간중심 상담자가 그들의 성적 관심의 문제를 반영하고 논의하고 그것이 훈련과 슈퍼비전에서 특별한 관심의 초점이 되기를 권고한다. 성적 관심은 거부되지 않을 때, 그리고 상담자가 자신의 성적 만족을 위해 내담자를 이용하지 않을 것이라는 자각에 자신감을 가질 때 위협이 되지 않을 것이다.

우리는 조앤이 폭넓게 유년 시절 경험을 개방한 시점에서 사례 연구를 그만두었다. 어린아이로서 그녀는 이러한 경험에서 살아남았지만 그 경험으로 인해 이후의 정서와 관계적인 삶에 제한을 받았다. 이제 그녀는 더 많은 것을 할 준비가 되어 있다. 그녀는 이제 막 자신의 생존에서 살아남으려 한다.

제9장

'종결'

사례 연구 III
상담과정의 종결
상담자가 '시기상조'로 여기는 종결
종결을 위한 준비
종결 후

❀ 사례 연구 III

면담 11~14(계속)

이 4번의 회기 동안 조앤은 그녀의 직장생활에 대해 검토했고 이전에 로저의 반대로 그만두었던 공부를 다시 시작하기로 결심했다. 그녀는 또한 14세 이후 처음으로 춤 수업을 수강하기 시작하였다. 그리고 친구와 같이 휴일을 보내기로 약속을 잡았다. 그녀는 로저에게 미안함을 느꼈지만, 그가 자살하겠다고 위협을 했을 때 매우 마음이 흔들렸으나 적어도 그녀가 감정적으로 그를 저버린 사실에 대해 후회하지 않았다.

일단 자신의 분노와 슬픔에 기인한 두려움에서 해방되었을 때, 조앤은 그녀의 평가의 소재(1장 참조)를 내재화할 수 있었다. 또한 분명한 것은 그녀는 보통 유년 시절에 매우 깊이 부정적 자기 평가를 가지게 된 사람이 자존감을 되찾는 것보다 더 빨리 되찾아가고 있었다. 그것은 아마도 그녀가 유년 시절에 긍정적인 자존감을 위한 견고한 토대를 이미 세워 놓았을 수 있었기 때문일 것이다.

만약 그녀가 긍정적인 심리건강의 변화를 유지하고자 한다면 자각이 수반되는 개인적 성장의 긴 과정이 있을 것이다. 상담관계에서 주로 상담자는 정해진 과정에 따라 어떤 식으로든 돕지만, 우리의 경우 조앤과 상담자는 꽤 빨리 분리할 수 있었다. 14번째 회기의 끝에 다다랐을 때, 상담자는 조앤이 얼마나 쉽게 그녀의 삶을 재구성했는지에 대해 언급했다 그녀는 울기 시작했다. 그것은 안도감과 기쁨이 뒤섞여 부글부글 끓어오르는 눈물이었다. 2년 후의 재검토에서 조앤은 이것이 그녀가 그 나머지를 할 수 있다는 것을 깨달은 순간이었다고 진술했다. 그녀는 자신이 학대와 굴욕의 10대 시절을 넘어서 행복한 아이로 되돌아가는 재발견을 하였음을 깨달았다.

면담 15

종결은 아주 갑작스럽게 왔다. 15회기의 시작에서 조앤은 비록 자신이 '예전의 삶에서 새로운 사람이 되는' 문제를 푸는 것에 도움을 약간 받기를 원하지만, 조만간에 종결할 수 있을 것이라 말했다. 이 현상은 조앤의 진술을 보면 잘 알 수 있다.

나는 매우 극적으로 그리고 갑자기 변했지요. 나는 그것이 오랜 시간 동안 일어나고 있었다고 추측했지만, 오직 지금 이 순간에 변화의 온전한 결과를 보고 있어요. 전환점을 설명하는 것은 간단한데, 나는 나 자신에 대해 괜찮다고 느끼기 시작했어요. 말하기는 쉽지만, 그 결과들은 잊을 수 없을 만큼 정신적 충격이 컸습니다. 나는 이제 남편과 이혼할 것이고, 공부를 다시 시작하고, 나 자신이 혼자서, 실패에 포기하지 않고, 타인에게 나의 감정을 표현하는 것에 대해 신경을 덜 쓰고, 사람들을 조종하고 속이는 것을 포기할 거예요(아마 대부분의 경우!). 문제는 내 삶의 모든 체계가 이러한 것에 토대를 두고 있다는 겁니다. 이제 나는 나 자신을 다르게 바라보고 있기 때문에 모든 것은 변화할 거예요. 나는 이제 나의 예전의 삶에서 벗어난 새로운 사람입니다.

면담 16과 17

이 마지막 두 번의 면담은 다음 사항에 초점을 두고 있다.

- 조앤이 변화를 원하는 자신의 삶의 몇몇 부분을 변화시키기 위해 채택한 전략을 찾도록 도와주기
- 그들(내담자와 상담자)의 상담 시간 과정을 함께 재검토하기(면밀히 관찰하기)
- 그들 사이에 어떤 '미해결 과제'가 남아 있는지 고려하기

마지막 두 번의 면담 동안 상담자는 고려해야 할 몇몇 문제와 그것을 어떻게 다룰 것인지에 대해 더욱 자기 주장을 할 수 있었다. 예를 들면, 그는 조앤에게 삶의 모든 부분을 재검토하고, 자기개념의 변화로 야기된 모든 함미를 밝히도록 강하게 권고했다. 상담자는 또한 상담과정의 재검토와 미해결 과제 질문에 대한 자신의 견해를 나누었다.

가까운 미래에 그녀가 무엇을 할 것인지에 대한 탐색에서, 조앤은 거의 모든 신경을 로저와의 잠정적인 관계 정리에 집중했다. 그녀는 사회복지 과정 지원 준비를 위해 자원봉사 활동을 시작할 것이다. 그리고 그녀의 부모에 대한 자신의 감정뿐 아니라 더 나아가 실제로 부모가 그녀에게 어떤 태도를 취했는지 탐색하기를 원했다. 조앤이 끄집어낸 네 번째 문제는 상담자를 깜짝 놀라게 했지만, 숙고해 보니 완전히 이해할 수 있는 것이었다. 조앤의 말은 이를 아주 잘 설명하고 있다.

　　지난주 어느 날 아침, 잠에서 깨어나 이제 나도 아이들을 가질 수 있다는 사실을 깨달았어요. 그러한 깨달음으로 나는 숨이 막혔죠. 나는 항상 나 자신이 아이들을 늘 귀찮은 존재라 여기는 사람인 줄 알았어요. 이제 나는 그 이면에 아이를 가지는 것에 대한 두려움이 있다는 사실을 알았죠. 나 자신이 너무 망가져서 내가 아이들을 망칠 것이라는 두려움 말이에요. 로저 또한 아이들에 대한 어떠한 관심도 결코 보이지 않았고, 그래서 그 점이 우리가 잘 맞았던 것 같아요. 아마도 그게 내가 그를 선택한 또 다른 이유일지 몰라요.

　　이후 '재검토'와 심지어 '재시작'에 대한 가능성의 윤곽을 잡는 데 약간의 시간을 할애했다. 일정한 시간을 '상담과정 재검토'에 보낸 후, 상담자가 언급한 마지막 주요한 사항은 그들 사이에 어떠한 미해결 과제가 있었는지 아닌지의 질문이었다. 상담자로서 그는 상담의 초기 단계 동안 일어난 불확실함과 혼란에 대한 상세한 설명으로 시작했다. 그는 그 당시 또 다른 내담자인 크리스틴과 함께 작업하면서 가졌던 어려움을 포함하여 그에게 무슨 일이 일어났는지에 대해, 그리고 이런 어려움이 조앤과 함께하는 데 어떤 영향을 미쳤는지에 대해 실질적으로 전혀 설명하지 않았다. 조앤은 이 정보에 매우 관심을 가지고 반응했고, 만약 그가 그 당시에 더 솔직했다면 그것이 그녀에게 꽤 도움이 됐을 것이라고 말했다. 그녀는 실제로 그의 행동을 보고 매우 혼란하였는데, 그는 '마음이 산란'하고 약간 '분리된' 듯하게 보였고, 그녀는 이를 그녀에 대한 거부로 오해했다. 상담자가 그녀에게 좀 더 정직한 정보를 주었다면 그녀에게 도움이 되었을 것이다.

'미해결 과제'라는 표제 아래 유일한 다른 문제는 조앤에게서 나왔는데, 그들이 함께하는 초기에 그녀는 상담자에게 꽤 강한 성적 매력을 느꼈다는 것을 인정했다. 이에 대한 그녀 말의 주요 내용은 다음과 같다.

이런 상황에서 그런 일이 종종 일어나야 한다는 것을 확신해요. 상담 초반에 나는 지극히 취약한 상태였고, 또한 많은 위험을 감수하고 있었어요. 당신이 나에게 보여 준 많은 돌봄은 사실상 너무 믿을 수 없었고 흥분되는 것이었지요. 내가 점점 더 강해짐에 따라 그 매력의 중요성이 나에게서 줄어들었지만, 그것은 실제로 당신이 신뢰할 수 있는 친구였다는 것이 정말로 중요했어요. 그러한 매력을 느끼는 것이 나에게 실제로 자연스러운 것으로 느껴졌으나, 만약 당신이 그것에 응답했더라면 매우 끔찍한 일이 됐을 거예요. 당신이 신뢰할 수 있는 친구였던 것이 진실로, 진실로 중요해요.

17회기이자 공식적으로 최종 회기의 종반부에, 조앤은 마지막으로 나서서 말했다.

뭐라고 해야 할지 알기 어렵지만, 나는 마지막으로 무어가 말하기를 원합니다. 나는 4개월 전과 비교해서 현재 나의 모습을 보는 것이 너무 놀라워요. 그것은 거의 이해할 수 없을 정도예요. 나는 그것이 어떻게 일어났는지 이해하려고 시도했어요. 그것은 복잡하게 느껴졌는데, 내가 그것을 했지만 당신 없이는 혼자서 그것을 할 수가 없었을 것 같은 느낌 말이에요. 또한 내가 소중히 여기는 것은 당신이 나와 함께해 준 것이지요. 내가 아주 추했던 그 당시에 당신은 나에게 훨씬 더 가까이 다가왔어요. 그리고 우리가 함께 작업했던 것이 마치 일종의 사랑처럼 느껴지는… 시간이 많았습니다.

추신

이 마지막 상담 회기가 끝난 지 한 달 후, 조앤은 상담자에게 전화를 걸어서 자신의 어머니의 무덤에 함께 가 줄 수 있는지를 물었다. 조앤은 무덤에 가서 무엇을 해야 할지는 모르겠지만, 거기에 가는 것이 그녀에게 정말로 중요한 것으로 느껴진다고 말했다. 그녀는 혼자서 그곳을 방문하는 것을 원치 않았고, 자신의 상담자가 무슨 일이 일어나든 잘 대처해 주리라 믿었기 때문에 자신과 동행해 주길 원했다. 상담자는 별 어려움 없이 그 제안에 동의했고 함께 그 장소를 방문했다. 10분 정도 그들이 무덤가에 조용히 서 있는 동안에 조앤은 냉담하고 무표정하게 보였다. 그러나 마지막에 그녀는 소리쳤고, 어머니의 묘비석을 힘껏 발로 찼다. 그녀는 그 후에 약간 울었으나, 발을 아주 심하게 다쳤다는 사실에 더욱 화가 난 것처럼 보였다.

2년 후 그들의 재검토에서 조앤은 자신의 이 부분의 이야기를 마칠 수 있었다. 거의 3개월 동안 그녀는 혼자서 매주 계속해서 무덤가를 방문했다. 처음에 그녀는 미움을 전달하기 위해 무덤에 갔다. 그러고 나서 이모와 이야기를 나눈 후, 자신의 엄마가 쉽게 상처받는 사람이었다는 것을 이해한 후 무덤에 찾아갔다. 그리고 마침내 그녀는 용서의 마음으로 마지막 방문을 하였다. 그러나 조앤은 결코 그녀의 아버지를 용서하지 않았고, 그와 어떠한 접촉도 하려고 하지 않았다.

❀ 상담과정의 종결

조앤과 상담자의 사례 연구는 상담과정의 종결이 '행동'에 의해 나타난다는 사실을 설명한다. 그 행동은 세 가지 중요한 발전의 결과물이다. 치료적인 변화가 일어나 내담자의 급속한 자기 수용을 낳은 것, 더 활기찬 삶을 막는 다양한 감정적 요소가 줄어든 것, 그리고 이전에는 불가능해 보였던 선택과 변화를 일으킬 새로운 자유에 대해 점차 인식하게 된 것이다. 11~14회기의 상담 동안 조앤의 자기 수용이 발전하여 상당한 변화의 가능성이 생겼다. 그녀는 자신의 남편에 대한 애착을 재평가했다. 또한 고용주에 대한 그녀의 행동에 대해 더욱 이해하게 되었다. 그리고 자신의 능력과 흥미를 재평가하기 시작했다. 이러한 심리적인 적응을 통해 조앤은 다시 공부를 시작하기로 결정을 내리고, 춤을 다시 배우고, 친구와 함께 휴가를 준비하고, 로저와의 관계에서 꽤 다르게 행동하는 것과 같은 변화를 그녀의 삶에서 취할 수 있게 됐다. 고통스럽고 불편한 그리고 근본적으로 비굴한 아내 역할 대신, 조앤은 로저에게 보였던 감정적인 의존을 아주 갑자기 철회할 수 있게 되었다. 그녀는 이제 그에게 더 자신 있게 말하고 행동할 수 있었다. 그녀는 심지어 죄책감 혹은 두려움에 의해 무력해지지 않았고, 그들의 관계에서 커져 가는 자신의 분리감에 대해 그에게 말할 수 있었다.

상담과정 종결 즈음의 빠른 변화는 자기 수용을 성취했을 때 발생하는 전형적인 특징이다. 그것은 마치 내담자의 개인적 성장을 가로막고 있던 수문이 막 열린 것처럼, 오랜 시간에 걸쳐 쌓여 왔던 변화에 대한 압력이 파도처럼 쇄도하고 아주 빠르게 새로운 패턴으로 익숙하게 자리 잡게 된다.

조앤은 이 과정의 단계를 '예전의 삶에서 새로운 사람'의 과정으로 묘사했다. 이런 경험은 자신에 대한 그들의 태도에 전환점을 이룬 내담자에게 일반적이다. 이전에 그들은 자기 수용의 부족을 반영하는 삶을 세웠을 것이다. 그들은 아마도 자기 패배적이고, 지나치게 복종적이며, 그들 자신의 능력의 대해 가치 절하를 했을지도 모른다. 자기 수용이 성취되었을 때 이 모든 것이 변화할 수 있으나 때때로 상당한 혼란을 감수하여야 한다. 아마도 내담자의 집과 직장에서의 관계는 그의 개인적 성장에 의해 길러지고 강화될 수 있다. 그러나 이런 관계는 내담자가 약하다는 전제하에 가능하다. 예전의 삶에서 새로운 사람이 되는 것은 내담자에게는 심지어 자녀와의 관계에서도 도전으로 다가온다. 자녀는 많은 시간 동안 문제가 있고 갈등이 있는 것으로 보이는 부모를 통제하는 전략을 발전시켰을 것이다. 그리고 자신에게 부모가 사랑을 보여 주기가 어렵다는 것을 알았을지도 모른다. 자기 거부의 억압에서 스스로를 해방한 내담자는 잠재적으로 함께하기에 훨씬 더 재미있고 사랑스러운 사람이지만, 처음에는 내담자가 새로운 사람으로 빠르게 변화하는 모습을 자녀들은 신뢰하기 어려워할지도 모른다. 그들이 새로운 모습의 내담자를 수용함에 있어 조심스러워한다 해도 놀라지 말아야 한다.

'나는 결코 당신에게 안락한 생활을 약속하지 않았다(I never

promised you a rose garden)'는 유명한 노래와 책의 제목이다 (Green, 1967). 이 제목은 상담 이후 많은 내담자가 겪는 대부분의 경험을 잘 묘사한다. 그들이 새로운 자기의 발견으로 기뻐할지라도, 상담을 통해서 이루어 낸 성공적인 진전은 상담받은 이후의 삶이 편하다는 것을 의미하지 않는다. 때때로 내담자는 '만일 내가 치유된다면' 삶이 어떨지에 대한 동화 같은 환상의 모습을 만들기도 한다. '그 후로 영원히 행복하게 잘 살았습니다'라는 주제를 가진 그러한 동화 같은 결말은 새롭게 드러나는 자아에 맞추기 위해 새로운 삶을 만들어야 하는 현실과 동떨어진 것이다. 상담자는 내담자의 새로운 자기와 예전 삶 사이에서 발생하는 적합성의 부족을 조정하는 데 있어서 중요한 역할을 할 수 있다. 조앤은 스스로 이런 많은 것을 할 수 있었지만, 상담자는 그 시점에는 자주 내담자에게 여전히 아주 중요한 사람으로 남아 있다. 상담자는 이제 내담자의 삶에서 일어난 변화를 이해하고, 내담자가 얼마나 긍정적으로 그 변화를 경험하는지 이해하는 유일한 사람일지도 모른다.

상담의 종결에서 일어날 수 있는 다루기 까다로운 일 중 하나는 내담자가 상담에서 일어나는 변화에 대해 그의 '균형'을 잘못 판단하는 것이다. 어느 내담자가 상담 종결 몇 달 후에 회고한 것처럼, 내담자는 상담에서 어느 정도의 변화를 보이는데, 그것은 나중에 자신이 원하고 대처할 수 있는 것 이상이다.

상담의 끝 무렵에 나는 나에 대한 모든 것을 바꿀 것이다. 나는 이미 내 안의 징징거리는 작은 소녀를 죽이는 데 성공했다. 이런! 나는 그곳으로 다시는 돌아가지는 않을 테야! 모든 것이 변할 것이다. 나의 배우자가 나의 변화를 참을 수 있거나 혹은 그녀가 떠날 수 있을 것이다. 그리고 마침내 나는 엄마가 돌아가시기 전에 느꼈던 나의 생각을 말하게 된 것이다.

경험이 많은 상담자는 아마도 이것을 읽으면서 당혹해할 것이다. 그것은 부분적인 변화과정을 가리키며, 이러한 과정은 일단 내담자의 실현화 과정의 사회중재 측면이 그것의 목소리를 재확립할 때 재조정될 것이다. 종종 이 불완전한 과정은 상담자가 성장을 향한 내담자의 노력과 자신의 침묵하는 사회중재 의무의 목소리를 인식하지 못하는 무능함에서 나온다. '성장에 중독된' 인간중심 상담자는 그 자신이 내담자에게 폐가 될 수 있다.

우리 사례 연구의 16, 17회기 상담에서 상담자는 과정을 재검토하고 미해결 과제를 들여다보고, 상담 종결 후 그녀 삶의 모든 세부 사항을 고려하도록 조앤에게 압력을 가하는 것과 같은 작업을 시작했다는 의미에서 더욱 활발하게 보였다. 상담자 측에서 이런 종류의 '행동'은 내담자가 고려할 만한 전략에 관한 제안을 하는 것과 직업, 법적 문제, 복지 혜택, 자산과 같은 문제에 관한 정보를 모으는 데 내담자를 돕는 것으로 확대될 수 있다. 더 적극적인 역할은 부분적으로 내담자가 더욱 활동적으로 되는 요소와 연관이 되나, 그것은 또한 내담자가 그의 '평가의 소재'를 충분히 내면화했다는 사실에서 생겨난다. 이런 상황에서 상담자는 내담자가 그들의 관계 안에서 내담자 자신의 힘을 발휘할 수 있음을 믿는다. 이로 인해 상담자는 자유로이 정보, 제안, 심지어 충고조차 제공할 수 있는데, 이것은 내담자가 상담자의 존재에 의해 압도되지 않고, 자신에게 유용한 것을 취하고 그렇지 않은 것을 받아들이지 않을 것이라는 인식 내에서 이루어진다. 치료과정에서 요동치는 '힘의 역동' 문제는 Mearns (2003: 77-79)에 의해 탐구되었다.

● 상담자가 '시기상조'로 여기는 종결

내담자가 아무런 경고나 설명 없이 갑작스레 상담을 종결할 때, 그에 대한 이해를 위해 상담자는 자신의 역할을 회고해 보아야 한다. 그러나 반드시 그 책임이 상담자에게 있다고 가정하는 것은 적절치 못하다. 때때로 내담자는 단순히 상담과정이 그때 자신의 삶에서 필요치 않다고 결정한다.

때때로 내담자는 종결하겠다는 그의 결정을 알리지만, 오래 충분히 머무르면서 이유를 설명하기도 한다. 이것은 상담자에게 매우 귀중한 피드백을 줄 수 있다. 그렇지 않을 경우 상담자는 단지 내담자가 종결을 원하는 이유에 대한 환상만을 갖게 된다. 또 다른 경우에는 내담자가 하는 말의 진실성을 믿기가 어려워진다. 예를 들면, 내담자가 '건강으로 도망치기(flight into health)'라는 말이 있다. 이 말은 내담자가 모든 문제가 지난주 이래로 해결된 것처럼 행동하는 경우에 적용이 된다. 더 이상 상담의 지지가 필요치 않음을 의미한다! 상담자는 그러한 내담자의 진술에 도전해야 하나 아주 부드럽게 하는 것이 지혜로울 것이다. 왜냐하면 상담자에 대한 내담자의 신뢰가 낮을지도 모르기 때문이다.

상담자에게 있어 또 다른 어려운 종결은 내담자가 자신의 문제에 대해 편협한 정의를 유지하고, 그 문제가 해결되거나 혹은 빨리 해결되지 않을 것이라는 사실이 분명해질 때 상담과정이 끝났다고 판단하는 경우다. 예를 들어, 자신의 문제가 이성을 유혹하는 데 실패한 것이라고 보는 내담자는 상담자가 자신을 바라보는 방식에 대한 탐색을 도우려고 할 때 어리둥절해할지도 모른다. 혹은 가까운 가족의 죽음에 따른 '약간의 침체되는' 느낌을 갖는 내담자는 의사에게 받는 일상적인 진찰보다 상담과정이 길게 보일 때 낙담할 수 있다. 인간중심 상담자는 내담자를 초대하여 그가 현재 보이는 문제의 더 넓은 함축적 의미를 탐색하기를 원한다. 그러나 내담자가 이것을 인식하지 않을 경우 상담자 자신의 지각을 시행하려 하는 것은 바람직하지 않다. 결국 내담자는 더도 아니고 덜도 아닌 온전히 기능하는 사람이 되도록 돕기로 작정한 상담자에 의해 강요받지 않고 스스로 선택할 수 있는 수준의 기능으로 남아 있을 권리를 가진다.

❀ 종결을 위한 준비

인간중심 상담에서는 일반적으로 내담자가 종결의 시점을 조정한다. 이것은 제약받지 않는 개업 상담의 작업에서 그러한 것처럼 건강 규정에 관련된 단기상담 서비스에서도 마찬가지다. 단기상담 서비스에서는 상담자뿐 아니라 내담자도 그 규정의 기준을 알고 언제가 그들에게 충분한지를 결정할 수 있다. 그러나 상담자가 종결에 대한 논의를 먼저 제안해서는 안 된다고 느낄 필요는 없다. 다음과 같은 잠정적인 질문을 상담자가 도입하는 것은 매우 적절하다. "상담을 언제 종결해야 할지에 대한 생각을 가지고 계신가요?" 내담자가 종결할 준비가 되었다고 기대받는 감정 없이, 두 사람이 솔직하게 그것을 토론할 수 있는 방식으로 상담자가 문제를 제기하는 것이 중요하다. 마치 상담자가 내담자에 대한 치료과정의 의미를 이해하는 것이 어려운 것과 마찬가지로, 상담자에게는 내담자가 혼자 힘으로 계속해서 나갈 만큼 얼마나 역량 있게 느끼는지 판단하는 것이 쉽지 않다. 때때로 내담자는 상담에서 엄청난 진보를 이루어 내지만, 혼자 힘으로는 어떻게 계속할 것인지 상상하는 것이 어렵다고 생각한다. 이런 내담자에게 '종결'은 조금 더 오래 걸릴지도 모르지만, 반면에 그는 스스로 혼자가 되는 것에 익숙해진다. 긴 상담과정이 끝날 무렵에 저자 중 한 사람(Mearns)의 내담자가 다음과 같이 언급했다. "때때로 내가 나의 삶에서 일어나고 있는 것에 대해 확신하지 못할 때, 나는 의자에 깊숙이 앉아서 나 자신에게 말해요. '만약 내가 지금 여기에 데이브와 함께한다면 나는 이것에 대해 무엇이라고 말할까?'" 이 내담자는 자기 자신의 상담자가 되는 방법을 찾고 있는 중인 것이다.

우리의 사례 연구에서 조앤이 14회기에 학대와 굴욕의 10대 시절 이전에 존재했던 행복한 아이를 재발견함을 깨달았을 때, 그녀는 먼저 자연스러운 종결에 대한 자각을 한 것처럼 보인다. 많은 변화가 그녀에게 일어났으나, 그 하나는 특별한 의미를 지니는 것으로 보인다. 15회기 초에 조앤은 그녀가 '조만간' 종결을 할 수 있음을 알렸다. 이러한 중요한 시점에서 내담자에게 유용한 질문은 종결을 하기 전에 그가 무엇을 하기를 원한다고 느끼는지의 질문이다. 우리의 사례 연구에서 조앤은 분명하게 자신의 삶에서 만들어 낼 변화를 지켜 보기를 원했다. 그러나 우리는 이 과제를 맡음과 동시에 상담자에 의해 제기된 세 가지 다른 문제를 발견한다. 그는 **재검토** 혹은 심지어 **재시작**의 가능성까지 언급했다. 내담자가 상담이 처음이자 마지막인 시도라고 가정할 수 있기 때문에 이러한 것을 언급하는 것은 중요하다. 비록 인간중심 상담의 주목적이 삶에서 미래의 어려움을 헤쳐 나가도록 돕기 위해 내담자의 개인적인 강점과 자기 인식의 발전을 구현하는 것일지라도, 이것이 다시는 결코 상담관계를 시작하지 말라고 제안하는 것은 아니다. 이와 반대로, 만약 그의 첫 번째 상담과정이 성공적이었다면 추후 상담 경험을 효율적으로 사용할 수 있는 능력을 갖추게 할 것이다.

상담자가 소개한 두 번째 문제는 상담과정의 **재검토**에 대한 생각이었다. '재검토 과정'의 이점 중 하나는 그것이 그들이 이제까지 거쳐 온 사건, 그리고 과정의 인지적인 이해를 점검하는 데 상담자와 내담자 모두에게 도움이 된다는 것이다. 미래의 어려움에 접근할 때 감정적인 느낌 수준뿐만 아니라 인지적인 생각에 대한 이해력도 내담자에게 중요할 수 있다. 그는 자신의 감정을 경험하는 것뿐만 아니라 자신의 삶에 대해 **생각**할 수 있게 된다. 그렇지만 과정의 재검토가 종결임에도 여전히 완전한 이해를 낳을 수 없을지도 모른다. 사건, 감정, 관계가 여전히 무르익지 않아 온전히 파악할 수가 없는 것이다. Rogers는 성공적인 상담과정의 종결에 도달한 내담자의 말을 보고한다. 심지어 그때조차 내담자는 상담과정에 영향을 주는 구성 요소를 완전히 이해할 수 없다.

나는 정확히 무슨 일이 일어났는지 말할 수 없다. 그건 단지 내가 무엇인가를 드러냈고, 그것을 흔들고 또 돌린 것이다. 그리고 내가 제자리에 도로 두었을 때 더 좋게 느껴졌다. 그것은 약간의 좌절감을 주었는데, 내가 무슨 일이 일어나고 있는지 정확하게 알기를 원했기 때문이다 (Rogers, 1961: 151).

우리의 사례 연구에서 흥미롭게도 조앤은 우리가 앞서 인용한 이야기의 바로 끝부분에서 유사한 불확실성을 회고한다.

그것은 거의 이해할 수 없을 정도예요. 나는 그것이 어떻게 일어났는지 이해하려고 시도했어요. 그것은 복잡하게 느껴졌는데, 내가 그것을 했지만 당신 없이는 혼자서 그것을 할 수가 없었을 것 같은 느낌 말이에요.

일단 그들이 상담과정에서 분리되고 상담의 장기적인 영향을 경험하기 위해 어느 정도의 시간을 가지게 될 때, 내담자는 그리고 사실 상담자도 비로소 치료적인 과정을 충분히 이해할 수 있을 것이다. 이 책의 사례 연구를 편집할 때, 조앤과 상담자는 그들의 상담과정의 이해를 얻을 수 있었는데, 그에 대한 이해는 상담이 종결됐던 시점에는 가능하지 않았다. 아마도 다른 내담자는 약 2년 후에 그들이 시간을 들여 상담과정을 재검토할 기회를 귀중히 여길 것이다.

종결과정에 상담자가 소개하는 세 번째이자 마지막 구성 요소는 그들이 함께 완성하고 싶어 하는 어떤 미해결 과제가 있는지 없는지를 묻는 질문이었다. 이 질문이 효과적이기 위해서는 상당한 시간을 남겨 놓고 물어야 하고, 형식적 절차 이상으로 여겨지는 방식으로 질문해야 한다. 이러한 질문은 내담자가 말하지 않을 수 있는 하지만 자신에게 중요한 것에 대해 질문하고, 불확실해하고 고백할 기회를 준다. 이것은 상담자의 마지막 치료적 개입이지만, 다른 모든 것처럼 반드시 해야 하는 것은 아니다. 상담자를 훨씬 더 신비함 속에 내버려 두는 것과 같은 식으로 어떤 내담자가 그 질문에 대해 응답한 것처럼 말이다. "미해결 과제라···. 옳거니··· 나는 그것을 그런 식으로 간직할 것 같아요!" [미소 짓는다.]

⚜ 종결 후

우리는 내담자가 상담과정의 재검토 혹은 심지어 재시작까지도 계획할 수 있다는 의미에서 종결이 마지막 과정일 필요가 없다고 이미 말했다. 그러나 인간중심 상담자가 관심이 있는 더 중요한 질문이 있다. '내담자와 상담자는 친구가 될 수 있을까?' 다른 상담 접근에서는 상담자와 내담자 사이에 존재하는 힘의 차이를 만들어 내는데, 어쩌면 이 질문이 완전히 논의할 가치가 없을 수도 있다. 그러나 인간중심 상담의 전통에서는 내담자와 친구가 될 수 있는지 없는지의 질문에 대해 폭넓은 의견이 있다. 일부 인간중심 상담자는 '한번 내담자는 영원한 내담자'라고 주장할 것이다. 이것은 상담자의 성실성을 유지하는 안전한 입장이고, 그러한 것으로 존중되어야 한다. 그러나 그것은 상호관계의 개념에 의해 제기된 필연적인 질문에 대해 대답하지 않고 있다. 만일 우리가 제시한 것처럼 상호관계를 경험한다면, 두 사람은 그들 사이에 일어나는 상담과정에서 자유롭게 책임 분담을 할 것이다. 그렇다면 일단 상담과정이 끝나면 왜 그들은 친구로서 관계를 유지하는 데 자유롭지 않은가? 우리 저자들의 경우를 살펴보면 대부분의 경우에 이 질문이 좀처럼 논쟁거리가 되지 않는다. 과거의 내담자는 친구가 될 수 있고 또 실제로 친구가 되면 심지어 미래에 동료가 된다.

우리의 질문 안에는 내담자와 상담자가 미래에 언제라도 성적인 파트너가 될 수도 있다는 어려운 쟁점이 숨겨져 있다. 우리가 기술한 것처럼, 인간중심 상담에서 상담자와 내담자 사이의 관계는 상담자가 단지 역할로서만 존재하는 것이 아니라 사람으로서 존재하는 것이다. 상호관계성의 발전과 함께 이 개인적인 관계는 강해지고 더욱 상호적이 된다. 그럼에도 상담과정이 진행되는 동안 우리는 상담자의 책임의 성격이 성적인 행동을 배제한다고 주장해 왔다. 우리는 약간 더 들어가 상담과정을 종결하자마자 상담자는 그 후 얼마 동안, 심지어 그 후 몇 년 동안 상담관계가 영구적으로 종결되지 않을지도 모른다는 것을 고려해야 하고, 그래서 성행위에 관한 한 일반적인 윤리 규정을 따라야 한다는 것을 제안하고 싶다. 성적 관계에 대해 주의해야 하는 이유로는 두 가지 사항을 고려하면 된다. 첫 번째로 때때로 내담자가 그들이 예전에 끝났다고 생각한 상담과정을 끝내기 위해 돌아오므로 상담자도 내담자도 그 과정이 그들의 마지막이라고 종결을 짓는 데 확신할 수 없기 때문이다. 주의에 대한 우리의 두 번째 주장은 상담이 끝나자마자 내담자가 상담과정을 온전히 이해하는 것에 대한 어려움에 관해서 이 장의 앞부분에 지적한 사항과 관련이 있다. 우리는 그러한 이해가 아주 중요한 요소이며 성격을 매우 깊이 변화시킬 관계의 선행 사건이라 믿는다. 이 문제에 대해 우리가 취한 조심스러운 입장은 두 사람 간의 힘 차이의 맥락에서 나타나는 성적 관계는 대부분의 교활한 종류의 성적 학대를 의미한다는 우리의 관점을 더욱 강화한다.

상담관계가 끝난 후의 상담자에게 적절한 또 하나의 질문은 '이 경험에 의해 상담자인 나는 어떤 영향을 받는가?'다. 우리는 상담자가 너무 순응적이어서 모든 상담관계에서 영향을 많이 받는 것을 기대하지는 않을 것이다. 마찬가지로 자신의 경험을 통해 변화와 성장을 하지 않는 인간중심 상담자는 상담관계에서 충분히 머무르는 정도에 대해 질문을 할 것이고, 자신의 내담자를 위해 상담자가 만들어 내는 분위기의 성격에 대해 궁금하게 여길 것이다.

이 질문은 우리를 6장으로 되돌아가게 하는데, 거기서 우리는 인간중심 상담자를 위한 발달 과제를 탐색했다. 일부 독자는 이 시점에서 책을 덮었을지도 모르는데, 그것이 너무 요구가 많은 과제이기 때문이다. 그것은 인간중심 상담자에게 그들의 초기 훈련을 단지 자신의 성장을 위한 출발점으로서 고려하도록 요구한다. 상담자의 성장이란 것이 상담을 하는 방법을 배우는 것이 아니라 상담을 할 수 있는 사람이 되는 것임을 알면 실망할지도 모른다. 발달 과제에서 내담자와 깊이 있는 관계를 구축하는 상담자의 초기 경험을 축하할 만한 것으로 여기지만, 한편으로는 상담자가 모든 내담자에게 그것을 제공하도록 요구한다. 그것은 자기 경험의 두려움의 목록을 탐색하도록 요구하나 단순히 자각에 불과한 것을 말하는 것이 아니다. 왜냐하면 만일 상담자가 이러한 경험을 진실로 통합할 수 있다면 그 경험은 상담자가 내담자에게 보여 주는 인간(상담자 자신)을 깊고 넓게 할 수 있는 실존적인 시금석이 될지도 모르기 때문이다. 게다가 그것은 상담자의 '성장'이 2년, 5년, 혹은 심지어 10년의 기간에 끝날 것이 아니라 일생 동안 계속될 것임을 의미한다. 그렇다면 왜 그렇게 많은 사람이 기꺼이 어려운 길에 나서려는 걸까? 아마도 우리의 인간성을 경험하며 그것을 다른 사람에게 제공함으로써 우리가 동경하는 곳으로 갈 수 있고, 그곳에서 의미, 목적, 성취를 찾을 수 있기 때문일 것이다.

부 록

질문과 반응

인간중심 상담에 대하여 반복적으로 나오는 질문이 있다. 때때로 이런 질문은 다른 접근법을 취하고 인간중심을 깊이 있게 공부하지 않고 일부 훈련과정만 습득한 치료자에게서 나온다. 또 다른 경우는 인간중심 상담가가 훈련을 받으면서 이 접근법에 대한 특정한 도전을 발견하게 될 때 하게 된다. 이러한 질문은 이 책의 9개의 장에서 걸쳐 다루고 있다. 그러나 우리는 이 중에서 가장 많이 등장하는 질문에 대한 반응을 제시하는 것이 유용할 것이라 생각한다.

질문 1 내담자중심 접근과 다른 치료적 접근법이 통합되는 것이 가능하다고 보는가?

*Directory of the British Association for Counselling and Psychotherapy*의 앞부분을 보면, 치료자가 자신을 정신역동, 내담

자 중심, 게슈탈트 그리고 합리적 정서행동치료자나 다른 결합될 것 같지 않은 분야로 자신을 묘사하는 것에 주의를 준다. 우리는 그러한 자기묘사가 무엇을 나타내는지 개념화조차 할 수 없다. 이것이 상담자가 모든 접근법을 놀랍게도 통합하거나 절충적인 방식으로 결합한다는 것을 의미하는가? 또는 어느 특정한 날, 특정 시간에는 상담자가 한 가지 접근법을 채택하고 그다음 날에는 내담자를 위해 또 다른 정신역동을, 그다음에는 내담자 중심을 제안하라는 것인가? 우리도 인간중심 치료적 접근이 아닌 다른 접근법을 선택했다면 똑같이 놀랐을 것이다. 국가적 체계의 개인 및 코스 과정에 대한 승인 제도를 개발하는 과정에서 우리와 동일한 생각이 있었다. 즉, 상담자가 어떠한 전공 분야로 상담을 할 수 있지만 반드시 그들은 해당 분야의 전문가여야 한다는 것이다. 이것을 뒷받침하는 근거로서 상담자의 깊이와 일관성이 중요하다. 상담자는 다양하고 때때로 극적인 상황에 처하게 되는데 그들 전공 기반의 깊이가 상담을 하는 데 있어서 일관성은 물론 안정성을 가져다줄 것이다. 과정들이 '통합적'으로 제시될 때, 이런 통합은 여러 다양한 교육자들 스스로의 흥미를 단순히 반영하는 것이 아니라, 이 과정들은 강력한 기반과 구조 및 통합된 합리적 정의에 기초해 개발된 것으로 기대하고 통합된 모델에 관한 구체적인 질문을 다루도록 요구한다(BAC, 1993: 1-2; Dryden, Horton and Mearns, 1995: 38-40).

인간중심 접근을 구체적으로 살펴보면, 이 용어를 사용하는 데 있어서 몇 가지 중요한 요소가 함축되어 있다. 이러한 요소는 다음에 제시한 것에 대한 이해를 말한다. 개인적 자원과 자아실현 경향성 및 자기방향성을 갖는 능력, 치료적 조건의 중요성에 대한 믿음과

만족할 만한 수준의 비지시적인 상담자 태도의 중심 역할, 상담자가
내담자의 삶과 경험에 마치 전문가인 척 역할을 하는 것을 거부하는
것을 말한다. 이러한 중요한 측면은 아주 다른 또는 반대의 가정을
하고 있는 다른 접근과 통합할 수 있는 가능성을 배제한다. 내담자
는 본질적으로 자기 결정을 피하지 않기 위한 권리와 자율성을 인정
하기 위해 주의를 한다고 하더라도 이것은 치료 진행을 촉진하는 전
문가가 되기 위한 인간중심 상담을 위한 것이라고 믿는다. 그것은
초기에 국가 기관에서 요구하는 규율 없이 '통합'으로서 자신들을
설명하는 것이 최근 몇 년 동안 상담자들 사이에서 매우 유행하고
있다. 하지만 우리의 경험은 인간중심 상담자가 통합적이라는 라벨
을 채택할 때에는 인간중심 접근의 근본적인 원리를 버리는 위험을
강행하고 있다는 자각을 스스로는 하지 못한다. 이는 인간중심 상담
자가 다른 접근 방식이나 다른 방향의 이론과 실제를 잘 몰라야 한
다는 것을 의미하지 않는다. 최소한 이러한 지식은 내담자를 다른
전문가에게 의뢰하게 될 경우 중요하다. 하지만 좀 더 깊은 수준에
서는 인간중심 상담자가 다른 접근과의 비교 연구를 통해 자신의 지
혜와 경험이 풍부해지고 인간중심에 대한 이해와 감사함이 더욱더
풍부해진다는 것이다.

질문 2 어떻게 인간중심 상담이 이기심을 장려하고 타인의 감정을
무시한다는 비난에서 자유로울 수 있을까?

이러한 질문은 인간중심 접근이 내담자 세계에서 자신의 경험에
대한 가치를 강조하고, 보다 더 적극적으로 활동할 수 있게 자신의

힘을 찾아 주기에 내담자가 자만심으로 가득 차 다른 사람의 삶을 무시하는 경향이 있을 수 있다는 생각에서 나온 것 같다. 억압적인 가치화 조건으로부터의 해방은 자신의 주장을 내세우고 필요와 욕구를 내세우면서 타인이 버림을 받거나 상처를 받을 수도 있다. 처음으로 자신의 목소리를 들을 기회를 주고, 부모를 거부하고, 파혼하고 지나치게 이기적이고 무책임한 행동을 하는 내담자들이 있다고 인간중심 상담자들은 이야기한다. 이러한 이야기는 사실이다. 한 개인이 변화하고 자신의 삶에 책임을 지기 시작하면 그의 주변 사람은 자신들의 삶이 혼란스러워지고 이러한 변화를 결코 환영하지 않을 수 있다. 이러한 사회적 혼동의 일부는 제9장에서 설명했는데, 그동안 내담자가 심리적으로 억압되어 있었기에 쉽게 중용을 찾기보다는 우선 정반대로 튕겨 나가는 양상이라고 표현할 수 있겠다. 물론 내담자만이 사회적 관계에 대한 책임감을 지는 유일한 사람이 아니다. 주변 사람도 자신의 위치에서 합리적으로 책임감을 가져야 한다고 말할 수 있다.

흥미롭게도, 인간중심 상담자의 내담자는 자율성이 증가되기도 하지만 동시에 상담자의 공감적 능력을 알아차리기도 한다. 이기적이기보다는 타인에 대한 섬세함과 민감성이 증가하고 사회적 관계 안에서 보다 더 긍정적으로 되는 자신감을 갖게 된다. 이전에 불행의 원인을 제공한 사람과 대면할 수 있는 능력 또한 전적으로 긍정적인 관계의 역동적 변화를 이끌 수 있다. 독일에서 실시한 한 연구에 따르면 인간중심 집단치료에 참가한 참여자들은 다른 집단 구성원과 또 자신들의 삶에서 주요한 사람들에게 공감능력을 보여 줄 수 있었다는 것이다. 이러한 결과는 집단원의 자기 탐구와 자기 지각

정도보다 더 컸다(Gieskus and Mente, 1986: 163-171). 우리의 경험
에 비추어 보아도 개인치료를 받은 많은 내담자는 공감능력과 사회
기술이 향상된 것을 알 수 있다. 어느 정도의 일정 기간 인간중심 상
담관계를 형성했던 사람들은 사회적으로 몰입을 잘하고 건설적으로
타인에게 다가가는 능력이 향상된 것을 볼 수 있다. 우리는 Rogers
의 원래 이론에 약간 수정을 가해 실현 경향성의 완충물로 사회중재
개념을 포함하였는데(제2장 참조) 이는 이 질문과 관련이 있다고 볼
수 있다.

질문 3 인간중심 접근의 경계에 대한 태도는 문제가 되고 상담자
의 어느 한 부분에 비윤리적인 행동으로 이어지지 않는가?

다른 접근을 채택하고 있는 동료들과 마찬가지로 인간중심 상담
자는 그들의 전문 기관과 협회의 윤리 원칙에 찬성한다. 이러한 점
에서 그들은 자신들에게 확실한 경계를 제공하는 구조와 가이드라
인 내에서 일한다. 하지만 이렇게 명백한 윤리적 경계가 있는 반면,
좀 더 접근 특성의 것들이 있다. 이는 하나의 모델로서 '좋은 실천'
처럼 보이나, 논쟁 없이 다른 모델처럼 일반화하는 것은 힘들 수도
있다. 이러한 '경계'는 시간과 장소, 내담자와 심리적 접촉의 회피,
상담자의 한 부분에 자기 공개를 제안하고 다른 부분은 불문율로서
치료적 관계 조건을 엄격하게 준수하는 것을 포함하는 것을 말한다.
제8장에서 치료적 맥락과 관련된 설명을 한 것처럼 역사적으로 보
면 이러한 경계는 전통적인 정신역동 접근방식에서 나왔다. 이러한
경계는 인간중심 접근이 아닌 정신역동이 추구하는 권위적인 입장

과 관련이 있다. 인간중심 상담에서는 관계를 '평등'하게 하는 시도가 최우선이다. 상담 과제는 내담자가 자신의 자원을 발견할 수 있도록 하고, 자신의 삶의 변화와 방향을 찾는 환경을 만드는 것이다. 경계는 이러한 성과와 그리고 항상 내담자의 욕구를 존중하고 재협의를 위해 열어 두어야 한다. 내담자와 협의 절차 없이 경계를 강요하는 상담은 우리가 추구하고자 하는 관계의 본질적인 평등을 거부할 것이다. 실제로 인간중심 상담에서 일어나는 모든 외적인 것과 다른 접근에서 일어나는 것은 크게 다를 바 없다. 내담자는 아마 매주 1회, 50분 세션에 주 단위로 올 것이다. 상담에서는 치료 진행 동안 자신을 많이 드러내지 않을 것이고, 아마 신체적 접촉도 거의 없을 것이다. 다른 접근 방식과의 큰 차이는 이 모든 것이 변화할 수 있다는 것이다. 관계형성 과정에서 인간중심 상담자의 주의집중은 내담자의 드러나는 자율성과 상호 관계의 움직임 측면에서 모두 기본적으로 중요하다. 이러한 관점에서 새로운 경계에 관해 협의하고 동의해야 할 수도 있다. 아마도 회기는 덜 빈번하거나 더 빈번할 것이다. 상담 시간 역시 50분이라는 시간은 신성불가침한 것이 아니며 바꿀 수 있다. 성장하는 관계는 자연스럽게 정중한 신체 접촉을 이끌고 상담자의 개방성은 더 큰 자기 현시를 만든다. 중요하고 근본적인 원리는 경계는 고정되어 있는 것이 아니라 내담자의 욕구와 치료 과정을 고려하여 재검토하기 위해 열어놓는 것이다. 그 밖에 많은 인간중심 관습 같은 경계는 단순히 강요하는 것이 아니라 탐색하고 동의하는 것이다. 인간중심 상담의 임상적 적용 결과는 매우 본질이 깊은 윤리적 활동이며, 이는 완전히 변동된 규칙을 묶거나 변경 불가한 규칙을 지침서에 지시하거나 관계에서 사람의 새로운 욕구 그 이상의 절차인 것이다.

질문 4 인간중심 상담은 주관적인 경험에 대한 강조와 함께 사회적, 정치적인 문제를 무시하고, 있는 그대로의 상태를 강요하지는 않는가?

이것은 엄청난 의문이다. 사람들이 마음속의 무언가를 떨쳐 버리고자 하기 때문에 상담은 잠재적인 반란 또는 불안을 진정시키는 미세한 사회적 동력(social engineering)의 한 형태가 된다. 이것은 우리의 경험이나 Carl Rogers의 삶과도 관련이 별로 없다. Rogers는 나이가 들어갈수록 이 세상의 현실에 더 많은 염려를 하였다. 그는 삶의 마지막 10년 동안 세계 평화의 추구, 문화 간의 의사소통, 새로운 형태의 공동체를 창조하는 데 헌신하였다. 그는 스스로를 '조용한 혁명가(quiet revolutionary)'로 묘사했으며, 전반적으로 인간중심 접근을 미묘하게 혁명적이라고 보았다. 우리가 우리 자신을 돌아보고, 또 우리가 접한 많은 내담자를 보면 깊은 이해와 대인관계에서의 솔직함으로 설명할 수 있는 관계의 경험 과정이 고통을 가져오기도 하지만 정치적 또는 사회적 환경에 만연한 난폭한 부당함과 파렴치한 위선에 분노하기도 한다.

또 다른 근본적인 측면에서 볼 때 인간중심 접근은 정치적으로 급진적이다. 개인을 통제하려는 사회통제의 영향에 끊임없이 대항한다. 인지행동치료와 같은 중재는 목표가 증상 감소라면, 인간중심 상담은 사람을 총체적으로 보고 목표가 사람을 위한 사회이기보다 그 사람의 목표가 근원이 된다. 이로 인해 건강이나 교육 분야에서 일하는 인간중심 상담자는 사회통제적 정치 상황 때문에 지속적으로 불편감을 느낄지 모른다. 그러나 여기에 흥미로운 아이러니는 의료와 교육 분야에서 활동하는 전문가는 전인(the whole person)과 그들의 성장에 중점을 둔다는 것이다. 이러한 정치적 문제의 더 자세한 사안에 대해서는 Mearns(2006b)를 참고하도록 한다.

질문 5 인간중심 상담은 내담자와 상담자 사이에서 의존적인 관계 형성을 추구하지 않는다. 그러나 확실히 내담자가 너무 취약하여 상담 초기에 의존을 허락할 필요가 있는 상황이 있지 않은가? 내담자가 점점 강해질 때 내담자는 의존에서 벗어날 수 있다.

어떤 상황에서도 인간중심 상담자는 내담자의 의존을 격려하지 않는다. 인간중심 상담의 전반적인 목표는 내담자가 스스로 자신에 대해 책임을 질 수 있도록 하는 능력과 의지 같은 내담자의 힘을 키우도록 촉진하는 것이다. 매우 상처받기 쉬운 내담자와 함께 우리는 내담자에게 일종의 편안함을 제공하여 의존을 시작하게 할지도 모른다. 그것은 겉으로는 좋아 보이는 빛 좋은 개살구다. 의존의 문제점은 우리가 생각하는 것만큼 쉽게 내담자가 상담자의 영향에서 벗어날 수 있는 것은 아니라는 점이다. 전통적인 정신역동 접근에서도 같은 종류의 생각이 의문으로 제기된다. 의존적인 전이 관계는 전이가 해결될 수도 있고 내담자의 자립이 확립될 수도 있다는 분석에서 발전할 수 있다. 이에 대한 현실성은 Rosemary Dinnage(1988)의 책에 제시된 장기 분석 치료의 21명의 피해자 사례를 보면 알 수 있다. 장기간 분석 후에도 내담자는 현재의 분석가와 또 이전의 분석가와 여전히 의존 관계에 머물러 있는 것을 볼 수 있다. 인간중심 상담에서는 특히 평가의 중심이 외부에 있는 사람들의 경우, 이들이 의존성을 갖게 하는 것이 아니라 높은 치료적 조건을 제공하면 되는 것이다.

질문 6 인간중심 접근은 세계 어느 곳보다도 영국에서 더 많이 행해지고 있다. 그 이유는 무엇인가?

왜냐하면 우리는 상담을 실행하는 것과 관련된 다양한 기관의 주요 이해 관계자와 협력할 준비가 되어 있기 때문이다. 이러한 관점에서 보면, 예를 들어 우리가 대학 기관과 연계해서 작업한 것은 잘한 일 같다. 이 책을 집필하는 현재, 영국에서 상담 전문직으로 일하는 사람 중 70%가 인간중심 전문가다. 또한 영국에서 상담 분야가 자리를 잡는 초기 30년 동안 우리는 주요 전문 협회인 영국 상담 및 심리치료 학회와 밀접하게 일을 했고, 사설 인가와 훈련과정 인가, 윤리 지침 등을 마련하는 과정에서 다른 접근법을 따르고 있는 전문가들과 의견을 교환했다. 유사하게 우리는 건강 분야뿐 아니라 중등, 고등 등의 이차 교육과 같은 국가 기관과도 의견을 교류해 오며 상담에 대한 인간중심 접근이 다양한 맥락에서 실행될 수 있도록 노력했다. 미국에서는 1960년대 인간중심 접근법이 대중에게 상당히 인기가 있던 시기에 각 기관이 서로 의견 교류하는 것을 무시해 왔다. 반면에 오스트리아의 경우, 영국과 마찬가지로 여러 기관과 의견 교류를 하였고 결과적으로 인간중심 접근이 잘 정립되었다.

질문 7 미래에는 인간중심 상담이 어느 방향으로 갈 것이라고 생각하는가?

Dave Mearns의 반응 하나의 가능성은 인간중심 접근은 상담전문가가 편협하게 활동하기보다는 그 활동 영역을 넓히는 데 도움을 줄 수 있다. 신생하는 전문가들 사이에는 자신들의 영역을 좀 더 좁게 규정하는 경향이 있다. 이러한 경향은 전문가들이 좀 더 안정성을 확보하도록 할지는 모르지만 다양한 내담자를 보는 데 있어서는 유용하지 못하다. 그러나 이 책에서 설명하는 '관계의 힘' 용어로서의 인간중심 상담은 계속해서 상담가가 더 넓은 시야를 갖도록 할수 있다. 그 예로 현재 상담에 오는 사람을 살펴보면 문제가 있는 사람 중 약 10% 정도만 온다는 것이다. 우리는 왜 이러한 현상이 일어나는지를 파악하고 나머지 90%의 사람을 볼 수 있도록 전문가들은 적극적으로 창의적인 모델을 탐색하는 것이 필요하다. 인간중심 접근은 미리 정해진 어떠한 영역보다는 협상된 것 내에서 정할 수 있기에 급진적인 도전에 잘 반응할 수 있고, 상담의 다른 맥락에 창조적일 뿐 아니라 건설적일 수 있어 아마도 인간중심 접근이 이를 위한 최고의 입지를 차지할 수 있을 것이다.

Brian Thorne의 반응 많은 내담자는 인간중심 상담의 경험이 직장에서 더 많은 만족감을 찾게 해 주고 삶에서 새로운 목적과 의미를 발견하게 해 주었다고 말한다. 현재의 절망이 점점 더 보편적인 반응으로 나타나는 정치적인 또한 문화 간, 생태학계의 위기 상황에서 인간중심 접근은 많은 것을 제공할 수 있을 것으로 본다. 비록 시작일지라도, 인간중심 접근은 존재의 방식에 관한 모델링의 암시를 내포하고 있기에 재앙의 위기에 놓인 세계에서 어떻게 존재적으로 또 영적으로 불안감에 대처할 수 있는가를 다룰 수 있다고 본다.

📖📖 참고문헌

Alexander, R. (1995). *Folie à Deux: An Experience of One-to-One Therapy.* London: Free Association Press.

Asay, T. P., & Lambert, M. J. (1999). Therapist relational variables. In D. J. Cain & J. Seeman (Eds.), *Humanistic Psychotherapies: Hand-book of Theory and Practice* (pp. 531-557). Washington, DC: American Psychological Association.

Axline, V. (1971). *Dibs in Search of Self.* Harmondsworth, Middlesex: Penguin.

Balmforth, J. (2006). Clients' experiences of how perceived differences in social class between counsellor and client affect the therapeutic relationship. In G. Proctor, M. Cooper, P. Sanders, & B. Malcolm (Eds.), *Politicizing the Person-Centred Approach* (pp. 215-224). Ross-on-Wye: PCCS Books.

Barrett-Lennard, G. T. (1962). Dimensions of therapist response as causal factors in therapeutic change. *Psychological Monographs, 76,* 43(Whole No. 562).

Barrett-Lennard, G. T. (1987). Personal Communication. Third International Forum on the Person-Centered Approach, La Jolla, California.

Barrett-Lennard, G. T. (1998). *Carl Rogers' Helping System: Journey and Substance.* London: Sage.

Barrett-Lennard, G. T. (2005). *Relationship at the Centre: Healing in a Troubled World.* London: Whurr.

Bates, Y. (Ed.). (2006). *Shouldn't I be Feeling Better by Now? Client Views of Therapy.* Basingstoke: Palgrave Macmillan.

Beahrs, J. (1982). *Unity and Multiplicity.* New York: Brunner/Mazel.

Bennis, W. (1986). *Carl Rogers Interviewed by Warren Bennis.* Video-tape produced by University Associates Incorporated, San Diego.

Bergin, A. E., & Jasper, L. G. (1969). Correlates of empathy in psycho-therapy: A replication. *Journal of Abnormal Psychology, 74,* 477-481.

Bergin, A. E., & Solomon, S. (1970). Personality and performance correlates of empathic understanding in psychotherapy. In J. T. Hart, & T. M. Tomlinson (Eds.), *New Directions in Client-Centered Therapy* (pp. 223-236). Boston: Houghton-Mifflin.

Bergin, A. E., & Strupp, H. H. (1972). *Changing Frontiers in the Science of Psychotherapy.* Chicago: Aldine-Atherton.

Berne, E. (1961). *Transactional Analysis in Psychotherapy.* New York: Grove Press.

Bettelheim, B. (1987). The man who cared for children. *Horizon.* London: BBC Television(video).

Beutler, L. E., Malik, M., Alimohamed, S., Harwood, M. T., Talebi, H., Noble, S., et al. (2004). Therapist variables. In M. J. Lambert (Ed.), *Bergin and Garfield's Handbook of Psychotherapy and Behavior Change* (5th ed., pp. 227-306). Chicago: John Wiley and Sons.

Bohart, A. C. (2004). How do clients make empathy work?. *Person-Centered and Experiential Psychotherapies, 2,* 102-116.

Bohart, A. C., & Tallman, K. (1999). *How Clients Make Therapy Work: The Process of Active Self-Healing.* Washington, DC: American Psychological Association.

Boyles, J. (2006). Not just naming the injustice-counselling asylum seekers and refugees. In G. Proctor, M. Cooper, P. Sanders, & B. Malcolm

(Eds.), *Politicizing the Person-Centred Approach* (pp. 156-166). Ross-on-Wye: PCCS Books.

Bozarth, J. (1984). Beyond reflection: Emergent modes of empathy. In R. F. Levant & J. M. Shlien (Eds.), *Client-Centered Therapy and the Person-Centered Approach* (pp. 59-75). New York: Praeger.

Bozarth, J. (1998). *Person-Centered Therapy: A Revolutionary Paradigm.* Ross-on-Wye: PCCS Books.

Bozarth, J. (2001). Client-centered unconditional positive regard: A historical perspective. In J. Bozarth & P. Wilkins (Eds.), *Rogers' Therapeutic Conditions: Unconditional Positive Regard* (pp. 5-18). Ross-on-Wye: PCCS Books.

Bozarth, J., & Temaner Brodley, B. (1986). The core values and theory of the person-centered approach. Paper prepared for the First Annual Meeting of the Association for the Development of the Person-Centered Approach, Chicago.

British Association for Counselling[BAC] (1993). *The Recognition of Counsellor Training Courses Scheme: Guidelines for Integrative and Eclectic Courses.* BAC/CRG Information Sheet. Rugby: British Association for Counselling.

Brodley, B. T. (1999). The actualizing tendency concept in client-centered theory. *The Person-Centered Journal, 6*(2), 108-120.

Brodley, B. T., & Schneider, C. (2001). Unconditional positive regard as communicated through verbal behavior in client-centered therapy. In J. Bozarth & P. Wilkins (Eds.), *Rogers' Therapeutic Conditions: Unconditional Positive Regard* (pp. 156-172). Ross-on-Wye: PCCS Books.

Brown, M. (1979). *The Art of Guiding: the Psychosynthesis Approach to Individual Counseling and Psychology.* Redlands, CA: Johnston College, University of Redlands.

Burns, D. D., & Nolen-Hoeksema, S. (1991). Coping styles, homework compliance, and the effectiveness of cognitive behavioral therapy. *Journal of Consulting and Clinical Psychology, 59,* 305-311.

Cain, D. (1987). Personal Communication. Third International Forum on the Person-Centered Approach, La Jolla, California.

Carkhuff, R. R. (1971). *The Development of Human Resources.* New York: Holt, Rinehart & Winston.

Chantler, K. (2006). Rethinking person-centred therapy. In G. Proctor, M. Cooper, P. Sanders, & B. Malcolm (Eds.), *Politicizing the Person-Centred Approach* (pp. 44-54). Ross-on-Wye: PCCS Books.

Cooper, M. (2003). "I-I" And "I-Me": Transposing Buber's interpersonal attitudes to the intrapersonal plane. *Journal of Constructivist Psychology, 16*(2), 131-153.

Cooper, M., Mearns, D., Stiles, W. B., Warner, M. S., & Elliott, R. (2004). Developing self-pluralistic perspectives within the person-centered and experiential approaches: A round table dialogue. *Person-Centered and Experiential Psychotherapies, 3*(3), 176-191.

Coulson, W. (1987). Reclaiming client-centered counseling from the person-centered movement. Copyright: Centre for Enterprising Families, P. O. Box 134, Comptche, CA 95427, USA.

Coulson, W. (2000). Personal communication.

Davies, D., & Neal, C. (Eds.). (1996). *Pink Therapy: a Guide for Counsellors and Therapists Working with Lesbian, Gay and Bisexual Clients.* Buckingham: Open University Press.

Davies, D., & Neal, C. (Eds.). (2000). *Therapeutic Perspectives on Working with Lesbian, Gay and Bisexual Clients.* Buckingham: Open University Press.

Dinnage, R. (1988). *One to One: Experiences of Psychotherapy.* London: Viking.

Dryden, W., Horton, I., & Mearns, D. (1995). *Issues in Professional Counsellor Training.* London: Cassell.

Duncan, B. L., & Moynihan, D. W. (1994). Applying outcome research: Intentional utilization of the client's frame of reference. *Psychotherapy, 31,* 294-301.

Elliott, R., & Greenberg, C. (1997). Multiple voices in process-experiential therapy: Dialogues between aspects of the self. *Journal of Psychotherapy Integration, 7,* 225-239.

Fairbairn, W. R. D. (1952). *Psychoanalytic Studies of the Personality.* London: Routledge.

Festinger, L. (1957). *A Theory of Cognitive Dissonance.* Evanston, IL: Row, Peterson.

Fiedler, F. E. (1949). A comparative investigation of early therapeutic relationships created by experts and non-experts of psychoanalytic, non-directive, and Adlerian schools. Unpublished doctoral dissertation, Chicago: University of Chicago.

Fiedler, F. E. (1950). A comparison of therapeutic relationships in psychoanalytic, non-directive and Adlerian therapy. *Journal of Consulting Psychology, 14,* 436-445.

Freire, E. (2001). Unconditional positive regard: The distinctive feature of client-centered therapy. In G. Wyatt (Ed.), *Rogers' Therapeutic Conditions: Unconditional Positive Regard* (pp. 145-155). Ross-on-Wye: PCCS Books.

Gaylin, N. L. (1996). Reflections on the self of the therapist. In R. Hutterer, G. Pawlowsky, P. F. Schmid & R. Stipsits (Eds.), *Client-Centered and Experiential Psychotherapy: A Paradigm in Motion.* (pp. 383-394). Frankfurt-am-Main: Peter Lang.

Gendlin, E. T. (1967). Subverbal communication and therapist expressivity: Trends in client-centered therapy with schizophrenics. In C. R. Rogers & B. Stevens (Eds.), *Person to Person: The Problem of Being Human* (pp. 119-128). Lafayette, CA: Real People Press.

Gendlin, E. T. (1970). A short summary and some long predictions. In J.

Hart & T. Tomlinson (Eds.), *New Directions in Client-Centered Therapy* (pp. 544-562). Boston: Houghton Mifflin.

Gendlin, E. T. (1981). *Focusing*. New York: Bantam.

Gendlin, E. T. (1984). The client's client: The edge of awareness. In R. F. Levant & J. M. Shlien (Eds.), *Client-Centered Therapy and the Person-Centered Approach* (pp. 76-107). New York: Praeger.

Gendlin, E. T. (1996). *Focusing-Oriented Psychotherapy*. New York: Guilford.

Gergen, K. J. (1972). Multiple identity: The healthy, happy human being wears many masks. *Psychology Today, 5*, 31-35, 64-66.

Gergen, K. J. (1988). Narrative and self as relationship. In L. Berkowitz (Ed.), *Advances in Experimental Social Psychology* (Vol. 21, pp. 17-56). New York: Academic Press.

Gergen, K. J. (1991). *The Saturated Self*. New York: Basic Books.

Giesekus, U., & Mente, A. (1986). Client empathic understanding in client-centered therapy. *Person-Centered Review, 1*(2), 163-171.

Green, H. (1967). *I Never Promised You a Rose Garden*. London: Pan.

Gurman, A. S. (1977). The patient's perception of the therapeutic relationship. In A. S. Gurman & A. M. Ragin (Eds.), *Effective Psychotherapy* (pp. 503-543). New York: Pergamon.

Heider, F. (1958). *The Psychology of Interpersonal Relations*. New York: Wiley.

Hermans, H. J. M. (1996). Voicing the self: From information processing to dialogical interchange. *Psychological Bulletin, 119*, 31-50.

Hermans, H. J. M., & Dimaggio, G. (Eds.). (2004). *Dialogical Self in Psychotherapy*. Hove: Brunner-Routledge.

Hermans, H. J. M., & Kempen, H. J. G. (1993). *The Dialogical Self: Meaning as Movement*. San Diego, CA: Academic Press.

Hermans, H., Kempen, J., & Loon, R. van (1992). The dialogical self. *American Psychologist, 47*(1), 23-33.

Honos-Webb, L., & Stiles, W. (1998). Reformulation of assimilation analysis in terms of voices. *Psychotherapy, 35*(1), 23-33.

Hovarth, A. O., & Bedi, R. P. (2002). The alliance. In J. C. Norcross (Ed.), *Psychotherapy Relationships that Work: Therapist Contributions and Responsiveness to Patients* (pp. 37-69). Oxford: Oxford University Press.

Howe, D. (1993). *On Being a Client.* London: Sage.

Hubble, M., Duncan, B. L., & Miller, S. D. (1999). *The Heart and Soul of Change: What Works in Therapy.* Washington, DC: American Psychological Association.

Ide, T., Hirai, T., & Murayama, S. (2006). The challenge for 'fully functioning community' : The school counselor bridging the gap between a family and a school. Paper presented at the 7th World Conference for Person-Centered and Experiential Psychotherapy and Counseling. Potsdam, Germany; July.

Inayat, Q. (2005). The Islamic concept of self. *Counselling Psychology Review, 20,* 2-10.

Jourard, S. M. (1971). *The Transparent Self.* New York: Van Nostrand Reinhold.

Keijsers, G. P. J., Schaap, C. P. D. R., & Hoogduin, C. A. L. (2000). The impact of interpersonal patient and therapist behaviour on outcome in cognitive-behaviour therapy. *Behaviour Modification, 24*(2), 264-297.

Keil, S. (1996). The self as a systemic process of interactions of 'inner persons'. In R. Hutterer, G. Pawlowsky, P. Schmid, & R. Stipsits (Eds.), *Client-Centered and Experiential Psychotherapy: A Paradigm in Motion* (pp. 53-66). Frankfurt am Main: Peter Lang.

Kessel, W. van, & Lietaer, G. (1998). Interpersonal processes. In L. S. Greenberg, J. C. Watson, & G. Lietaer (Eds.), *Handbook of Experiential Psychotherapy* (pp. 155-177). New York: The Guilford Press.

Keys, S. (Ed.). (2003). *Idiosyncratic Person-Centred Therapy: From the*

Personal to the Universal. Ross-on-Wye: PCCS Books.

Khurana, I. (2006). Person-centred therapy, culture and racism: Personal discoveries and adaptations. In G. Proctor, M. Cooper, P. Sanders, & B. Malcolm (Eds.), *Politicizing the Person-Centred Approach* (pp. 195-197). Ross-on-Wye: PCCS Books.

Kiesler, D. J. (1982). Confronting the client-therapist relationship in psychotherapy. In J. C. Anchin & D. J. Kiesler (Eds.), *Handbook of Interpersonal Psychotherapy* (pp. 274-295). Elmsford, NY: Pergamon.

Kiesler, D. J. (1996). *Contemporary Interpersonal Theory and Research: Personality, Psychopathology and Psychotherapy.* New York: Wiley.

King, M., Sibbald, B., Ward, E., Bower, P., Lloyd, M., Gabbay, M., & Byford, S. (2000). Randomised controlled trial of non-directive counselling, cognitive behaviour therapy and usual general practitioner care in the management of depression as well as mixed anxiety and depression in primary care. *British Medical Journal, 321*(1), 383-388.

Kreitemeyer, B., & Prouty, G. (2003). The art of psychological contact: The psychotherapy of a mentally retarded psychotic client. In *Person-Centered and Experiential Psychotherapies, 2*(3), 151-161.

Krupnick, J. L., Sotsky, S. M., Simmens, S., Moyer, J., Elkin, I., Watkins, J., et al. (1996). The role of the therapeutic alliance in psychotherapy and pharmacotherapy outcome: Findings in the national institute of mental health treatment of depression collaborative research program. *Journal of Consulting and Clinical Psychology, 64*(3), 532-539.

Kurtz, R. R., & Grummon, D. L. (1972). Different approaches to the measurement of therapist empathy and their relationship to therapy outcomes. *Journal of Consulting and Clinical Psychology, 39*(1), 106-115.

Lafferty, P., Beutler, L. E., & Crago, M. (1991). Differences between more and less effective psychotherapists: A study of select therapist variables. *Journal of Consulting and Clinical Psychology, 59,* 305-311.

Lago, C. (2006). *Race, Culture and Counselling* (2nd ed.). Maidenhead: Open University/McGraw-Hill.

Lago, C., & Haugh, S. (2006). White counsellor racial identity: The unacknowledged, unknown, unaware aspect of self in relationship. In G. Proctor, M. Cooper, P. Sanders & B. Malcolm (Eds.), *Politicizing the Person-Centred Approach* (pp. 198-214). Ross-on-Wye: PCCS Books.

Lambers, E. (2000). Supervision in person-centred therapy: Facilitating congruence. In D. Mearns & B. Thorne (Eds.), *Person-Centred Therapy Today: New Frontiers in Theory and Practice* (pp. 196-211). London: Sage.

Lambers, E. (2002). Personal Communication.

Lambers, E. (2003). Psychosis. In D. Mearns (Ed.), *Developing Person-Centred Counselling* (pp. 113-115). London: Sage.

Lambers, E. (2006). Supervising the humanity of the therapist. *Person-Centered and Experiential Psychotherapies, 5,* 266-276.

Lambert, M. J. (1992). Implications of outcome research for psychotherapy integration. In J. C. Norcross & M. R. Goldstein (Eds.), *Handbook of Psychotherapy Integration* (pp. 94-129). New York: Basic Books.

Lietaer, G. (1984). Unconditional positive regard: A controversial basic attitude in client-centered therapy. In R. Levant & J. Shlien (Eds.), *Client-Centered Therapy and the Person-Centered Approach* (pp. 41-58). New York: Praeger.

Lietaer, G. (2001). Being genuine as a therapist: Congruence and transparency. In G. Wyatt (Ed.), *Rogers' Therapeutic Conditions: Congruence* (pp. 36-54). Ross-on-Wye: PCCS Books.

Lietaer, G. (2002). The client-centered/experiential paradigm in psychotherapy: Development and identity. In J. C. Watson, R. N. Goldman, & M. S. Warner (Eds.), *Client-Centered and Experiential Psychotherapy in the 21st Century: Advances in Theory, Research and*

Practice (pp. 1-15). Ross-on-Wye: PCCS Books.

Lorr, M. (1965). Client perceptions of therapists. *Journal of Consulting Psychology, 29*, 146-149.

McGeever, K. (2006). A long-standing commitment: Providing a managed counselling service in Lanarkshire. *Healthcare Counselling and Psychotherapy Journal, 6*(4), 36-39.

McMillan, M., & McLeod, J. (2006). Letting go: The client's experience of relational depth. *Person-Centered and Experiential Psychotherapies, 5*, 277-292.

Mearns, D. (1985). Some notes on unconditional positive regard. Unpublished paper produced for Glasgow Marriage Guidance Service.

Mearns, D. (1986). Some notes on congruence: Can I dare to be me in response to my client? Unpublished paper presented to the first Facilitator Development Institute (Britain) Therapy Training Course.

Mearns, D. (1996). Working at relational depth with clients in person-centred therapy. *Counselling, 7*(4), 306-311.

Mearns, D. (1997a). *Person-Centred Counselling Training*. London: Sage.

Mearns, D. (1997b). *The Future of Individual Counselling*. The Ben Hartop Memorial Lecture, 7 May. Published as an Occasional Paper by the University of Durham.

Mearns, D. (1998). Managing a primary care service. *Counselling in Medical Settings, 57*, 1-5.

Mearns, D. (1999). Person-centred therapy with configurations of self. *Counselling, 10*, 125-130.

Mearns, D. (2002). Further theoretical propositions in regard to self theory within person-centered therapy. *Person-Centered and Experiential Psychotherapies, 1*(1 & 2), 14-27.

Mearns, D. (2003). *Developing Person-Centred Counselling* (2nd ed.). London: Sage.

Mearns, D. (2006a). Person-centred therapy: A leading edge, Masterclass presented at Metanoia, London and elsewhere(see www.dave-mearns.com).

Mearns, D. (2006b). Psychotherapy: The politics of liberation or collaboration? A career critically reviewed. In G. Proctor, M. Cooper, P. Sanders, & B. Malcolm (Eds.), *Politicizing the Person-Centred Approach* (pp. 127-142). Ross-on-Wye: PCCS Books.

Mearns, D., & Cooper, M. (2005). *Working at Relational Depth in Counselling and Psychotherapy*. London: Sage.

Mearns, D., & Schmid, P. F. (2006). Being-with and being-counter. Relational depth: The challenge of fully meeting the client. *Person-Centered and Experiential Psychotherapies, 5*, 255-265.

Mearns, D., & Thorne, B. (1988). *Person-Centred Counselling in Action* (1st ed.). London: Sage.

Mearns, D., & Thorne, B. (1999). *Person-Centred Counselling in Action* (2nd ed.). London: Sage.

Mearns, D., & Thorne, B. (2000). *Person-Centred Therapy Today: New Frontiers in Theory and Practice*. London: Sage.

Merry, T. (1995). *Invitation to Person-Centred Psychology*. London: Whurr Publishers.

Merry, T. (1999). *Learning and Being in Person-Centred Counselling*. Ross-on-Wye: PCCS Books.

Milgram, S. (2004). *Obedience to Authority: An Experimental View*. New York: Harper Collins.

Morita, T., Kimura, T., Hirai, T., & Murayama, S. (2006). The approach to the relationship based on a 'way of being' of the school counselor. Paper presented at the 7th World Conference for Person-Centered and Experiential Psychotherapy and Counseling. Potsdam, Germany; July.

Moustakas, C. E. (1959). *Psychotherapy with Children: The Living Relationship*. New York: Harper and Brothers.

Mullen, J., & Abeles, N. (1972). Relationship of liking, empathy and therapist's experience to outcome of therapy. In *Psychotherapy 1971, an Aldine Annual* (pp. 256-260). Chicago: Aldine-Atherton.

Müller, D. (1995). Dealing with self-criticism: The critic within us and the criticized one. *The Folio: Journal for Focusing and Experiential Psychotherapy, 4,* 1-9.

Neal, C., & Davies, D. (Eds.). (2000). *Issues in Therapy with Lesbian, Gay, Bisexual and Transgender Clients.* Buckingham: Open University Press.

O'Connor, R. C., Sheehy, N. P., & O'Connor, D. B. (2000). Fifty cases of general hospital parasuicide. *British Journal of Health Psychology, 5,* 83-95.

O'Leary, C. (1999). *Couple and Family Counselling: A Person-Centred Perspective.* London: Sage.

Orlinsky, D. E., Grawe, K., & Parks, B. K. (1994) Process and outcome in psychotherapy-noch einmal. In A. E. Bergin & S. L. Garfield (Eds.), *Handbook of Psychotherapy and Behavior Change* (4th ed., pp. 270-378). New York: Wiley.

Patterson, C. H. (1984). Empathy, warmth and genuineness in psycho-therapy: A review of reviews. *Psychotherapy, 21*(4), 431-438.

Pörtner, M. (2000). *Trust and Understanding: The Person-Centred App-roach to Everyday Care for People with Special NeEds.* Ross-on-Wye: PCCS Books.

Prouty, G. (1994). *Theoretical Evolutions in Person-centered/Experiential Therapy: Applications to Schizophrenic and Retarded Psychosis.* New York: Praeger.

Prouty, G. (2001). A new mode of empathy: Empathic contact. In S. Haugh & T. Merry (Eds.), *Rogers' Therapeutic Conditions: Empathy* (pp. 155-162). Ross-on-Wye: PCCS Books.

Prouty, G., Van Werde, D., & Pörtner, M. (2002). *Pre-Therapy: Reaching Contact Impaired Clients.* Ross-on-Wye: PCCS Books.

Purton, C. (2004). *Person-Centred Therapy: The Focusing-Oriented Approach*. Basingstoke: Palgrave/Macmillan.

Raskin, N. (1974). Studies on psychotherapeutic orientation: Ideology in practice, *American Academy of Psychotherapists Psychotherapy Research Monographs*. Orlando, FL: American Academy of Psychotherapists.

Rennie, D. L. (1998). *Person-Centred Counselling: An Experiential Approach*. London: Sage.

Rogers, C. R. (Ed.). (1967). *The Therapeutic Relationship and its Impact: A Study of Psychotherapy with Schizophrenics*. Madison, WI: University of Wisconsin Press.

Rogers, C. R. (1951). *Client-Centered Therapy: Its Current Practice, Implications and Theory*. Boston: Houghton Mifflin.

Rogers, C. R. (1959). A theory of therapy, personality and interpersonal relationships as developed in the client-centered framework. In S. Koch (Ed.), *Psychology: A Study of Science, Vol. 3*(pp. 184-256). New York: McGraw-Hill.

Rogers, C. R. (1961). *On Becoming a Person*. Boston: Houghton Mifflin.

Rogers, C. R. (1963a). The concept of the fully functioning person. *Psychotherapy: Theory, Research and Practice, 1*(1), 17-26.

Rogers, C. R. (1963b). The actualizing tendency in relation to 'motives' and to consciousness. In M. Jones (Ed.), *Nebraska Symposium on Motivation* (pp. 1-24). Lincoln, NE: University of Nebraska Press.

Rogers, C. R. (1973). Some learnings from a study of psychotherapy with schizophrenics. In C. R. Rogers & B. Stevens (Eds.), *Person to Person: The Problem of Being Human* (pp. 181-192). London: Souvenir Press. (Abridged from a paper in Pennsylvania Psychiatric Quarterly, Summer, 1962).

Rogers, C. R. (1974). In retrospect: Forty-six years. *American Psychologist, 29*(2), 115-123.

Rogers, C. R. (1977). *The Right to be Desperate*. Video produced by the American Association for Counseling and Development, Washington D. C.

Rogers, C. R. (1979). Foundations of the Person-Centered Approach. *Education, 100*, 2, 98-107.

Rogers, C. R. (1980a). *A Way of Being*. Boston: Houghton Mifflin.

Rogers, C. R. (1980b). Growing old or older and growing. *Journal of Humanistic Psychology 20*(4), 15-16.

Rogers, C. R. (1986). Reflection of feelings. *Person-Centered Review, 1*(4), 375-377.

Ross, C. A. (1999). Subpersonalities and multiple personalities: A dissociative continuum?. In J. Rowan & M. Cooper (Eds.), *The Plural Self* (pp. 183-197). London: Sage.

Rowan, J. (1990). *Subpersonalities: The People Inside Us*. London: Routledge.

Rowan, J., & Cooper, M. (Eds.). (1999) *The Plural Self: Multiplicity in Everyday Life*. London: Sage.

Sachse, R. (1990). Concrete interventions are crucial: The influence of the therapist's processing proposals on the client's interpersonal exploration in client-centered therapy. In G. Lietaer, J. Rombauts, & R. Van Balen (Eds.), *Client-Centered and Experiential Psychotherapy in the Nineties* (pp. 295-308). Leuven: Leuven University Press.

Sanders, P. (2000). Mapping person-centred approaches to counselling and psychotherapy. *Person-Centred Practice, 8*(2), 62-74.

Sanders, P. (2006). *The Person-Centred Primer*. Ross-on-Wye: PCCS Books.

Sands, A. (2000). *Falling for Therapy: Psychotherapy From a Client's Point of View*. London: Palgrave Macmillan.

Schmid, P. (2003). The characteristics of a person-centered approach to therapy and counseling. *Person-Centered and Experiential Psy-*

chotherapies, 2(2), 104-120.

Schmid, P. F., & Mearns, D. (2006). Being-with and being-counter: Person-centered psychotherapy as an in-depth co-creative process of personalization. *Person-Centered and Experiential Psychotherapies, 5*, 174-190.

Schwartz, R. (1987). Our multiple selves. *The Family Therapy Networker*, March/April, 25-31 and 80-83.

Schwartz, R. (1997). *Internal Family Systems Therapy.* New York: Guilford.

Schwartz, R., & Goulding, R. (1995) *The Mosaic Mind.* New York: Norton Press.

Selfridge, F. F., & Kolk, C. van der (1976). Correlates of counselor self-actualisation and client-perceived facilitativeness, *Counselor Education and Supervision, 15*(3), 189-194.

Sembi, R. (2006). The cultural situatedness of language use in person-centred training. In G. Proctor, M. Cooper, P. Sanders, & B. Malcolm (Eds.), *Politicizing the Person-Centred Approach* (pp. 55-59). Ross-on-Wye: PCCS Books.

Shoaib, K. (2006). Unveiling the unspoken: Working transparently with South Asian communities. In G. Proctor, M. Cooper, P. Sanders, & B. Malcolm (Eds.), *Politicizing the Person-Centred Approach* (pp. 183-194). Ross-on-Wye: PCCS Books.

Slack, S. (1985). Reflections on a workshop with Carl Rogers. *Journal of Humanistic Psychology, 28*, 35-42.

Stern, D. N. (2003). *The Interpersonal World of the Infant: A View from Psychoanalysis and Developmental Theory.* London: Karnac.

Stiles, W. (1999) Signs and voices in psychotherapy. *Psychotherapy Research, 9*, 1-21.

Stiles, W. B., & Glick, M. J. (2002). Client-centered therapy with multivoiced clients: Empathy with whom?. In J. C. Watson, R.

Goldman, & M. S. Warner (Eds.), *Client-centered and Experiential Psychotherapy in the Twenty-First Century* (pp. 406-414). Ross on Wye: PCCS Books.

Stinckens, N. (2000). De innerlijke criticus in beeld gebracht: Een typologie van verschijningsvormen, *Tijdschrift Cliëntgerichte Psychotherapie, 38,* 201-215.

Stinckens, N., Lietaer, G., & Leijssen, M. (2002). The valuing process and the inner critic in the classic and current clientcentered/ experiential literature. *Person-Centered and Experiential Psychotherapies, 1*(1 & 2), 41-55.

Talmon, M. (1990). *Single Session Therapy.* San Francisco: Jossey-Bass Publishers.

Tausch, R., Bastine, R., Bommert, H., Minsel, W. R., & Nickel, H. (1972). Weitere Untersuchung der Auswirkung und der Prozesse klienten- zentrierter Gesprächs-psychotherapie *Zeitschrift für Klinische Psychologie, 1*(3), 232-250.

Tausch, R., Bastine, R., Friese, H., & Sander, K. (1970). Variablen und Ergebnisse bei Psychotherapie mit alternieranden Psychothera- peuten. *Verlag für Psychologie, 21*(1).

Thorne, B. (1985). *The Quality of Tenderness.* Norwich: Norwich Centre Publications.

Thorne, B. (1991a). *Person-Centred Counselling: Therapeutic and Spiritual Dimensions.* London: Whurr Publishers.

Thorne, B. (1991b). *Behold the Man.* London: Darton, Longman and Todd.

Thorne, B. (1992). *Carl Rogers.* London: Sage.

Thorne, B. (1996). The cost of transparency. *Person Centred Practice, 2,* 2- 11.

Thorne, B. (1999). The move towards brief therapy: Its dangers and its challenges. *Counselling, 10*(1), 7-11.

Thorne, B. (2002). *The Mystical Power of Person-Centred Therapy.*

London: Whurr Publishers.

Thorne, B. (2004). *The Quality of Tenderness* (Rev. ed.). Norwich: Norwich Centre Occasional Publications.

Thorne, B. (2005). *Love's Embrace.* Ross-on-Wye: PCCS Books.

Thorne, B. (2006). The gift and cost of being fully present, In J. Moore & C. Purton (Eds.), *Spirituality and Counselling: Experiential and Theoretical Perspectives* (pp. 35-47). Ross-on-Wye: PCCS Books.

Tolan, J. (2003). *Skills in Person-Centred Counselling and Psychotherapy.* London: Sage.

Truax, C. B., & Carkhuff, R. R. (1967). *Toward Effective Counseling and Psychotherapy.* Chicago: Aldine.

Truax, C. B., & Mitchell, K. M. (1971). Research on certain therapist interpersonal skills in relation to process and outcome. In A. E. Bergin & S. L. Garfield (Eds.), *Handbook of Psychotherapy and Behavior Change* (pp. 299-344). New York: John Wiley.

Tudor, K., & Worrall, M. (2006). *Person-Centred Therapy: A Clinical Philosophy.* London: Routledge.

Vaillant, L. M. (1994). The next step in short-term dynamic psychotherapy: A clarification of objectives and techniques in an anxiety-regulating model. *Psychotherapy, 31,* 642-655.

Van Werde, D. (2003a). Dealing with the possibility of psychotic content in a seemingly congruent communication. In D. Mearns (Ed.), *Developing Person-Centred Counselling* (pp. 125-128). London: Sage.

Van Werde, D. (2003b). An introduction to client centred pre-therapy. In D. Mearns (Ed.), *Developing Person-Centred Counselling* (pp. 120-124). London: Sage.

Warner, M. S. (2000a). Person-centred therapy at the difficult edge: A developmentally based model of fragile and dissociated process. In D. Mearns & B. Thorne (Eds.), *Person-Centred Therapy Today: New Frontiers in Theory and Practice* (pp. 144-171). London: Sage.

Warner, M. S. (2000b). Person-centered psychotherapy: One nation, many tribes. *Person-Centered Journal*, 7(1), 28-39.

Warner, M. S. (2002a). Psychological contact, meaningful process and human nature. In G. Wyatt & P. Sanders (Eds.), *Rogers' Therapeutic Conditions: Contact and Perception* (pp. 76-95). Ross-on-Wye: PCCS Books.

Warner, M. S. (2002b). Luke's dilemmas: A client-centered/experiential model of processing with a schizophrenic thought disorder'. In J. C. Watson, R. N. Goldman & M. S. Warner (Eds.), *Client-Centered and Experiential Psychotherapy in the 21st Century: Advances in Theory, Research and Practice* (pp. 459-472). Ross-on-Wye: PCCS Books.

Warner, M. S. (2006). Toward an integrated person-centered theory of wellness and psychopathology. *Person-Centered and Experiential Psychotherapies*, 5, 4-20.

Warner, M., & Mearns, D. (2003). In discussion. 6th World Conference for Person-Centered and Experiential Psychotherapy and Counseling. Egmond, Holland; July.

Watson, J. C., & Steckley, P. (2001). Potentiating growth: An examination of the research on unconditional positive regard, In J. Bozarth & P. Wilkins (Eds.), *Rogers' Therapeutic Conditions: Unconditional Positive Regard* (pp. 180-197). Ross-on-Wye: PCCS Books.

Watson, J. C., Goldman, R. N., & Warner, M. S. (Eds.). (2002). *Client-Centered and Experiential Psychotherapy in the 21st Century: Advances in Theory, Research and Practice*. Ross-on-Wye: PCCS Books.

Wilkins, P. (2003). *Person-Centred Therapy in Focus*. London: Sage.

Zinschitz, E. (2001). Understanding what seems unintelligible. In S. Haugh & T. Merry (Eds.), *Rogers' Therapeutic Conditions: Empathy* (pp. 192-205). Ross-on-Wye: PCCS Books.

🌸 찾아보기

👫 인명

Abeles, N. 161
Alexander, R. 99
Asay, T. P. 120
Axline, V. 343

Balmforth, J. 57
Barrett-Lennard, G. T. 25, 26, 74, 144, 161, 341
Bates, Y. 99
Bearhrs, J. 73
Bedi, R. P. 120
Bennis, W. 340
Bergin, A. E. 145, 161
Berne, E. 73
Bettleheim, B. 62, 188
Beutler, L. E. 120, 144
Bohart, A. C. 124, 146
Boyles, J. 57
Bozarth, J. 210, 266
Brodley, B. T. 66, 210, 211

Brown, M. 73
Burns, D. D. 144

Cain, D. 180
Carkhuff, R. R. 132, 134
Chantler, K. 57
Church, R. 292
Cooper, M. 63, 64, 73, 74, 118, 120, 121, 157, 166, 170, 239, 262, 263, 265, 314, 322, 328, 339, 347
Coulson, W. 54-56
Crago, M. 144

Davies, D. 166
Dimaggio, G. 73
Dinnage, R. 382
Dryden, W. 376
Duncan, B. L. 144

Elliott, R. 74

Fairbairn, W. R. D. 80
Festinger, L. 79
Fiedler, F. E. 161
Freire, E. 266, 267

Gaylin, N. L. 74
Gendlin, E. T. 24, 94, 147, 152, 190, 238, 267, 335
Gergen, K. J. 73
Gieskus, U. 379
Glick, M. J. 74
Goldman, R. N. 26
Goulding, R. 73
Grawe, K. 144
Green, H. 363
Greenberg, C. 74
Grummon, D. L. 145
Gurman, A. S. 144

Haugh, S. 57, 166
Heider, F. 79
Hermans, H. J. M. 73
Hirai, T. 57
Honos-Webb, L. 73
Horton, I. 376
Hovarth, A. O. 120
Hubble, M. 120

Ide, T. 57
Inayat, Q. 57, 166

Jasper, L. G. 161
Jourard, S. M. 222

Keijsers, G. P. J. 120
Keil, S. 74
Kempen, J. 73
Kessel, W. van 240
Keys, S. 12
Khurana, I. 57, 166
Kiesler, D. J. 240
Kimura, T. 57
Kolk, C. van der 161
Kreitemeyer, B. 158
Krupnick, J. L. 120
Kurtz, R. R. 145

Lafferty, P. 144
Lago, C. 57, 166
Lambers, E. 158, 200, 260
Lambert, M. J. 120
Leijssen, M. 74
Lietaer, G. 24, 74, 181, 222, 238, 240
Lorr, M. 144

McGeever, K. 301
McLeod, L. 122
McMillan, M. 122
Mearns, D. 13, 51, 55, 58, 61, 63–65, 67, 71, 72, 74, 76–78, 118, 120, 121, 142, 154, 156, 157, 162, 166, 169, 170, 180, 191, 200, 202, 207, 212, 219, 232, 235–237, 239, 241, 243, 245, 250, 254, 262, 263, 265, 301, 305, 314, 319, 322, 325, 328, 335, 336, 339, 341, 342, 347,

365, 376, 382, 384
Mente, A. 379
Merry, T. 12
Milgram, S. 207
Mitchell, K. M. 144
Morita, T. 57
Moustakas, C. E. 220, 221
Moynihan, D. W. 144
Mullen, J. 161
Müller, D. 74
Murayama, S. 57

Neal, C. 166
Nolen-Hoeksema, S. 144

O'Connor, D. B. 171
O'Connor, R. C. 171
O'Leary, C. 77
Orlinsky, D. E. 144

Parks, B. K. 144
Patterson, C. H. 144
Pörtner, M. 158
Prouty, G. 158
Purton, C. 335

Rennie, D. L. 143, 240
Rogers, C. 11, 21-24, 39, 43, 44, 46,
    47, 51, 54-57, 65-67, 79, 94, 99,
    117, 144, 148, 168, 179, 217, 268,
    369
Ross, C. A. 172
Rowan, J. 73

Sachse, R. 144
Sanders, P. 12, 25
Sands, A. 99
Schmid, P. F. 25, 234-237, 254, 265
Schneider, C. 210, 211
Schwartz, R. 73
Selfridge, F. F. 161
Sembi, R. 57
Sheehy, N. P. 171
Shoaib, K. 57
Slack, S. 168
Solomon, S. 161
Steckley, P. 183
Stern, D. N. 63
Stiles, W. B. 73, 74
Stinckens, N. 74
Strupp, H. H. 145

Tallman, K. 124, 146
Talmon, M. 296
Tausch, R. 144, 145
Taylor-Sanders, M. 12
Thorne, B. 13, 51, 55, 58, 64, 65, 71,
    74, 76-78, 97, 98, 113, 115, 116,
    243, 156, 170, 207, 244, 262, 285,
    301, 325, 335, 336, 339, 347, 384
Tolan, J. 12
Truax, C. B. 132, 134, 144
Tudor, K. 12

Vaillant, L. M. 144
Van Werde, D. 158, 159

Warner, M. S. 25, 51, 68, 70-72,
    172, 307
Watson, J. C. 26, 183

Worrall, M. 12

Zinschitz, E. 155

 내 용

4점 척도의 각 단계에 대한 설명 134
4점 척도의 각 단계에서 가능한 반응
    136

가면 118
가장하기 122
가치 있는 인간 344
가치의 조건화 37-39
감각 147, 250
감각 느낌 148
감동적 시험 258
감수성 159, 160
감시기술 31
감정이입 169
감하기 135
갑작스러운 변화 341
강요하지 않는 개입 109
개인적 공명 237, 241, 242, 252
개인적 발전 169
개인적 언어 186, 294
개인적 이론 162-164
건강한 관계 101, 107, 111
건강한 관계의 징후 106
결핍 70

경제성장 32
계약 298
계약적 게임 38
고유성 213
고착성 67
공감 98, 101, 129, 138, 159, 160,
    164, 169, 223, 266, 267, 272, 292,
    318
공감 척도 134
공감과정 133
공감에 대한 장애물 161
공감의 부족 63
공감의 실패 69
공감의 질 69
공감적 감수성 165, 168, 169
공감적 공명 236, 252
공감적 능력 160
공감적 민감성 255
공감적 반응 131, 132, 134, 138, 139,
    154
공감적 방식 158
공감적 이해 46, 47
공감적 접촉 173
공명 234

공유된 무기력 299
공포 32, 38
과잉 개입 168, 337, 349, 350
과정 220
관계에서 위험 감수하기 268
괴리 70
교섭 174
구속의 상태 38
구조 297
권력 남용 275
권력의 불균형 280
균형 363
긍정적 존중 45
긍정적 존중에 대한 욕구 39
깊은 반영 135, 139, 147
깊이 있는 관계 120
깊이 있는 관계의 지속적 경험 328

나란히 가기 283
낮은 자아개념의 발달 36
내담자의 감각 느낌에 주목하기 149
내담자중심 치료 210
내면화 141
내사 77, 80
냉담한 내담자 290, 291
냉담한 내담자와 일치성 시작 291
노력의 불일치 63
논리실증주의 132

다양성 166
단기상담 300
단서 294, 295
단순한 반영 반응 132

도전 260
독서 261
독특성 31
동정심 98
두려운 도전 217
두려움 167, 341
따뜻함 196, 197
따뜻함을 전달하는 방법 196

메타커뮤니케이션 240, 242
목적의식 33
몸이 응답하는 것 152
무기력감 32
무언의 관계 191, 232
무조건적인 긍정적 존중 46, 121, 169,
    177, 179, 181, 182, 186, 207, 222,
    223, 255, 266, 267, 272
물리적 경계 322
미해결 과제 358, 359, 364, 369
민감성 242

반문화 55
반복적 반영 159
반응 250
발전 105
방어 84
배경 122
변화 341
보완적인 공감적 공명 236
부모의 사회화 56
부서지기 쉬운 과정 69, 307
부재 210
부정 79

부정적 가치 판단 54
불일치 경험 78
불일치성 218, 221, 222, 244, 245,
　247, 265
불일치성 원인 탐색 248
불일치성의 두 가지 유형 247
불편감 241
불확실성 369
비소유적 온정 179
비지시적 내담자중심 치료 210

사랑 167
사회적 규제 55
사회적 중재 42, 58-60, 66
삶의 힘 51
상담관계 119
상담비 301, 302
상담에서 내담자 준비 상태 286
상담자의 다양한 시작 진술 288
상담자의 성적 관심이 위험을 야기하는
　경우 351
상담자의 치료적 일치성 지침 250
상징화 77
상호 의존 337
상호작용적 연계성 227, 231
상황 반영 158
선행치료 158
선행치료 방식 158
성격이론 54
성관계 326
성실성 370
성장 52-54
성적 관계 371

성적 관심 352
성적 학대 372
소멸감 251
소통 기술 133
속도 328
수감자 308
수용 179
슈퍼비전 302
스타 64
시간제한상담 300
시금석 265
시작의 순간 280
신경증 64
신경증적 사회화 과정 56
신뢰 구축 287, 290
신뢰성 31
신체 반영 158
실수 347
실존적 시금석 263
실패한 공감 165
실현 경향성 39, 41, 42, 51-55, 57-59,
　65
실현화 56
실현화 과정 58-60, 66, 72
심리장애의 발생에 대한 네 가지 이론적
　명제 65
심리적 이론 162, 165
심리적 장애 67

안전막 219
압박 53
어려운 과정 68, 72
얼굴 반영 158

역동 76
역동성 81
역조건화 181
연막 285, 302
연습된 내용 148
예전의 삶에서 새로운 사람 362
온전한 치료적 개입 337
외재화 141
욕구 167
위기의 내담자 289, 290
위기의 내담자와 공감적 시작 289
위기의 시점 33
위장 293
유기체적 가치화 과정 39-44, 59, 92
유기체적 가치화 과정의 초기 혼란 40
유기체적 가치화 과정의 회복 41
유동성 67
윤리 규정 371
응답하기 152
이중 메시지 245, 293, 294
인간애 86
인간중심 관점 86
인간중심 상담 33, 73, 75, 81, 119,
    131, 177, 366
인간중심 상담과정 34
인간중심 상담의 기본 원리 103
인간중심 상담의 목표 340
인간중심 상담자 34, 35, 45, 89, 90,
    92, 95-97, 99, 100, 102, 104, 110,
    112, 116, 117, 138, 141, 146, 160,
    165, 166, 177, 199, 262, 268, 292,
    303, 364, 366
인간중심 상담자의 일치성에 대한 가장

혼한 실수 232
인간중심 상담자의 자기 질문 102
인간중심 상담사의 행동과 태도 275
인간중심 원리 173
인간중심 원칙 207
인간중심 이론 64, 89
인간중심 접근 33, 34, 64, 72, 74, 77,
    155, 163, 171, 205, 268
인간중심 접근법 32, 332
인간중심 접근의 목표 226
인간중심 치료 217
인간중심 훈련 93, 245
인지행동치료 33
인터비전 260
일관성 177
일관성 이론 79
일반적 경험 164
일치성 46, 121, 169, 218, 220, 221,
    223, 226, 227, 229, 233, 241, 242,
    250, 254, 256-258, 265, 267, 270,
    272, 292, 348

자기 262
자기 가치화 183
자기 공명 235, 242, 252, 255
자기 공명이 넘치는 경우 253
자기 노출 290
자기 다원화 73, 170
자기 대화 83
자기 방어 64
자기 보호 61, 346
자기 보호적 81, 182, 186
자기 부정 108

자기 비난 97

자기 수용 35, 46, 95, 97, 98, 169, 182, 336, 344, 361, 362

자기 수용의 성취 346

자기 실험 259

자기 정의 60

자기 조합 325

자기 주권력 146

자기 참조 44

자기 충족적 기대 192

자기 탐닉 91

자기 판단 229

자기 표현적 81

자기 호기심 347

자기 회피 91

자기존중감 91

자기표현의 억제 55

자발성 160

자아 동조적 과정 61, 63, 82

자아 친화적 과정 338

자아개념 35, 40, 43, 45, 59, 60

자아상 119

자아존중감 33-35, 37, 43

자원 45

작업과정을 보여 주는 것 225

작업의 소재 86

잘못된 기억 142

장애 67

재검토 356, 358, 364, 368, 370

재발견 367

재시작 368, 370

저항 66

적응성 78

전경 122

전문가의 가면 89

전문가적 거리 200

전문적 가면 112

점진적 변화 342

접촉 158, 199

정신역동 영향 322

정신역동 접근 65

정신장애 54, 63

정신적 해리 172

정직 270

정확한 공감 135, 236

조건적 201

조력의 책략 319

조직 원리 80

조합 71, 72, 74, 80, 170, 263, 335

조합이론 75

조화된 공감적 공명 236

존재의 방식 99

존재적 과정 83, 118

존재적 과정에 접근하는 방식 85

존중 179

종결 356, 367

죄책감 96

준비성 286, 287

지구 온난화 31

지나친 눈물 198

진단 278

진솔성 107, 222

진실성 222

진정성 99, 100, 222

진정한 나 85

집단의 병리적 불일치성 219

짜증 232

참만남 119, 318
참조틀 130, 160
체면 295
총체적 인간으로서의 내담자 77
취약성 186, 212
치료계획 46
치료적 관계 47
치료적 관계에 집중하기 190
치료적 동맹 120
친밀감 318, 337, 338

카타르시스 109

태도 220
테러와의 전쟁 31
통제 63
통합 161
투명성 222
트라우마 72

편협 98
평가에 대한 내적 평가의 소재 44
평가의 소재 141, 355, 364
평가의 소재에 민감한 공감 142
평형추 68
포커싱 94, 146, 153
표현한 것을 경청하기 156
풍미 150
피드백 69
필요 167

학대 61, 63
함정에 빠뜨리지 않는 개입 110
합의 298
해리과정 71, 72
핵심 조건 47, 124
현상적 실재 227
형성적 조합 80
희생자 53
힘겨루기 106, 276
힘의 역동 365

저자 소개

Dave Mearns는 University of Strathclyde의 상담전공 교수로, 이곳 상담 센터의 소장을 지냈다. *Working at Relational Depth*를 Mick Cooper와 공동 작업하는 등 많은 저서를 집필하였으며, 국제학술지인 *Person-Centered and Experiential Psychotherapies*의 공동 편집자로 활동하였다.

Brian Thorne은 University of East Anglia의 상담전공 명예교수로, 이곳 상담센터와 상담과 상담학 센터 소장을 지냈다. Norwich 센터의 공동 설립자로서 현재 전문가로 활동하고 있다. 상담, 교육학, 목회 신학 분야의 많은 저서를 집필하였다.

역자 소개

주은선은 덕성여자대학교 심리학과의 상담 및 심리치료 전공교수다. The University of Chicago에서 정신건강 프로그램(상담과 임상심리학을 통합한 심리치료 프로그램)으로 심리학 석사와 박사 학위를 받았다. 시카고 상담 및 심리치료 센터에서 미국의 저명한 인간중심상담 전문가인 Brodley, Prouty, Warner 교수 등을 주 슈퍼바이저로 두고 인간중심 상담 및 심리치료 전문가 과정을 마쳤다. 또한 Rogers의 동료였던 The University of Chicago의 Gendlin 교수의 포커싱 심리치료 훈련 과정을 마치고 미국 공인 포커싱 트레이너 자격증을 취득하였다. Rogers의 주요 저서인 『진정한 사람되기(*On Becoming a Person*)』(학지사, 2009)를 번역 출간하였고, 한국에서 인간중심 접근이 전문적으로 잘 뿌리내리고 성장하기를 바라는 마음으로 인간중심 접근의 지속적인 교육, 훈련, 상담 및 연구 등을 해 오고 있다.

인간중심 상담의 임상적 적용
PERSON−CENTRED COUNSELLING IN ACTION(3rd ed.)

2012년 10월 18일 1판 1쇄 발행
2015년 11월 30일 1판 2쇄 발행

지은이 • Dave Mearns & Brian Thorne
옮긴이 • 주 은 선
펴낸이 • 김 진 환
펴낸곳 • ㈜ **학지사**

　　　　　121-838 서울특별시 마포구 양화로 15길 20 마인드월드빌딩 5층
대표전화 • 02) 330-5114　　　팩스 • 02) 324-2345

등록번호 • 제313-2006-000265호

홈페이지 • http://www.hakjisa.co.kr
페이스북 • https://www.facebook.com/hakjisa

ISBN 978-89-6330-640-7 93370

정가 17,000원

역자와의 협약으로 인지는 생략합니다.
파본은 구입처에서 교환하여 드립니다.